中国工程院重大咨询项目

# 交通强国

## 战略研究 | 第三卷 |

傅志寰　孙永福　主　编
翁孟勇　何华武　副主编

课题报告 12　城市交通发展战略研究

课题报告 13　铁路发展战略研究

课题报告 14　公路发展战略研究

课题报告 15　水运发展战略研究

课题报告 16　航空发展战略研究

课题报告 17　交通强国战略保障体系研究

## 内 容 提 要

本书是中国工程院会同交通运输部开展的重大咨询项目“交通强国战略研究”成果,由三卷组成。

本书为《交通强国战略研究(第三卷)》,包括6个课题报告。课题报告12《城市交通发展战略研究》提出了未来城市交通发展的目标、指标与战略重点,并围绕战略重点阐述了主要任务和保障措施。课题报告13《铁路发展战略研究》提出了铁路发展总目标与阶段目标,以及实现目标的路线图、战略重点、保障体系、政策与对策建议。课题报告14《公路发展战略研究》阐述了我国打造交通强国的公路发展目标和重要指标,提出了六大重点任务。课题报告15《水运发展战略研究》阐述了建设水运交通强国的新时代新要求、新起点新阶段、新使命新内涵、新思路新目标和新战略新任务。课题报告16《航空发展战略研究》提出了民航强国建设的思路、目标、战略步骤和十大战略任务。课题报告17《交通强国战略保障体系研究》提出了实施交通强国战略的保障体系。

本书可为政府部门、交通运输企业和科研机构中从事交通运输行业政策制定、管理决策、咨询研究的人员提供参考,也可供高等院校相关专业师生及其他对交通运输业感兴趣的读者阅读使用。

**图书在版编目(CIP)数据**

交通强国战略研究. 第三卷 / 傅志寰, 孙永福主编
. —北京 : 人民交通出版社股份有限公司, 2019.4
ISBN 978-7-114-14784-5

Ⅰ. ①交… Ⅱ. ①傅… ②孙… Ⅲ. ①交通运输业—经济发展战略—研究—中国 Ⅳ. ①F512.3

中国版本图书馆 CIP 数据核字(2019)第 030359 号

**审图号:GS(2019)1060 号**

**书　　名**:交通强国战略研究(第三卷)
**著 作 者**:傅志寰　孙永福
**责任编辑**:屈闻聪　董　倩　夏　韡　王金霞
**责任校对**:赵媛媛
**责任印制**:张　凯
**出版发行**:人民交通出版社股份有限公司
**地　　址**:(100011)北京市朝阳区安定门外外馆斜街3号
**网　　址**:http://www.ccpress.com.cn
**销售电话**:(010)59757973
**总 经 销**:人民交通出版社股份有限公司发行部
**经　　销**:各地新华书店
**印　　刷**:北京印匠彩色印刷有限公司
**开　　本**:787×1092　1/16
**印　　张**:26.75
**字　　数**:507千
**版　　次**:2019年4月　第1版
**印　　次**:2021年4月　第4次印刷
**书　　号**:ISBN 978-7-114-14784-5
**定　　价**:280.00元
(有印刷、装订质量问题的图书由本公司负责调换)

# 编写委员会
## Editorial Committee

# 序 Preface

国家要强盛，交通须先行。交通驱动要素流动，带动社会进步。自古以来，交通就在中华文明绵延发展中起到重要的推动作用，京杭大运河承载和见证了数千年的历史演进，丝绸之路为中西方文明的互鉴与交融架起互联互通的桥梁，促进了沿线国家经济发展乃至社会变革。交通运输的每一次重大革新都深深影响到人类文明的进程。

交通运输是国家国民经济发展的大动脉，具有基础性、服务性、引领性、战略性属性，是兴国之器、强国之基。新中国成立以来特别是改革开放以来，我国交通运输发展取得巨大进步，实现了历史性跨越，公路成网，铁路密布，高铁飞驰，巨轮远航，飞机翱翔。我国高速铁路、公路、桥梁、港口、机场等交通运输基础设施在规模、客货运输量及周转量方面均已位居世界前列。交通科技创新不断取得突破，安全和服务水平逐步提高，治理体系不断改善，国际影响力明显增强，与世界一流水平的整体差距快速缩小，有的领域实现了领先，我国已经成为世界交通大国，为建设交通强国奠定了坚实基础。

对比世界领先的交通强国，我国交通运输在技术装备、服务质量、效率成本、安全水平以及国际竞争力、影响力方面还存在较大差距，还存在发展不平衡、不充分等突出问题，不能很好满足人民群众日益增长的多样化、个性化和品质化要求，尚不能完全适应建设社会主义现代化强国的需要。

交通基础设施建设具有先导作用。建设交通强国是推动经济高质量发展的重要支撑，是实现伟大复兴中国梦的必由之路，也是把握新一轮科技革命带来交通运输重大变革机遇的有效途径。在新的历史起点上建设交通强国，努力实现由交通大国向交通强国的转变，具有十分重大的意义。

中国工程院是中国工程科学技术界的最高荣誉性、咨询性学术机构，是国家高端智库，为推进国家科学决策，开展前瞻性、针对性、储备性战略研究是中国工程院的神圣使命。为了充分发挥交通的先导性、支撑性作用，走中国特色的交通强国之路，中国工程院会同交通运输部于2017年1月18日启动了“交通强国战略研究”重大咨询项目，项目组由工程院傅志寰院士、孙永福院士担任项目组组长，由工程院副院长何华武院士、中国公路学会翁孟勇理事长担任副组长，包括工程院32位院士，以及科研院所、高校、企业在内的12家单位100多位研究人员参加了项目研究。

党的十九大将建设“交通强国”上升为国家战略，这是党中央根据新时期国内外形势的变化、国家发展目标与建设任务做出的重大战略部署，是新时代赋予中国交通运输业的崇高使命。项目组在深入学习领会十九大精神的基础上，以高度的历史责任感和严谨的科学态度，开展了多学科、多专题分析研讨。通过深入分析现有交通问题，预测未来交通需求发展趋势，借鉴建设交通强国的国际经验，项目组会同交通运输部确定了“人民满意、保障有力、世界领先”的交通强国建设内涵；提出了建设“安全、便捷、高效、绿色、经济”现代化综合交通运输体系的发展目标；重点从工程科技和工程管理角度对建设交通强国的历史使命、战略目标、主要内涵、战略重点、关键突破点、评价指标、实现途径、政策建议，以及实现交通强国的保障体系等内容开展了系统研究。经过两年研究，项目组撰写完成了《交通强国战略研究总报告》和17份课题报告。

这些研究成果，将为国家相关部门制定我国交通运输领域未来发展战略与政策决策提供参考和支撑，为各级决策人员、专家学者进一步深入研究提供参考借鉴，为走出一条中国特色的交通强国之路提供系统思路、理论与政策指导，为加快我国从交通大国走向交通强国的伟大历史进程、实现在21世纪中叶建成社会主义现代化强国伟大目标贡献智慧。

中国工程院院长 李晓红

2019年3月1日

交通是强国之基。为了在实现中华民族伟大复兴中发挥好交通运输“基础性、服务性、引领性、战略性”作用，中国工程院会同交通运输部于2017年1月启动了中国工程院重大咨询项目——“交通强国战略研究”。研究项目组成员包括中国工程院32位院士以及来自科研院所、高校、企业、银行等单位的100多位研究人员。

研究工作得到中国工程院和交通运输部主要领导同志的高度重视。项目组由中国工程院院长李晓红院士、原院长周济院士、交通运输部杨传堂书记、李小鹏部长、中国铁路总公司董事长陆东福等同志担任顾问。他们对“交通强国战略研究”发挥了十分重要的指导作用。

立项伊始，项目组开展了广泛调研，到北京、上海、江苏、浙江、湖北、湖南、贵州、广东等省市有关政府部门、研究机构和运输企业征求意见。调研重点是企业，其中有中国铁路总公司、上海航运、申通地铁、国家开发银行等国有企业，也有阿里菜鸟、顺丰、携程、高德地图、滴滴打车、ofo共享单车等民营企业。与此同时，项目组还走访了交通领域一些领导干部，举办有经济学家、社会学家、智能专家、交通专家参加的系列研讨会，听取意见。有的项目组成员还到日本、英国进行了考察。这些对于开阔研究思路尤为重要。

2017年10月24日十九大闭幕。建设“交通强国”作为国家战略写进十九大报告，项目组成员深受鼓舞。大家认真学习领会报告精神，深刻认识到建设交通强国是全面建设社会主义现代化国家的基础支撑，是满足人民美好生活的需要，也是构建世界领先交通运输系统的必由之路，大大增强了历史责任感。项目组成员以习近平新时代中国特色社会主义思想为指导，展开了深入系统的研究，重点从工程科技和工程管理角度对建设交通强国的历史使命、战略目标、主要内涵、战略重点、关键突破点等问题提出了咨询建议，并撰写了《交通强国战略研究总报告》（简称总报告）和17份课题报告。

总报告在对我国交通发展现状、国内外交通发展趋势、面临的机遇与挑战进行深入分析的基础上，按照十九大精神和党中央对交通运输的要求，确定了建设"安全、便捷、高效、绿色、经济"现代化综合交通运输体系的交通强国总目标；凝练出交通强国"人民满意、保障有力、世界领先"的主要内涵。

总报告分为五章。第一章我国交通发展形势与使命，突出强调要走中国特色交通强国之路。第二章交通强国目标与指标体系，主要阐述了交通强国内涵、战略目标、评价指标体系。第三章战略重点，分别论述了构建现代化综合交通基础设施网络、创新驱动交通发展、提升交通智能化水平、实现世界一流交通服务、坚持绿色交通发展、提高交通安全水平、破解城市交通拥堵、完善乡村交通运输体系、建设通达全球的交通体系等重大问题。第四章交通治理体系现代化，内容包括构建完善的交通法律体系、高效率的管理体系、可持续的投融资体制、高素质的人才队伍体系。第五章政策建议，提出了深化交通管理体制改革，完善法律法规；扩大投资要精准发力，实现交通基础设施高质量发展；多措并举，推动运输结构优化；加强顶层设计，支持交通科技创新；突破公共交通导向开发模式（TOD）的发展瓶颈，从源头上破解"大城市病"；建立持续稳定的交通建设资金保障机制，化解债务风险等重大政策建议。此外，还提出了关于建设"示范工程"的建议。

与此同时，总报告又进一步聚焦近期工作，将"一体化、绿色化、智能化、共享化"作为交通领域创新发展的关键突破点。即把握转型升级"窗口期"，优规划、补短板，推进不同交通方式的无缝衔接，实现交通一体化和高质量发展；重点发展轨道交通和新能源汽车，支撑绿色发展新格局；以智能技术为抓手推动交通系统变革升级，构建世界领先的城市智能交通系统；创新管理理念，提高治理能力，支持共享交通发展。

总报告还突出强调了若干研究亮点。其中有：关于交通"引领性"（"交通+"）的认识；关于2020年后将出现交通基础设施建设"变坡期"，开始展现10年调整的"窗口期"的看法；关于制定"交通运输法"的建议；关于解决交通基础设施债务问题紧迫性的意见。此外，根据我国国情提出了不同于国外的交通评价指标体系，富有新意；打破我国交通运输研究传统,尝试增加对小汽车的运量分析,以使公路客运总量预测以及对运输结构研究更为科学。

为了使研究工作及时发挥效用,项目组边研究,边基于阶段性成果,陆续凝练提出咨询意见。2017 年 12 月以中国工程院名义向中央报送"关于深化综合交通运输体制改革的建议",时任国务院副总理马凯作出批示;2018 年 9 月将"交通强国战略研究"报告(概要版)上报中央。此外,还向交通运输部领导同志提出"制定交通运输法"的建议,以及"关于发展车路协同自动驾驶"的建议,得到采纳。

在工作方法上,项目组既坚持独立研究,又与交通运输部密切配合,以多种形式与部领导及有关同志深入交换意见。在研究过程中,项目组许多成果被起草中的《交通强国建设纲要》所吸收。

《交通强国战略研究总报告》和课题报告,是两年来项目组全体院士、专家智慧和心血的结晶,同时也得益于有关研究的多年积淀。此前中国工程院和交通运输部均大量开展了关于综合运输的研究,为本项目组开展工作创造了十分有利的条件。

最后,在《交通强国战略研究》即将付梓之际,深切期望本书能够为政府部门决策、企业经营、科研院所和学者们的研究工作提供有益的参考,同时也敬请读者对不足之处予以指正。

中国工程院院士 傅志寰

**2019 年 2 月 18 日**

# 目录
Contents

## 课题报告 12
## 城市交通发展战略研究

## 课题报告 13
## 铁路发展战略研究

## 课题报告 14
## 公路发展战略研究

## 课题报告 15
## 水运发展战略研究

## 课题报告 16
## 航空发展战略研究

## 课题报告 17
## 交通强国战略保障体系研究

# 课题报告 12

# 城市交通发展战略研究

# 课题组主要研究人员

## 课题顾问

傅志寰　全永燊　马　林　王江燕

## 课题组长

郭继孚(组长)　顾　涛(副组长)

## 课题组主要成员

周　凌　王　婷　余　柳　祝　超　刘跃军

张　帅　胡乃文　董杨慧

## 课题主要执笔人

郭继孚　顾　涛　王　婷

# 内容摘要

随着我国城镇化、机动化进程不断加快，以交通拥堵为代表的城市交通问题成为困扰各大城市的普遍难题。本报告在总结我国城市及交通发展历程和现状特征的基础上，分析了城市交通特别是大城市交通存在的问题及深层次的症结。结合世界城市交通治理经验以及新时期城市交通发展外部环境的变化，提出了未来城市交通发展的目标和指标，并从区域交通一体化发展，交通与城市协调发展，优先发展公共交通，强化交通需求管理，智能化、精细化管理和服务，重塑步行与自行车交通环境六个方面提出了城市交通战略重点，并围绕战略重点提出了未来城市交通发展的主要任务和保障措施。

报告提出，治理城市交通拥堵关键是要采取有效的综合措施，建立和谐的人车关系。需从城市发展模式的战略高度优先发展公共交通，关注公共交通与城市（城市群）的协调发展，关注公共交通竞争力与吸引力的提升。因地制宜，综合调控小汽车发展，建立和完善以科技和经济调控手段为主的常态化交通需求管理体系。打造安全、便捷、舒适、宜人的步行和自行车出行环境。以大数据作为创新供给手段，提升城市交通管理和服务的智能化、精细化水平。

**Abstract**

As the accelerating process of China's urbanization and mobilization, traffic congestion has become a common problem that troubled major cities. Based on a summary of history and current features of cities and transport development in China, this report analyzes the deep-seated problems of urban transport, especially in large cities. Based on international experience and the changes in external environment in the new era, the goals and indicators of future urban transport are proposed. Moreover, the strategies focusing on urban transport are proposed from the six aspects as the regional transport integration, coordinated transport and urban development, prioritizing the public transport, strengthening travel demand management, intelligent and refined management and service, as well as restoration of the pedestrian and cycling environment. The main tasks and guarantee measures on future urban transport development are also proposed.

The report believes the key of urban traffic congestion control is to take the effective comprehensive measures to establish a harmonious relationship between people and vehicles. It is necessary to give priority to public transport from the strategic height of urban development model, and pay attention to the coordinated development of public transport and urban ( urban agglomeration ), and to the improvement of competitiveness and attractiveness of public transport. The development of cars should be adapted to local conditions, so as to establish a regular travel demand management system that focuses on the technological and economic control measures. Create a safe, convenient, comfortable and pleasant walking and cycling environment. Use big data as an innovative means to improve the intelligent and refined level of urban transport management and services.

# 第一章
# 概　述

## 第一节 研究背景和目标

### 一、研究背景

改革开放以来,我国的城镇化和机动化同时快速发展。城镇化水平由17.9%提高到了58.5%,年均增长1个百分点;城镇人口由1.7亿人增加到了8.1亿人,净增6.4亿人,城市发展取得了显著成果。同时,机动化水平也在不断提高,民用汽车由136万辆增加至2.17亿辆,增长了近160倍。

在城镇化和机动化的"双轮驱动"下,城市出现了交通拥堵、交通事故、环境污染等一系列的"城市病"。首先,人口的快速增长带来了城市结构和出行特征的变化,以交通拥堵为代表的矛盾集中凸显。另外,机动化水平提高、过度拥堵也使得机动车成为城市雾霾的主要污染源,环境问题日趋严重。城市交通问题成为我国城市发展的主要问题。

纵观世界城镇化发展历程,城市矛盾凸显和"城市病"集中爆发往往发生在城镇化的快速发展期,即城镇化率达到50%~60%的时期。而目前我国正处于这个阶段,当前我们所面临的问题与20世纪30年代的美国、20世纪60年代的日本以及20世纪80年代的韩国非常类似。城市交通是决定城市竞争力的重要组成部分,是影响城市活力的重要方面,是提升城市宜居水平的重要保障。在这样的大背景下,亟须我们立足全球视野,在把握我国国情的基础上,探讨新形势、新环境下城市交通发展的新思路和新途径,为"交通强国"的建设提供有力支撑。

### 二、研究目标

本项目研究目标是在总课题提出的交通强国战略总体发展目标下,通过对我国城市交通发展现状及问题的系统分析，借鉴相关国际经验，结合对未来城市交通发展态势的研判，提出城市交通发展目标、战略及实现途径和保障体系，为实现我国由"交通大国"向"交通强国"的转变，实现全面小康、民族振兴和伟大的中国梦提供有力支撑。

## 第二节 研究内容

### 一、研究思路

本项目遵循"立足全球、把握国情、尊重规律"的思想主线。首先，综述改革开放以来我国城市交通发展的历史进程特点；其次，对当前我国城市交通发展的现状问题进行总结分析，找准瓶颈和薄弱环节；在此基础上，结合新时期我国城市交通发展的新理念、国家提出的新战略，综合考虑未来新兴的车辆技术和大数据技术对城市交通发展的影响，研判未来城市交通需求的发展态势；进而提出城市交通发展的阶段性目标和指标体系；最后，针对当前问题及未来趋势，提出城市交通发展的战略及实现途径，并提出城市交通发展战略的保障体系建议，技术路线见图 12-1。

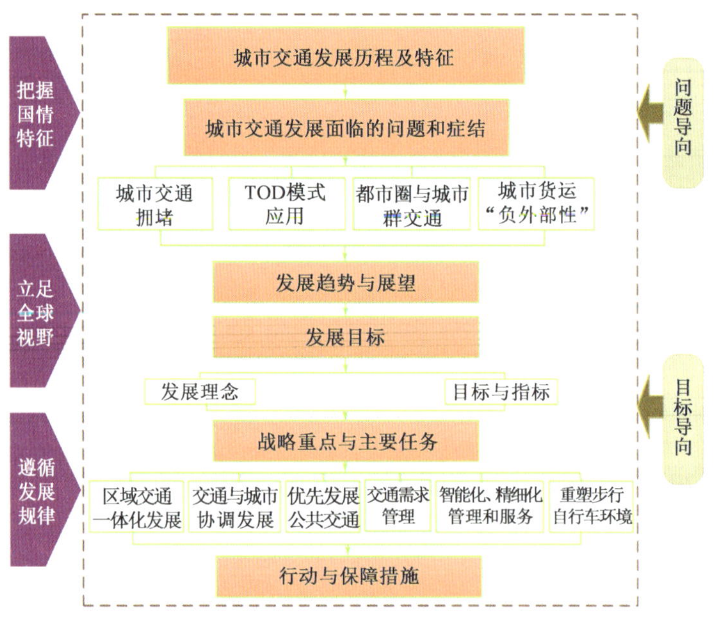


图 12-1 技术路线

### 二、研究重点

为了使项目研究成果更有针对性，把握关键问题，本报告将突出以下几个方面的重点。

1. 治理城市交通拥堵的系统对策

城市交通最突出的问题是交通拥堵问题,尤其是特大城市交通拥堵呈现出区域化、常态化特征。大城市及都市区已经成为经济快速发展的引擎,承担着引领区域发展、代表国家参与全球竞争的重任。交通拥堵会降低城市经济活力和宜居性,如何缓解交通拥堵不仅受到各个城市的关注,也成为国家关注的问题。

2. 公共交通引导发展(Transit Oriented Development,简称 TOD)模式的深度应用

解决交通拥堵是个复杂的系统工程,但推进 TOD 是破解城市交通拥堵发展难题、实现绿色交通主导发展模式的关键。当前,我国城市正处于人口快速膨胀、城市结构剧烈变动时期,是实现公共交通导向开发的重要窗口期。否则,一旦城市化进程基本结束,形成稳定的城市空间结构与功能布局,城市交通亦完全与之适配,再要逆转是极其困难的。

3. 都市圈与城市群的交通问题

新型城镇化将以城市群为主体形态,城市群的发育及同城化趋势使区域交通与城市交通的界限越来越模糊。由于城市群交通涉及城际交通、都市圈交通、城市交通等多个层级,加强城际交通与其他各层级交通的融合衔接是提升综合交通体系效率、满足区域一体化发展以及资源整合需求的关键。

4. 城市货运"负外部性"问题

货运交通与客运交通是城市交通的两大组成部分,城市货运交通的正常运转是城市经济社会活动赖以生存的基本条件。随着互联网经济和电子商业的爆发式增长,网络购物的便捷性使小批量、分散性购买现象激增。城市货运关注点也不仅仅是行业发展问题,需要从整个交通系统以及城市的可持续发展角度处理好"负外部性"问题,使货运成为城市宜居性和高效性发展的一个关键组成部分。

# 第二章
# 发展现状特征

## 第一节 城市及交通发展现状特征

### 一、城镇化发展加快，出行总量不断增长

改革开放以来，我国经历了前所未有的快速城镇化，城镇人口由1978年的1.7亿人增加到了2017年的8.1亿人（图12-2）。城镇化的快速发展，以及居民生活水平的提高，使得城市居民日常的出行量大大增加。以北京市为例，北京市居民出行率由1986年的1.61次/（人·日）增至2014年的2.75次/（人·日）（图12-3）。2000年以来，受城市规模的扩大、通信系统的发达、人口老龄化、电子商务发展等因素的影响，居民出行率增长缓慢，甚至出现下降，出行总量的增长主要取决于人口数量的增长。2000—2017年，北京市出行总量（六环内）由2370万人次增长至4531万人次（图12-4），增长了91%。

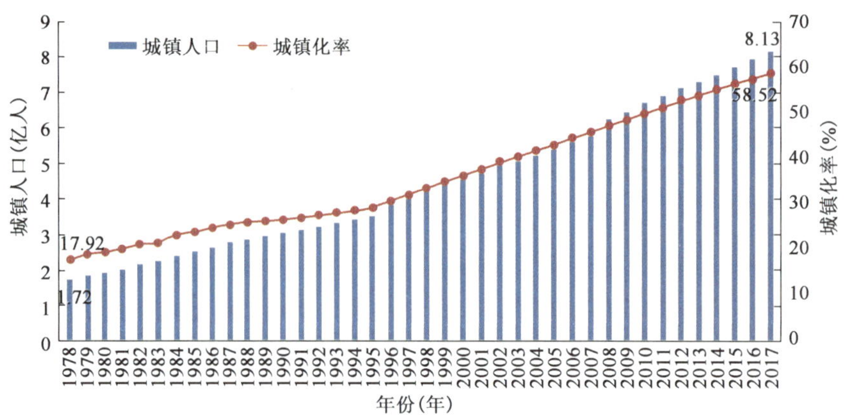


图12-2　1978—2017年我国城镇人口和城镇化率变化概况

注：数据来源于中国统计年鉴。

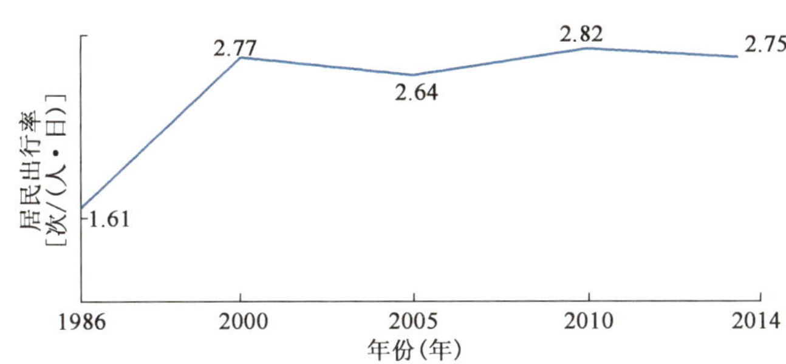


图 12-3　1986—2014 年北京市居民出行率变化情况

注:资料来源于第五次北京城市交通综合调查总报告。

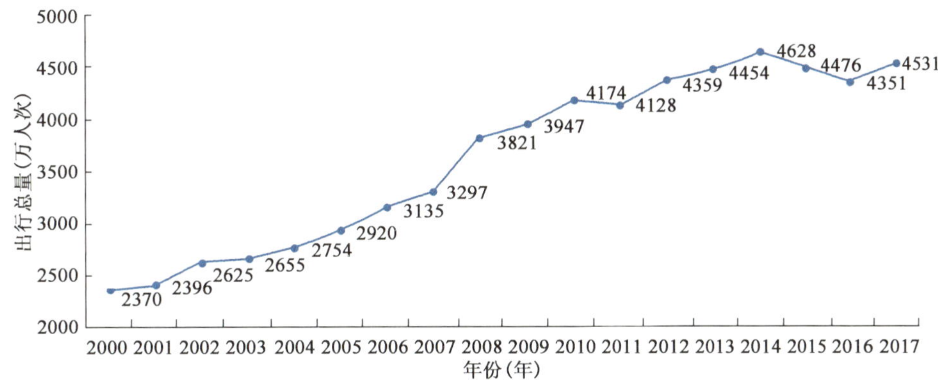


图 12-4　2000—2017 年北京市六环内出行总量变化情况

注:数据来源于北京市交通运行报告、第五次北京城市交通综合调查总报告。

## 二、城市建成区规模扩大,出行距离持续增加

随着城镇化、机动化的快速发展,城市建成区规模不断扩大,尤其是近郊区和新城建成区面积增长显著。同时职住分离现象加剧了出行距离的增长速度,北京平均出行距离由 1986 年的 5.2km 增至 2014 年的 8.1km(图 12-5),增长了 56%。出行周转量由 1986 年的 4883 万人次 · km 增长至 2014 年的 36005 万人次 · km,增长了 6.4 倍(图 12-6)。

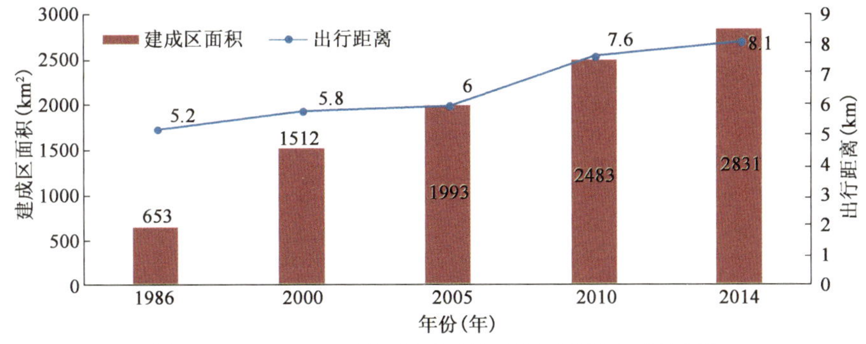


图 12-5　1986—2014 年北京市建成区面积和出行距离增长情况

注:数据来源于第五次北京城市交通综合调查总报告。

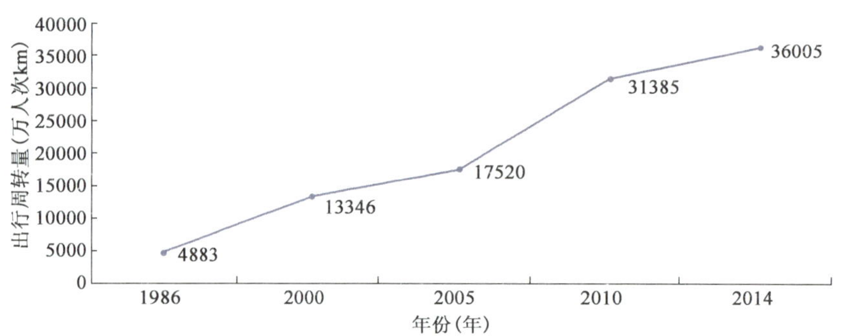


图 12-6 1986—2014 年北京市六环内出行周转量变化情况

注:数据来源于第五次北京城市交通综合调查总报告。

## 三、机动车保有量迅速增长,机动化出行比例明显提高

1994 年,国家《汽车工业产业政策》颁布实施,首次提出鼓励汽车个人消费。2004 年,《汽车产业发展政策》颁布,继续"培育以私人消费为主体的汽车市场,改善汽车使用环境,维护汽车消费者权益"。1978—2017 年,全国民用汽车保有量由 135.8 万辆增长至 2.17 亿辆,私人汽车保有量由 1985 年的 28.5 万辆增长至 2017 年的 1.87 亿辆(图 12-7),私人汽车占民用汽车保有量的 86%。据公安部交通管理局统计,2017 年全国有 53 个城市的汽车保有量超过 100 万辆,24 个城市超过 200 万辆,7 个城市超过 300 万辆。

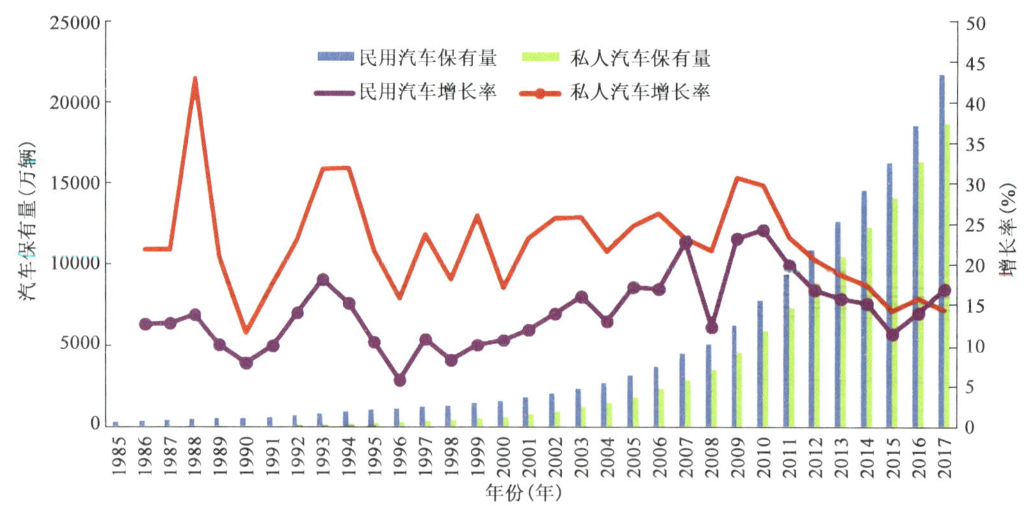


图 12-7 1985—2017 年全国民用汽车和私人汽车保有量变化情况

注:数据来源于中国统计年鉴。

在汽车产业和城市扩张的双重作用下,一些城市尤其是大城市的机动化出行水平也在不断提高,特别是私人机动化的交通方式正在取代传统的自行车方式,并与公共交通发生激烈的竞争。北京市小汽车在出行结构(全方式,含步行)中的比例由 1986 年的 4.4% 增长至 2017 年的 24%(图 12-8)。

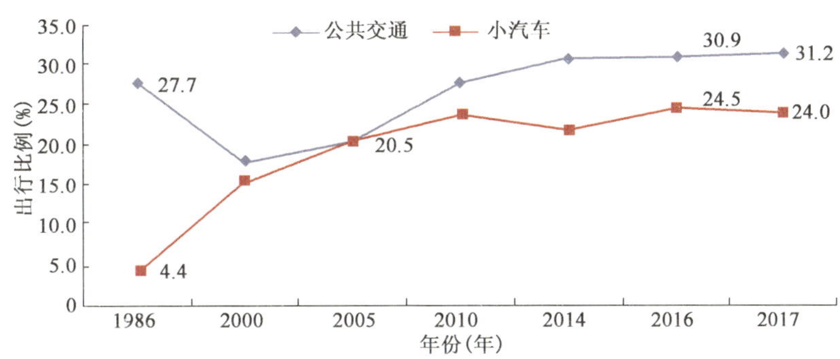


图 12-8 1986—2017 年北京市公共交通和小汽车在出行结构(全方式,含步行)中的变化

## 四、城市交通设施建设投资大幅增长,公共交通投资占比提高

近年来,城市公共交通和道路桥梁建设固定资产投资大幅增长,由 1981 年的 6.6 亿元增至 2016 年的 11643.8 亿元,其中城市公共交通(轨道交通)设施建设固定资产投资达 4079.5 亿元,道路、桥梁设施建设固定资产投资达 7564.3 亿元,公共交通设施(轨道交通)设施投资占比为 35%(图 12-9)。

图 12-9 1981—2016 年全国城市公共交通设施(轨道交通)和道路桥梁设施投资情况

注:数据来源于中国城市建设统计年鉴。

## 五、城市道路基础设施增速放缓,远低于小汽车保有量增速

由于我国地域辽阔等各种原因,各个区域、各个城市的发展很不平衡,但是总体来看,随着社会经济的飞速发展,以及城镇化和汽车产业发展进程的加快,我国的城市道路交通建设也取得了长足的发展。截至 2016 年底,全国城市道路长度为 38.2 万 km,人均城市道路面积为 15.8m$^2$(图 12-10)。近十年来城市道路长度年均增长 5%,远低于私人汽车保有量增速(图 12-11),私人汽车保有量与城市道路长度的比值由 1988 年的 6.8 扩大到 2016 年的 427。

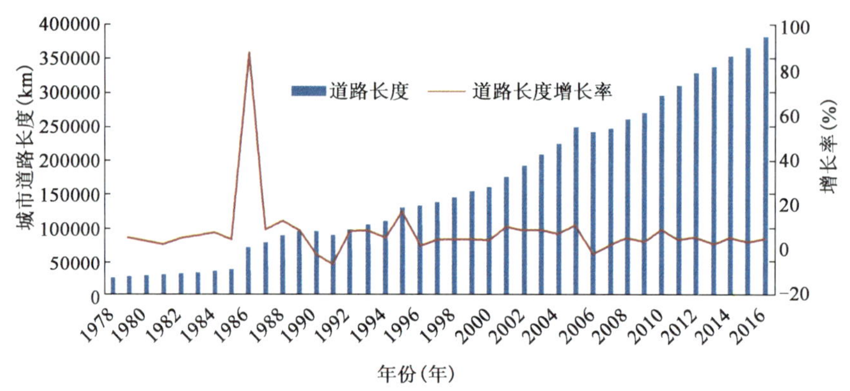


图 12-10　1978—2016 年全国城市道路长度变化情况

注:数据来源于中国城市建设统计年鉴。

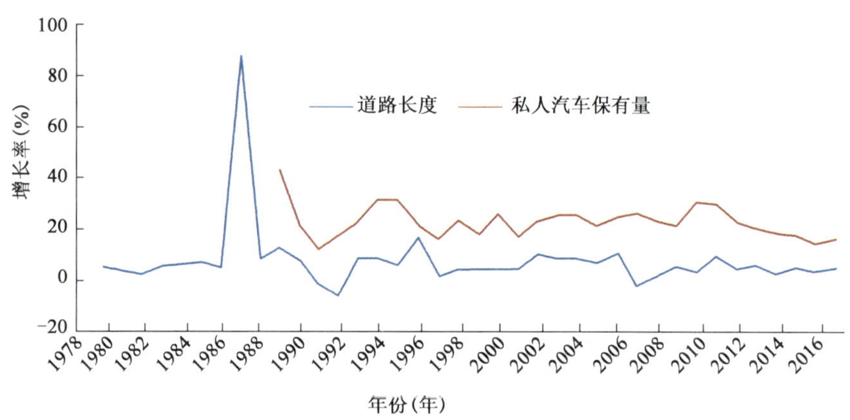


图 12-11　1978—2016 年全国城市道路长度和私人汽车保有量增长率

注:数据来源于中国城市建设统计年鉴、中国统计年鉴。

## 六、确立公交优先发展战略,公共交通供给水平大幅度提升

2005 年,《国务院办公厅转发建设部等部门关于优先发展城市公共交通意见的通知》(国办发〔2005〕46 号)指出公交优先发展是缓解城市交通拥堵的重要手段,并将其上升到影响城市发展的高度。2012 年底,《国务院关于城市优先发展公共交通的指导意见》(国发〔2012〕64 号)发布,强调“将公共交通发展放在城市交通发展的首要位置”。在优先发展政策的强力推动和地方政府的积极参与下,城市公共交通基础设施投资与建设规模在近十年显著提升。

一是城市轨道交通建设加快。截至 2017 年末,我国内地共计 34 个城市开通城市轨

道交通并投入运营,开通线路 165 条,运营线路长度达到 5033km(含地铁、轻轨、单轨、市域快轨、现代有轨电车、磁悬浮交通、旅客自动捷运系统)。

二是北京、上海、广州、天津、济南、杭州、常州、厦门等城市,先后建设开通了快速公共汽车交通系统(Bus Rapid Transit,简称 BRT)。作为一种高效的公共交通方式,BRT 系统具有相比轨道交通投资少、建设周期短、运量相对较大、运行速度快等优势。截至 2017 年底,全国共有 BRT 车辆 8802 辆,线路长度 3424.5km。

三是城市公共交通服务进一步改善,各城市公交线路、公交车辆持续增长,技术水平不断改善。截至 2017 年底,全国拥有公共汽电车 65.12 万辆,运营线路 56786 条,运营线路总长度 106.9 万 km。

## 第二节 交通拥堵、交通污染等“城市病”凸显

随着城镇化、机动化进程的加快,进入 21 世纪的短短几年间,不仅北京、上海等特大城市交通拥堵加剧,成都、杭州、昆明、西安等百万人口以上的大城市,乃至中小城市也开始出现了交通拥堵问题。2017 年全国 26% 的城市通勤高峰处于拥堵状态,55% 的城市通勤高峰处于缓行状态(图 12-12)。

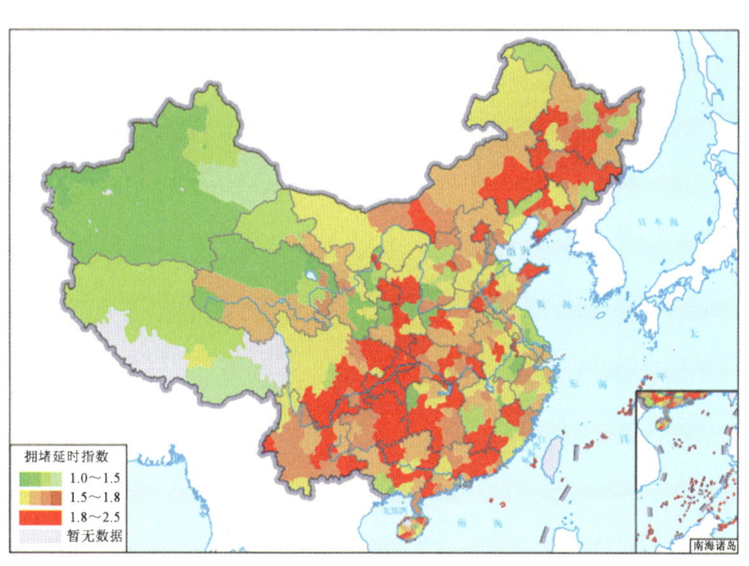


图 12-12　2017 年度我国城市通勤拥堵地图(高峰)

注:资料来源于高德地图 2017 年度中国主要城市交通分析报告。

在城市 PM2.5 本地排放来源中,机动车排放污染已成为大气环境污染的主要来源。

2017 年北京市机动车等移动源污染占本地排放源的比例提高至 45%（2013 年为31.1%），2013 年上海市机动车等移动源占本地排放源的 29.2%（图 12-13）。

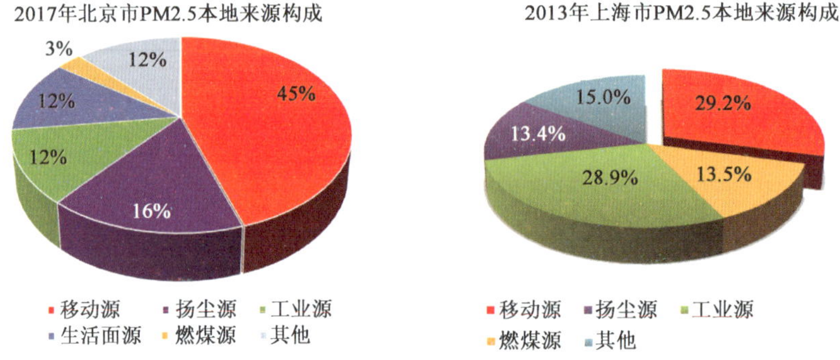


图 12-13　北京、上海 PM2.5 本地污染来源构成

注：数据来源于北京市环境保护局、上海市环境保护局。

# 第三章
# 问题与症结分析

## 第一节 存在的问题

### 一、城市摊大饼式蔓延，尚未形成公共交通引导城市发展的格局

目前，我国大城市普遍呈现出一种均质蔓延的态势，空间拓展主要依托道路网络，而非充分依托综合交通枢纽及公共交通走廊进行一体化开发，主要体现如下。

1. 大容量公共交通走廊对人口和岗位的聚集作用不够

目前，主要大容量公共交通走廊对人口和岗位的聚集作用不够，没有形成集约化、高强度的土地开发模式。北京市六环内轨道交通站点周边500m范围人口覆盖率仅为30.4%，就业岗位覆盖率为35.3%。综合交通枢纽与轨道站点周边用地容积率普遍较低，开发强度与站点距离也无明显的关联，用地性质也多以居住用地为主，大容量公共交通走廊难以发挥效益。以上海为例，中心区轨道站点周边600m范围内平均容积率仅为1.75，其他区域平均容积率为1.55，外围区域轨道站点周边和其他区域开发强度更无明显区别（图12-14）。

2. 综合交通枢纽布局与城市功能相脱离

目前，从我国大城市的综合交通枢纽布局来看，国内很多大城市的区域性综合交通枢纽与城市功能布局严重分离。以北京市为例，北京市大部分铁路枢纽与城市重要功能区相互分离，且距离较远（表12-1），难以有效发挥枢纽对城市发展的支撑带动作用。

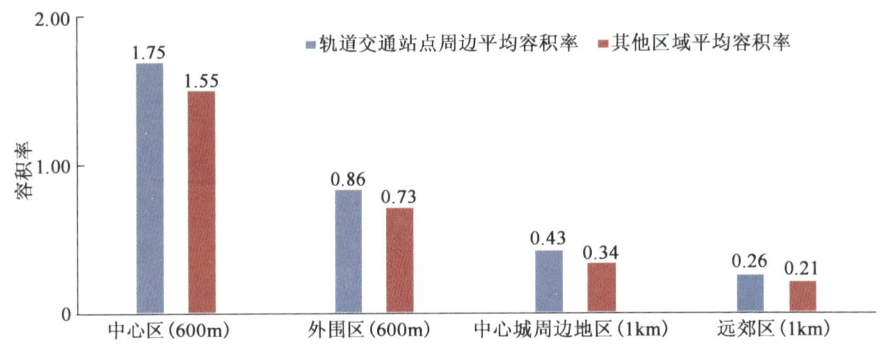


图 12-14 上海市轨道站点周边及其他区域容积率

注:数据来源于上海市第五次综合交通调查报告。

北京市各铁路枢纽到城市重要功能区的距离(单位:km) 表 12-1

| 名称 | 中关村科技园区 | 北京经济技术开发区 | 商务中心区(CBD) | 奥林匹克中心区 | 金融街 | 丽泽商务区 |
|---|---|---|---|---|---|---|
| 北京站 | 18 | 16.3 | 4.2 | 15 | 9 | 12 |
| 北京西站 | 16 | 23.4 | 12.5 | 20 | 6 | 4 |
| 北京南站 | 17 | 22.5 | 12 | 21 | 8 | 4 |
| 北京北站 | 8 | 30 | 12.9 | 12 | 2 | 13 |

3. 综合交通枢纽和轨道交通站点与周边建筑缺乏连通

枢纽和站点与建筑的脱节很大程度上限制了交通系统的集散能力。以北京市为例,北京南站地铁站和铁路车站出入口加起来仅有 7 个,且与枢纽周边建筑没有通道联系。枢纽周边往往建设立交、匝道,缺乏有效的步行空间连通与换乘接驳设施,进一步诱发了小汽车出行,导致进入车站的道路经常发生拥堵。

**专栏 公共交通引导发展(TOD)概念及模式应用案例**

1. TOD 的基本概念

TOD 的理念强调"以公共交通为导向",用地与交通整合,以人为本的城市设计,混合功能的规划原则。赛维罗和科克尔曼(Kockelman)提出了关于 TOD 的 3D 原则:密度(Density)、多样性(Diversity)、合理的设计(Design)。高密度的开发,能够促进公共交通方式的选择。TOD 区域采用开发高密度住宅、商业、办公用地,同时开发服务业、娱乐、体育等公共设施的混合利用模式,混合用途的土地使用能够有效减少出行次数和出行距离,并且促进非机动方式出行。宜人的空间设计包括塑造传统的邻里、狭窄的街道、宜人的公共空间、尺度的多样性、与公交站点之间舒适的步行空间,这些都有利于提高公共交通出行的吸引力。

2. TOD 引导城镇结构优化

在宏观的城镇结构层面，通过公共交通的网络引导城镇结构优化，主要包括以下方面：

(1)构筑公共交通支撑和引导城市发展的城市结构；

(2)以公共交通廊道和枢纽为骨架及节点，布局城市各级公共服务中心；

(3)以公共交通的服务水平为依据，分布城市的居住与就业功能及建设强度。

东京：建成区沿轨道交通轴向拓展(图 12-15)，都心和副都心围绕已有的综合交通枢纽进行规划和建设，枢纽与 CBD 商务办公区、大型商场、酒店等紧密结合，融为一体，这些地区也成为东京目前经济最为繁荣、土地价值最高的地区(图 12-16)。

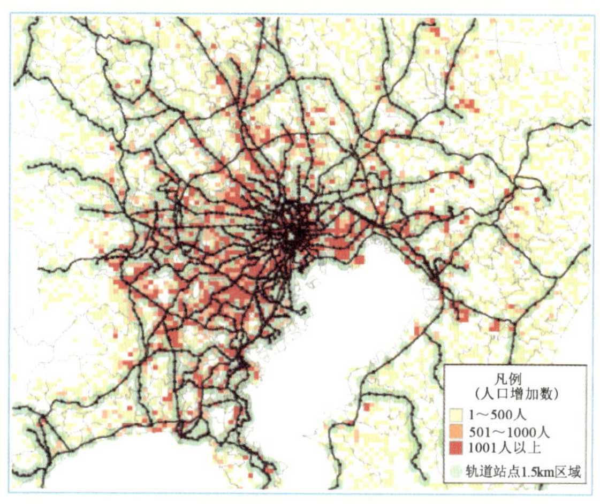


图 12-15　东京轨道站点周边人口增长情况

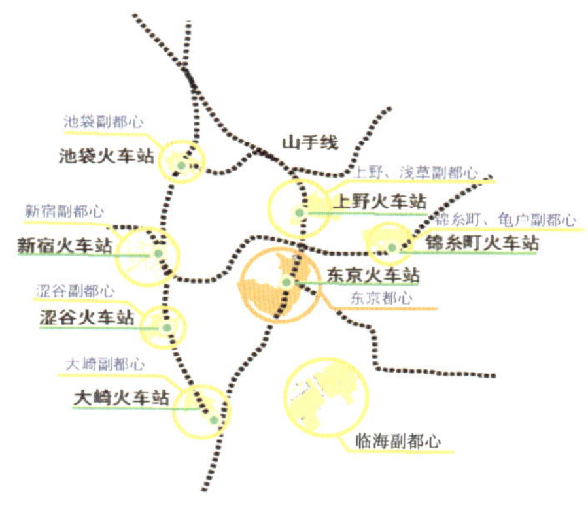


图 12-16　东京轨道交通枢纽布局

库里蒂巴:BRT 系统的五条放射轴线形成了城市的五条线性发展轴线。沿轴线两侧是高强度的土地开发,城市高容积率的建筑开发集中于五条轴线上,其他区域禁止高强度开发。城市主要的商务、商业、公共活动等集中在五条轴线上(图 12-17)。

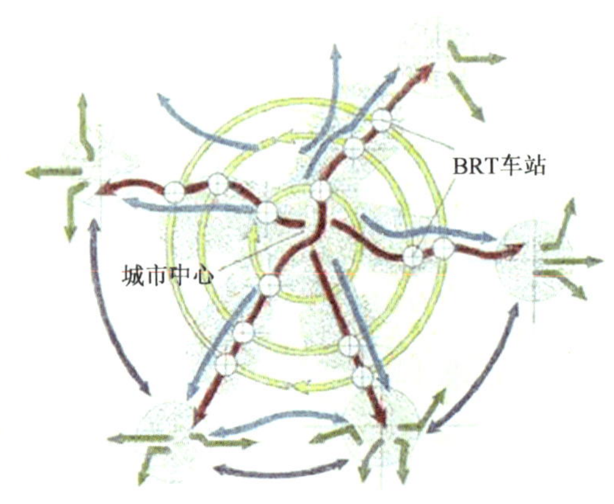


图 12-17 库里蒂巴的城市结构与 BRT 网络

中国香港:将新市镇开发、公屋建设与轨道交通有效结合。全香港约有 45% 的人口居住在距离地铁站仅 500m 的范围内,九龙、新九龙以及香港岛比例更是高达 65%。

3. TOD 组织城市生活

在微观公共交通站点层面,TOD 理念强调功能组织和城市设计,重视公共交通走廊沿线土地综合开发、城站一体化、枢纽综合开发。TOD 设计的工作内容包括:以公共交通站点为核心组织城市生活、构建公共空间,使站点影响区成为全市的公共活动中心和为周边社区服务的设施配套中心;在站点影响区塑造以人为本、步行、自行车优先的交通环境,保障支路网及人行通道的密度与连通性;整合站点的出入口和周边建筑及公共空间用地,塑造人车分行、全天候、无障碍的交通枢纽换乘环境;促进站点核心区地下、地上空间的一体化利用,合理规划周边物业功能和用地强度,促进交通功能与城市生活服务功能的有机结合。

东京:东京站、新宿站等重要综合交通枢纽周边建筑容积率都超过 10,且融合商业、办公、休闲娱乐等多种功能(表 12-2),既可以利用轨道的客流, 又为轨道提供客流。东京 CBD 轨道交通出入口高达 119 个,覆盖范围达 2.4$km^2$,与周边的建筑形成有效衔接(图 12-18)。

**东京不同区位轨道站点周边用地的开发强度** 表 12-2

| 区位等级 | 地　区 | 站点周围土地主要用途 | (商业)容积率 |
|---|---|---|---|
| 一级中心 | 银座 | 娱乐、零售、商业 | 10～15 |
| | 新宿 | 商业、饮食、文化、娱乐 | 10～15 |
| 二级中心 | 上野 | 商业、饮食 | 8～10 |
| | 浅草 | 商业、饮食 | 8～10 |
| 三级中心 | 中草 | 商业、饮食 | 5～8 |

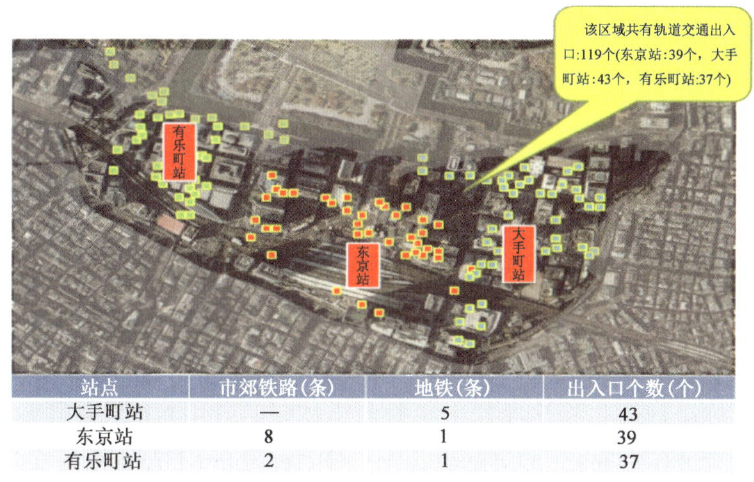


| 站点 | 市郊铁路(条) | 地铁(条) | 出入口个数(个) |
|---|---|---|---|
| 大手町站 | — | 5 | 43 |
| 东京站 | 8 | 1 | 39 |
| 有乐町站 | 2 | 1 | 37 |

图 12-18　东京 CBD(东京站丸之内区域)区域出入口

中国香港:围绕轨道交通站点进行高容积率开发(表 12-3)。站点多出入口,且出入口多设在商场、写字楼或居住区内,多数大型购物中心地下直接与地铁站连接,实现乘客的快速疏散。

**香港不同区位轨道站点周边用地的开发强度** 表 12-3

| 地　段 | 地　区 | 商业容积率 | 住宅容积率 |
|---|---|---|---|
| 一级商务中心 | 中环 | 12～15 | 8～10 |
| 二级商务中心 | 尖沙咀 | 12 | 7.5 |
| | 湾仔 | 10～12 | 8 |
| 零售商务中心 | 铜锣湾 | — | 7.5 |
| 新市镇中心 | 荃湾 | 9.5 | 6～6.5 |
| 住宅区中心 | 九龙湾 | 12 | 5 |
| 一般住宅区 | 奥运/九龙 | 8 | 6.5～7.5 |
| | 两湾河 | — | 5 |
| | 荔枝角 | — | 7.5 |
| 无地铁线地区最大容积率 | | | |
| 中心附近 | — | 5 | — |
| 新市镇 | — | 3 | — |

## 二、区域城际运输高度依赖干线公路系统，一体化运输效率不高

从区域范围看，城市群的旅客运输过度依赖公路。而从国外世界级城市群发展经验来看，在人口密度较高、资源环境较为紧缺的城市群地区，客运主要依靠大容量、快速的轨道交通。例如，日本东海道城市群客运主要通过轨道交通承载，东京至名古屋铁路占比86%，东京至大阪铁路占比67%，名古屋至大阪铁路占比56%（图12-19）。

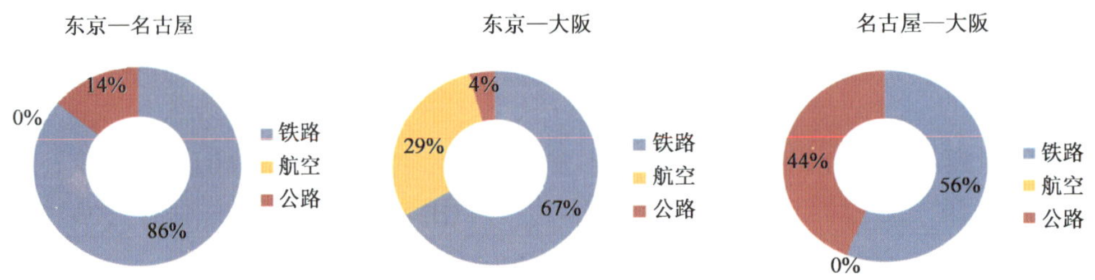


图12-19　日本东海道城市群客运结构

在区域一体化的快速进程下，城市群内部各城市之间的联系和沟通更加频繁和紧密，而由于高铁、城际铁路等枢纽的布局和城市功能的布局相脱离，加之与城市交通缺乏快速、便捷的交通接驳，不仅给旅客的出行带来不便，也大大降低了城市群一体化交通系统的运行效率。例如，乘客如果从天津到北京CBD，乘坐京津城际列车至北京南站仅需30min，但由于北京南站与CBD距离较远且缺乏快速的交通联系，从北京南站乘地铁至CBD附近地铁站还需要约30min（图12-20）。

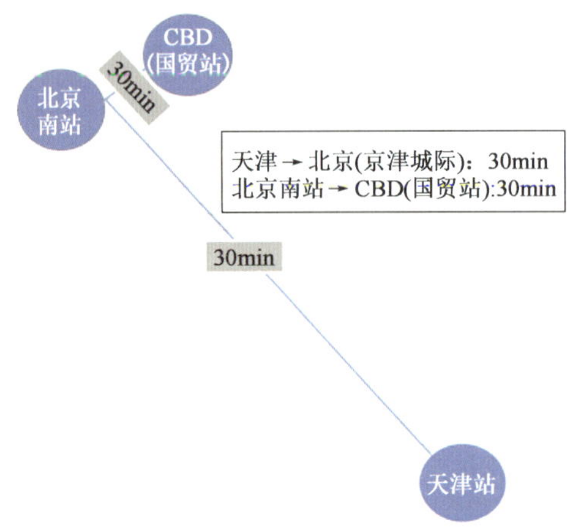


图12-20　天津至北京出行时间情况

此外，大型综合枢纽，如机场、火车站等集疏运体系依然以出租车和小汽车等公路交通方式为主，枢纽周边经常出现交通流疏导不畅导致交通拥挤和堵塞现象，很大程度上影响了区域交通一体化的运行效率。以北京首都国际机场为例，约70%的旅客通过出租车

和小汽车方式集散，轨道交通和地面公交出行所占比例仅为20%左右。相比东京、中国香港等国际机场而言，大容量公共交通方式所占比例偏低（图12-21）。

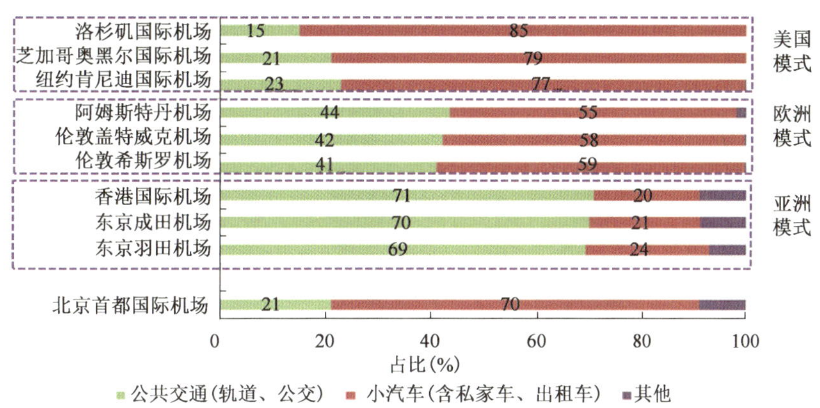


图12-21　北京首都国际机场与世界各大城市机场旅客集疏散方式对比

## 三、公共交通服务水平不高，与小汽车相比竞争力不够

虽然近些年来公共交通基础设施的规模大幅提高，但总体而言，公共交通设施和资源的使用效率较低，运行效率低、服务质量不高等问题突出，相对于小汽车出行方式缺乏竞争力。

从出行效率上看，以北京市为例，对比国外城市同等距离范围内的出行时间，在半径为20～30km的圈层内，北京的向心交通时间成本是巴黎、东京和伦敦的1.5倍，半径30km以外这一差距更是拉大到2倍以上（图12-22）。与小汽车的出行效率对比，地面公交全行程速度（门到门）仅为小汽车的54%，轨道交通全行程速度（门到门）为小汽车的83%（图12-23）。

| 不同圈层平均时间(min) | $R$<10km | 10km≤$R$<20km | 20km≤$R$<30km | 30km≤$R$<40km | 50km≤$R$<60km |
|---|---|---|---|---|---|
| 巴黎 | 26 | 55 | 64 | 70 | — |
| 东京 | 23 | — | 48 | 54 | 78 |
| 伦敦 | 28 | 49 | 59 | — | — |
| 北京 | 39 | 59 | 96 | 147 | — |

图12-22　巴黎、东京、伦敦、北京不同圈层出行时间对比

注：$R$为出行半径。

从服务品质上看，轨道交通早晚高峰拥挤问题突出，北京市轨道交通常规限流车站总数已达到96个，占到轨道交通站点总数的26%，限流措施也降低了轨道交通的服务品质

和吸引力。地面公交运营组织模式单一,在舒适性、可靠性、便捷性上都与小汽车有很大差距。

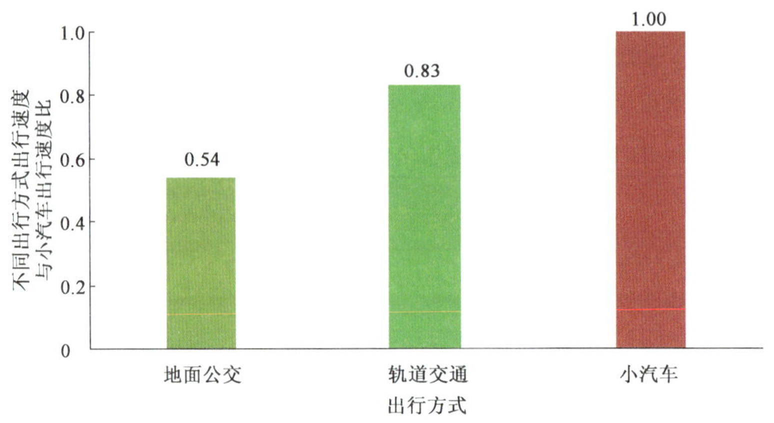


图 12-23 北京主要交通方式出行速度对比

注:数据来源于第五次北京城市交通综合调查总报告。

## 四、小汽车不合理保有及使用,停车矛盾日益凸显

小汽车保有量与城市人口密度之间呈畸形对应关系。与东京等世界城市普遍的"人口密度越高的区域,人均机动车拥有量越低"的分布态势相反,北京机动车主要集中在人口密度高的中心城区,核心区人均机动车保有量是世界同等城市的2倍(表12-4)。二环内核心区小汽车出行比例是世界大城市可比区域的2倍。2014年北京市小汽车一次出行距离在5km以内的占比为39.3%。

东京、巴黎、伦敦、北京不同区域小汽车保有量对比 表 12-4

| 区域 | | 人口密度(万人/km$^2$) | 千人小汽车保有量(辆/千人) |
|---|---|---|---|
| 东京(2016) | 新宿区 | 1.86 | 131 |
| | 23区部 | 1.50 | 173 |
| | 东京都 | 0.62 | 195 |
| 巴黎(2010) | 巴黎市 | 1.93 | 280 |
| | 巴黎近郊 | 0.59 | 429 |
| | 巴黎远郊 | 0.04 | 576 |
| 伦敦(2017) | 内伦敦 | 1.11 | 203 |
| | 外伦敦 | 0.42 | 369 |
| | 大伦敦 | 0.56 | 302 |
| 北京(2016) | 城二区 | 2.31 | 451 |
| | 城六区 | 0.91 | 289 |
| | 全市 | 0.13 | 252 |

注:数据根据各地统计局网站、交通调查人口、汽车保有量数据计算。

随着机动车保有量的快速增长，停车难、停车秩序混乱已成顽症，特别是路内违法停车已成为加剧交通拥堵的一个重要因素，也严重挤占了行人与自行车的通行空间。

## 五、步行、自行车出行环境差，出行比例大幅下降

在城市居民出行中，短距离出行占很大的比例。2014 年北京市六环内出行构成中，5km 以下的出行占 52.9%，步行和自行车是最适合短距离出行的交通方式。然而随着小汽车交通的迅猛发展，自行车出行比例总体上呈现下降趋势，自行车出行比例由 2000 年的 25.8% 下降至 2017 年的 11.9%（由于 2017 年共享单车快速发展，部分短距离出行转移到自行车出行，自行车出行比例较 2016 年增长 1.6 个百分点）（图 12-24），加剧了道路交通拥堵与空气污染问题。

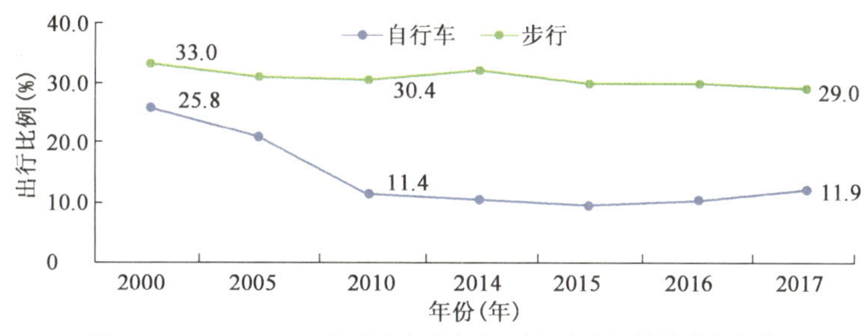


图 12-24　2000—2017 年北京市自行车、步行在出行结构中的变化

注：数据来源于北京市交通运行报告、第五次北京城市交通综合调查总报告。

## 六、城市货运效率不高，货运引发的拥堵与污染问题日益突出

随着城市货运交通量急剧上升，货运引发的交通拥堵与污染问题也日益突出。以北京市为例，由于运输效率低及车辆结构不优等原因，营运货车仅占机动车保有量的 3%，但污染排放占全市机动车污染排放的 27%，其中城市配送由于车辆规模较大，且运营范围集中于市域内，其污染排放贡献率占城市管辖货车的首位。以电子商务为主的末端配送无序发展导致与城市系统矛盾突出，造成通行秩序混乱、交通效率降低。当前城市货运问题主要体现在以下 5 个方面。

### 1. 政府规划的货运场站与实际需求脱节

城市部门规划的货运场站货运企业不愿经营，而市场自发形成的货运场站货运车辆对城市交通干扰大，场站运输效益不符合地区经济发展要求。

### 2. 城市货运基础设施不完善

末端配送配套的停靠、接卸设施不足，城市末端配送车辆沿街违法停车卸货的现象十分普遍，车辆占用交通资源导致通行效率低下。

3. 通行政策造成“以客代货”问题突出

绝大多数城市对货运车辆采取申请和发放通行证的形式进行管理。主要措施是：对不同地区、不同车型、不同载重量货车的通行时间、通行区域给出具体限制，发放不同种类的通行证限定通行要求。通行证的发放远不能满足货运需求，造成“以客代货”问题突出，北京市客车运输车次数占总货运车次数的38.16%。由于市区从事货物配送的客车运输效率远低于货车，直接导致城市配送运输效率低下，又加剧了道路交通压力。

4. 运输组织集约化程度低

城市共同配送仍处于起步阶段，北京城市共同配送货物所占比例仅为7%，远低于东京的74%。

5. 车辆结构不合理

从能源结构来看，新能源、清洁能源车辆比例较低。从排放结构来看，国Ⅲ及以下排放标准的汽、柴油货车比例较大。从车龄结构来看，平均车龄偏高。

## 第二节 症结分析

### 一、受理念、机制、法规、政策等约束，TOD难以真正落地

1. 理念认识层面，政府缺少动力

虽然政府普遍接受TOD的概念，但并没有在城市的实际建设中充分重视TOD理念的应用。一方面，TOD规划理念的短期效应并不明显，而且大部分无法量化。除了增加乘坐地铁的乘客数量之外，TOD还可以提高靠近交通节点地区的土地价值，但土地增值并没有立竿见影地增加地方财政的收入。另一方面，TOD并没有纳入政府官员的绩效考核机制，因此地方政府不会把促进TOD发展理念当作首要任务，通常在遇到矛盾和冲突时，要为经济收益和建设速度等因素让路。同时，部分地方政府、规划设计单位等对城市和交通发展的内在规律认识不清，缺乏落实TOD概念的知识和技术能力，国家和地方缺乏指导TOD规划建设的法规。

2. 缺少高效的沟通协调机制

TOD的实施需要地方政府、房地产开发商、交通建设运营企业等多方利益相关者的共

同努力，这给各方带来了高昂的沟通和协调成本。TOD 规划理念在实施过程中，往往因为缺乏机构间的协调，实施变得艰难。

TOD 的实施需明确轨道及土地沿线开发过程中政府各部门的职责分工及责任归属问题，明确实施主体、规划主体、投资主体、协调主体等。与 TOD 实施最为密切相关的政府部门分别是规划与建设管理部门、交通部门、国土部门，这三个机构分别负责了城市规划、交通规划、国土规划和管理。只有建立这三个机构及其所负责的相关专项规划之间的良好沟通合作机制，才能够保障 TOD 能够得到顺利的实施。除政府机构内部要建立沟通合作机制，政府机构与房地产开发商、公共交通建设和运营企业等各个部门和企业之间同样需要建立起完善的监管与沟通机制。

**专栏　建立高效的沟通协调机制**

广州市：《广州市轨道交通场站综合体建设及周边土地综合开发实施细则（试行）》对轨道交通沿线土地及相关综合体开发的工作流程中各部门的职责进行了详细的划分，并明确由市长担任指挥部组长（图 12-25）。

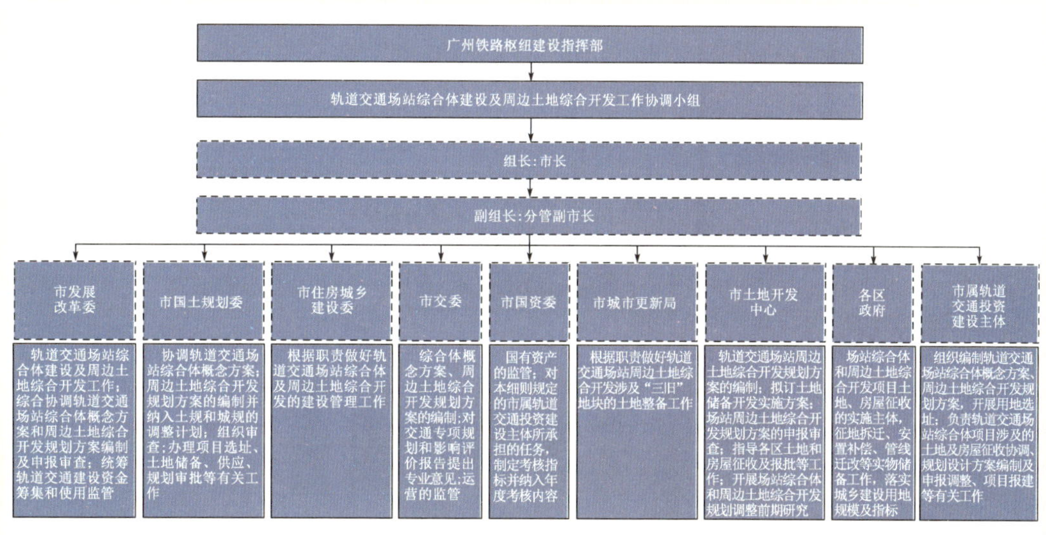


图 12-25　广州轨道交通场站综合开发各部门职责

深圳市：深圳在地铁 6 号线的开发过程中，成立了由市政府牵头，跨部门组成的领导小组，地铁集团作为委托方，同时开展了地铁工程可行性、TOD、投融资这“三位一体”的系统研究（图 12-26）。在做前期研究和确定规划目标时，就把潜在的投资人、运营商引入进来，一方面能够增加研究的专业度，另一方面也提供前期研究的利益博弈。

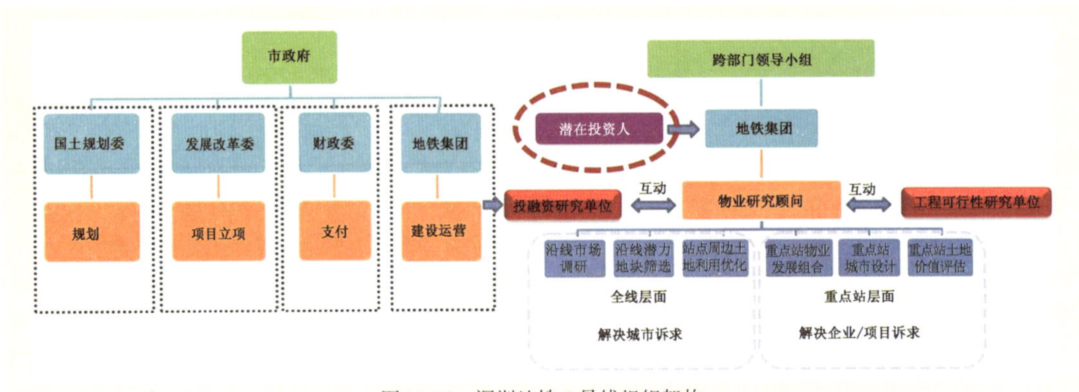


图 12-26　深圳地铁 6 号线组织架构

上海市：上海虹桥枢纽综合开发通过组建枢纽投资开发公司，实现枢纽地区综合开发投资、建设、运营主体的统一（图 12-27）。为有效推进虹桥枢纽的开发建设，上海成立了虹桥综合交通枢纽项目指挥部，并成立上海申虹投资发展有限公司（简称“申虹公司”）。申虹公司与虹桥交通枢纽指挥部为“两块牌子，一套人马”，承担枢纽指挥部办公室日常工作，负责总体协调，包括召集指挥部会议和日常推进会，统筹安排计划进度，协调各种矛盾。申虹公司由上海市土地储备中心、上海久事公司、上海机场（集团）三大股东构成，既是虹桥综合交通枢纽的建设公司，同时也是虹桥商务区开发建设的投资开发主体，从而实现了规划建设、协调指挥、投资开发和运营管理的统一，这在我国综合交通枢纽建设运营方面颇具代表性。

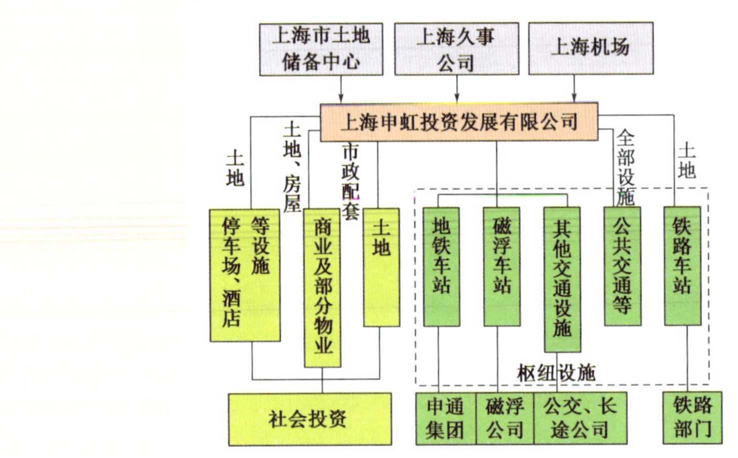


图 12-27　虹桥枢纽的投资开发架构图

3. 土地政策制约了交通枢纽、站点与周边用地的一体化开发

在土地供应方面，根据《中华人民共和国土地管理法》（2004 年修正）和国土资源部《划拨用地目录》的相关规定，交通基础设施用地供地方式为政府划拨，沿线开发用地属于

经营性用地需通过"招、拍、挂"获得，导致轨道建设和沿线土地开发的主体往往不同，利益难以协调。

在土地使用方面，目前尚未出台明确的对地面、地下、地上等进行分层管理的相关规定，若对枢纽场站上盖进行综合开发，则无法确定同一块土地的使用性质和权属。

**专栏　综合开发过程中的土地政策创新**

深圳市：深圳市出台了《深圳市国有土地使用权作价出资暂行办法》，针对土地出让方式进行了创新和制定改革，把土地作为一种资产，直接注入地铁公司，直接协议出让，该办法确定国有土地使用权作价出资在市地铁集团有限公司、市机场有限公司、市特区建设发展集团有限公司先行先试。作价出资合同由市规划和国土资源委员会、国有资产监督管理委员会和地铁公司三方签订。市规划和国土资源委员会负责用地的出让和将来房地产开发方面的监管，国资委负责土地获取之后国有资产的开发经营，但开发方式不限，合作开发、自主开发均可。同时，深圳市政府还出台了《深圳市国有土地使用权作价出资工作委内部实施流程》，主要分为几个阶段：①土地作价出资申请的提出与批准；②用地规划设计要点及价格评估；③市政府审议用地价格方案及价格；④签订土地使用权作价出资合同；⑤市国资主管部门对市地铁集团增加出资进行监督；⑥办理土地使用权初始登记并完善出资后手续；⑦地铁集团完善后续手续、办理公司变更登记等。

广州市：《广州市轨道交通场站综合体建设及周边土地综合开发实施细则（试行）》将开发用地分为两类：

场站综合体：是按照零距离换乘、一体化建设运营要求，构建轨道交通场站及相关设施布局协调、交通设施无缝衔接、地上地下空间充分利用、轨道运输功能与城市综合服务功能有机衔接的一体化建设项目。

周边土地综合开发：在以轨道交通场站综合体为中心的800m半径区域，建立集交通、商务、商业、文化、教育、居住为一体的城市功能区（图12-28）。

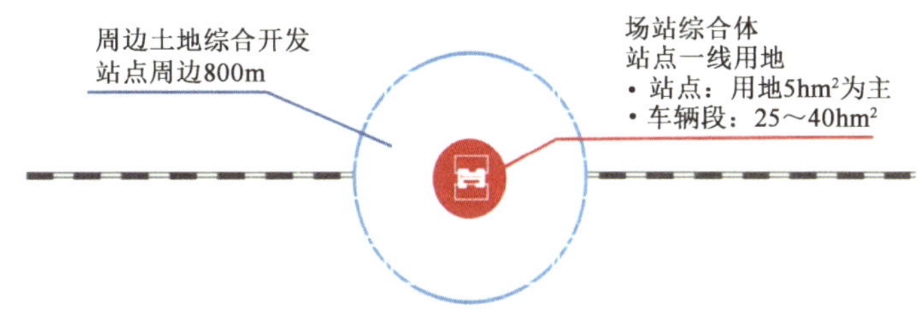


图12-28　广州轨道交通场站综合体建设及周边土地综合开发示意图

《实施细则》规定：轨道交通场站综合体建设用地和周边土地综合开发用地可视情况联动供应，统一建设开发，由土地使用权取得者负责轨道交通设施建设及综合开发。

4. 城市规划和交通规划错位，既有规范与 TOD 理念冲突

城市总体规划、土地规划与交通规划在制订时序及层级上的不协调，造成了城市土地利用开发与交通基础设施建设时间表错位。一方面，在以往的很多城市规划中，城市规划对各项建设用地统筹安排，配置包括交通设施在内的各项基础设施，而交通规划在这个过程中仅仅作为城市总体规划中的一个专项子规划，处于城市规划的从属地位。另一方面，城市土地规划，尤其是城市总体规划，通常预先制订 10 ~ 20 年，一旦计划获得批准就不能轻易改动，不容易适应新的变化。但是城市轨道的扩张速度往往超出土地使用计划之外，地铁站周边的土地使用也没有因为轨道的建设而做出迅速的调整变化。

既有规范与 TOD 理念冲突。住房和城乡建设部 2015 年出台《城市轨道沿线地区规划设计导则》，在规范层面保证了 TOD 的规划设计理念在我国的实施。但是部分国家规范及大多数城市的相关规划设计规范条例仍与 TOD 设计理念存在冲突，主要体现在：道路宽度、道路密度、慢行系统、容积率、土地混合利用几个方面。以容积率为例，国内大部分城市对轨道交通、综合枢纽等交通设施周边的土地容积率有一定控制。如北京市，根据《北京市城市建设节约用地标准（试行）》和控制性详细规划编制的一般规定，交通用地的容积率一般较低，建筑开发强度不能太大，“轨道交通站点周边（500 ~ 1000m）居住用地（一类居住用地除外）的容积率最高不超过 2.8”。较低的容积率很大程度上限定了枢纽土地综合开发的合法性和可行性。

**专栏　交通规划与城市规划协调**

深圳市：深圳将城市总体规划、法定图则、控制性规划分别与轨道网络规划、轨道详细线路规划、轨道站点交通与城市设计进行对应，形成了一套“宏观层面协调、中观层面调整、微观层面结合”的轨道规划设计体系，轨道建设与城市规划互动，落实 TOD 发展意图（图 12-29）。

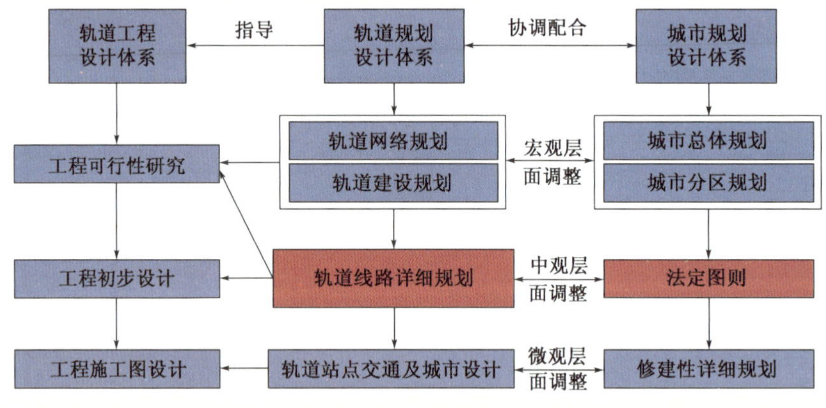


图 12-29　深圳市基于 TOD 框架的城市规划体系

针对交通设施周边土地容积率偏低的问题，深圳市做了一些尝试，出台了《深圳市城市规划标准与准则(2014)》，鼓励土地混合利用、规范用地开发控制，进一步促进土地的精细化和规范化的管理。在容积率方面，对交通设施周边的土地容积率进行了不同程度的提升，居住用地、商业服务用地地块容积率根据地块周边地铁站及覆盖情况进行容积率修正(表 12-5)。车站综合定位分为枢纽站和一般站两类：以站点几何中心作为规定半径计算基点，规定半径分别为 0 ~ 200m 和 200 ~ 500m 两个等级；对跨越不同规定半径的地块，宜根据相应的修正系数和影响范围面积加权平均，折算到整个地块；远期实施的轨道交通线路站点原则上不考虑修正。深圳市通过标准提高了交通设施周边的容积率修正系数，制度化地引导了轨道交通站点的高强度开发，提升了土地资源的利用效率。

轨道站点周边地块容积率修正系数 表 12-5

| 区位情况 | 与站点间的距离(m) | 车站综合定位 | |
|---|---|---|---|
| | | 枢纽站 | 一般站 |
| 修正系数 | 0 ~ 200 | +0.60 | +0.40 |
| | 200 ~ 500 | +0.40 | +0.20 |

中国香港：香港首先在城市规划体系中，通过规划政策在轨道交通站点周边划定特定控制区；然后经过各项法律明确控制区内的规划指标，从土地使用性质、容积率和建筑覆盖率等指标出发，在实施过程中有法律强制性，从而保障控制区有效开发(图 12-30)。

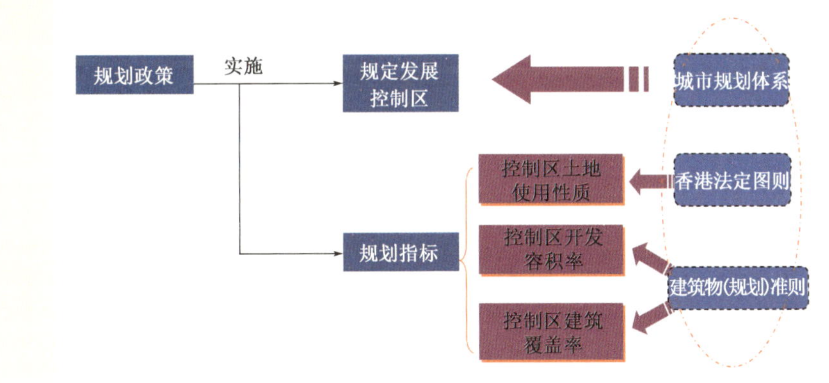


图 12-30 香港交通设施与土地利用协同的机理

## 二、小汽车保有和使用成本低，缺少常态化的需求管理手段

目前，我国大部分城市采取的是粗放式的以行政手段为主的交通需求管理政策(表 12-6)，经济、技术手段及法律保障应用不足。反思很多城市已经实施的机动车工作日高峰时段区域限行、小客车数量调控等需求管理措施，仍存在效果有限、不可持续等问题，主要体现在：目前的“摇号”调控政策只针对增量，不涉及存量，形成“只增无消”的局

面，且无法调节机动车保有分布，无法形成与土地资源相适配的机动车保有分布格局；随着机动车保有总量的增加，"限行"效果持续弱化；"摇号"和"限行"政策很大程度上刺激了小汽车不合理的购买需求（如北京规定，取得购车资格必须在12个月内购车，造成需求假象；"限行"政策可能会促使部分家庭购买第二辆车等），无法引导公众形成理性的小汽车保有和使用意识。

部分城市机动车调控措施　　表12-6

| 城市 | 控制保有手段 | 时间 | 数量（辆） | 配套措施 |
| --- | --- | --- | --- | --- |
| 北京 | 无偿摇号 | 2011年1月 | 10万/年 | 五环内工作日高峰限行（2号/天）、外地车限行 |
| 上海 | 有偿拍卖 | 1994年 | 10万/年 | 外地车进入收费、沪C牌照中心城区限行 |
| 广州 | 新能源"无偿摇号"：普通车"无偿摇号"："有偿拍卖"=1:5:4 | 2012年8月 | 1万/月 | — |
| 天津 | 新能源"无偿摇号"：普通车"无偿摇号"："有偿拍卖"=1:5:4 | 2013年12月 | 9000/月 | 外环内工作日白天尾号限行（2号/天） |
| 杭州 | "无偿摇号"："有偿拍卖"=8:2 | 2014年3月 | 8万/年 | 主城区工作日尾号限行（2号/天）、外地车限行 |
| 贵阳 | 无偿摇号 | 2011年7月 | 2万/年（专段号） | 车牌分两类，一类是专段号，可以在贵阳任何地区使用；另一类是普通号，不限制购买数量，但不允许进一环 |
| 深圳 | "无偿摇号"："有偿拍卖"=6:4 | 2015年1月 | 10万/年 | 外地车在福田区、罗湖区、南山区、盐田区内的道路及部分中心城区道路限行 |

小汽车保有及使用成本极低是造成小汽车的过度增长和使用的重要原因之一。以停车为例，北京市夜间免费停车比例为51.5%（图12-31），以工作为目的的出行中，免费停车的比例高达95.6%（图12-32）。停车问题产生表面上看是供给不足，而深层次原因却是忽视城市土地资源紧缺的现实，交通政策不对路、交通执法不到位、经济手段不合理，客观上选择了刺激停车需求的发展模式。2016年我国城镇居民人均住房建筑面积为36.6$m^2$，车均停车面积25～40$m^2$（地面、地下车库及地上停车楼），在人口密度高、土地资源稀缺的情况下，停车需求是无法无限制加以满足的，为小汽车免费解决停车位不仅导致土地资源的浪费，也是不公平的。

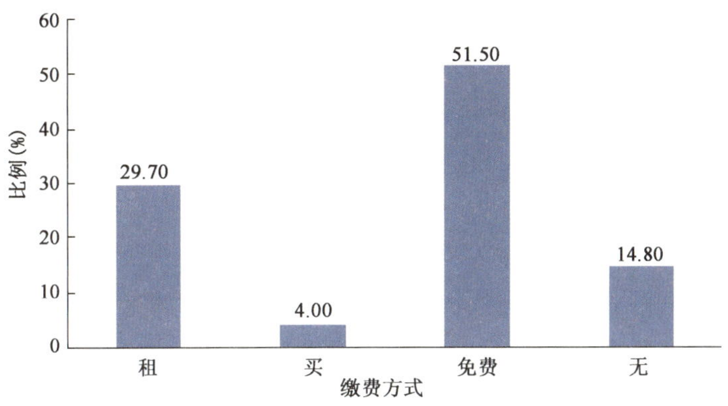


图 12-31 北京市夜间停车缴费方式构成分布

注:数据来源于第五次北京城市交通综合调查总报告。

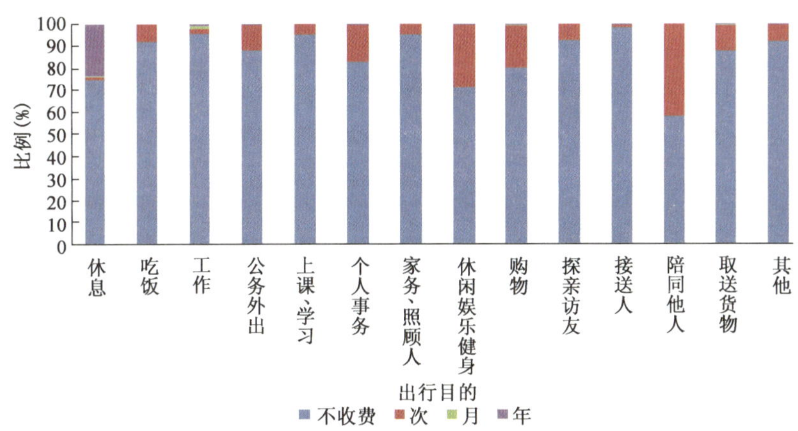


图 12-32 北京市基于出行目的划分的停车缴费方式构成结构图

注:数据来源于第五次北京城市交通综合调查总报告。

## 专栏 小汽车保有和使用调控国际案例

1. 提高拥车门槛

新加坡于1990年5月开始实施车辆配额制度来限制每年可以销售和注册的汽车数量,认购权有效期为10年(出租汽车8年),10年之后,机动车必须注销或更新认购权,使得机动车增长率降低到1%。中国香港主要是采用首次登记税及车辆每年牌照费来调节私家车的拥有量,使得机动车增长率保持在1%~5%之间(图12-33)。

2. 提高小汽车用车成本

伦敦、新加坡、斯德哥尔摩对在交通拥挤时段进入特定区域(如城市中心区)道路的车辆实行拥挤收费政策,以减少进入市中心区的机动车辆。柏林、米兰实行环境准入政策，限制排放标准不达标的机动车进入所划定的区域或根据机动车尾气排放量进行收费。伦敦、东京则通过提高中心区的停车价格，提高小汽车的使用成本。这些措施有效缓解了城市中心区的交通拥堵。以伦敦为例，实施拥堵收费后：收费区域交通量下降25%；在减少的小汽车出行中50%～60%转向公共交通系统；平均出行时间缩短约15%；拥堵水平下降15%。

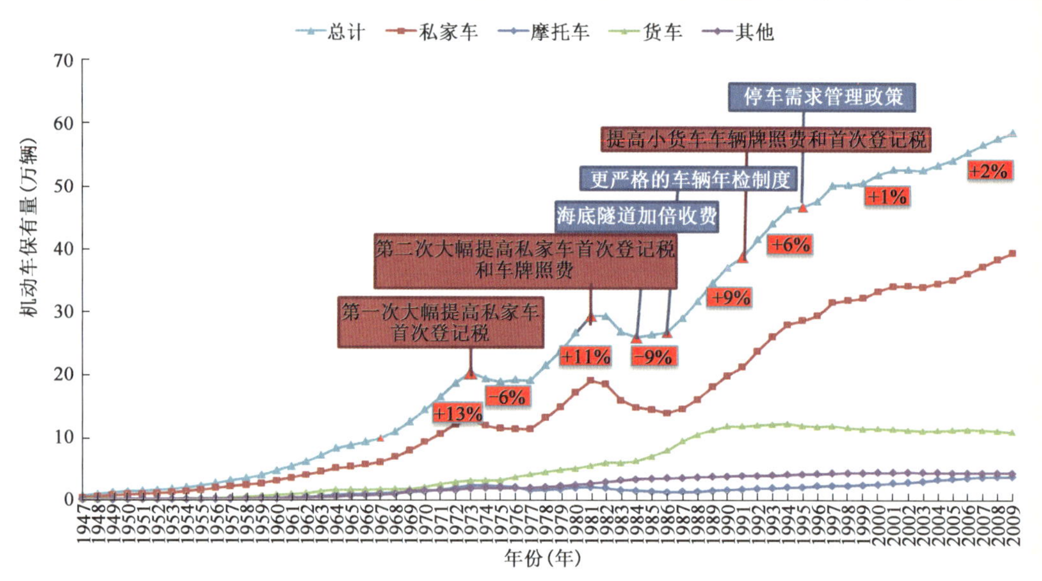


图12-33 香港机动车调控措施

3.发挥停车对小汽车保有和使用的调控作用

从世界城市交通治理的实践经验来看，停车治理是调控机动化进程和缓解交通拥堵最有效、使用最广泛的措施。

1）完善的停车法律是解决停车问题的有效途径

第二次世界大战后，日本经济快速发展，机动车保有量也增长迅速，也曾经历了机动车保有量突破承载能力，停车秩序混乱等问题。在这一背景下，日本针对不同类型的停车管理制定了一系列法律法规（包括《道路交通法》《城市规划法》《停车场法》《汽车保管场所法》《东京都停车条例》等，见表12-7），并经过不断的修订和完善，形成了一套全面、完善的停车场法律体系，使停车建设与管理有法可循。为有效解决夜间乱停车问题，日本于1962年制定了《汽车保管场所法》。该法明确规定小汽车所有者在车辆注册时必须拥有夜间停车泊位证，否则不允许购买汽车，并且当机动车所有者变更住址，或者是变更机动车泊位地址时，同样需要到公安机关登记，有效解决了夜间居民小汽车无处可停的问题。

日本历年制定的停车场法规　表 12-7

| 立法年份 | 立法名称 | 立法内容 |
|---|---|---|
| 1957 年<br>（昭和 32 年） | 制定停车场法<br>（国家） | ①指定应当配建停车场的地区；<br>②促进路内及路外停车场的合理设置；<br>③停车设施的配建义务；<br>④停车场的结构、设施、管理的标准 |
| 1958 年<br>（昭和 33 年） | 制定东京都停车场条例 | 指定停车场配备地区，指定停车配建义务适用地区停车设施的配建义务制度（公共住宅同样适用） |
| 1958 年<br>（昭和 33 年） | 制定路内停车场设置规划 | 配建提供短时间停车、装卸货物、旅游巴士等服务的路内停车场 |
| 1962 年<br>（昭和 37 年） | 制定确保汽车保管场所的相关法律（国家） | 领取汽车牌照（车牌）需出示车库证明 |
| 1972 年<br>（昭和 47 年） | 修改道路交通法（国家）<br>实施限制时间的停车规定 | 设置停车咪表，监测和限制车辆停车时间 |
| 1991 年<br>（平成 3 年） | 发布停车设施配备规划指导方针 | 针对东京小汽车保有量的飞速增长，推出停车问题综合解决方案，公布解决停车问题的基本方针和调查方法 |
| 1992 年<br>（平成 4 年） | 东京都公共住宅停车设施配建纲要 | 若新建超过 2000m$^2$ 的公共住宅，则需在用地范围内配建停车设施，其数量应占住宅数的 30% 以上 |

2）严格的停车执法是停车政策取得预期效果的保障

1991—2006 年，东京采取了一系列包括取缔部分路侧停车、高额罚金 + 扣分的违法停车处罚、推广交通检察员制度、分区域禁止夜间路内停车等在内的措施，在减少停车乱象和缓解交通拥堵方面取得了显著的效果。

3）停车价格是调控停车需求的重要手段

高昂且差别化的停车收费价格是东京停车的主要特征之一，土地价值最贵的中心商务区停车费用也最高，停车价格尊重市场规律，反映真实成本（图 12-34）。香港售价超过百万港元的停车位比比皆是，香港金融核心区附近的停车位，平均成交价格超过 300 万港元，比香港新界的小户型公寓价格还高。2008 年，曼哈顿停车位平均售价16 万美元，即 11800 美元/m$^2$，与公寓均价 11900 美元/m$^2$ 相差无几，且停车位价格还在不断上涨。

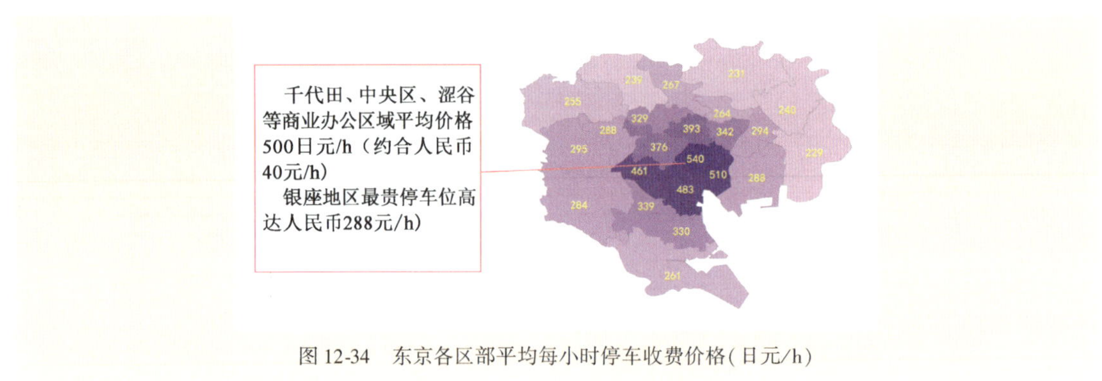


图 12-34　东京各区部平均每小时停车收费价格(日元/h)

## 三、车本位思想根深蒂固，路权向机动车倾斜的态势仍未遏制

在道路规划和管理中，车本位思想依然根深蒂固，将道路空间功能仅理解为小汽车交通功能，以满足小汽车出行需求为主，压缩公共交通、步行、自行车交通空间和活动空间，将路权过多地给予了小汽车交通。

1. 路网结构不合理，注重大马路建设

总体上，全国城市道路网密度普遍偏低(表 12-8)。许多城市过于追求大尺度、宽马路的交通基础设施，造成街道尺度比例失调，割裂了城市的延续性，破坏了城市生活环境。

国内与国外城市路网密度对比　　表 12-8

| 国际城市 | | 路网密度(km/km²) | 国内城市 | 路网密度(km/km²) |
|---|---|---|---|---|
| 美国 | 纽约 | 13.1 | 北京 | 4.7 |
| | 芝加哥 | 18.6 | 上海 | 6.7 |
| | 旧金山 | 36.2 | 广州 | 7.3 |
| 日本 | 东京 | 18.4 | 武汉 | 3.2 |
| | 横滨 | 19.2 | 深圳 | 5.7 |
| | 大阪 | 18.1 | 大连 | 6.0 |
| | 名古屋 | 18.1 | 杭州 | 5.2 |
| 巴塞罗那 | | 11.2 | 成都 | 5.9 |
| — | | — | 昆明 | 4.7 |

2. 公共交通、行人和自行车交通路权难保障

以北京市为例，公交专用道大部分施划在道路条件较好的主干路上，最拥堵、公交客流最集中的路段反而缺少公交专用道，公交专用道尚未形成网络，公交优先仍然没有得到真正体现。

行人和自行车交通的空间受到挤压，安全感日益下降，表现为：步行道、自行车道被任意占用和压缩；自行车停车设施不足；无障碍设施及盲道不规范、不成系统；行人过街需长距离绕行，行人过街设施缺乏对交通弱者的考虑，安全得不到保障，交通弱者出行困难。

## 四、公共交通功能层次和服务模式单一，难以满足多样化需求

### 1. 轨道交通功能层次单一

轨道交通是引导大城市及城市群发展的必要条件。与国际大都市区相比，我国城市轨道系统层次单一，2017 年我国大陆地区城市轨道交通运营线路制式结构中，77% 为地铁（图 12-35）。纽约、巴黎、东京、伦敦等城市地铁在轨道网络中所占比例仅为 10% ~14%；市郊铁路（区域快线）占 80% 以上（表 12-9）。中心城区地铁覆盖密度不足，大容量、高效率的市郊铁路系统和区域快线发展滞后，造成了轨道交通拥挤、效率不高等问题，不仅无法满足多层次差异性出行需求，更无法支撑城市更大范围的交通服务。

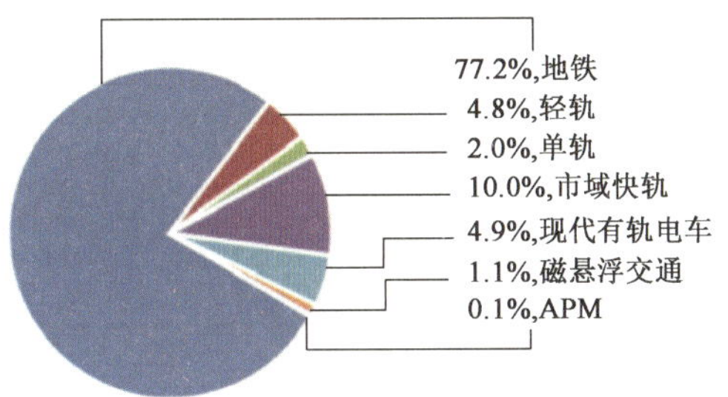


图 12-35　2017 年我国内地城市轨道交通运营线路制式结构

国际大都市圈轨道交通网络构成　　表 12-9

| 都　市　圈 | 市郊铁路（km） | 地铁（km） |
|---|---|---|
| 纽约（2013） | 2280 | 373 |
| 巴黎（2012） | 1484 | 219 |
| 伦敦（2011） | 3650 | 402 |
| 东京（2012） | 2013 | 291 |

注：市郊铁路含区域快线。

从城市群层面看，目前京津冀、长江三角洲、珠江三角洲等城市群城际快速轨道交通网仍不完善。以京津冀地区为例，京津冀城市群内各城市之间的联系主要通过既有的国铁干线（普速铁路、高速铁路等）兼顾承担，而国铁干线主要服务的是城市群对外的中长途客流，在站点设置、发车频率、服务水平上难以满足城市间频繁交流和高效出行的需要。目前，只有京津城际在发车频次上能够满足区域两个城市频繁交流和高效出行的需要（当前京津城际最短发车间隔为 5min，30min 左右到达，实现商务出行一日往返）。随着全国高铁将逐渐连通成网，既有高速铁路将主要满足区域对外的中长途客运需求，难以保障区域内城际客流需求，亟待加快城际铁路建设。

### 专栏　多层次轨道交通

城市群(都市圈)范围内的交通可分为三个层次:一是中心城市中心城区范围内的交通,即城市交通,主要以市民的日常出行为主;二是中心城市与其周边城市或城镇相互联系所产生的交通,即都市圈交通,主要以通勤出行为目的;三是城市群各中心城市之间的交通,即城际交通,主要以商务、休闲、娱乐、货物流通等为目的。不同层次的出行目的不同,所产生的交通需求以及交通服务要求也不一样。从纽约、巴黎、东京等国际城市群交通的空间圈层分布特点来看,轨道交通具有明显的圈层分布特点(表 12-10)。

国际城市群不同空间圈层轨道交通体系　表 12-10

| 分类 | 纽约 | | 巴黎 | | 东京 | | 特点 |
|---|---|---|---|---|---|---|---|
| | 空间层次 | 主要服务形式 | 空间层次 | 主要服务形式 | 空间层次 | 主要服务形式 | |
| 城市中心区半径 15km | 五个区 | 地铁 | 巴黎及近郊三省 | 地铁、有轨电车 | 23 区 | 地铁<br>单轨 | 线网密、站距小,满足日常出行 |
| | 面积 789km$^2$ | 373km | 面积 762km$^2$ | 215km | 面积 621km$^2$ | 291km | |
| 都市圈半径 50～70km | 纽约州—新泽西州—宾州都市区 | 市郊铁路 | 大巴黎地区 | RER 快线、市郊铁路 | 一都三县 | 私铁、JR | 快速、大运量,满足通勤出行 |
| | 面积 1.7 万 km$^2$ | 2280km | 面积 1.2 万 km$^2$ | 1485km | 面积 1.3 万 km$^2$ | 2013km | |
| 城市群半径 70km 以外 | 美国东北部城市群 | 阿西乐快线 | 欧洲西北部城市群 | TGV 高铁 | 日本东海道城市群 | 新干线 | 高效、舒适、多样,满足商务出行 |
| | 面积 13.8 万 km$^2$ | | 面积 14.5 万 km$^2$ | | 面积 10.5 万 km$^2$ | | |

同时,区域轨道交通体系中各层级之间难以完全划清界限,通常是你中有我、我中有你,应重视各层级网络功能的融合,最大限度实现通道资源共享。

2. 地面公交服务模式单一

随着出行需求的多样化和复杂化,按固定网络和运力配置、定时定线运行这一传统运营服务模式无法为出行者提供多样化服务,导致公共交通愈来愈难以与小汽车竞争,服务吸引力每况愈下。从世界经验来看,提供多层次公交服务,是世界各大城市提高公交吸引力,吸引小汽车向公共交通转移的重要途径。例如香港地区除了专营巴士、非专营巴士(包括居民、雇员、学生、酒店及旅游服务等)之外,还有 4300 余辆公共小巴(红色小巴和绿色小巴),为市民提供跨区、非固定路线的弹性公交服务。新加坡在普通公交服务基础上,推出精品巴士服务计划(车辆拥有保障性座位、舒适度更高、线路直达性更好),吸引小汽车出行者乘坐公共交通。

## 五、城市交通与区域交通在规划、建设与运营层面缺乏统筹

1. 规划层面缺乏统筹

跨省域、跨市域的交通规划涉及多省、多市、多部门,编制主体、审批程序尚未明确。受条块分割的体制制约,不同部门的规划(铁路、公路、民航、城市交通)之间存在规划目标、时序的不一致,相互之间缺乏有效协调。

2. 建设层面缺乏整合

以综合客运枢纽为例,目前建设投资主体多头,协调难度大,致使各种交通方式之间难以实现优势互补和有机衔接,难以充分整合公共资源。

3. 运输服务缺乏衔接

由于不同运输方式隶属不同管理部门,分散的管理模式导致各种方式运输组织、运营时间接续、标志标识、信息发布等难以一体化。

## 六、城市货运管理基础薄弱,缺乏整体发展规划

长期以来"重客轻货"的管理思路导致货运管理基础薄弱,特别是政府未能采取有效措施充分收集和掌握货运行业大数据,难以在设施规划、通行政策制定等方面发挥精细化引导和管理作用。

国际大城市纷纷将城市货运发展规划融入交通运输规划和城市发展整体规划中,从供给、需求、信息化和行业全局性管理入手,统筹谋划城市货运发展。而从我国各城市的城市交通发展规划来看,既有交通规划中货物运输的相关规划内容较少,城市货运规划尚没有与城市交通规划和总体规划有机融合。同时货运因多部门管理而受到一定的制约,各管理部门协调沟通不够顺畅,造成行业管理水平的提高较为缓慢。

# 第四章
# 新时代城市交通发展的使命

## 第一节 交通发展的国际经验

### 一、城市交通需求与城市规模、形态、密度相关，需因地制宜匹配交通供给与管理政策

城市形态和交通之间具有极大的关联性，人口密度高的城市其公共交通基本上是以轨道交通为主导，如亚洲的中国香港和东京，人口密度低的城市交通则是以小汽车为主，如亚特兰大、洛杉矶和休斯敦等。从世界各大城市小汽车保有量分布来看，呈现"外高内低"的分布特征(图12-36)。从出行结构分布来看，均呈现出公共交通出行比例中心城高，外围区低的特点(图12-37)。这种小汽车保有分布特征和出行结构特征的形成与城市密度以及交通供给和管理政策导向有关。即人口密度越大，道路等土地资源越稀缺的地区，

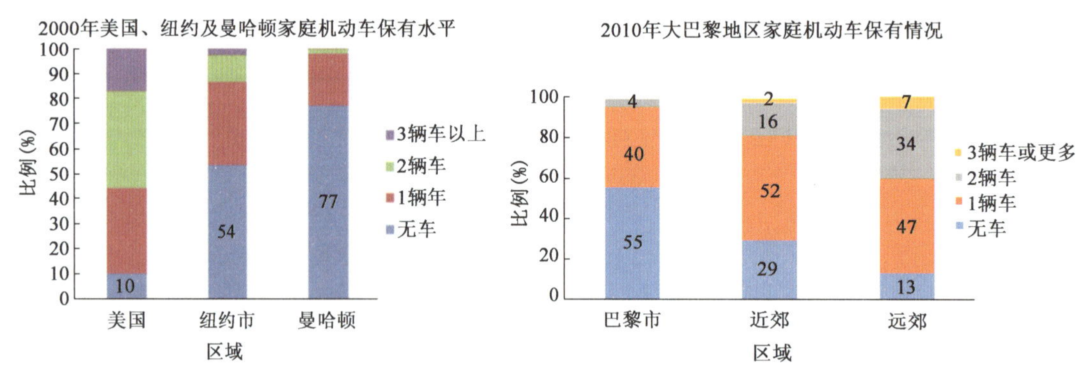


图12-36 美国、纽约及曼哈顿、大巴黎地区家庭机动车保有量情况

注：数据来源于美国、大巴黎地区交通普查。

越需要采用公共交通出行方式，并对小汽车保有和使用进行调控。应从不同区域交通需求和可能提供的交通资源实际状况出发，实施因地制宜的匹配交通设施供给与管理政策。

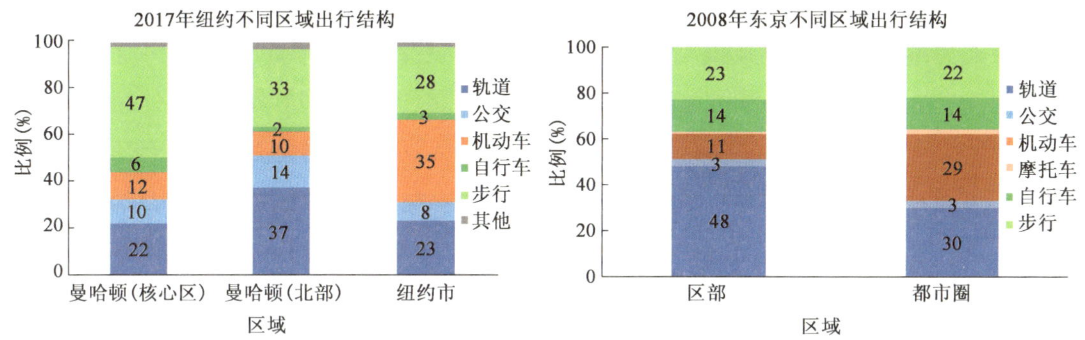


图 12-37　纽约、东京不同区域交通出行结构

注：资料来源于美国城市出行调查、东京第五次交通综合调查。

## 二、单纯的道路基础设施建设不能真正有效解决交通问题

从国际大城市交通发展经历来看，二十世纪四五十年代各国城市都曾将道路基础设施大规模建设作为改善交通拥堵的手段。但事实证明，这一思路并未有效解决交通问题，例如洛杉矶在这一阶段建成了70%以上的高速公路，1920—1960年，小汽车需求迅速膨胀，洛杉矶在其牵引下平摊出低密度城区，最终导致居民出行主要靠汽车代步，公交系统的角色渐渐被公路网络取代，对外交通主要依赖高速公路网，电车服务最终停止，多数铁路运营商转型为巴士服务商，部分运营商倒闭。20世纪90年代，多种交通需求管理政策已经无法应对严重的交通和城市问题。当斯定律指出，在政府对城市交通不进行有效管制和控制的情况下，新建的道路设施会诱发新的交通量，而交通需求总是倾向于超过交通供给。如果一味强调扩大道路设施供给，如拓宽进出城主要道路以应对早晚高峰拥堵，建设大立交以缓解主要交叉口拥堵等，表面上看对缓解拥堵起到了作用，短期效果十分明显，但从长远来看，将进一步助长小汽车出行需求无节制的膨胀。

世界大城市在解决城市交通问题方面都经历了从扩大基础设施建设到优先发展公共交通与交通需求管理并重、绿色出行方式（自行车、步行）回归等多个阶段（图12-38）。

## 三、国际大城市新一轮城市交通发展战略关注社会和经济的可持续发展

在国际大城市新一轮交通发展战略制定中，社会和经济的可持续性是各大城市共同关注的主题，更加关注人的体验与生活品质的提升，同时注重交通对经济活力、社会公平、环境质量的影响，重视实现交通与用地协调发展，强化对城市的基础支撑作用；重视步行与自行车交通，释放城市发展活力；为市民提供多方式、高品质、绿色、安全、公平的交通服

务等。如伦敦发布的《市长交通战略草案(2017)》提出,要吸引更多的人在伦敦居住就业,将伦敦打造成更宜居的城市。交通发展战略将减少对汽车使用的需求作为首位目标,通过健康街道健康市民、提升公共交通体验来改变市民的出行模式,进而围绕着新的出行模式在城市内规划新的居住和就业场所。《新加坡陆路交通白皮书》(2013)提出致力于实现"以人为本的陆路交通系统"远景目标,专注于"改善出行体验"。《纽约城市总体规划:建设一个富强而公正的城市》(2015)提出构建可靠、安全、可持续及便利的纽约市交通网络,满足所有纽约人需求,支撑纽约市经济增长需要,发展策略包括改善公交服务、应对通勤需求的公共交通网络扩容、拓展城市自行车网络、为城市高龄及残障人士提供更加便捷的交通网络、推进更加绿色高效的货运、为三大主要机场提供可靠便捷的公共交通等(表 12-11)。

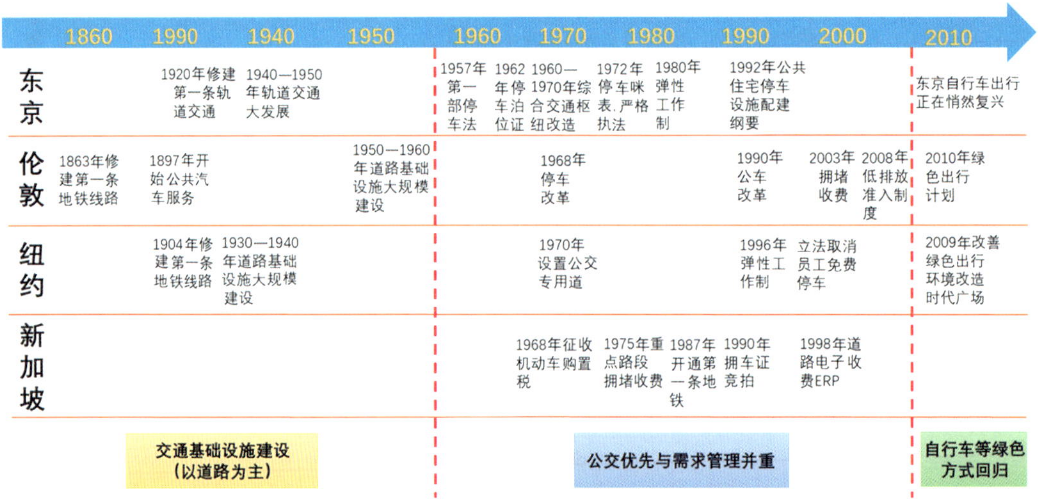

1860 1990 1940 1950 1960 1970 1980 1990 2000 2010

东京
1920年修建第一条轨道交通
1940—1950年轨道交通大发展
1957年第一部停车法
1962年停车泊位证
1960—1970年综合交通枢纽改造
1972年停车咪表、严格执法
1980年弹性工作制
1992年公共住宅停车设施配建纲要
东京自行车出行正在悄然复兴

伦敦
1863年修建第一条地铁线路
1897年开始公共汽车服务
1950—1960年道路基础设施大规模建设
1968年停车改革
1990年公车改革
2003年拥堵收费
2008年低排放准入制度
2010年绿色出行计划

纽约
1904年修建第一条地铁线路
1930—1940年道路基础设施大规模建设
1970年设置公交专用道
1996年弹性工作制
立法取消员工免费停车
2009年改善绿色出行环境改造时代广场

新加坡
1968年征收机动车购置税
1975年重点路段拥堵收费
1987年开通第一条地铁
1990年拥车证竞拍
1998年道路电子收费ERP

交通基础设施建设(以道路为主)
公交优先与需求管理并重
自行车等绿色方式回归

图 12-38 国际城市交通治理历程演变

国际大城市新一轮交通发展战略要点

表 12-11

| 城市 | 目　标 | 战略/策略 | 指　标 |
|---|---|---|---|
| 伦敦(2017 年) | 不仅仅吸引更多人在伦敦居住就业,更要将伦敦打造成更宜居的城市。将减少对汽车使用的需求作为首要目标 | 健康街道、健康市民、提升公共交通体验、构建新的居住和就业场所 | 绿色出行比例、运动出行(active travel)时间、交通死亡/伤害率、交通排放、公共交通可达性(步行时间) |
| 新加坡(2013 年) | 致力于实现"以人为本的陆路交通系统"远景目标,专注于"改善出行体验" | 更多的交通连接、更好的交通服务、宜居包容的社区 | 公共交通可达性(步行 10min 到地铁站的比例)、公共交通行程时间、高峰时段公共交通出行比例 |
| 纽约(2015 年) | 可靠、安全、可持续及便捷的纽约市交通网络,满足所有纽约人需求,支撑纽约市经济增长需要 | 改善现有公共交通服务、拓展城市自行车网络、提高高龄及残障人士出行可达性、推进更加绿色、高效的货运等 | 公共交通可达性(45min 通勤距离以内的就业岗位数)、轨道交通运载力、自行车通勤指数、铁路货运比例等 |

## 第二节 交通需求发展变化趋势

### 一、都市圈范围内的通勤联系进一步加强

我国《国家新型城镇化规划(2014—2020年)》提出“优化城镇规模结构,增强中心城市辐射带动功能,加快发展中小城市,有重点地发展小城镇,促进大中小城市和小城镇协调发展”“推动特大城市中心城区部分功能向卫星城疏散,强化大中城市中心城区高端服务、现代商贸、信息中介、创意创新等功能”。随着新型城镇化战略的实施,中小城市将成为新型城镇化发展的重点和主导方向,预计未来仍以人口吸引为主,交通需求总量增加。

对于北京、上海等千万级超大城市而言,交通需求的增长存在一定的不确定性,交通系统的构建需要更加具有弹性和兼容性。一方面,巨大的城市规模和发展惯性使得人口增长压力可能会长期存在。从近年的发展趋势来看,超大城市人口的增长在短时间内仍将持续,人口规模增速有可能放缓。另一方面城市功能的疏解并不一定意味着交通需求的疏解。从国际大城市发展规律看,在城镇化快速发展阶段,国内外大城市在面对不断涌现的“城市病”背景下纷纷采取疏解中心城人口、产业的策略,建立了一批城市副中心(新城),推动大城市空间规划由单中心向多中心发展。从这些世界大城市的发展历程来看,虽然人口向外疏解,但都市圈范围内人口增加的趋势一直没有改变,而且中心区就业密度依然不断提高。以东京为例,通过人口疏解,东京23区部人口自1965年至1995年下降10.4%,然而整个东京都市圈人口一直保持增长态势。同时由于中心区的就业密度依然持续提高,东京都周边的千叶、埼玉、神奈川县与东京23区部具有紧密的向心通勤联系(图12-39、图12-40)。通过人口和功能疏解,巴黎市中心人口自1968年至1999年下降17.9%,然而整个大巴黎地区人口持续保持增长态势。巴黎都市圈和纽约都市圈虽然在城市次中心间有一定的通勤联系,但市区与周边市镇间的通勤交通联系依然占主导(图12-41)。伴随着大城市人口和产业的疏解以及中心城区产业结构的转型,中心城周边地区、郊区、新城、新市镇将是承接新增人口的主要区域,同时随着多层次轨道交通建设,预计都市圈范围内的通勤联系会进一步加强,包括通勤范围的扩大、通勤客流的增加。

### 二、城市群内部各城市之间的交通联系进一步增强

城市群区域经济一体化和城镇化进程进一步加快,城市群内部各城市之间的沟通和联系也将进一步增强。未来随着交通技术的变革,出行速度将进一步提升,城市居民的活动范围持续上升,空间距离将不再成为主要障碍,城市边界也会更加模糊。随着城际铁

路、高速铁路等快速轨道交通系统的建设，现有铁路的客运能力将大幅提升，主要通道的轨道交通客流需求增加明显，主要交通通道将呈现多层次、复合型的客流需求。

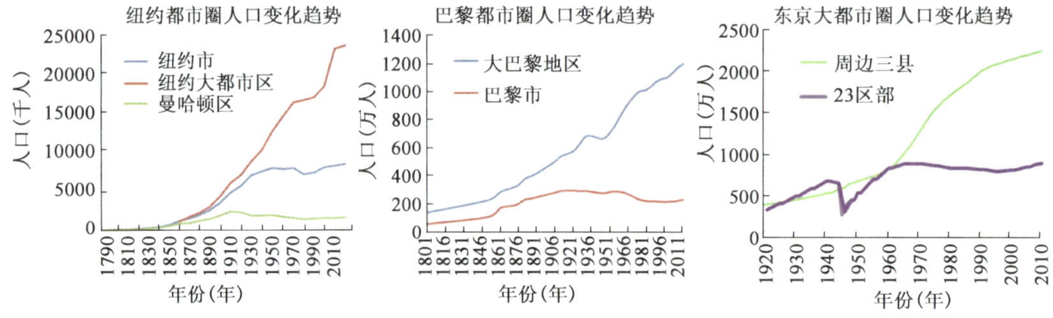


图 12-39　纽约、巴黎、东京都市圈人口变化趋势

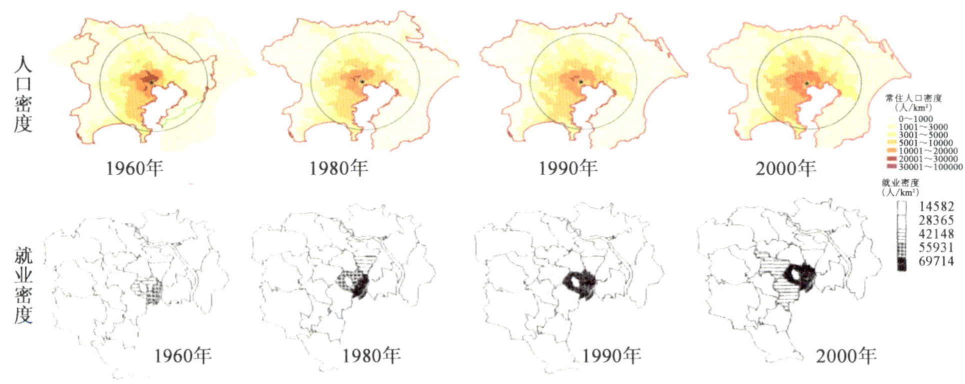


图 12-40　东京都市圈人口密度及就业密度变化趋势图

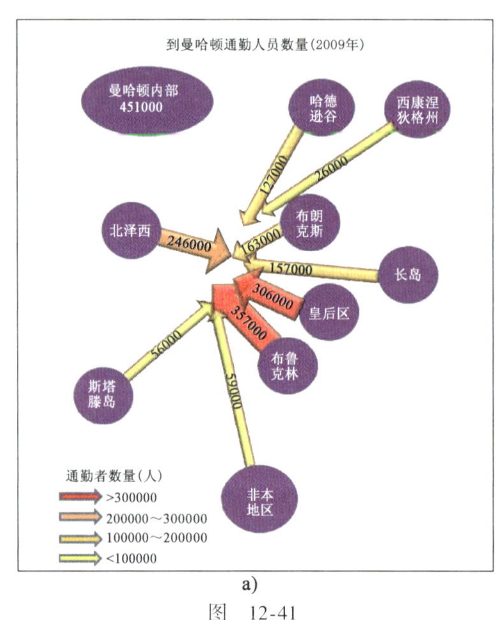


a)

图　12-41

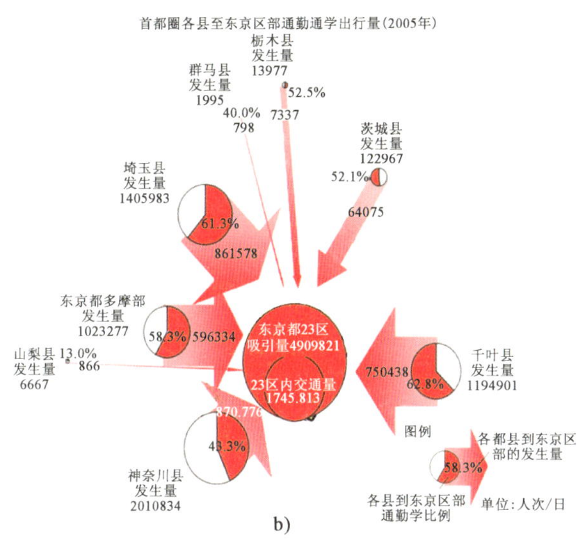

b)

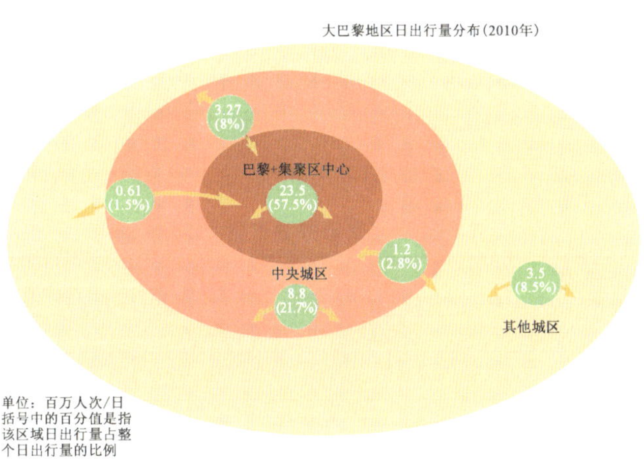

c)

图 12-41 纽约、东京、巴黎都市圈通勤出行分布

## 三、出行需求构成多样化

随着社会经济活动与城市人口出行行为的改变,交通需求的多层次差异化特征进一步突显。一方面,经济活动增加,出行目的更加丰富多样,通勤、通学等基本需求所占比例减少,购物、休闲出行等生活需求日益上升;另一方面,人们收入水平提高,交通需求由简单完成出行向高品质出行转变,对出行方式的便捷性、可选择性和可达性等条件提出了更高的要求。

## 四、人口老龄化影响出行特征

国际上通常认为,当一个国家或地区 60 岁以上老年人口占人口总数的 10%,或 65 岁以上老年人口占人口总数的 7% 时,即意味着这个国家或地区处于老龄化社会。目前,我国已经成为世界上老年人口最多的国家。2017 年,我国 60 周岁及以上人口达 24090 万人,占总人口的 17.3%;65 周岁及以上人口为 15831 万人,占总人口的 11.4%(图 12-42),老年人口增速正在加快。

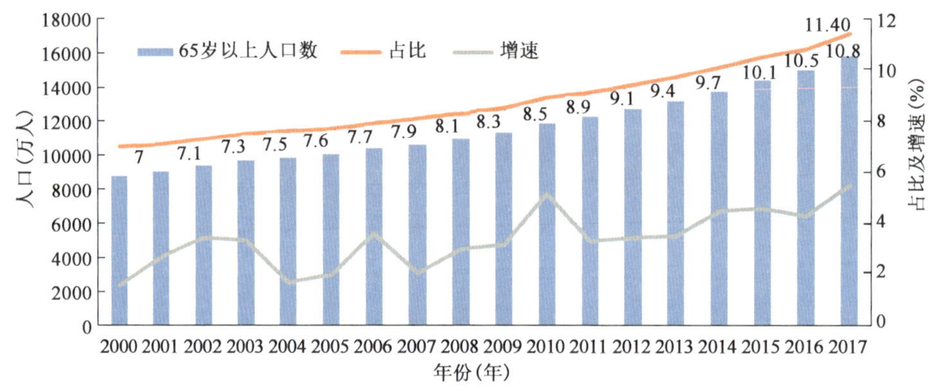


图 12-42　2000—2017 年全国 65 岁及以上人口变化情况

注:数据来源于中国统计年鉴。

伴随着我国人口老龄化进程的加速到来,老龄化社会的交通需求变化已经成为许多城市需要面对的新问题。从出行目的上看,通勤需求降低,以购物、休闲、健身为代表的生活性出行增加;从出行量上看,表现在出行频率减少和出行距离降低;从出行方式上看,将由机动性出行方式向非机动性出行方式转变,步行比例将大幅度提升。老龄化趋势要求为老年人提供自由出行的无障碍交通环境,同时也将倒逼步行环境改善及交通服务品质提升。

## 五、小汽车保有量增长速度逐步放缓

我国人均汽车拥有率与发达国家相比还有很大增长空间,随着居民收入水平的提高,可以预见今后一段时间仍将是小汽车进入家庭的关键时期,私家车保有量依然会保持增长。然而随着一线、二线城市汽车限购政策的实施,以及新兴的互联网出行方式的发展,小汽车增长速度将会逐步放缓。2017 年,我国乘用车产销量分别为 2480.67 万辆和 2471.83 万辆,同比增长 1.58% 和 1.40%,乘用车销量增速呈现自 2008 年以来的最低水平。2018 年 1—11 月,乘用车共销售 2147.84 万辆,同比下降 2.77%,乘用车销量增速首次出现负增长。

### 六、移动互联网等高新技术改变出行方式

移动互联网、大数据、人工智能、新能源等新一代技术在交通领域的广泛应用，对人类的交通出行带来了新变化。这些新变化正在引发新一轮的交通出行革命，人类未来的交通出行体系正在重塑，电动化、智能化和共享化是未来出行三个非常重要的趋势。未来出行将更加智能化，无人驾驶技术可以提升道路通行能力和效率，但对于大城市而言只有将无人驾驶技术和共享化充分结合，才能真正实现城市交通的可持续发展。未来城市交通出行将呈现以下特点。

(1)共享出行：公共交通本质上体现了共享出行的理念，同时需求响应型公共交通、共享单车、共享汽车、共享停车等新业态在交通领域的应用空间广阔，运输工具、交通服务、基础设施以及交通数据、信息的共享不仅有利于提高资源利用效率，还可以缓解资源有限性和个性化需求不断增长的矛盾。

(2)出行即服务(Mobility as a Service，简称 MaaS)：在深刻理解公众出行需求的基础上，通过数据来改变和优化整个出行服务，实现多种交通模式的高度整合，同时实现支付体系的一体化，提供无缝衔接、安全便捷和舒适的出行服务。

(3)预约出行：早晚高峰的拥堵现状，使得人们越来越期待一个有序的交通模式。用户可以选择出行目的地和预期到达时间，系统在确保用户不迟到的前提下，为用户提供出行路径及出发时间选择。按照系统提供的预约时间及预约路线出行的人数越多，交通秩序越能得到保障。

## 第三节 新阶段交通发展的新要求

当前，我国进入了历史发展的新阶段，城市交通也迈入新的快速发展期和变革期。随着“一带一路”倡议、京津冀协同发展、长江经济带等国家战略的提出，城市交通面临的发展环境发生了较大的变化，城市交通既要服务城市自身的社会经济，同时也要服务国家的重大发展战略，有效支撑我国的强国建设。此外，新兴的车辆技术、移动互联网技术以及物联网、云计算、大数据等新兴技术的发展，给城市交通出行特征和服务方式带来巨大变革的同时，也对既有的城市交通治理模式提出了巨大的挑战。

### 一、坚持区域差异化发展

交通模式与城市密度和用地规模密切相关。城市密度越大，越强调发展大容量公共交通。而人口密度越低的城市，传统的大容量公共交通往往很难满足分散的出行需求，对

小汽车的依赖性越高。城市用地规模比较小的城市，居民出行距离比较短，适合发展步行、自行车、地面公交等交通模式；城市用地规模比较大、出行距离比较长的城市适合发展轨道交通、小汽车等快速交通方式。

我国城市呈现出人口分布不均匀、地区间人口密度差异大的特点。我国地理学家胡焕庸(1901—1998)在1935年提出的划分我国人口密度的对比线，即著名的“胡焕庸线”，揭示了我国人口分布的巨大空间分异。根据第六次人口普查数据，“胡焕庸线”以东的东南半壁以43.41%的面积占据93.68%的人口，而西北半壁以56.59%的面积占据6.32%的人口。亦有学者基于人口统计或普查数据研究得出的“胡焕庸线”两侧人口与面积比有细微变化，但东南半壁与西北半壁人口比94:6的大数特征一直相对稳定。从人口密度来看，我国人口密度东南半壁与英国、德国、日本等国接近，而西北半壁则介于俄罗斯与美国之间，地广人稀。由于我国不同城市发展阶段、城市规模、人口密度不同，应从不同区域交通需求和可能提供的交通资源实际状况出发，因地制宜地匹配交通设施供给与管理政策，鼓励不同规模、形态和发展阶段的城市因地制宜地去探索与其相适配的发展路径。

## 二、可持续交通发展模式

城市交通发展既要适应交通需求的增长与结构变化，也要处理好与土地、能源、生态等外部约束条件的关系。当前交通拥堵由多种因素相互作用影响，期望单纯通过工程手段改变城市交通拥堵状态的想法都是不现实的。交通发展模式要与城市发展模式相协调，对于人口密集地区，出路在于加快推进交通发展模式的转变，促进集约、绿色交通方式的发展。小汽车的发展应因地制宜，低密度地区可以适当发展小汽车。

同时，在公共交通服务水平不高、私人小汽车快速增长的背景下，应充分发挥共享交通等新业态在推动城市交通可持续发展中的作用。需求响应式公共交通有助于全面提升公共交通的出行吸引力以及转变小汽车出行者的出行模式。共享单车为轨道交通接驳和居民短距离出行提供了一种便捷的交通服务方式。客观上公共交通不能解决一个城市全部的合理出行需求，小汽车在城市出行中有其合理的比例，汽车共享(分时租赁)为降低私人小汽车保有率提供了新路径。我国拥有最多的用户需求，可能成为共享交通模式实践与发展的最大市场，引导相关利益关系方的商业合作、规范共享交通有序发展尤为迫切。

## 三、公平、人本的价值导向

在以人为本的新型城镇化背景下，城市交通需求的内涵正在不断丰富，人们不仅仅满足于通路通车、通航通邮等“硬需求”，更加重视获得感、幸福感、安全感等“软需求”。交通系统不仅仅服务于交通需求，也要注重营造人性化的城市活动空间，应充分考虑多元利益主体的不同诉求，保障各类出行者拥有平等参与社会活动的出行条件。

在人口老龄化的背景下，交通系统的设计要充分考虑老年人的出行需求，提供老年人自由出行的无障碍交通环境，步行环境改善是其中的关键环节。

## 四、更大空间统筹交通发展

新型城镇化将以城市群为主体形态，城市之间竞争与合作的空间范围不断扩大。城市群的发育及同城化趋势使区域交通与城市交通的界限越来越模糊，对一体化交通运输效率和水平提出更高要求。要求突破行政边界约束，统筹与协调都市圈、城市群范围内的资源配置，实现内外交通设施互联互通和服务一体化发展，以综合运输枢纽为节点实现各种交通方式的高效整合、协调运行、有效衔接。

## 五、精细化的交通管理和服务

交通需求的多层次差异化特征进一步突显要求交通管理和服务更加精细化，大数据、信息通信技术的发展为实现交通管理和服务的精细化提供了技术支撑。

在交通管理方面，基于交通与城市发展动态追踪及互动响应，以人机交互方式可实现交通战略、规划、政策智能决策；在充分挖掘居民出行行为影响因素与机理的基础上，交通管理可实现从被动解决问题到主动预判需求的转变，通过正向激励、负向惩罚、动态定价等手段实现对需求的主动引导与精准施策。

在交通服务方面，通过乘客出行行为对乘客进行画像，交通服务可以按细分的市场需求做出最优出行方案匹配，并为出行者提供门到门的全过程解决方案。

# 第五章
# 目标与路线图

## 第一节 内涵与方针

大城市以及以大城市为核心的城市群(都市圈)已经成为经济快速发展的引擎,承担着代表国家参与全球竞争的重任。城市交通是决定城市竞争力的重要组成部分,是影响城市活力的重要方面,是提升城市宜居水平的重要保障。

坚持“以人为本”,交通的目的是实现人和物的移动,而不仅仅是车辆的移动,城市交通发展目标应该与城市环境、社会、经济发展目标相适配:

(1)从关注车的通行能力与移动速度向关注可达性与生活品质转变,同时注重交通对城市经济活力、社会公平、公众健康和环境质量的影响。

(2)从“关注小汽车使用者”向“关注全体用户”转变,尊重社会不同群体出行选择权利的公平性与公正性,营造与人的活动相适宜的交通空间。

(3)从关注分方式的独立系统向注重多方式协同发展转变,实现城市交通与区域交通以及城市交通内部各种交通方式的一体化。

## 第二节 总体目标与阶段目标

### 一、总体目标

坚持“以人为本”、可持续发展,建成“安全、便捷、高效、绿色、经济”的现代化城市、城市群(都市圈)综合交通体系,实现城市、城市群(都市圈)综合交通体系与经济和社会发展需求相适应、与城市空间布局和土地利用相融合、与资源环境相协调。全面提升人的出行和货物流通的可达性,全面改善出行体验和出行品质,使人们享受更加宜居的城市生活,为城市发展注入持久活力。

## 二、面向 2030 年的目标

基本建成“安全、便捷、高效、绿色、经济”的现代化城市、城市群(都市圈)综合交通体系。交通拥堵与污染治理取得显著成效,交通运行效率显著提升,出行品质和出行体验显著改善,实现“人便其行、货畅其流”。具体表现为:

### 1. 交通网络衔接一体

城市群内部形成以多层次轨道交通和高速公路为骨干的快速交通运输网络,以综合交通枢纽为节点实现客运“零距离”换乘和货运“无缝化”换装,区域交通及城市交通一体化运输效率显著提升。新建区域及旧城改造区域实现综合交通枢纽、公共交通站点与功能区、居住地高度融合,公共交通可达性显著提升。

### 2. 交通服务优质多样

建成都市圈“门到门”1h 通勤圈、城市群 2h 交通圈。货运流通实现城市内 1 天抵达,城市群 2 天抵达。一站式、多样化、共享交通服务普及,满足差异化、个性化的交通需求。

### 3. 出行环境绿色宜人

新建区域及旧城改造区域实现街区小、道路网密度高,道路空间向公共交通、行人和自行车倾斜,城市街道满足交通出行、交往活动等多重需求。普遍提供安全、包容、无障碍的公共空间,为老龄、残障等弱势群体提供接近普通人群的可达性交通,实现无障碍交通基础设施全覆盖。人口密集区私人小汽车保有量下降,私人小汽车出行向公共交通、自行车、步行转移。城市交通拥堵明显缓解,城市交通运行能耗低、排放小,新能源交通工具成为主流。

### 4. 交通运行安全智能

步行、自行车、公共交通、小汽车等各种交通方式出行安全感高,交通事故率和万车死亡人数逐年下降。实现交通决策管理智能化,交通工具自动化比例不断提高。

## 三、面向 2045 年的目标

高标准建成“安全、便捷、高效、绿色、经济”的现代化城市、城市群(都市圈)综合交通体系,出行品质和出行体验位居世界前列,实现“人享其行、物优其流”。城市交通实现电动化、智能化和共享化运行，城市交通拥堵基本消除，基本实现零排放和零死亡，打造世界可持续交通典范城市。

城市交通发展路线图如图 12-43 所示。

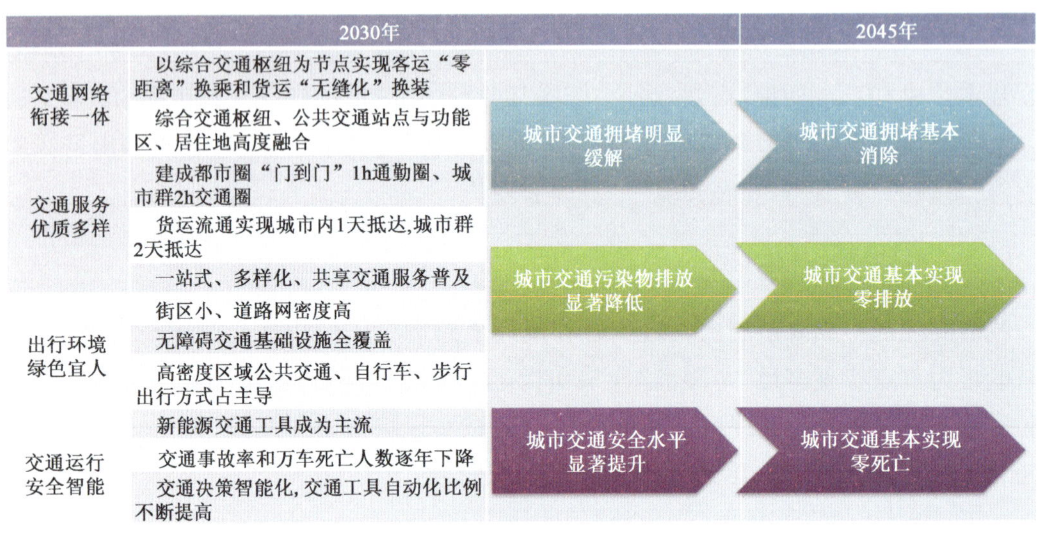


图 12-43　城市交通发展路线图

## 第三节　评价指标

参考国际城市面向未来的交通发展指标，主要围绕公共交通、自行车、步行等绿色出行方式，提出以下几个方面的指标。

1. 绿色出行（公共交通、自行车、步行）比例

说明：以往过于强调公共交通分担率，然而小汽车出行比例不断上升，自行车、步行比例大幅下降，出行结构并没有得到总体优化。绿色出行方式（公共交通、自行车、步行）比例体现了小汽车出行向公共交通、自行车、步行的转移。

2. 城市交通综合出行指数

说明：考虑以单位距离出行耗时作为评价指标，综合地面公交、地铁、自行车、步行、小汽车等全方式的运行情况，建立城市交通综合出行指数，评价城市交通总体运行状况。

3. 城市轨道 TOD 发展综合指数

说明：综合考虑轨道站点周边 500m 范围内就业岗位密度、500m 范围内混合用地使用程度、枢纽与周边建筑连接的出入口数、500m 范围内步行、自行车交通路网密度等因素，

综合评价城市轨道 TOD 发展水平。

4. 城市交通拥堵指数

说明:评价城市交通拥堵状况及拥堵缓解情况。

5. 综合交通枢纽平均换乘距离

说明:评价综合交通枢纽换乘效率,反映客运综合交通枢纽各种交通方式一体化衔接及运行情况。

6. 公共交通与小汽车全程时间之比

说明:体现公共交通与小汽车的相对竞争力。

7. 都市圈 1h 通勤圈人口覆盖率

说明:反映城市通勤效率和居民出行可达性。按照轨道交通"门到门"1h 出行半径人口覆盖率计算。

8. 城市群 2h 交通圈人口覆盖率

说明:反映城市群交通网络通达程度和出行效率。按照城市群内部中心城市与周边城市以国家高速铁路及城际轨道交通、高速公路、城市轨道交通为骨干,以其他交通方式为补充实现的城市群 2h 出行半径人口覆盖率计算。

**专栏　国际大城市面向未来的城市交通发展指标**

1. 伦敦(2041 年)

(1)预计 2041 年 80% 的居民出行由步行、自行车和公共交通承担。

(2)市民每天运动出行时间至少能达到保持其健康所需的 20min。

(3)2030 年由公共汽车造成的死亡率降至零,2041 年消除道路交通事故造成的人员死亡和严重伤害。

(4)所有出租车和约租车在 2033 年之前实现零排放;所有公共汽车在 2037 年之前实现零排放;所有新增车辆 2040 年实现零排放;伦敦整个运输系统到 2050 年实现零排放。

(5)2041 年全市道路交通量减少 10% ~15%(600 万车 km)。

(6)提高交通网络总体可达性,2041 年在"零步行"网络中使用公共交通出行的步行时间减半。

2. 纽约(2040 年)

(1)居民乘坐公共交通工具平均 45min 通勤距离以内的就业岗位数由 140 万个增至 180 万个。

(2)45min 通勤距离内的居民占全部居民比例由 83% 增至 90%。

(3)晨间 8:00—9:00 进入曼哈顿核心区的轨道交通运载力在 2015 年基础上增加 20%。

(4)季度自行车通勤指数由 437 增至 844(2020 年)。

(5)铁路货运量比例由 2.3%(2007 年)增至 7.3%,水路货运量比例由 5%(2007 年)增至 8%。

3. 新加坡(2030 年)

(1)80% 的家庭从其住处不到 10min 即可到达地铁站。

(2)85% 的公共交通行程将在 60min 内完成。

(3)高峰时段的出行中,75% 将由公共交通承担。

(4)公共交通的平均全程时间降到私家车平均行程时间的 1.5 倍以内(2020 年)。

# 第六章 战略重点与主要任务

## 第一节 关键问题分析与判断

### 一、关于缓解城市交通拥堵

缓解城市交通拥堵的关键是转变交通发展模式,其中公共交通是根本,停车是抓手,经济是手段,绿色是方向。

关于公共交通优先发展,需从城市发展模式的战略高度,更加关注公共交通与城市的协调发展。着眼于提升城市公共交通"门到门"效率和品质,提高公共交通对小汽车出行者的吸引力。对于大城市而言,单纯的优先发展公共交通不能缓解交通拥堵,对私人小汽车的调控必不可少。保有及使用成本极低是造成小汽车过度增长和使用的根本原因。从世界城市交通治理的实践经验来看,停车治理是调控机动化进程和缓解交通拥堵最有效、使用最广泛的措施。停车供给的合理规模是由人口密度和土地资源决定的,在大量人口居住空间尚未得到有效满足的情况下,为小汽车提供大量的停车空间不仅不经济也是不公平的。

### 二、关于公共交通引导城市发展(TOD)

公共交通引导城市发展(TOD)在宏观的城镇结构层面,体现在以公共交通引导城市结构,以公共交通廊道和枢纽为骨架及节点,布局城市各级公共服务中心。在微观的公共交通站点层面,TOD的理念强调功能组织和城市设计,重视公共交通走廊沿线土地综合开发、城站一体化、枢纽综合开发。TOD的实施需要地方政府、房地产开发商、交通建设运营企业等多方利益相关者的统筹协调。在具体落实上,要通过完善体制机制、土地政策、规划流程、规范标准等方面予以保障。

### 三、关于综合交通枢纽

综合交通枢纽是保证各网络之间便捷换乘、灵活衔接的重要节点，是提高交通出行效率的关键，也是促进城市经济发展的引擎。首先应当重视综合交通枢纽与土地利用之间的关系，枢纽与用地统筹规划，以不同功能等级的交通枢纽来组织城市空间，构建枢纽城市。其次应当提高综合交通枢纽在综合交通体系规划中的地位，打破行政体制的约束，将各种交通方式真正整合起来，构建真正综合的、无缝衔接的综合交通枢纽。

### 四、关于都市圈与城市群的交通问题

过度依靠公路运输以及一体化运输效率不高是当前城市群交通面临的关键问题。未来的发展重点：一是构建国家干线铁路（普通铁路、高速铁路）、城际铁路、市郊（域）铁路、城市轨道交通四网融合的都市圈轨道复合走廊；二是以综合交通枢纽为节点实现规划、设施、运输组织、运输服务的一体化。

### 五、关于城市货运

转变“重客轻货”的传统理念，城市货运交通的可持续发展不但要保证其本身的可持续发展，而且还要促进城市交通系统和整个社会经济的可持续发展，要在满足货运需求的同时，最大限度地降低环境负效应，最低程度地占用和消耗资源，降低交通拥挤程度和交通事故的发生率，促进货运交通总体效率的最大化。目前制约城市货运发展的关键问题是管理基础及手段薄弱，缺乏整体发展规划。城市货运发展要加强统筹谋划，在提升行业整体信息化水平的基础上，实现对货运基础设施、货运需求的精细化规划、管理和调控。

## 第二节 战略重点

### 一、区域交通一体化发展

以轨道交通走廊地区为重点优化城市群空间格局，建设分层次、相融合的轨道交通系统支撑城镇空间和产业布局优化调整。

统筹城市群大型枢纽规划、建设，以综合交通枢纽为节点加强客运枢纽“零距离”换乘和货运枢纽“无缝化”换装，推动客运联程、联运和货物多式联运。

建立统一开放的区域运输市场格局，提升协同管理与一体化服务水平。

## 二、交通与城市协调发展

从不同区域交通需求和可能提供的交通资源实际状况出发,因地制宜地制定城镇空间组织方式和交通发展模式。高人口密度城市中远距离出行以公共交通为主导,短距离出行以自行车和步行为主导。公共交通是大城市中心城区机动化出行的绝对主体,强化公共交通对城市发展的引导和支撑作用。中小城市稳固步行、自行车交通方式的主导地位。低人口密度城市中远距离出行以小汽车为主导,提供最基本的公共交通出行保障。

优化城市功能配置,促进就近居住和就业平衡。构建以社区为基本单位的城市公共服务体系,配置日常生活所需的教育、医疗、文化、体育、商业金融等基本服务功能和公共活动空间。

大城市要推行以公共交通为导向的空间发展战略,引导城市(都市圈/城市群)沿大容量公共交通走廊紧凑、有序发展。强化综合交通枢纽在城市发展中的地位及作用,支撑城市建设和城市空间结构调整。

充分考虑城市人口及用地规模发展的实际可能及拓展的不确定性,将交通承载力作为城市发展的约束性条件,保持交通发展与城市发展的和谐有序。

## 三、优先发展公共交通

坚持公共交通发展设施用地优先、投资安排优先、路权分配优先、财税扶持优先,着眼于提升城市公共交通"门到门"效率和品质,围绕"快速、便捷、多样",提高公共交通的竞争力和吸引力。

建立多层级的轨道交通网络,将"互联网+"全面运用到公共交通服务领域,鼓励需求响应式定制公交等多样化公共交通服务发展。

厘清政府与市场在提供公共交通服务中的关系,针对品质化公共交通服务供给,通过构建适度竞争、政府调控的市场机制,发挥市场在资源配置中的作用。

## 四、强化交通需求管理

按照"用者自付"原则进行需求管理政策设计,在充分考虑小汽车出行外部成本的基础上,实现道路、停车等交通资源的有价有限使用。

建立交通需求管理政策的长效机制,建立和完善以科技和经济调控手段为主、行政管理手段为辅的常态化交通需求管理体系,综合施策引导小汽车合理使用。

实行差别化交通需求管理,针对不同群体(距离、年龄等)、不同区域、不同时段实施不同方式、不同标准的差别化管理制度。

### 五、智能化、精细化管理和服务

以大数据作为创新供给手段，提升城市客运和货运交通战略、政策、规划、建设、管理和控制水平，实现交通管理从被动解决问题到主动预判需求的转变，并以人机交互方式实现交通战略、规划、政策智能决策。

建立基于需求实时响应的"一站式"出行和物流配送服务，提供"门到门"的全过程解决方案，实现交通服务的精准化。发展出行预约系统，实现城市交通有序运行。

坚持城市交通基本战略原则，充分评估各类共享交通模式的负外部性影响，推进各种共享交通模式规范、有序发展，推进共享交通配套基础设施的研发与应用。

### 六、重塑步行与自行车交通环境

从节约能源、降低排放和缓解拥堵的层面，充分认识促进绿色出行的重要意义。实施街道精细化设计，调整城市道路资源使用分配策略，打造安全、便捷、舒适、宜人的步行和自行车出行环境，提供包容、无障碍的公共空间，促进步行和自行车在中短距离出行中发挥应有的作用并与公共交通良好衔接。

## 第三节 主要任务

### 一、实施公共交通引导城市发展（TOD）模式

大城市实施公共交通引导城市发展（TOD）战略，遏制城市"摊大饼"式无序扩张态势，引导城市沿大容量公共客运走廊紧凑、有序发展。

#### 1. 实施公共交通导向的土地开发策略

大城市功能更新及新开发区域以公共交通枢纽和站点为中心，按照容积率递减的原则合理确定公共交通走廊沿线土地开发强度。引导功能区建立以公共交通为主导的出行模式。依托市郊铁路或区域快线系统，支撑引导新城及周边区域开发建设，促进城市功能及产业合理布局。

充分发挥枢纽对城市功能的区域效应，提高枢纽周边土地使用集约化程度，实现枢纽与城市综合开发的一体化。

加强轨道交通车站出入口与周边建筑的衔接，改造既有轨道交通线路车站，逐步实现与周边建筑衔接。新建轨道交通线路，应结合周边建筑设置车站出入口。

2. 建立交通容量与城市土地开发强度的互动约束机制

依法强化建设项目交通影响评价制度实施，建立建设项目规划验收中交通基础设施单独验收的工作机制，合理引导及控制城市开发建设规模及进程。

## 二、推动城市群交通一体化发展

1. 建设高效密集的城市群轨道交通系统

改变高人口密度区域交通过度依赖小汽车交通的局面，构建国家干线铁路（普通铁路、高速铁路）、城际铁路、市郊（域）铁路、城市轨道交通四网融合的都市圈轨道复合走廊。在进行交通基础设施规划时，要有前瞻性，提早预留轨道交通通道，特别是要充分考虑都市圈范围内通勤交通的需求。

2. 统筹城市群大型枢纽规划、建设

在国家或省级层面，根据城市群空间布局和社会经济发展，以优化配置资源、避免重复建设为原则，统筹城市群内部航空、铁路、港口等大型物（货）流枢纽的规划建设，明确其合理定位、规模与分工。

综合交通枢纽布局应与城市产业功能布局相协调，并实现多种交通方式的无缝衔接。

物流中心选址应有利于城市群内产业发展，降低运输成本，并尽可能降低与城市交通的相互干扰。

3. 提升协同管理与一体化服务水平

统筹区域交通运输管理政策，协同运输监督与执法，促进不停车电子收费、城市公交一卡通的区域联网使用。推进城际公共交通发展，推动不同运输方式之间客运联程联运和货物多式联运。

打破行业条块分割和行政壁垒，联合民航、铁路、公路以及城市交通等行业管理部门，推进区域内综合交通信息的整合和实时共享，构建城市群层面的综合交通信息服务平台。

## 三、落实综合交通枢纽与城市开发的一体化

在国家战略层面上进一步明确综合交通枢纽功能定位，实现其引导和支持城镇化有序推进及支持区域经济发展的作用。将综合枢纽布局作为引导城市空间布局的重要节点，以综合交通枢纽引领城市建设和城市空间结构调整，提高枢纽周边土地使用集约化程度，实现枢纽与城市综合开发的一体化。

1. 优化综合交通枢纽布局

城市空间拓展进程中，应当先做好综合交通枢纽体系的布局规划，引领城市空间结构调整。旧城区有机更新发展，应考虑现有站点的衔接。新建高铁车站应符合城市总体规划要求，选址应尽量与城市重要功能区相结合，与旅客集散中心、城市中心区方便衔接。

2. 基于城市功能整合建立"枢纽区域"

强化枢纽与周边地区商业、办公等功能的综合开发一体化，提高枢纽周边土地使用集约化程度，形成集枢纽与城市主要功能区于一体的"枢纽区域"。

改革功能区开发建设模式，推进功能区开发建设主体与枢纽主体整合。以市场化运作模式对枢纽及周边区域多元投资经营主体进行整合，统一建设及运营主体，推动综合交通枢纽与周边用地的一体化规划设计、建设和运营管理。

3. 重视多种交通方式的无缝衔接

在规划设计方面，按照"零距离换乘"的要求，将城市轨道交通、地面公交、市郊铁路、私人交通等设施与干线铁路、城际铁路、干线公路、机场等紧密衔接。重视单体枢纽内部交通的组织连接，使各种运输方式有机衔接。鼓励采取开放式、立体化方式建设枢纽，尽可能实现同站换乘，优化换乘流程，缩短换乘距离。

在运营管理方面，实现枢纽内部不同交通方式之间的信息共享和信息服务一体化。加强不同交通方式之间在运营计划方面的协调衔接，尤其是干线铁路、城际铁路与城市轨道交通之间在运营时刻表上的衔接。

## 四、鼓励绿色低碳交通方式，优先发展公共交通

1. 提升公共交通出行品质与竞争力

提升对优先发展公共交通的认识，公共交通优先发展的责任主体应该是地方政府。大城市实施以公共交通为导向的空间发展战略，加强城市公交优先发展体系框架构建，引导城市土地节约、集约利用，节约能源，保护人居环境，实现紧凑型发展。落实公共交通发展设施用地优先、投资安排优先、路权分配优先、财税扶持优先。

提升公共交通出行效率。构建多层次的轨道交通网络，优化既有轨道交通运力配置和运输组织模式，提升轨道交通服务能力。保障地面公交通行路权，利用科技手段加大对违法占用公交专用道行为的监控和处罚力度。推进轨道交通、地面公交、步行、自行车系统融合，实现网络布局、枢纽设施、运营模式、信息服务的一体化，提升全过程出行体验。

打造多层次、多样化的公共交通服务体系。借助现代信息通信技术，全面提升公共交通实时响应服务能力及可靠性，支持发展个性化、定制化的多元服务模式。引入市场竞争机制，厘清政府与市场在提供公交服务中的关系，应对不同公交需求特征实施差异化供给模式。改革运营服务模式，通过构建适度竞争、政府调控的市场机制，发挥市场在资源配置中的作用。

### 2. 改善步行、自行车出行环境

确保步行路权和自行车路权。调整城市道路资源使用分配策略，保障步行和自行车出行，推动建立连续成网的步行、自行车系统。建立路侧停车严格管理和综合治理的联动机制，严格执法。

完善过街及自行车停车设施。改善过街设施布局和通行条件，根据道路性质、周边交通设施和用地情况适当缩短过街设施间距。建设连续、贯通的步行连廊等立体步行系统，通过容积率奖励等措施，鼓励开发商参与建设立体步行系统，合理设置自行车、共享单车停车空间，保障安全、便捷地使用自行车。

提升步行、自行车出行品质。通过采取设置街道家具、遮阴避雨设施、照明设备、高品质铺装以及景观优化等措施，打造高品质的步行、自行车出行空间。同时，扩大商业步行街数量和范围，利用广场和交通枢纽打造适合步行、自行车出行的公共空间。

在交通规划、建设、管理等各个环节，积极与人口老龄化的现状相衔接，营造更加人性化的交通出行环境。完善行人过街设施、盲道系统并加强管理维护，加强公共交通站点及车辆无障碍设施建设。

## 五、加强交通需求管理，抑制小汽车过度使用

### 1. 发挥市场配置资源的决定性作用，完善交通需求调控体系

发挥市场配置资源的决定性作用，以能源、环境、土地可提供的交通基础设施等资源容量为约束，以不同的交通方式（小汽车、公共汽电车、轨道交通、自行车等）出行成本为依据，制定有助于资源合理利用、引导和维持交通供需平衡的交通服务价格体系。

主动建立交通需求管理政策的长效机制，建立和完善以科技和经济调控手段为主、行政管理手段为辅的常态化交通需求管理体系。充分利用经济杠杆，提高小汽车的使用成本，实现道路、停车等交通资源的有价有限使用，有效抑制小汽车过度使用，鼓励集约、绿色、低碳出行方式。充分利用技术手段，实现对交通需求的主动引导与调控。

综合施策，科学引导对机动车保有总量的限制。鼓励与规范共享交通的科学合理发

展，探索利用共享汽车，实现制约私人小汽车保有的发展模式。

对大城市尤其是特大城市、超大城市，适时实施交通拥堵收费措施。在城市中，科学设置特定区域的“无车区”(限制小汽车进出)。

2.发挥停车供给、价格对小汽车保有和使用的调节作用

城市政府要从有利于城市交通可持续发展的战略需要出发，综合考虑城市功能布局、土地开发强度、公共交通服务水平、交通运行状况等因素，按照差别化供给的思路，确定不同区域、不同性质的停车设施分布、规模和建设标准。

制定停车产业发展促进政策，加快各类停车设施建设与经营服务的产业化、市场化进程。通过政策引导，充分发挥市场机制作用，吸引民间投资，促进停车产业的发展。

建立反映土地资源价值的停车价格体系，逐步建立市场定价、政府监管并指导的价格机制，通过停车价格抑制小汽车不合理的保有和使用。

加强城市道路与公共空间停车秩序的执法管理，逐步消除违法停车现象。

## 六、优化城市路网结构，提升道路功能品质

1.优化城市路网结构

树立“窄马路、密路网”的城市道路布局理念，建设快速路、主干路和次支路级配合理的道路网系统，打通“断头路”，补充完善支路系统。

加强街区的规划和建设，推动发展开放便捷、尺度适宜、配套完善、邻里和谐的生活街区。新建住宅推广街区制，逐步推动开放已建成住宅小区和单位内院，实现内部道路公共化，提高路网通达性，同时，加强交通稳静化设计，减少社区穿越性交通。

大城市中心区慎建面向个体机动化交通的快速道路系统，对既有道路设施资源在更新改造过程中按照公平、绿色的原则进行重新分配。

2.加强街道精细化设计

推广“完整街道”设计理念及方法，鼓励地方政府编制符合地方特色的街道设计导则，秉持安全、绿色、低碳、可持续发展的交通理念，为所有出行者提供一个公平的出行空间，实现安全街道、绿色街道、活力街道。

加强街道空间的一体化设计，统筹考虑步行自行车、机动车交通、停车和沿街活动，统筹考虑街道与城市空间、景观环境、文化风貌的整合与协调，促进街道与街区融合发展，提升城市形象。

## 七、加强城市货运管理，推动城市货运可持续发展

### 1. 提升货运信息化、智能化管理水平

建立基于大数据技术的城市货运数据体系。借力大数据和“互联网 +”，构建完整的基于综合数据信息采集与监测的大数据平台，明晰城市物流配送需求分布及演化规律，为货运设施、货运需求的精细化、精准化规划与调控提供依据。

加快建设公共信息平台，有效整合城际干线运输、城市配送相关公共信息系统以及城市交通管理信息系统等各类资源。支持互联网平台企业利用信息化技术优化公共货运配送服务。

### 2. 制订货运规划并纳入城市总体规划

以完善的数据采集体系为基础，构建并完善货运规划体系，包括基础设施系统、车辆运行线路及配送系统、货运停车装卸及交通管理系统规划等内容。将城市货运可持续发展规划融入交通运输规划和城市发展整体规划中。

加大宏观调控与协调力度，协调交通、规划、土地、城建等多个部门，预留出货运场站和物流节点的用地，推动货运枢纽场站规划落地。

### 3. 完善城市货运基础设施体系

形成“综合货运枢纽(物流园区)—配送中心—末端配送节点”三级城市货运基础设施体系。综合货运枢纽布局要统筹考虑与民航、铁路、高速公路等设施布局的衔接，通过合理布局引导在城市边缘区发展综合运输枢纽，减少进入市区的交通流，方便货物中转。依托工业集中发展区或大型商业网点建设分拨中心、公共配送中心以及各类货物装卸点、公共配送站。

合理设置不同类型的设施满足货车停车和装卸的需要，包括专用卸货场地和道路范围内配送车辆的临时停车泊位。通过调整现有街道和卸载区域设计，增加货车停放和卸载面积。完善城市建筑法规，将物流配送点作为公共配套设施，并在规划建设中落实。

健全完善加补气、充电等基础设施建设，引导支持城市配送车辆清洁化发展。

结合大城市、特大城市地下综合管廊，探索和应用智慧地下物流配送创新模式，预留地下物流通道，构建“管廊 + 地铁”的城市地下货运体系，以实现地下空间的集约化使用和可持续发展。

### 4. 加强货运需求引导和管理

制定科学合理的货车通行政策。近期适度调整通行证发放政策，扶“大”扶“优”，对

于特定载重、特定车型的货运车辆适当放宽通行权。探索试行低排放区,促进车辆结构优化。中远期通行证制度逐步弱化,形成以经济手段为主、行政手段为辅的货运通行调控政策。

完善货车通行网络运输组织。通过制定专有货车行驶路线,修建和开辟城市货运通道等方式使货运车辆与其他车辆分道行驶,提高路网整体使用效率。

规范货车停车装卸管理。合理划定货车停车区和装卸区,明确货车的停车时间、车辆重量和收费标准,对货车的装卸时间进行限制。

引导和鼓励共同配送、夜间配送等运输组织模式创新。在现有商务部、财政部将城市共同配送工作纳入现代服务业产业试点范围基础上,不同城市应结合自身实际制定实施方案,积极推行公私合作模式。鼓励从事配送业务的同行业、跨行业间的企业建立共同配送联盟,对于开展共同配送的企业给予车辆通行便利。

鼓励无车承运人、公共智能自提柜等新业态的发展,整合碎片化供需资源,提升货物运输效率。

## 八、推动智慧交通发展,提升城市交通精细化管理水平

### 1. 依托大数据应用提升交通决策管理智能化

以大数据作为创新供给手段,提升城市交通战略,公交发展政策、规划、建设、管理水平,支持城市交通决策和管理的精细化、科学化。具体包括基于交通与城市发展的动态追踪和互动响应,以人机交互方式实现交通战略、规划、政策智能决策等。结合新一代信息技术、云计算与人工智能技术实现对交通需求的主动引导与精准施策。实现城市交通运行风险动态监测及交通安全智能保障。

### 2. 提升交通服务精细化水平

深化预约出行、共享交通、出行即服务(MaaS)的理念,借助大数据与移动互联网、人工智能与云计算等技术催生出行即服务的诸多新业态,精准快速地响应个性化出行需求,实现基于需求实时响应的城市出行与物流配送一站式智能服务。

发展出行预约服务系统,通过激励及惩罚措施,鼓励出行者按照预约时间与预约路线出行,实现交通有序运行。

大城市引导新业态由个体出行向公共出行转变,鼓励支持发展个性化、定制化的公共交通等集约化出行模式。

因地制宜发展共享汽车(分时租赁)服务,推动其规范有序发展。近期以中小城市为试点,探索利用共享汽车(分时租赁)服务实现制约小汽车保有的发展模式。

3. 提前部署新型交通基础设施，主动进行政策与技术准备

基于车联网的人、车、路协同模式作为未来交通发展方向，应提前谋划与车联网相关的城市交通规划建设与运营管理框架体系。

针对无人驾驶和各种“共享交通”模式的发展，要加强顶层设计，充分评估各类共享交通模式的负外部性，推进各种共享交通模式规范、有序发展。

# 第七章 保障措施与示范工程

## 第一节 保障措施

### 一、健全 TOD 保障机制

1. 完善体制机制保障

在政府机构中,成立促进 TOD 发展的综合管理机构,对公共交通走廊、综合交通枢纽及沿线土地实施统一规划和开发。

建立政府、轨道交通企业、开发商之间的工作协同和利益分享机制。规定政府、轨道交通企业和开发商的责任、权利和利益分配方式,使得公共交通的外部效益内部化。制定联合开发操作流程,确保各主体之间应确保责任划清、权利分明,同时为多主体联合开发提供有效法律保障。

在建设过程中,严格遵循规划设计方案,建立“规划 + 交通 + 建筑 + 经济 + 工程”等多部门的协同合作机制。

2. 创新综合开发的土地政策及出让方式

修改《中华人民共和国土地管理法》《中华人民共和国土地管理法实施条例》关于土地出让方式、土地招拍挂制度等相关条款,将城市交通枢纽的用地性质由“交通用地”调整为“综合用地”,使其能够与周边影响范围内的土地一起用于一体化的商业、办公等综合开发;规定将交通枢纽(轨道交通站点为主)与周边影响范围内的土地作为一个整体统一出让。加强轨道交通沿线的土地控制与储备机制。

对同一块土地、不同性质的用地，探索土地分层使用政策的推广，吸纳地方性政策法规，制定面向全国的技术标准细则。制定支持地下空间开发的政策，将站点（枢纽）地下空间的相关要求纳入控制性详细规划，建立相关规划标准。

3. 完善规划流程及规范标准

完善综合开发的规划、审批流程。修编现有规划流程，加强城市综合交通规划和轨道交通专项规划与土地利用规划间的协调和反馈，实现“多规合一”。在综合交通枢纽场站及周边实现“一个规划和一张空间布局图”。

修编《城市规划编制办法》，明确在有轨道交通建设规划的城市，必须同步编制轨道交通沿线和车站的控制性详细规划，依据 TOD 原则进行地块细化，通过控制性详细规划等法定规划协调，明确场站用地、道路用地、开发强度等标准、规模等指标，综合纳入土地出让招拍挂的前置要求，保证轨道交通与周边用地的一体化开发落到实处。

参考《城市轨道沿线地区规划设计导则》，修订国家、地方相关规划设计规范条例，使道路宽度、道路密度、慢行系统、容积率、土地混合利用等指标满足 TOD 开发的要求。适当提高轨道站点（枢纽）周边土地规划容积率，以站点（枢纽）为中心进行不同强度的开发，优化空间结构。

## 二、创新城市群综合交通一体化发展体制机制

成立具有政府联合会性质的城市群区域规划组织，对整个区域进行系统规划并为区域事务的协商决策提供平台。具体职能包括：为跨区域事务提供协商平台、提供区域规划技术支持、编制和修订区域交通规划、通过广泛讨论等实现多方参与。

完善综合交通枢纽建设的体制机制。由地方政府主导综合交通枢纽地区的统筹规划，包括铁路火车站等对外综合交通枢纽以及城市内部综合交通枢纽的规划。将铁路场站等对外交通设施纳入城市总体规划、土地利用规划进行整体统筹考虑，结合城市功能分区、用地布局统一选址，做好枢纽地区的土地综合开发及相关配套设施的用地预留。

创新跨区域的轨道交通建设投融资体制机制，建立与土地开发相结合的交通基础设施成本分担和利益共享机制，促进轨道交通系统的跨区域建设。

## 三、建立可持续的投融资体制及财税保障体系

构建可持续的城市交通投融资体制。改革创新交通设施的供给机制和投入方式，充分利用市场化经营手段拓宽公共交通、高速公路、枢纽场站、停车设施投融资渠道，广泛吸引社会资本投入交通基础设施的建设和经营。推动建立轨道交通建设与土地协同开发融资制度。推进城市停车设施供给与服务产业化发展。

推行特许经营和政府购买服务制度。鼓励各城市建立与公交服务质量考评相挂钩的政府购买公交服务机制，变政府补贴为政府购买服务。

建立适应交通可持续发展的价格体系。健全价格制定、调整机制和政府补贴、监管机制，平衡公共利益与投资收益。

建立城市公共交通、自行车、步行系统等发展保障专项基金制度，形成多级稳定的资金支持体系，明确中央、地方等各级政府承担的资金比例。扶持中西部欠发达地区、中小城市的城乡公共交通发展。

推行小汽车税费补偿公共交通、自行车步行发展的制度。基于交通需求管理，征收的小汽车相关税费（如购置税、车牌拍卖、停车费、燃油税、拥挤收费等）用于补偿城市公共交通、自行车、步行等基础设施建设和运营。

#### 四、深化城市交通治理体制机制改革

加大城市交通工作统筹协调力度，解决城市纵向管理链割裂、分散问题。推进城市不同部门协调会商机制建设，统筹交通规划、建设、运营、管理各个环节，推进城市交通与铁路、民航、邮政协同融合发展。推进城市交通综合执法体制改革，理顺交通综合执法体制。

创建全社会共同治理的交通环境。多渠道、多形式开展文明交通、绿色出行理念宣传。对敏感、关键交通政策开展充分宣传和沟通，争取最大程度的公众支持。拓展市民参与交通治理的有效途径，形成全社会共同参与、共同治理的和谐交通环境。健全以街道和社区为单位的基层治理机制，实现政府治理和社会调节、居民自治良性互动。

## 第二节 示范工程

#### 一、“公交都市”示范工程

将公共交通引导发展的理念纳入“公交都市”建设示范工程的要求。改革现有《公交都市考核评价指标体系》及考核办法，从公共交通与城市协调发展以及公共交通服务品质与相对竞争力等维度构建“公交都市”。

#### 二、“枢纽城市”示范工程

打破行政体制的约束，将各种交通方式真正整合起来，构建真正综合的、无缝衔接的综合交通枢纽。推动综合交通枢纽与土地的统筹规划和一体化开发，以不同功能等级的交通枢纽来组织城市空间，构建枢纽城市。

## 三、“完整街道”示范工程

通过出台政策、法规或规范等形式推广“完整街道”设计理念及方法，抓住城市新城建设、道路修建、改扩建等机会，重新审视街道的定位和功能，充分考虑所有出行者的出行需求和交往活动需求，改善道路功能及景观，构建更安全、绿色、有活力的道路空间。

# 参考文献

[1] 北京交通发展研究院. 北京市交通运行报告(2008—2017)[R]. 北京:北京交通发展研究院,2017.

[2] 北京市交通委员会,北京交通发展研究院. 第五次北京城市交通综合调查总报告[R]. 北京:北京交通发展研究院,2016.

[3] 中华人民共和国国家统计局. 中国统计年鉴[DB/OL]. http://www.stats.gov.cn/tjsj/ndsj,2017.

[4] 中华人民共和国住房和城乡建设部. 中国城市建设统计年鉴[DB/OL]. http://www.mohurd.gov.cn/xytj/tjzljsxytjgb/,2016.

[5] 中国城市轨道交通协会. 城市轨道交通 2017 年度统计和分析报告[EB/OL]. [2018]. http://www.camet.org.cn/index.php? m=content&c=index&a=show&catid=18&id=13532.

[6] 交通运输部. 2017 年交通运输行业发展统计公报[EB/OL]. [2018]. http://zizhan.mot.gov.cn/zfxxgk/bnssj/zhghs/201803/t20180329_3005087.html.

[7] 高德地图. 2017 年度中国主要城市交通分析报告[R]. 北京: 高德地图,2017.

[8] 上海市第五次综合交通调查联席会议办公室,上海市城乡建设和交通发展研究院. 上海市第五次综合交通调查成果报告[R]. 上海:上海市城乡建设和交通发展研究院,2015.

[9] 北京交通发展研究院. 综合交通枢纽与城市协调发展研究及政策建议[R]. 北京:北京交通发展研究院,2017.

[10] 北京交通发展研究院. 国外城市群(都市圈)交通一体化经验与借鉴研究[R]. 北京:北京交通发展研究院,2016.

[11] 北京交通发展研究院. 京津冀城市群综合交通运输一体化规划研究[R]. 北京:北京交通发展研究院,2016.

[12] 甘霖. 北京大不大,数据来说话:一键定位北京在国际“大”城市圈的江湖排名[EB/OL]. 北京: 公众号 cityif, 2016 [2016]. http://mp.weixin.qq.com/s/xjKiOMdtDur7thW-SaBUkQ.

[13] 北京交通发展研究院. 交通枢纽与经济社会深度融合发展战略研究报告[R]. 北京:北京交通发展研究院,2017.

[14] 中华人民共和国国家标准 GB/T 51149—2016《城市停车规划规范》[S]. 北京:中国标准出版社,2016.

[15] 王志高. 尺度、密度、面积率—中国城市道路规划建设指标的启示[J]. 城市发展研究,2014(21):1-6.

[16] 北京交通发展研究院. 京津冀交通一体化发展战略及政策顶层设计研究[R]. 北京:北京交通发展研究院,2016.

[17] 中国汽车工业协会. 2017 年 12 月汽车工业产销情况简析、2018 年 11 月全国乘用车销售情况简析[EB/OL]. 北京:中国汽车工业协会,2017[2017]. http://www.caam.org.cn/newslist/a35-1.html.

[18] 盛磊. 中国交通现代化发展展望—从"胡焕庸线"两侧分析[J]. 经济研究参考,2016(14):31-37.

[19] 清华大学课题研究组. 交通强国目标与评价指标体系研究报告[R]. 北京:清华大学课题研究组,2018.

# 课题报告 13

# 铁路发展战略研究

# 课题组主要研究人员

## 课题顾问

孙永福　何华武　卢春房

## 课题组长

罗庆中(组长)　贾光智(副组长)

## 课题组主要成员

李　娜　王镠莹　翁振松　杨　栋　史俊玲

方　奕　季　扬　牛　丰　刘玉凤　陈秀明

王雅群　余巧凤　杨　瑛　梁　婧　穆文奇

肖增斌　耿枢馨　朱子虎　王　龙

## 课题主要执笔人

罗庆中　李　娜　贾光智

# 内容摘要

改革开放以来,我国铁路发展成绩斐然,路网规模快速扩大,运输能力大幅提升,已成为名副其实的铁路大国。但与铁路发达国家相比,我国铁路在与其他运输方式衔接、高质量服务供给、运营效率、可持续经营发展、国际影响力等方面还存在一定差距。

本研究在分析铁路存在问题与挑战的基础上,进行了铁路强国的国际对标分析,探讨了铁路强国的评价指标,分析了铁路需求特征和发展趋势,解读了"人民满意、保障有力、世界领先"的铁路内涵,在此基础上提出了铁路发展总目标与阶段目标、实现目标的路线图、战略重点和保障体系,以及政策与对策建议。

进入新时代,铁路发展正经历由"铁路大国"向"铁路强国"、由"适应发展"向"当好先行"、由"高速度增长"向"高质量发展"、由"国内发展"向"放眼全球"转变,高速铁路的发展改变了传统铁路的技术经济特性,适用范围发生了显著变化,在短距离出行和中远距离出行中,将取代部分航空交通并为大城市交通服务。我国铁路应充分发挥在促进经济和社会发展、支撑国家战略实施中的重要作用,持续优化完善路网基础设施,提升技术装备先进性、适用性,提高铁路网运行效率,不断提升铁路安全保障及节能环保水平,为客户提供优质高效的运输服务,进一步增强中国铁路的市场竞争力及国际影响力,为建设"交通强国"当好先行,为确保国家战略目标的顺利实现提供有力保障。

## Abstract

Since the reform and opening up, the railway development in China has witnessed remarkable success. The network grows rapidly and the transport capacity is enhanced dramatically. China has now become an internationally recognized country for its eye-catching railway development. However, there is still certain gap between China and developed railway countries in terms of modes connection, service quality, operation efficiency, sustainability of business and international influence.

Based on the analysis of the existing problems and challenges of railway, this paper conducts an international benchmarking analysis of strong railway countries, probes into the evaluation indicators of strong railway countries, analyses the characteristics of railway demand and development trend, interprets the connotation of "satisfaction by the people, powerful guarantee and world leadership", and on this basis, puts forward the general goal and stage goal, roadmap and strategic focus, guarantee System, policy and countermeasure suggestions.

In the new era, China is progressing towards a "strong railway country" from "the big railway country", a leader instead of a follower, high quality development from high speed development and seeking for global development rather than focusing only on the domestic market. The development of high-speed railway has changed the technical and economic characteristics of traditional railway, and the scope of application has altered significantly. In short-distance travel and long-distance travel, it will replace part of the air transportation and serve the transportation of big cities. The railway sector shall fully play its role in promoting economic and social development and supporting the implementation of national strategy, continues to improve the railway infrastructure, enhance the performance and adaptability of railway equipment, improve operation efficiency, make the railway system safer and more environmental-friendly, provide the customers high quality and efficient transport service, further enhance the competitiveness and international influence so as to provide solid guarantee for building China into a country with developed transportation system and fulfilling the targets set in the national strategy.

# 第一章 铁路发展现状与问题分析

## 第一节 发展现状

改革开放以来,为适应经济和社会发展的迫切需求,我国逐步加快铁路发展步伐。20世纪80年代,我国铁路进行了双机牵引7400t的重载组合列车试验,重载铁路开始稳步发展。从20世纪90年代开始,我国铁路先后实施了6次大面积提速,时速120km、140km、160km以上线路运营里程大幅提升。2002年,我国第一条时速200km客运专线——秦皇岛至沈阳客运专线建成开通。2004年,国务院审议通过《中长期铁路网规划》,绘制了我国铁路和高铁发展的宏伟蓝图。2008年和2016年又进行了2次优化调整。自此,我国铁路进入了新的发展时期,路网规模快速扩大,运输能力大幅提升,运营速度和效率显著提高。按照最新规划,到2020年,我国高速铁路总规模将达到3万km,覆盖80%以上的大城市。

### 一、铁路建设快速推进

近年来,按照国家总体战略部署,我国加快推进路网干线建设,高速铁路(以下简称"高铁")逐步成网,快捷货运网络不断扩大,城际客运稳步发展,重点区域形成骨架,铁路通达度和便捷性显著提升。截至2017年底,全国铁路营业里程达12.7万km,比1978年增长了144%。其中高速铁路2.5万km,复线率56.5%,电气化率68.2%,铁路网对20万以上人口城市覆盖率达96%,高速铁路网对100万以上人口城市覆盖率达65%。

### 二、运输能力与效率大幅提升

#### 1.客货运输强劲增长

1978—2017年,全国铁路旅客发送量由全年8.15亿人次增长到全年30.84亿人次,增长近3倍。货物发送量由11亿t增长到36.89亿t,增长了2倍多。2017年全国铁路完成客运量30.38亿人次,同比增长9.6%,其中动车组完成客运量17.13亿人次,同比增长18.7%;货物发送量完成29.19亿t,同比增长10.1%。目前,我国铁路旅客周转量、货物发送量、换算周转量、运输密度等主要运输经济指标稳居世界第一。

#### 2. 运营速度显著提高

1997—2007年,我国铁路既有线先后实施了6次大面积提速。截至2017年,我国时速120km及以上既有线延展里程超过4万km。其中时速160km线路延展里程超过2万km(不包括高速铁路);时速250km以上等级高速铁路营业里程2.5万km,位居世界第一,占世界高速铁路总里程的66.3%。

### 三、整体服务水平显著提高

按照换乘高效、智慧便捷、立体开发、站城融合的理念要求,推进以铁路客运站为中心,与其他交通方式有机衔接、融合发展的现代化综合客运枢纽建设,实现出行换乘便捷化和运输服务一体化,"一站式"服务水平显著提升,服务信息化、智能化水平得到明显改善。客运方面,建成了中国铁路客户服务中心网站和中国铁路12306互联网售票系统,互联网售票比例达到70%,构建了互联网/手机、电话、车站及代售点窗口、自动售票机等多种售票渠道,在北京南站、济南西站、南京南站试点推进大站智能导航服务。货运方面,中国铁路95306网站上线运行,货运电子商务系统建设加快推进,网上办理货运业务比例超过70%。建成铁路电子支付平台,实现了铁路售票业务、货运业务网上支付。

铁路运输安全形势保持稳定。与"十一五"末相比,"十二五"末铁路交通较大和重大事故数量下降40%,铁路交通事故死亡人数下降34.7%,10亿t·km死亡率下降33.4%。根据相关统计,近年来我国铁路旅客每10亿人·km死亡人数仅为0.02人,远低于英国、德国、西班牙、日本等铁路发达国家。

### 四、运输经营取得明显进步

#### 1. 客货运输市场化水平不断提高

以市场需求为导向,不断优化客运产品供给。加强旺季高峰运输及淡季运输组织,旅游列车品牌实现增运上量;动态调整运行图,协调安排普速铁路线路旅客和货物运输、高速铁路线路高铁和动车运行,按照淡、旺季灵活投入客货产品;不断优化售票组织,综合运用票额共用、席位复用、限售区段调整等手段,实施剩余能力动态调整;积极推动政府购买服务,实现"路地"双赢。

2. 经营收入显著提升

2007—2017 年,我国铁路运输总收入从 2604 亿元人民币增长至 6958 亿元人民币,年均增长 10.32%。其中,2017 年同比增收 1010 亿元人民币,增长 17%,增收额创历史纪录;多元经营营业收入 2841 亿元人民币,同比增收 348.9 亿元人民币,增长 14%,经营效益显著提升。

## 五、科技创新能力跃上新台阶

1. 铁路总体技术水平进入世界先进行列

近年来,特别是党的十八大以来,铁路深入贯彻落实国家创新驱动发展战略,聚集行业内外优势科技力量,全力推进铁路关键技术领域自主创新,取得了一批重要创新成果,推动我国在高速铁路、既有线提速、重载铁路、高原铁路等领域的科技创新能力不断提升,形成了覆盖全面、以我为主、兼容并蓄、具有中国特色的铁路技术体系。目前,我国铁路总体技术水平已步入世界先进行列,部分技术达到世界领先水平。

2. 铁路信息化、智能化技术稳步发展

随着高速铁路的快速发展和铁路信息化建设的深入推进,中国铁路已积累了海量的结构化、半结构化、非结构化数据。据初步统计,铁路总公司以及各铁路局存储的数据总量已达到 7.5PB。机务、车辆、工务、电务和供电各专业均建立了专业设备及关键部件履历簿,采集了设备状态监测监控数据,可实时监测设备运行状态、关键技术指标和故障报警等,部分实现设备资产统计分析、故障分析、状态变化及趋势分析等;建立了总公司和铁路局两级运输信息集成平台,实现了总公司、铁路局、站段不同信息系统之间的资源共享。

## 六、节能减排成效明显

近年来,在铁路运营里程和运输工作量均大幅增加的情况下,铁路的水和大气主要污染物排放总量保持持续下降的态势。2017 年,国家铁路化学需氧量排放量 1901t、$SO_2$ 排放量 1.58 万 t,比“十一五”期末分别减排 268.2t、降低 12.4%,减排 2.34 万 t、降低 59.7%。

## 七、管理体制改革取得重大进展

建立了政企分开的管理体制,铁路运输企业市场化运行机制建设初见成效。积极探索铁路投融资体制改革,实行铁路分类投资建设,设立了铁路发展基金融资平台,积极开展债券市场融资。铁路资产经营开发力度持续加大,正在积极推进混合所有制改革。

### 八、国际影响力显著增强

#### 1. 国际市场占有率稳步扩大

海外工程建设方面，亚吉铁路、蒙内铁路先后建成通车，中老铁路、雅万高铁、中泰高铁相继开工建设，铁路在“一带一路”倡议中的骨干作用更加凸显；成功打造中欧班列国际物流品牌，2018 年全年共开行中欧班列 6363 列，自 2011 年以来累计开行 10000 多列。我国稳定开行中欧班列的城市 59 个，到达欧洲 15 个国家、49 个城市，运输网络覆盖欧亚大陆主要区域。

技术装备出口方面，自 2001 年我国加入世界贸易组织（World Trade Organization，简称 WTO）以来，机车车辆出口业务快速发展，市场范围逐步实现了从亚非到欧美六大洲的全覆盖，出口额由不到 8000 万美元增长到 2014 年的 37.4 亿美元，年均增速 34.7%。随着出口总量的增长，我国铁路还实现了出口装备从低端到高端的转变，近年来，我国电力及内燃机车等高附加值产品在铁路整车出口中所占比重保持在 60% 左右；出口方式上实现突破，从单纯的货物贸易出口向产品、工程、服务、技术标准等全方位输出升级。

#### 2. 国际话语权显著提升

我国铁路以国际标准化组织（International Organization for Standardization，简称 ISO）、国际铁路联盟（International Union of Railways，简称 UIC）、国际电工委员会（International Electrotechnical Commission，简称 IEC）、铁路合作组织等国际化组织为平台，有序推进中国标准的国际化进程，不断提升在国际规则及标准制定中的话语权。目前，共参与 UIC、ISO 重要国际标准 55 项，其中主持 23 项；2017 年新参与国际标准 12 项，其中主持 2 项；参与国际建筑信息模型（Building Information Modeling，简称 BIM）协会标准 4 项，其中主持 1 项。在此过程中，积极委派中方人员承担国际组织领导职务，推进我国与国外铁路技术标准的互认。

## 第二节 存在的主要问题

当前，我国铁路长期存在的运能紧张状况明显缓解，主要干线的瓶颈制约基本消除，基本适应经济社会发展和人民群众出行需求，但与人民日益增长的美好生活需要相比，还存在发展不平衡、不充分的问题。发展不平衡，主要是指铁路各领域、各方面发展水平不均等，结构性矛盾突出，表现为设施网络布局不完善、运输结构不协调，软硬实力之间存在不平衡。发展不充分，主要是指在一些领域一些方面还存在发展不足、发展不优等问题，表现为与其他运输方式衔接融合不紧密，运输服务质量有待提升，效率效益还需进一步优化，科技引领能力及国际影响力还需进一步提升，体制机制保障能力有待加强等。

## 一、网络布局有待完善

### 1. 基础设施布局不均衡

总体上，我国铁路基础设施布局尚不完善，由于经济发展水平的差异，与东部地区路网水平相比，中西部地区发展不足，与西部大开发及“一带一路”倡议（图13-1）的要求相比，西部铁路网的建设尚需适当加强。

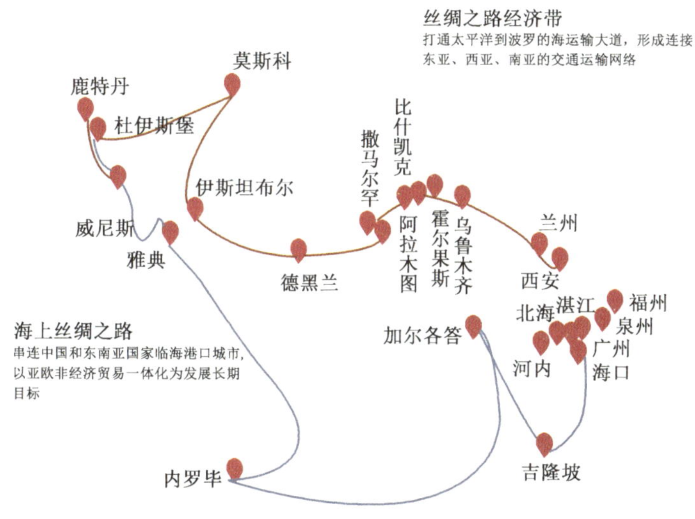


图13-1 “一带一路”倡议示意图

### 2. 运能虚糜与紧张并存

现有路网中，运能虚糜与运能紧张问题并存。运能虚糜主要表现在部分新建高速铁路、重载铁路的建设标准过高，特别是中西部地区的部分铁路，运能与地区综合开发水平不匹配，如兰新高铁、瓦（塘）日（照）重载铁路等，目前运输能力超过实际需求；运能紧张表现为东部主要通道、南北通道等区段运能仍然较为紧张，部分主要通道存在区段性瓶颈制约，如京沪线徐州—蚌埠段、京广线长沙—衡阳段、沪昆线上海—杭州段等。

## 二、在综合运输中的作用有待发挥

### 1. 与其他运输方式衔接融合不紧密

不同运输方式之间的配套衔接不足，多式联运发展滞后，导致社会物流成本居高不下。从铁水联运情况看，长江沿岸港口，实现铁水联运的比例很小，截至2016年上半年，重庆的十余个港口中，实现铁水联运的仅有5个，而武汉沿长江的17个港口中，实现铁水联运的也只有6个。从港口集装箱铁水联运情况看，“最后一公里”问题尚未得到有效解决，目前我国主要港口集装箱铁水联运比例仅为1.8%左右，而国外集装箱铁水联运比例通常在20%左右甚至更高，如美国为40%、法国为26.2%、印度为25%。从与民航衔接的情况看，我国共有定期航班通航机场228座，其中仅有11座与铁路共站设置。另外，全路适应现代物流的枢纽点线能力不协调、不配套问题突出，铁路物流基地设施设备不足，专用场站、专用载运机具及衔接转运设施规模小，协同衔接效应差。

2. 铁路货运市场份额持续下滑

随着公路、水运、航空运输规模的不断扩大，货物运输市场竞争日益加剧，铁路运输产品单一、服务滞后、运到时限无法保证、与其他运输方式衔接不足等问题使其在市场竞争中处于不利地位，产业结构调整带来的运输需求结构变化进一步加剧了铁路运量的流失，导致铁路货物运输市场份额持续下滑。2010—2017年，铁路货运量市场份额（不含远洋）从11.44%下降至7.83%，货物周转量市场份额从28.84%下降至19.59%。

## 三、服务质量尚需进一步提高

1. 系统化、个性化服务供给能力不足

客运方面集中表现为购票前、乘车后、目的地配套服务等供给环节尚未有效开发，全流程服务不到位，个性化、差异化服务欠缺。货运方面集中表现为多式联运、智能化运输、全程物流等运输服务供给能力不足，增值服务较少。

2. 运输服务供给体系不完善

运输产品种类和价格营销手段不够灵活，货运信息不能及时采集和充分共享，与公路、水运、海关及国外铁路的数据交换还需进一步开发。缺乏清晰的大客户营销策略，大客户忠诚度和黏着度较低。

3. 运输安全保障面临新的挑战

我国高铁运营时间较短，对高铁安全规律的认识还需进一步深化，相应的安全管理体系、应急救援体系、安全风险把控能力有待进一步完善；新建铁路面临很多复杂地质、气候、自然环境的考验，新技术、新装备的大量投产运用，需进一步提高安全生产管理水平，强化安全保障能力；铁路沿线环境安全隐患突出，铁路反恐防暴一体化防控体系尚未形成,全社会共保铁路安全的意识有待提高。

## 四、效率效益有待提高

1. 路网能力尚未得到充分发挥

客运方面,2017 年,我国铁路营业里程 12.7 万 km,其中高速铁路 2.5 万 km,高速铁路运输密度为 2310 万人·km/km,而日本新干线运营里程 2734km,运输密度为 3708.59 万人·km/km,我国高速铁路运输密度仅为日本的 62.3%。货运方面,2017 年,我国铁路既有线 10.2 万 km,复线率 56.5%,而美国铁路营业里程 22.4 万 km,大部分为单线铁路。按照复线铁路运输能力大约为单线铁路的 4 倍粗略计算,我国铁路既有线的运能大约与 27 万 km 单线铁路的运能相当,规模约为美国的 1.2 倍;相比之下,2017 年我国铁路共完成货物周转量 26962.2 亿 t·km,为美国 29792.6 亿 t·km(2014 年)的 91%。

2. 劳动生产率较低

2017 年,我国铁路单位营业里程员工人数为 16.7 人/km,约为美国的 19 倍。人均换算周转量方面,我国为 173.7 万 t·km/人,仅为美国的约 13%。

3. 企业经营效益仍需进一步提升

在取得巨大社会效益的同时,铁路企业经营效益没有得到相应提升。运输收入方面,2017 年,我国铁路单位运输收入为 279.42 美元/万(t·km),远低于美国、法国、德国、日本的主要铁路运输企业。净利润方面,2017 年我国铁路净利润达到 1.81 亿美元,盈利能力远低于美国、日本的主要铁路运输企业。

## 五、铁路债务问题亟待解决

近年来我国铁路大规模建设资金主要依赖债务融资方式,截至 2017 年底,中国铁路总公司负债总额已从 2006 年的 6401 亿元人民币增至 4.99 万亿元人民币,资产负债率则从 42.6% 攀升至约 65.2%。其中,长期负债 4.19 万亿元人民币,约占总负债的 83.98%。2017 年中国铁路总公司客货运的总收入为 6943 亿元人民币,还本付息 5405 亿元人民币,偿债压力明显过大。根据国家"十三五"规划纲要,国民经济和社会发展仍然需要加强铁路建设,特别是中西部地区、革命老区、民族地区、边防和国土开发、扶贫开发等还要大量铁路投资,预计铁路固定资产投资规模仍保持在 3.5 万亿元人民币以上的高位,且新建铁路 80% 以上在中西部,财务可持续问题日益凸显。

## 六、科技引领能力有待增强

与科技发展面临的形势和要求相比,铁路科技创新工作还存在一些薄弱环节:塑造和巩固我国铁路世界“领跑者”地位的引领性技术有待突破；在空气动力学、轮轨关系、弓网关系基础理论以及新材料、新能源等前瞻技术方面的研究有待进一步深化；对关键领域重大技术创新的基础支撑作用还需进一步提升；铁路信息化建设仍处于分散建设阶段，信息孤岛众多、信息共享困难、信息资源利用效率不高，铁路信息化、智能化技术的研发应用水平有待提升。

## 七、国际影响力有待提升

近年来，随着我国高速铁路技术的不断突破和“一带一路”倡议、“走出去”战略的深入推进，我国铁路在全球的影响力显著提升，但与发达国家相比，我国铁路在国际上受关注的程度和国际影响力仍显不足。

1. 技术标准国际化水平有待提升

我国铁路技术标准国际化工作起步相对较晚，作为高铁后发国家，铁路技术标准在国际上尚未获得广泛认可；一些传统的铁路发达国家在有关国际标准组织中长期占据主导地位和职位，而我国在铁路有关国际组织中担任高级职位者少，对相关国际标准制修订的主导能力和话语权不强。

2. 海外市场拓展能力仍显不足

目前，我国铁路海外工程项目主要局限在欠发达国家和地区，难以进入经济发达、政局稳定、市场广阔的欧美发达国家市场，且铁路企业海外项目管理能力和经验仍显不足，对项目风险还缺乏系统有效的防范。铁路关键技术装备海外市场份额有限，传统的机车车辆国际市场主要由欧系、日系两大机车车辆制造阵营构成，2015 年仅欧洲供应商就占据了全球 68% 的市场份额。随着世界发达国家轨道交通体系日趋完善，市场正趋于饱和，加之国际轨道交通装备制造企业技术产品不断升级，既有的寡头垄断市场竞争将日益激烈，我国企业在开拓国际铁路市场的过程中将面临更加严峻的挑战。适应国际市场多样化需求的能力有待提升，尤其是难以满足全球价值链中高端市场的多样化需求。

## 八、国家支持政策有待健全

相比一些发达国家，我国对铁路运输方式的政策支持力度不足。部分发达国家从环境可持续发展角度出发，制定了一系列政策支持铁路发挥更大的作用，促进了综合交通体系的合理分工。1999 年瑞士颁布了《将阿尔卑斯山脉货运转移至铁路法》，禁止载货汽车在夜间及周日运行。2001 年瑞士政府对运行在瑞士公路上载重超过 3.5t 的车辆，按载重、污染物排放以及行驶里程数等收取特别税费。通过一系列有效措施,2016 年穿越阿尔卑斯山的货运方式中,铁路市场份额提高到 71%,公路货运车辆的通行数量从 2001 年的 140 万辆降至 2016 年的 97.5 万辆。2017 年初,瑞士政府还决定降低穿越阿尔卑斯山铁路的线路使用费,进一步促进铁路货运的发展。德国联邦政府也于 2008 年颁布了《货物运输和物流总规划》文件,明确提出"让铁路和水运承担更多货运任务"的目标。

# 第二章 国际铁路对标分析

## 第一节 铁路发达国家现状与特点

德国、法国、日本、美国是世界公认的铁路发达国家，在世界铁路发展中发挥了重要作用。由于各国国情、经济发展、地形条件等方面的差异，铁路发展的历程及优势特色各有不同，但通过对铁路基础设施、运输服务、科技创新、经营管理等各领域发展情况的梳理分析可以看出，这些国家之所以成为世界公认的铁路发达国家，有许多共性的经验值得我们参考和借鉴。

一是路网基础设施规模较大，质量较高。美国、德国、法国、日本的铁路基础设施规模都位于世界前列，其中美国更是拥有22.4万km的铁路网，位居世界第一；德国、法国、日本的铁路总营业里程均在3万km左右。在如此大规模路网的基础上，日本、德国、法国铁路的电气化率及复线率均位于世界前列，路网质量较高。此外，日本、德国、法国还拥有发达的高速铁路网络，其中：日本高速铁路运营里程2734km；德国高速铁路总长1575km；法国高速铁路总长为2696km。

二是铁路与其他交通方式融合良好。欧盟国家一直非常重视各类交通方式的融合衔接，2011年，欧盟发布交通发展白皮书，提出要建立“一体化”交通运输体系，实现各运输方式之间的均衡发展，消除运输瓶颈。如德国铁路，客运方面，建立了连接国内主要大机场的联络线，使机场与铁路联网，为旅客提供便捷的换乘服务；货运方面，凭借各种运输方式的良好融合，德国铁路股份公司（Deutsche Bahn，简称DB）为客户提供多式联运服务，为全球托运人提供包括陆运、海运和航空等多种运输方式的综合物流解决方案。

三是科技创新世界领先。美国、德国、法国、日本都非常重视科技创新。美国在重载铁路建设及技术装备研发上一直处于世界领先地位。日本是世界高速铁路创始国，1964

年开通运营了世界上第一条高速铁路——东海道新干线。德国建造了世界上第一条电气化铁路和第一台电力机车。1988 年,德国自主研发的城际特快列车(Inter-City Express,简称 ICE)原型试验车 ICE-V 创造了 406.9km/h 的世界纪录。2007 年,法国高速列车(Train à Grande Vitesse,简称 TGV)创造了世界铁路轮轨系统的最高试验速度纪录——574.8km/h。除了保持在传统技术领域的领先地位外,这些国家始终瞄准世界科技发展的前沿,以前瞻性的眼光规划其未来铁路科技发展战略。2015 年,德国提出了以信息化和互联网技术为主要特征的数字化发展战略;法国国营铁路公司(Société Nationale des Chemins de Fer Français,简称 SNCF)也宣布了"SNCF 数字化"计划;日本长 280km 的东京至名古屋磁悬浮铁路也已开工建设,运营时速 505km,预计 2027 年建成。

四是企业经营管理效率效益良好。德国、日本、美国的铁路企业都非常重视提升经营管理水平,增强市场竞争力,为企业的可持续发展奠定了良好基础。德国铁路股份公司不断拓展业务范围,采取各种措施提高运输质量和经营效益,目前已成长为全球领先的运输物流企业,2015 年在世界 500 强企业排行榜中位于第 203 位。美国铁路市场化程度很高,主要依靠市场机制引导企业行为。目前美国多家 I 级铁路公司已上市,货运领域已形成了以企业为主体、以市场需求为导向的运输经营环境,盈利状况良好。

除以上特点外,这些国家在铁路发展过程中,还在安全管理、节能环保等方面有较好的表现。例如:日本作为地震多发国,格外重视铁路运营的安全水平。新干线运营多年,至今没有发生人员死亡事故;即使是在"3·11"地震和海啸等重大自然灾害中,也没有发生重大人身伤亡事故。德国铁路股份公司致力成为交通运输业的环保领导者。2012 年,德铁提出到 2020 年 $CO_2$ 排放与 2006 年相比减少 30%、牵引用电中来自可再生能源的电能将占据 45%、与 2000 年相比铁路噪声降低一半(降低 10dB);2017 年,德国铁路股份公司使用的可再生能源在牵引电能中的占比已达 44%,德国铁路股份公司调整目标,提出至 2050 年实现无 $CO_2$ 排放,至 2030 年清洁能源占比提高至 70%。

## 第二节 铁路强国评价指标体系

铁路强国指标体系,既是评价体系,也是引导体系。作为评价体系,主要是评价我国铁路发展的先进程度和差距,回答我国是否进入了铁路强国行列、是否走在了铁路强国前列;作为引导体系,主要是为我国发展成为铁路强国指明方向。围绕"着力打造安全、便捷、高效、绿色、经济的铁路运输系统"、支撑我国现代化强国战略这一目标,着重构建 8 个方面的指标体系:基础设施完善、技术装备先进、服务品质优良、绿色智能引领、运行安全可靠、效率效益一流、治理能力现代、全球服务高效。

1. 基础设施完善

铁路基础设施的完善程度是反映一个国家铁路发展水平的基础指标，就路网规模来说，“铁路强国”应具备路网规模较大、覆盖面较广、通达性较强等特点，不具备一定的路网规模，“铁路强国”就无从谈起。就路网质量来说，“铁路强国”路网应有较高电气化率、复线率，高速铁路、重载铁路等高质量路网的营业里程应达到较大规模，且各类型铁路结构合理，基础设施耐久性强；综合交通枢纽布局完善，铁路与其他运输方式衔接顺畅。

2. 技术装备先进

铁路技术装备的现代化水平及可持续的技术创新能力，是使一个国家铁路技术水平位于世界领先地位并能保持、甚至扩大领先水平的关键因素，是铁路强国指标体系中不可或缺的重要部分。技术装备先进主要表现在技术装备现代化水平世界领先，基础性、前瞻性技术研究引领世界铁路科技发展，处于领先水平的关键技术领域较多3个方面。

3. 服务品质优良

铁路作为一种大众化的交通工具，其服务设施的便捷化程度、服务质量、民众满意度是衡量铁路运输水平的重要指标。服务品质优良主要体现为铁路运输能力较强、基本运输服务均等化、服务质量较高、较好地满足国家经济社会发展需求等方面。

4. 绿色智能引领

智能化、绿色化是未来世界铁路发展的两个重点方向。铁路智能化水平、节能环保水平在世界的领先程度也是衡量铁路强国的重要指标。智能化主要是智能技术在建设、运营、装备等领域得到广泛应用；绿色化重点体现为能源消耗、污染排放水平较低以及清洁能源工具应用广泛等方面。

5. 运行安全可靠

保障铁路安全可靠运营是铁路行业的永恒主题，也是各国铁路企业关注的重点。在衡量铁路整体水平时，其安全性能是不可或缺的组成部分。运行安全可靠主要体现为铁路事故人员死亡率较低、安全保障体系和应急救援体系完善等。

6. 效率效益一流

效率效益一流包括运输效率和运营效益两个方面。其中，运输效率反映了一个国家铁路的运输组织水平、路网能力利用水平等；铁路运输企业的运营效益反映了企业经营水平的可持续发展程度。

7. 治理能力现代

主要铁路运输企业的治理能力体现了企业的现代化治理水平及市场化经营程度，也是衡量国家铁路发展水平的重要指标。治理能力现代重点体现在现代企业治理体系完善、经营结构合理两个方面。

8. 全球服务高效

铁路是否强大不仅需要看其在本国的影响力，还应关注其技术装备、运输服务在世界市场上的占有率及在国际社会的影响力和被认可程度。全球服务高效重点体现在全球产业布局完善、国际市场竞争力较强、国际标准规则制定话语权较强、支撑"一带一路"倡议实施等方面。

铁路强国的具体指标体系构成见表13-1。

铁路强国指标体系构成　　表13-1

| 准　则　层 | 指　标　层 |
|---|---|
| 基础设施完善 | 路网覆盖率较高：路网规模和密度 |
| | 路网质量世界领先：电气化率、复线率、高速铁路比例、重载铁路比例、基础设施耐久性 |
| | 与其他运输方式衔接顺畅：铁水联运比例、综合交通枢纽占比 |
| 技术装备先进 | 技术装备现代化水平世界领先：处于世界领先的技术领域数量、关键技术装备数量、最高运营速度、最大轴重 |
| | 基础性、前瞻性技术研究引领世界铁路科技发展：科技创新投入、研究实验条件、铁路综合性科研机构科研人员数量 |
| | 处于领先水平的关键技术领域较多：重点领域中处于世界领先水平的关键技术数量 |
| 服务品质优良 | 铁路运输能力较强：客货运量、客货周转量、日开行列数 |
| | 基本运输服务均等化：路网通达城市的数量及比例 |
| | 服务质量较高：准点率、娱乐便民设施使用情况 |
| | 满足国家经济社会发展需求：铁路运输收入占国内生产总值(Gross Domestic Product，简称GDP)比重、铁路运输市场份额 |
| 绿色智能引领 | 能源消耗水平较低：单位运量能源消耗数量 |
| | 污染排放水平较低：单位运量污染物排放数量 |
| | 清洁能源工具应用广泛：利用氢等清洁能源驱动的列车比例 |
| | 智能技术应用广泛 |
| 运行安全可靠 | 铁路事故人员死亡率较低：单位运量死亡人数 |
| | 安全保障体系完善 |
| | 应急救援体系完善 |
| 效率效益一流 | 运输效率世界领先：运输密度、单位里程员工数/单位运量员工数 |
| | 经营可持续性良好：单位运输收入、净利润、资产负债率 |

续上表

| 准则层 | 指标层 |
| --- | --- |
| 治理能力现代 | 现代企业治理体系完善 |
| | 经营结构合理:非铁路运输收入占比 |
| 全球服务高效 | 全球产业布局完善:设计咨询企业全球覆盖范围 |
| | 国际市场竞争力较强:铁路技术装备出口覆盖范围、主要铁路企业全球竞争力排行 |
| | 国际标准规则制定话语权较强:在重要国际组织担任领导的人数、主导/参与标准或规则的数量或比例 |
| | 支撑"一带一路"倡议实施:铁路运输国际辐射范围 |

## 第三节 与铁路强国国际对标分析

按照以上指标体系,课题组挑选了德国、法国、日本、美国、俄罗斯5个国家,将其相关指标与我国铁路进行评估和对比,明确我国铁路在世界铁路发展中的地位、差距和进一步发展的目标方向。

### 一、基础设施完善

#### 1.路网规模和密度

路网规模方面,目前美国拥有世界上最大的铁路网,营业里程约22.4万km;我国铁路经过十多年的快速发展,路网规模快速扩大,2017年底已经达到12.7万km,跃居世界第2;俄罗斯铁路营业里程为85200km,位居世界第3;德国、法国、日本铁路网规模相对较小,分别为38500km、30000km、27917.8km。

路网密度方面,按国土面积计算,2017年,我国的铁路网密度为132.29km/万km$^2$,在比较的国家中仅高于俄罗斯(49.83km/万km$^2$),远远低于其他国家,其中德国、日本、法国、美国分别是我国的8.1倍、5.6倍、4.1倍和1.8倍。按国家人口计算,我国的路网密度现为0.92km/万人,人均拥有铁路仅9.2cm,远远低于其他国家。其中德国、法国、俄罗斯、美国分别是我国的5.1倍、4.9倍、6.4倍、7.5倍,人口较多的日本也是我国的2.4倍。需要说明的是,虽然美国路网密度与我国相比较高,但美国铁路多为单线、非电气化铁路,而我国有相当比例是复线、电气化铁路。单位GDP路网密度方面,2017年,我国的单位GDP路网密度为11545.45km/万亿美元,低于俄罗斯(66562.5km/万亿美元)、美国(12423.74km/万亿美元)和法国(12396.69km/万亿美元),高于德国(11053.45km/万亿美元)和日本(6373.93km/万亿美元)。

2. 路网质量

高铁路网规模方面，截至 2017 年底，我国高铁营业里程达 2.5 万 km，占世界总量的 60% 以上，远超世界其他国家，稳居世界第一；德国、法国和日本高铁起步较早，高铁网发展均颇具规模，分别为 1575km、2696km 和 2734km；俄罗斯和美国高铁路网规模相对较小，分别为 804km 和 362km。

电气化率方面，2017 年，我国铁路电气化率达到 68.2%，在对标的国家中居首位，德国铁路的电气化率为 53.8%、法国为 52.3%、俄罗斯为 50.8%、日本为 62.3%，美国主要发展非电气化铁路，电气化率非常低，仅约为 0.3%。

复线率方面，2017 年，我国铁路的复线率达到 56.5%，在对标的国家中居首位，法国铁路的复线率为 56.1%、德国为 49.1%、俄罗斯为 50.7%、日本为 38.5%。

重载铁路网规模方面，比较的几个国家中，美国重载铁路发展成效突出。2016 年，美国重载铁路营业里程达到 153312.5km，占全国总营业里程的 68.5%；我国重载铁路营业里程 5665km，占全国总营业里程的 4.6%。

3. 与其他运输方式的衔接

我国铁路与其他运输方式的衔接不够顺畅，重要沿江通道上，实现铁水联运的港口比例很小。重庆、武汉等长江经济带重点城市实现铁路联运的港口不到 1/3，极大地影响了我国铁水联运的发展。在港口集装箱铁水联运方面，我国也与发达国家水平相距甚远。目前我国主要港口集装箱铁水联运比例仅为 1.8% 左右，而美国为 40%，德国、法国分别为 25.7%、26.2%。

## 二、技术装备先进

1. 技术装备现代化水平

动车组最高运营速度方面，目前我国铁路高速动车组的最高运营速度达到 350km/h，位居世界首位。其次是法国、日本，最高运营速度为 320km/h。德国高速铁路的最高运营速度为 300km/h。

货运列车最高运营速度方面，目前我国货运列车的最高运营速度为 160km/h，低于法国 TGV 邮政高速列车的最高运营速度 270km/h（2015 年停运）。德国货运列车目前最高运营速度为 140km/h，美国为 120km/h。

高速动车组保有量方面，2017 年，中国铁路总公司上线运营动车组 2522 组，占世界高铁运营动车组的 50% 以上，远高于位居第 2 的法国（526 列）。我国铁路高速动车组保有量分别是德国、法国、日本的 9.5 倍、4.8 倍和 6.2 倍。

机车保有量方面，到2017年底我国电力机车达1.2万台，稳居世界首位；蒸汽机车已全部淘汰，内燃机车比例逐年降低，铁路逐步向绿色化方向发展。

货运列车平均总重方面，俄罗斯为3969t，在对标国家中位居首位，美国（货物列车平均总重3562t）次之。我国货运列车平均总重为3234t，处于中等水平，德国、法国和日本均较小，分别为1587t、1210t和847t。

2. 基础性、前瞻性技术研究水平

科技创新投入方面，2017年我国铁路在基础性、前瞻性技术研发方面投资约19.5亿元人民币，而法国、日本和俄罗斯有关铁路机构分别投资2.48亿欧元、34.4亿日元（约合0.26亿欧元）和1200亿卢布（约合17.22亿欧元）。可以看出，俄罗斯在铁路科技创新研发方面投入大量的资金，在对标国家中居首位，而我国在科技创新投入方面处于对标国家中的中等水平。

创新人才数量方面，截至2017年我国培养了50名专业领军人物和500名专业带头人，铁路综合研究机构中国铁道科学研究院现有员工数约为9000人；日本铁道综研所研究人员为527人；美国TTCI研究人员为240人；俄罗斯铁路交通科学研究院的科研人员为796人。

3. 处于先进水平的关键技术领域

高速铁路领域，我国构建了涵盖工务工程、高速动车组、列车控制、牵引供电、运营管理、风险防控6个方面的高速铁路技术体系，高速铁路总体技术水平进入世界先进行列，部分技术领域达到世界领先水平。

既有线提速领域，我国全面掌握了既有线提速至200km/h及以上设计、施工、养护维修等成套技术，既有线提速技术达到世界先进水平。

重载铁路领域，我国铁路掌握了既有线开行27t轴重货物列车技术，构建了30t轴重重载铁路建设运营成套技术体系，成功试验开行3万t重载组合列车，我国重载铁路技术已接近美国，达到世界先进水平。

高原铁路领域，通过青藏铁路、拉日铁路等高原铁路建设运营实践，针对多年冻土、高寒缺氧、生态脆弱等工程难题方面的技术得到验证，构建了高原铁路运营安全保障体系，我国高原铁路技术达到世界领先水平。

## 三、服务质量优良

1. 运输能力

客运量方面，2017年，中国国家铁路共完成旅客发送量30.38亿人次，其中动车组发送17.13亿人次，占比56.4%，在世界上仅次于日本的93.92亿人次（日本JRs铁路公司）和印度的81.2亿人次。德国、法国、俄罗斯、美国完成的客运量分别为28.3亿人次、11.23亿人次、10.37亿人次和0.31亿人次。

旅客周转量方面，2017年，中国国家铁路共完成旅客周转量13456.92亿人·km，稳居世界首位；在对标国家中，日本铁路完成的旅客周转量为2719.96亿人·km（日本JRs铁路公司），位居第2，德国、法国、美国、俄罗斯完成的旅客周转量分别为958.3亿人·km、930.2亿人·km、632.3亿人·km和1245亿人·km。

货运量方面，2017年，中国国家铁路货物发送量36.89亿t，稳居世界首位，美国以18.4亿t位居第2，德国、法国、日本、俄罗斯分别为3.64亿t、9550万t、4409万t和12.22亿t。

货物周转量方面，2017年，中国国家铁路共完成货物周转量26962.2亿t·km，在对标国家中仅低于美国的29792.6亿t·km，位居第2，中国国家铁路完成的货物周转量分别是德国、法国、俄罗斯、日本的20.7倍、70.2倍、1.0倍和113.3倍。

2.服务质量

客运准点率方面，2016年，我国铁路客运列车准点率达到99.8%，长途旅客列车准点率（延误≤5min）为99.2%，德国、法国分别是78.9%和90.9%。

货物送达正点率方面，2016年，我国铁路货物列车运行正点率达到94.7%。根据2014年UIC统计数据，德国、法国货物列车延误1h以内的比例分别为75.6%和97.2%。

车站Wi-Fi接入方面，我国已在“复兴号”高铁上实现免费上网。德国已实现所有高铁列车免费上网，正在推进普速客车免费上网的项目，计划到2020年实现所有列车均可免费无线上网；法国于2016年在巴黎至里昂高速列车开通4G高速无线上网服务，并将在郊区列车、城际列车、高速列车等全客运网络实现3G和4G网络的覆盖；日本列车上接入Wi-Fi的只有东海道新干线两个车型，截至2017年4月，少数列车，如成田快速联络线，实现车内上网。

智慧出行程度、差异化服务品质方面，德国推出短途概念车，列车旅行体验得到显著提高，通过手机APP实现自动检票，优化手机购票APP，实现全程旅行信息的实时发布和提醒、车辆编组信息发布和更新、车站内导航等功能，并推出列车娱乐系统平台ICE Portal以及固定票和打折票；法国铁路也从购票、行程方案设计、乘车服务等多个环节着手，提升旅客出行体验；日本通过设置女性专用车厢、残疾人专用洗手间、无障碍通道等提供差异化服务，并在部分列车车厢设置不同温度，便于旅客根据自己的喜好乘车。

旅客全程服务方面，德国从2014年起推出个性化旅行导航APP“QIXXIT”，为旅客提供跨地区、跨交通方式的运输方案，并能实现实时告知晚点、变更的功能；持长途车车票的旅客在绝大多数地区可免票乘坐公司自营或者其他公司经营的短途列车；提供两端自行车租赁、电动汽车租赁服务；推出自动驾驶电动公交车的创新交通方式，可将旅客从指定地点送至车站。法国国营铁路公司于2015年推出多式联运通行证IDPASS，持证旅客可以乘坐公司提供的所有运输方式，实现“门到门”运输。日本当前的铁路购票、乘车、到站后与其他交通运输方式的接驳以及酒店和景点的预订都很便捷，一体化服务可以通过“车站网”实现；JR东日本铁路公司发行的西瓜卡（Suica）除了乘车之外，还可以用于消费，应用范围非常广泛。

货物运到时限及全程信息服务方面，德铁开发了智能盒（Smartbox）系统，借助卫星定位系统GPS对集装箱或者货车的温度、湿度等参数进行全物流链，包括铁路、航空、海运等所有运输环节在内的实时监控，客户通过手机APP可实时获取货物信息。法国铁路信息系统贯穿了物流链的每个环节，保证了物流管理的全程可视化。

3. 满足国家经济社会发展需求

铁路对经济的支撑和拉动作用方面，2016年俄罗斯铁路对经济的支撑和拉动作用最为明显，俄罗斯铁路公司（RZD）的运输收入占全国GDP的2.32%；2017年，我国铁路运输收入占全国GDP的0.8%，而美国、德国、法国、日本分别占GDP的0.44%、0.81%、1.37%和1.4%。

铁路服务市场份额方面，日本铁路旅客周转量（不含私人小汽车）的市场份额以45.7%居首，我国铁路2017年为41%，位居第二，德国、法国、美国和俄罗斯分别为40%、30.6%、0.7%和26.1%；俄罗斯铁路货物周转量的市场份额以45.2%居首，美国以34.9%的市场份额次之，我国铁路2017年为19.59%，处于中等水平，德国、法国、日本分别为17.7%、16.2%和5.1%。

## 四、绿色智能引领

能源消耗方面，我国铁路单位运输工作量综合能耗为4.61t标准煤/百万换算(t·km)，美国2012年Ⅰ级铁路单位燃油完成的货物周转量约为2.46 t标准煤/百万(t·km)，低于我国铁路。

高速列车研制方面，到2017年，我国全面自主掌握了动车组关键技术，完成时速350km“复兴号”动车组研制，实现不同厂家动车组互联互通，并在京沪高铁率先按时速350km运营，高速动车组总体技术达到国际先进水平；欧洲、日本等国的动车组研制主要专注于节能、环保、安全性、舒适性、经济性研究。

制动系统研制方面，2017年我国突破了动车组基础制动、制动控制系统关键技术，时速350km“复兴号”动车组自主化制动系统已经批量运用，铁路制动系统技术达到国际先进水平;德国、日本动车组已经采用非黏着涡流制动技术,而法国当前的制动系统研制重点主要专注于试验研究动车组碳陶制动盘技术。

网络控制系统建设方面,我国依托时速350km“复兴号”动车组研制,已完全掌握列车网络控制系统的关键核心技术,动车组网络控制系统技术达到国际先进水平;国外动车组普遍采用列车通信网络(Train Communication Network,简称TCN)控制技术,德国已开展实时以太网的列车控制技术研究,并得到初步应用。

列车控制系统研制方面,我国突破了普速、高速和城际铁路列车控制系统核心技术,研发了分别满足时速250km和时速350km运行的CTCS-2级、CTCS-3级列控系统,建成了CTCS中国列车运行控制的标准体系,实现了不同速度等级列车的安全运行和互联互通,列控系统技术达到世界先进水平;欧洲部分国家则应用了采用无线通信系统传输控制信息的ETCS-2级列车运行控制系统,正在向列车自动控制技术、下一代列车控制技术领域发展。

大数据分析应用方面,中国铁路总公司全面开展了大数据中心及数据服务平台建设,客运营销与服务、设备状态大数据应用取得实质性突破和良好应用效果;欧洲、日本等铁路运输企业在客运管理和客户服务、物流电子商务、多式联运、机车车辆维修维护等方面已广泛应用大数据等新技术,建立了相对完善的大数据应用解决方案。

智能化、智慧化发展水平方面,我国已提出了建设智能铁路的战略目标,以京张高铁作为智能铁路的典型示范,研究提出了采用云计算、物联网、大数据、人工智能等现代技术建设智能铁路;德铁从2015年提出了数字化发展战略,通过信息化和互联网技术优化工作流程、创新商业模式以及提高旅客满意度,目前实时客票、APP、自动驾驶、道岔自诊断系统DIANA、铁路施工BIM等技术的研发以及维修数据分析中心的建设已取得初步成果;法铁SNCF集团于2015年2月推出“数字SNCF”计划促进SNCF由铁路服务商向运输方案解决专家转变,同时通过近年来与国际商业机器公司(IBM)等企业合作共同开展铁路工业互联网建设,力图构建能够联通列车、路网、站房三大“区域”的网络生态系统;而日本铁路公司(Japan Railways,简称JR)东日本旅客铁路公司于2016年提出将从运输安全、服务和营销、运营维护、能源和环境4个方面,致力于实现基于物联网、大数据、人工智能等的“运输革命”,研究构建创新技术研发系统平台,推动公司全部业务数据的共享、分析处理和应用。

## 五、运行安全可靠

2017年我国铁路运输安全持续稳定,铁路从业人员万人生产安全事故死亡率小于0.3,铁路交通事故10亿t·km死亡率也小于0.3,安全控制效果显著。在对标国家中,从铁路事故率可以看出,德国铁路事故率控制效果最好,只有0.29件/百万(列车·km),美国铁路事故控制效果稍差。

## 六、效率效益一流

### 1. 运输效率

运输密度方面，就整个路网来看，2017 年，中国国家铁路的平均运输密度为 2904.9 万换算 t·km/km，位居世界首位，俄罗斯以 2896 万换算 t·km/km 位居第 2，德国、法国、日本和美国分别为 551 万换算 t·km/km、390 万换算 t·km/km、1623 万换算 t·km/km 和 1233 万换算 t·km/km。在高速铁路方面，2017 年，我国高铁运输密度为 2310 万人·km/km，而日本新干线运输密度为 3708.59 万人·km/km，大大高于我国。

运输效率方面，2017 年，我国铁路单位里程人工数为 16.7 人/km，是德国的 4 倍，美国的 18.5 倍。我国铁路的人均完成换算周转量为 173.7 万 t·km/人，在比较的几个国家中，低于俄罗斯(318.7 万 t·km/人)和日本(239.1 万 t·km/人)，高于德国(140.3 万 t·km/人)和法国(45 万 t·km/人)。我国铁路运输效率处于中等偏下水平，还有进一步提高的空间。

### 2. 经营可持续性

运营收入方面，2017 年，中国铁路总公司的运营收入达到 1475.24 亿美元，远高于其他国家铁路运输企业，德国 DB、法国 SNCF、JR 东日本公司的运营收入分别为 481.36 亿美元、362.02 亿美元和 257.21 亿美元。

净利润方面，2017 年，中国铁路总公司净利润为 1.81 亿美元，低于美国柏林顿北方圣太菲铁路公司(Burlington Northern and Santa Fe，简称 BNSF)、JR 东日本、德国 DB 和法国 SNCF，其中美国 BNSF 位居首位。

资产收益率方面，2016 年，德国 DB 的资产收益率最高，达到 5.9%，其次是美国 BNSF 为 5.21%。中国铁路总公司 2017 年资产收益率为 0.02%，在对标国家中排在低位。

资产负债率方面，在对标国家中，法国 SNCF 资产负债率最高，达到 89.5%。中国铁路总公司 2017 年资产负债率为 65.2%，低于法国 SNCF、德国 DB(77.5%)和 JR 东日本(66.2%)，但高于美国 BNSF 公司和俄罗斯 RZD 公司。

## 七、治理能力现代

### 1. 现代企业治理体系

现代企业治理体系建立方面，中国铁路总公司积极推进公司制改革，取得重大阶段性成果,18 个铁路局集团公司已正式挂牌运营,非运输企业重组改制正在有序推进;对标国家基本都建立了现代企业制度,美国多家Ⅰ级铁路公司、日本 3 家客运公司均实现了股份上市。

2. 多元经营收入占比

中国铁路总公司多元经营营业收入占比为 29%,多元化业务开展良好;在对标国家中,德国 DB 公司多元经营业务开展情况良好,2016 年为 294.31 亿美元,占总收入的 48.2%。

## 八、全球服务高效

1. 国际市场竞争力

根据达沃斯发布的 2017 年全球竞争力排行报告,中国铁路的全球竞争力排第 14 位,低于法国、德国、日本和美国;根据德国 SCI 交通公司(SCI Verkehr)发布的 2016 年度全球轨道交通装备企业排行榜,中国中车集团排名第 1 位,具有较强的国际竞争优势。

2. 国际话语权

技术和标准等国际铁路规则制定方面,UIC、ISO 标准中共有 28 项重要国际标准纳入了我国技术,并有 1 项国际 BIM 协会标准纳入我国技术。对标国家中,德国被纳入国际铁路规则的技术和标准占比达 17%,国际技术标准主导权较强;法国于 2005 年已经在欧洲标准化委员会(Comité Européen de Normalisation,简称 CEN)中占有 125 个专家席位(共 705 名欧洲专家),并在欧洲电工标准化委员会(European Committee for Electrotechnical Standardization,简称 CENELEC)TC 9X 小组中占有 55 个专家席位(共 289 名欧洲专家),在国际组织中主导权较强;日本铁道国际标准中心截至 2015 年 8 月发布的 IEC/TC 9(铁路电气设备)标准有 102 个,ISO/TC 17/SC 15(轨道及扣件系统)标准 14 个,也是相关国际组织中不可忽视的重要力量。

重要国际组织领导作用发挥方面,我国在 UIC、ISO/TC 269 及其分委员会担任领导人数 4 人次,承担 UIC、ISO/TC 269 专家组/工作组负责人 3 人次,并承担国际 BIM 协会铁路标准组组长,在国际组织中的话语权正在逐年提升。对标国家的国际话语权普遍比较高:法国巴黎设有 UIC 总部,且当前总干事长为法国人;日本铁路高层管理人员在 UIC 中担任重要领导岗位,ISO/TC 269 主席由日本人担任,并有 69 人担任专业委员会秘书、23 人担任分科委员会秘书,IEC 中日本担任常任评议国,副会长也由日本人担任;美国基本主导了北美铁道协会(Association of American Railroads,简称 AAR)和世界铁路重载协会(International Heavy Haul Association,简称 IHHA)两个国际铁路组织;俄罗斯铁路公司总裁被选为 2017—2018 年亚太地区 UIC 主席。

## 九、对标结果

中国与德国、法国、日本、美国、俄罗斯5个国家的关键指标对标结果见表13-2。

对标结果分析 表13-2

| 指标 | 指标内容 | 中国 | 德国 | 法国 | 日本 | 美国 | 俄罗斯 |
|---|---|---|---|---|---|---|---|
| 1. 基础设施完善 | 路网里程 | ☆ | | | | ★ | |
| | 高铁路网里程 | ★ | | | | | |
| | 电气化率 | ★ | | | | | |
| | 复线率 | ★ | | | | | |
| 2. 技术装备先进 | 动车组数量 | ★ | | | | | |
| | 高铁客车最高速度 | ★ | | | | | |
| | 电力机车数量 | ★ | | | | | |
| | 集装箱数量 | ★ | | | | | |
| | 货运列车平均总重 | ☆ | | | | | ★ |
| | 货运列车最高速度 | ☆ | | ★ | | | |
| | 科技创新投入 | ☆ | | | | | ★ |
| | 创新人才数量 | ☆ | | ★ | | | |
| 3. 服务品质优良 | 客运量 | ☆ | | | ★ | | |
| | 旅客周转量 | ★ | | | | | |
| | 货运量 | ★ | | | | | |
| | 货物周转量 | ☆ | | | | ★ | |
| | 客车准点率 | ★ | | | | | |
| | 货物送达正点率 | ☆ | | ★ | | | |
| | 对经济支撑和拉动作用 | ☆ | | | | | ★ |
| | 旅客周转量市场份额 | ☆ | | | ★ | | |
| | 货物周转量市场份额 | ☆ | | | | | ★ |
| 4. 绿色智能引领 | 单位运输工作量综合能耗 | ☆ | | | | ★ | |
| 5. 运行安全可靠 | 铁路从业人员万人生产安全事故死亡率 | ☆ | ★ | | | | |
| 6. 效率效益一流 | 路网总体运输密度 | ★ | | | | | |
| | 高铁运输密度 | ○ | | | ★ | | |
| | 单位换算周转量用工数 | ○ | | | | ★ | |
| | 经营总收入 | ★ | | | | | |
| | 运输经营总收入 | ★ | | | | | |
| | 净利润 | ○ | | | | ★ | |
| | 资产收益率 | ○ | ★ | | | | |
| | 资产负债率 | ○ | | | | | ★ |

续上表

| 指　标 | 指标内容 | 中国 | 德国 | 法国 | 日本 | 美国 | 俄罗斯 |
|---|---|---|---|---|---|---|---|
| 7. 治理能力现代 | 多元经营营业收入 | ★ | | | | | |
| 8. 全球服务高效 | 主要铁路企业全球竞争力排行 | ○ | | | ★ | | |
| | 技术和标准纳入国际铁路规则数量 | ● | ★ | | | | |
| | 在重要国际组织担任领导的人数、主导/参与标准或规则制定的数量 | ● | | | ★ | | |

注：1. 在对标国家中，领先用★表示，先进（第2、第3）用☆表示，一般（第4、第5）用○表示，相对落后（第6）用●表示。

2. 对标国家中，中国采用2017年数据，美国大多采用2014年数据，其他国家大多采用2016年数据。

总体而言，在路网规模、路网质量、技术装备数量及现代化水平、客货运量等“硬件条件”方面，我国均达到世界先进甚至领先水平，是当之无愧的世界铁路大国。但是在货运市场份额、与其他运输方式的衔接、高质量服务供给、运营效率、企业净利润及资产收益率、国际影响力等方面，我国与其他铁路发达国家相比，还有明显的差距，仍需进一步加强。

# 第三章
# 铁路运输特点及未来发展需求

## 第一节 铁路在经济社会发展中的地位和作用

铁路作为国家重要基础设施、国民经济大动脉和大众化交通工具，在经济社会发展中扮演着重要角色。特别是近年来，我国铁路特别是高速铁路的快速发展大大提升了铁路运输能力和服务质量，为人民群众提供了便利的出行方式、为国民经济发展提供了有力的运输保障，并在拉动国民经济增长、带动相关产业及旅游业快速发展、促进区域经济协调发展、加强国防安全保障、促进经济社会可持续发展等方面都发挥了极为重要的作用。高速铁路大大缩短了时间距离、改变了地理区位、扩大了资源配置的优化范围、创造了经济增长的新机会、重塑了生产生活模式。

1. 铁路带动相关产业发展

铁路投资规模大，产业链长，不仅可以增加钢材、水泥等基础建材的有效需求，还可以拉动冶金、机械、电力、信息、计算机、精密仪器等上游产业快速发展，综合经济效益显著。

2. 铁路促进旅游业发展

铁路特别是高速铁路的开通运营缩短了城市间的距离，扩大了旅游目的地的吸引力空间范围，实现了旅客出游方式、出游时间的改变以及旅游城市客源结构、旅游者消费行为特征、旅游产品结构的改变，对旅游产业的发展起到了推动作用。

高铁开通运营后，沿线各城市、景区的旅游呈现出“井喷”态势。2008 年京津城际高铁开通后，天津接待旅客人数显著增长，2015 年达到 326.01 万人次，比 2008 年增长 167%。

2009 年武广高铁开通后,到武汉、株洲等沿线城市旅游的人数大幅增加。2010—2015 年,武汉每年接待游客数量从 0.47 亿人次增长到 2.12 亿人次,年均增幅 24.2%;株洲每年接待游客数量从 0.08 亿人次增长到 0.37 亿人次,年均增幅 24.3%。

3. 铁路推动沿线区域经济协调发展

高速铁路的开通扩大了人们的生活半径,降低了出行成本,使人们的出行更加方便,城市之间的人口流动更加频繁,相邻城市间"同城效应"凸显,促使大城市人口向周边小城市分流,有效减少了大城市的居住人口,成为我国城镇化进程的助推器。社会时间成本的节约带来了巨大的社会和经济效益。如京广高铁武广段开通后,武汉到广州的列车运行时间由 11h 缩短至 4h 以内。依据现阶段运量和单位时间劳动力成本测算,这条线路每年节约的社会时间成本价值数十亿元人民币。

此外,随着我国高速铁路网的不断完善,各种经济要素在不同区域之间快速移动,优化了区域内的资源配置,形成了区域产业聚集效应,大大促进了我国产业结构的优化升级。京沪高铁开通运营以来,沿线城市成为承接长三角和环渤海两大经济区产业转移的新平台。山东德州引来了投资 10 亿元人民币的大项目,廊坊经济技术开发区也吸引了来自 30 多个国家和地区的约 1500 家企业入驻,总投资额超过 700 亿元人民币。

4. 铁路是国家国防安全的重要支撑

作为亚洲最大的陆权国家,从全球发展定位、领土完整及国防安全的战略高度认识中国铁路具有重大现实意义。铁路具有运力大、速度快、续行能力强,受天气、季节、环境影响小等特点,特别是在运载重型兵器和大型技术装备方面具有明显优势,能够实现快速、大规模调兵遣将、运输辎重,是强化军事运输的最有效的工具。同时,国际铁路运输通道是重要的国际资源、物资输入输出载体,在国际经济一体化进程中,铁路具有重要的地缘政治战略意义。

5. 铁路是综合交通运输体系的骨干

我国大宗陆路货物运输运距大多在 800~1000km,部分线路甚至长达 2000km,大宗货物货源地和目的地至沿海港口的运距一般在 500~700km 以上。铁路具有运量大、成本低等特点,在大流量中长距离货物运输方面具有绝对优势,是最适合我国经济地理特征的骨干运输方式。同时,我国幅员辽阔,区域间、城市间人员流动基数大、出行距离长,铁路作为大众化的交通运输工具,一直是我国中长途客运的主力军。近年来,随着我国高速铁路及城际铁路网的不断完善,铁路在短途高密度城际客运中的作用也日益突出,特别是随着我国铁路网覆盖面的不断完善,以及与其他交通方式更紧密的衔接,在全社会旅客运输中的作用将更加凸显，能更好地为民众提供公平、满意的公共运输服务。

6.铁路是推动交通运输可持续发展的重要支撑

作为人口大国，我国经济发展长期面临较为严峻的土地、能源和环境问题。铁路运输方式在节约土地、高效率利用能源及环境保护方面具有明显优势。土地占用方面，铁路完成单位运输量所占用的土地面积仅为公路的1/10；能源消耗方面，根据课题组测算，铁路、公路、民航、私人小汽车完成单位客运量的能源消耗强度分别为4.5t标准煤/百万(人·km)、14.5t标准煤/百万(人·km)、38.8t标准煤/百万(人·km)和224.4t标准煤/百万(人·km)，能耗比为1:3:9:50；水运、铁路、公路完成单位货运量的能源消耗强度分别为2.7t标准煤/百万(t·km)、4.8t标准煤/百万(t·km)、18.0t标准煤/百万(t·km)，能耗比为1:2:7。污染物排放方面，铁路多采用清洁的电能作为牵引动力，全运行过程封闭，污染物排放量非常低，其中，单位运量 $CO_x$ 排放量分别是航空、公路的约1/60、1/58，$NO_x$ 排放分别是航空、公路的约1/5、1/12，$SO_x$ 排放是公路的约2/5。

党的十九大再次明确了“五位一体”的中国特色社会主义事业总体布局，提出要加快建设“美丽中国”，铁路作为公认的环境友好型运输方式，在推动交通运输可持续发展方面将发挥更加重要作用。

## 第二节 外部环境对铁路发展的影响分析

### 一、新时代对铁路发展的要求

党的十九大作出中国特色社会主义进入新时代、我国社会主要矛盾发生转化等重大判断，明确提出加强铁路等基础设施网络建设、建设交通强国。在中央经济工作会议上，习近平总书记多次对铁路工作提出要求，强调要进一步提升铁路市场份额，为铁路未来发展指明了方向。

近年来，随着我国大规模铁路建设的开展，我国铁路运能紧张的状况明显缓解，瓶颈制约基本消除，基本适应经济社会发展需要，具备了由量的积累引起质的提升的现实基础。但同时，随着我国经济进入由高速增长向高质量发展的新阶段，铁路必须向更高层次方向发展，要推动由“铁路大国”向“铁路强国”、由“适应发展”向“当好先行”、由“高速度增长”向“高质量发展”、由“国内发展”向“放眼全球”的转变。必须牢牢把握高质量发展要求，坚持质量第一、效益优先，加快市场化步伐，建立适应社会主义市场经济的现代企业制度；坚持新的发展理念，充分发挥科技创新、节能环保等优势，推动铁路建设由规模速度型向质量效益型转变,加快形成并提升引领世界的发展能力,为服务国家战略、支撑社会主义现代化强国建设提供有力保障。

新时代人民群众对美好生活和美好出行的渴望更加强烈,对铁路运输的需求呈现多样化、个性化、品质化、智慧化等特征。铁路运输服务要由“走得了”向“走得好”、由“运得出”向“运得畅”、由“基础需求型”向“享受体验型”深度转型升级,通过提供更好的全程服务、更快的安全出行、更丰富的客运产品、更准时快捷的联运产品、更智慧高效的服务方式,满足人民群众日益增长的美好生活需要。

## 二、铁路客货运发展趋势

### 1. 客运发展趋势

1)经济总量及人口总量变化将促进铁路客运量增长

据有关研究,2016—2020 年,我国 GDP 平均增长率仍将保持在 6.5% 左右,到 2020 年,我国 GDP 总量将达到 82.2 万亿元人民币(2010 年价),约为 2010 年的 2.0 倍;2030—2045 年间有望实现全球经济总量第一,其中,2030 年全国经济总量以现价计算约为 154 万亿 ~ 173 万亿元人民币,2045 年可达到 276 万亿 ~ 335 万亿元人民币。消费在 GDP 中所占比重将从 2017 年的 58.8% 提高到 2045 年的 66%。对近年我国经济发展速度和全社会客运量增长速度进行比较,客运量的增长速度与国民经济的增长速度基本同步。按照这一规律,随着国民经济的持续发展,全社会客运量也将呈现明显增长趋势。同时,铁路的快速发展,特别是高铁客运能力的不断提升,为旅客的交通出行提供了更加便捷的服务,未来铁路客运需求将会持续增长;随着居民生活水平的提高,对铁路高端产品的消费能力也在增强,居民出行首选高铁的比例将逐年上升。

未来我国总人口将呈现缓慢增长的趋势,预计 2020 年我国人口总量将达到 14.2 亿人,2030 年前后达到峰值,约 14.5 亿人左右。目前,我国人均铁路出行次数远低于很多国家,按照国际铁路联盟(UIC)对 2004 年各国人均乘车次数的统计,法国为 14.2 次,乌克兰为 11.5 次,俄罗斯为 5.4 次,而我国仅为 1.04 次。近些年我国铁路人均出行次数已呈现快速增长的态势,人均出行次数由 2004 年的 1.04 次增加到 2017 年的 2.22 次,这种增长趋势对于人口基数庞大且仍在增长的中国来说,必将形成超大规模的旅客运输需求。

2)人们工作和生活习惯变化将促进铁路非工作出行增长

根据美国人口普查局数据,2012 年美国在家工作者约为 1340 万人,较 1999 年增加 400 万人,占全部工作人口的比例由 7.0% 上升至 9.5%。随着信息技术的发展,我国在家工作者人数也将呈现增长趋势。此外,目前我国旅游业正处于重要战略机遇期,预计 2020 年我国国内旅游人数将达到 60 亿人次以上;按照 5% 的增长速度,预计 2030 年我国国内旅游人数将超过90亿人次。人们工作和生活习惯的变化,会从两方面对铁路客运产生影响。一方面,通勤出行的需求相对减少,对市郊和城际铁路客运带来一定的影响。另一方面,受收入和消费水平的影响,非工作外出和旅游出行需求将不断增长。

3)新型城镇化将促进城际铁路发展

近年来,我国城镇化快速推进,2017年我国城镇化率为58.52%。根据《国家新型城镇化规划》和《国民经济和社会发展第十三个五年规划》,2020年我国常住人口城镇化率达到60%以上,户籍人口城镇化率达到45%左右。国家发改委宏观经济研究院预计,到2040年我国城镇化率将达到70%～75%的峰值。党的十九大报告提出,以城市群为主体构建大中小城市和小城镇协调发展的城镇格局。我国未来将加快城市群发展,主要城市群集聚人口能力增强,预计未来80%以上的人口将分布在19个城市群地区。城市群客运出行的特征具有明显的区域性、高度的流动性和出行的高效性,这决定了大容量、快速度、低间隔的轨道交通将成为城市群客流出行的主要方式。从发展趋势看,高速公路在城市群客运系统中的作用将逐渐减弱,而城际铁路将被置于城市群交通发展的重要地位,是解决城市群间旅客流动的重要载体。

4)人口年龄结构变化将促进铁路提升服务质量

我国人口老龄化程度不断加深。预计2030年,60岁及以上老年人口占比将达到1/4左右,到2050年,这一比例将达到1/3,其中80岁及以上高龄老年人口总量不断增加,我国将面临未富先老的问题。人口总量的不断增长,要求铁路不断提高运输能力和效率,满足人们出行需求。与此同时,人口老龄化发展,对铁路运输服务的便利性和智能化水平提出了更高要求,对个性化的"门到门"服务将会产生更大需求。未来交通运输领域的一个发展方向是,依托智能手机和信息技术发展,为旅客提供多种交通运输方式有效衔接的全程最优出行方案。

综合各方面因素,课题组对未来的铁路旅客运输需求进行了初步预测,并对铁路客运量和旅客周转量的市场结构变化进行了趋势分析。考虑到运输市场结构的衡量需要立足于国内运输,因此全社会客运量的选取分别考虑了两种情况:第一种为不考虑私人小汽车也不包含民航国际的营运性全社会客运量;第二种为包含私人小汽车但不含民航国际运输的广义全社会客运量。此外由于经济社会发展前景的不确定性较大,对每个自变量按高方案和低方案两种情况进行预测,见表13-3和表13-4。

**铁路客运量预测**

(营运性全社会客运量口径,即公路不含小汽车运输、民航不含国际运输)　　表13-3

| 项　目 | 2017年 | 2020年 | | 2030年 | | 2045年 | |
|---|---|---|---|---|---|---|---|
| | | 低方案 | 高方案 | 低方案 | 高方案 | 低方案 | 高方案 |
| 全社会客运量(亿人) | 185 | 179 | 184 | 177 | 186 | 191 | 203 |
| 铁路客运量(亿人) | 31 | 38 | 40 | 55 | 60 | 72 | 80 |

续上表

| 项　目 | 2017 年 | 2020 年 | | 2030 年 | | 2045 年 | |
|---|---|---|---|---|---|---|---|
| | | 低方案 | 高方案 | 低方案 | 高方案 | 低方案 | 高方案 |
| 客运量市场份额(%) | 16.76 | 21.23 | 21.74 | 31.07 | 32.26 | 37.89 | 39.41 |
| 全社会旅客周转量(亿人·km) | 30395 | 34533 | 35749 | 46430 | 51015 | 57606 | 63272 |
| 铁路旅客周转量(亿人·km) | 13457 | 16416 | 17280 | 23100 | 25200 | 28800 | 32000 |
| 铁路旅客周转量市场份额(%) | 44.27 | 47.54 | 49.34 | 49.75 | 49.40 | 49.99 | 50.58 |

铁路客运量预测

(广义全社会客运量口径,即公路包含小汽车运输、民航不含国际运输)　　表 13-4

| 项　目 | 2017 年 | 2020 年 | | 2030 年 | | 2045 年 | |
|---|---|---|---|---|---|---|---|
| | | 低方案 | 高方案 | 低方案 | 高方案 | 低方案 | 高方案 |
| 全社会客运量(亿人) | 509 | 569 | 584 | 857 | 886 | 991 | 1122 |
| 铁路客运量(亿人) | 31 | 38 | 40 | 55 | 60 | 72 | 80 |
| 客运量市场份额(%) | 6.06 | 6.68 | 6.85 | 6.42 | 6.77 | 7.27 | 7.13 |
| 全社会旅客周转量(亿人·km) | 48222 | 56373 | 58149 | 85190 | 90915 | 105606 | 118472 |
| 铁路旅客周转量(亿人·km) | 13457 | 16416 | 17280 | 23100 | 25200 | 28800 | 32000 |
| 铁路旅客周转量市场份额(%) | 27.91 | 29.12 | 29.72 | 27.12 | 27.72 | 27.27 | 27.01 |

### 2. 货运发展趋势分析

1)对资源环境友好型运输方式的支持政策将促进铁路市场份额增长

随着我国经济总量的快速增长,交通拥堵、能源短缺、环境污染、土地紧张等社会问题也日益突出,成为制约我国经济持续健康发展的主要因素,构建绿色交通体系至关重要。铁路在能源消耗、污染排放、土地占用等方面具有显著的优势。充分发挥铁路运输的比较优势,提高铁路在综合交通运输体系中的地位,是缓解当前交通领域各类矛盾的必然选择。近期,国家也明确提出要促进客货运量向铁路运输转移。

2016 年,交通运输部发布《超限运输车辆行驶公路管理规定》,引导整个运输行业向规范化、网络化、透明化、高效化、安全化管理方向发展;2017 年 2 月,环保部联合 3 部委及 6 省市地方政府发布《京津冀及周边地区 2017 年大气污染防治工作方案》提出,7 月底前,天津港不再接收柴油货车运输的集疏港煤炭,9 月底前,天津、河北及环渤海所有集疏港煤炭主要由铁路运输,禁止环渤海港口接收柴油货车运输的集疏港煤炭。随后,唐山、山东也相继发布相关政策,禁止煤炭汽车进行疏港运输。2017 年底中央经济工作会议上也明确提出要"调整运输结构,增加铁路货运量"。这些政策的陆续出台,将促使煤炭、铁矿石、钢铁等大宗物资物流从公路回流到铁路,促进铁路货运量及市场份额稳步提升。

2016 年公路完成货运量 334.1 亿 t,全社会货运量 438.7 亿 t,公路比重高达 76.17%,而铁路货运量只有 33.3 亿 t,占比仅为 7.6%。根据公路抽样统计数据,400km 以上的运输约占 13%。公路主要品类包括散杂货、冶炼物资、煤炭。从公路运输品类构成看,煤炭、冶炼等铁路传统优势货品占 24.28%,且平均运距达到 240 ~ 260km,大部分属于铁路可争取运输的范围。虽然散杂货占公路运输比例较高,但运输超过 500km 以上的长距离散杂货也应当是铁路潜在转移的目标。按目前的公路货品比例,到 2030 年和 2045 年,公路货运超过 500km 运距的运量分别为 50 亿 t 和 70 亿 t 左右,按 10% 的转移率简单估算,2030 年将有 5 亿 t 货物转移至铁路。考虑到 2030 年以后智能汽车和电动汽车的发展,公路转移率将有所降低,按 5% 的转移率简单估计,2045 年公路转移量为 3.5 亿 t 左右。

2)"一带一路"倡议将促进铁路向现代物流业发展

"一带一路"是党中央、国务院在新的历史条件下作出的重大决策,其中,丝绸之路经济带建设将带动亚欧大陆 30 亿人口的巨大市场。经济带快速交通走廊形成后,将吸引更多的中欧间海运货物转移到铁路陆运,为铁路运输拓展新的市场增长点,也将带来可观的企业效益。

目前,铁路运输煤炭和冶炼物资占 80% 以上,高附加值货物运输比重偏低。随着丝绸之路经济带建设的推动,铁路国际联运业务将大幅度增长,以集装箱运输为代表的高附加值货物运输将在其中占据大部分份额,有利于在铁路运输结构中形成煤炭、冶炼物资、集装箱三分天下的局面,加速铁路运输结构的调整与优化。

3)产业结构调整将提升高附加值产品的运输需求

产业结构不断优化升级是我国经济呈现出新常态的重要特点之一。目前,我国服务业年均增速保持 10% 左右。预计到 2030 年,第三产业的比重将从 2017 年的 51.6% 升至 61%。产业结构的变化将进一步带来社会运输产品结构的变化,重工业发展所需的原材料、燃料及产成品的运量相对进一步下降,附加值较高的高新技术产业和服务业的运输需求进一步提高。

目前,国内铁路运输中高附加值货物运输占比较低,这类运输仍然有巨大的提升空间。未来我国铁路货运改革将进一步深化,一方面铁路将会继续发挥在大宗物资运输中的重要作用,满足我国经济社会发展需要;另一方面,铁路也将从运输组织、装备、管理等方面,推动高附加值货物运输方式的改革和创新,高附加值货物运输有望将成为拉动铁路货运发展的新引擎。

4）能源生产及消费结构的调整将使煤炭、铁矿石等大宗物资运量减少

根据国家相关能源政策，预计 2020 年、2030 年和 2045 年我国煤炭产量将分别达到 39 亿t、37 亿 t 和 35 亿 t，呈逐步下降趋势。根据国家电网 2013—2020 年建设计划，到 2020 年将建成 10 条特高压交流电线路、27 条特高压直流电线路。特高压输电变长距离运煤为长距离输电，能源输送格局转变，实现了输煤、输电并举，进一步减少了煤炭运输量。据有关部门预测，一条特高压直流输电线路和一条特高压交流输电线路的年输电量，分别相当于运输 2000 万 t 和 2500 万 t 左右原煤。按规划，若特高压线路能满负荷运行，预计可替代 5 亿 t 以上原煤输送量。

由于经济结构调整，我国固定资产投资、房地产投资和机电产品出口增速显著回落，主要用钢行业，如机械、造船、集装箱等制造业及铁路、公路、港口等基础设施建设的年度消费钢铁量的高峰期已过，钢铁的国内消费已达到峰值平台区。经济增长进入新常态，将抑制原材料需求的增长空间，经济发展对资源、原材料的依赖度将显著下降，因此钢铁市场需求空间有限，今后将处于高位盘整或逐步滑落状态，冶炼物资运输总需求增长潜力不大。

5）物流业快速发展推动铁路快捷货运体系形成

近年来网上购物已经成为一种大趋势。根据国家统计局发布的数据，2015 年我国社会消费品零售总额达到 30.1 万亿元人民币，其中网络购物在社会消费品零售总额中的占比为 12.6%。根据有关预测，未来中国网上购物的总额还将持续扩大。人们网上购物的生活习惯，将进一步推动铁路快捷货物运输的发展。

6）综合交通运输体系不断完善促进铁水集装箱联运发展

根据有关部门的预测分析，2030 年我国港口集装箱集疏量将达到 3 亿 TEU，与美国不同，我国港口集疏运量中 85% ~90% 去往周边地区，需要通过铁路输送的运量约为 10%。随着未来我国综合交通运输体系的不断完善，至 2030 年，我国集装箱铁水联运比例可达到 10%，即铁水联运量将达到 3000 万 TEU。

综合各方面因素，对未来铁路货物运输需求预测见表 13-5。

铁路货运量预测

表 13-5

| 项　目 | 2017 年 | 2020 年 | | 2030 年 | | 2045 年 | |
|---|---|---|---|---|---|---|---|
| | | 低方案 | 高方案 | 低方案 | 高方案 | 低方案 | 高方案 |
| 全社会货运量（亿 t，不含远洋） | 472.88 | 550 | 562 | 633 | 651 | 660 | 680 |
| 铁路货运量（亿 t） | 36.89 | 46.92 | 48 | 58.32 | 60 | 65.96 | 68 |
| 铁路货运市场份额（%） | 7.80 | 8.53 | 8.54 | 9.21 | 9.22 | 9.99 | 10.00 |

续上表

| 项　目 | 2017 年 | 2020 年 | | 2030 年 | | 2045 年 | |
|---|---|---|---|---|---|---|---|
| | | 低方案 | 高方案 | 低方案 | 高方案 | 低方案 | 高方案 |
| 全社会货物周转量（亿 t·km,不含远洋） | 142288 | 154908 | 158147 | 176223 | 182070 | 193949 | 198504 |
| 铁路货物周转量（亿 t·km） | 26962.2 | 33312 | 34009 | 42393 | 43800 | 49820 | 51000 |
| 铁路货物周转量市场份额(%) | 18.95 | 21.5 | 21.5 | 24.1 | 24.1 | 25.7 | 25.7 |

根据低方案及高方案预测结果，与 2017 年相比，到 2020 年、2030 年、2045 年，铁路客运量分别增长 22.6% ~29.0%、77.4% ~93.6% 和 132.3% ~158.1%，旅客周转量分别增长 22.0% ~28.4%、71.7% ~87.3% 和 114.0% ~137.8%；货运量分别增长 27.2% ~30.1%、58.1% ~62.6% 和 78.8% ~84.3%，货物周转量分别增长 23.6% ~26.1%、57.2% ~62.4% 和 84.8% ~89.2%。2017—2020 年间，铁路客运量和旅客周转量年均增长率分别为 7.0% ~8.9% 和 6.7% ~8.5%，铁路货运量和货物周转量年均增长率分别为 8.3% ~9.1% 和 7.3% ~8.0%。2020—2030 年间，铁路客运量和旅客周转量年均增长率分别为 3.8% ~4.1% 和 3.5% ~3.8%，铁路货运量和货物周转量年均增长率分别为 2.2% ~2.3% 和 2.4% ~2.6%。总的来看，铁路客货运量和周转量在 2020 年之前保持较快增长，之后增长速度逐渐放缓。

随着我国铁路大规模建设的开展，铁路与经济社会发展的关系已由过去的瓶颈制约转为目前的基本适应。按照铁路“十三五”发展规划，至 2020 年，我国铁路网规模将达到 15 万 km。随着未来我国高速铁路网的逐步完善，加之科技进步带来列车平均载重和运输组织效率的提高，我国铁路客货运输能力将大幅度提升。

2020 年以后，铁路应综合考虑对经济、社会、国防、国家战略等方面的支撑引领作用以及铁路自身的经济效益，一方面要适度扩大路网规模，另一方面更应重视依靠科技进步、加强运输组织等提升效率，以满足运输需求。既要保持铁路新线建设合理规模，也要重视对现有铁路基础设施存量进行优化、完善，加快与其他运输方式的融合，以大幅提升我国综合交通运输的效率，进一步降低全社会物流成本。

# 第四章
# 铁路强国战略目标

## 第一节 铁路强国内涵

目前,国内外关于“铁路强国”的概念和内涵还没有统一的定义和描述。通过对代表性国家铁路发展经验的研究,结合中国国情、路情以及国家战略对铁路发展的要求,铁路强国的内涵可以概括为:人民满意、保障有力、世界领先。

1. 人民满意

铁路作为基础性公共服务设施,应充分满足广大民众需求,为民众提供便捷、高效、舒适的运输服务,提升民众获得感,为满足民众对美好出行环境的需求和美好生活的向往提供优质的运输保障。主要表现为:

(1)提供公平、均等的铁路运输服务;

(2)提供优质、便捷、高效的铁路运输服务。

2. 保障有力

铁路是国家重要的基础设施。我国作为铁路强国,除了铁路行业自身强大以外,还要充分发挥国民经济大动脉的作用,为国家战略目标的实现提供强有力支撑。党的十九大报告指出,至 2035 年,我国要基本实现社会主义现代化,至 2050 年建成富强民主文明和谐美丽的社会主义现代化强国。发达完善的铁路系统能有效拉动国民经济增长,带动相关产业发展,促进区域、城乡协调发展。因此,铁路应为我国国民经济持续、快速、协调、健康发展提供可靠的运力支持,在支撑我国现代化强国建设中发挥主力军作用。此外,铁路应充分发挥科技创新引领的作用,加大科技创新投入,巩固并扩大我国铁路在世界铁路科

技创新中的"领跑者"地位,为我国建设科技强国发挥强有力的支撑作用。主要表现为:

(1)铁路进一步发挥交通运输骨干作用;

(2)铁路国际互联互通良好,支撑"一带一路"倡议等的推进;

(3)铁路网络覆盖中西部地区、边疆地区、贫困地区,支撑国家扶贫攻坚、区域协调发展和国防建设;

(4)铁路各领域技术水平世界领先,基础性、前瞻性技术研究引领世界铁路科技发展,支撑我国创新型国家建设。

#### 3. 世界领先

成为铁路强国的基本要求是铁路行业自身发展良好,无论路网规模、覆盖率、路网质量、技术装备现代化水平等硬件条件,还是运输服务、安全水平、科技创新能力、国际影响力等软件条件都应达到世界领先水平,主要铁路企业经营可持续性良好,在全球市场竞争力较强。主要表现为:

(1)基础设施完善,结构布局合理;

(2)运输组织高效,运营安全可靠,与其他运输方式衔接顺畅;

(3)铁路企业治理体系现代化,经营良好;

(4)铁路技术装备在国际市场占有较大份额,铁路品牌享誉全球。

## 第二节 发展思路

建设铁路强国的基本思路是:坚持质量第一、效益优先,不断深化运输供给侧结构性改革,推动铁路发展质量变革、效率变革、动力变革,促进铁路发展由规模速度型向质量效益型转变,加快形成并提升引领世界的发展能力。

(1)推动质量变革,实现铁路高质量发展。持续优化基础设施,增强补短板力度,构建结构合理、布局科学的现代化铁路网络,促进铁路与其他运输方式的有机衔接和融合发展,进一步满足客运"零换乘"、货运"无缝衔接"的运输需求,提高综合交通运输网络效率,更好发挥铁路在综合交通运输中的骨干作用;深化运输供给侧结构性改革,不断推动运输产品由低端、无效供给向高质量、有效供给转变,建立市场化的客货运输产品体系,打造高铁服务品牌,为民众提供多样化、灵活化、个性化的客货运输服务;坚持"以人为本"的服务理念,建立覆盖全运输链条的客货运输服务体系,充分利用大数据、信息化、智能化技术,为民众提供便捷、高效、智能的服务。

(2)推动效率效益变革,实现铁路高效、可持续发展。提高运输组织水平,科学合理及时地调整运输结构，挖掘运输潜力，按需组织列车开行；提升市场营销水平，建立健全铁路客货运市场营销体系，及时掌握市场需求动态，灵活调整客货运产品和营销策略；完善铁路运输经营机制，建立相互依存、相互联动的运输资源运营体制和目标清晰、权责明确的运输资源经营机制；加快实施灵活的高铁价格策略，创新高铁快运新模式；加大铁路市场化经营开发力度，推进铁路传统非运输业务优化升级，加大新型业务的经营开发力度，加快推进实施"铁路+"新业务，促进铁路由传统运输生产型企业向现代化市场经营型企业转型升级。

（3）推动动力变革，实现铁路创新驱动式发展。强化科技创新引领，充分激发企业自主创新活力，建立完善以企业为主体、市场为导向、产学研深度融合的技术创新体系，加大应用型技术创新，加强铁路科技成果转化应用，加强信息化、智能化技术及基础性、前瞻性技术的研发力度，提高铁路对新业态、新技术变革的把握能力，持续巩固并扩大我国铁路在世界范围内的领先优势；加快推进铁路行业体制机制改革，从建立健全铁路企业现代治理体系和治理能力入手，构建适应市场化经营的现代企业制度和运行机制，真正确立运输企业的市场主体地位，促使企业自上而下地将市场化经营和盈利作为发展的根本目标，为铁路紧密围绕运输市场需求，推动技术、产品和管理创新，以及广泛开展与其他运输方式及新业态的融合奠定制度基础。

## 第三节 发展目标

随着中国特色社会主义进入新时代，铁路发展的主要矛盾由过去运输供给能力与经济社会发展需求的矛盾转化为人民日益增长的美好生活需要与铁路发展不平衡不充分之间的矛盾。立足新时代，要以全新视野来重新审视和把握我国铁路发展的历史方位和使命担当，将铁路发展重心由大规模建设转移至依靠创新提高发展质量、提升运营效率效益上来。考虑到当前铁路仍在持续快速发展，到 2020 年，铁路基础设施建设步伐将逐步放缓，重要运输通道路网运能紧张、瓶颈制约可以消除，结合铁路强国的内涵、特征及我国铁路未来发展需求，我国的铁路强国之路可以分两个阶段来推进：到 2030 年，进入世界铁路强国行列，重点领域达到世界领先，为我国基本实现社会主义现代化提供支撑；到 2045 年，跻身世界铁路强国前列，为建成富强民主文明和谐美丽的社会主义现代化强国当好先行。

到 2030 年，我国铁路网布局更加完善，与其他运输方式衔接更加紧密；客货运服务体系实现市场化运营，在考虑小汽车运输（含私人小汽车）、民航扣除国际运输的全口径统计中，铁路旅客周转量市场份额提升至 27% 左右，货物周转量市场份额提升至 25% 左右；多式联运网络逐步完善，多式联运占比大幅提升，港口集装箱铁水联运比例提升至10%左右；铁路企业运输组织水平显著提升，运行图实现动态编制，企业盈利水平大幅提升；铁路总体技术水平世界领先，在关键工程及技术装备领域，拥有世界顶尖的优势技术，旅客列车最高运行速度达400km/h；推进铁路车站空间向多功能、开放式、无感安检、城市魅力中心、与周边用地深度融合方向发展，建成若干样板车站进行引领示范；中国铁路在世界范围内获得广泛认可；适应"一体化"交通运输的行业管理体系基本建立。

到2045年，我国铁路基础设施进一步优化，形成布局完善、结构合理、发达完善的现代化铁路网；具备成熟的个性化、一体化出行方案提供能力，建立健全适应现代物流发展的铁路货运体系，铁路在综合交通运输中的地位进一步巩固；实现按需组织列车开行，铁路企业经营可持续性良好；科技创新能力大幅提升，引领世界铁路发展，时速600km级低真空管(隧)道高速磁悬浮铁路的研究与应用实现重大突破；铁路整体技术装备水平享誉全球；综合交通运输管理体系运行良好。

## 第四节 技术路线图

根据铁路强国发展目标，实现铁路强国的技术路线图如图13-2所示。

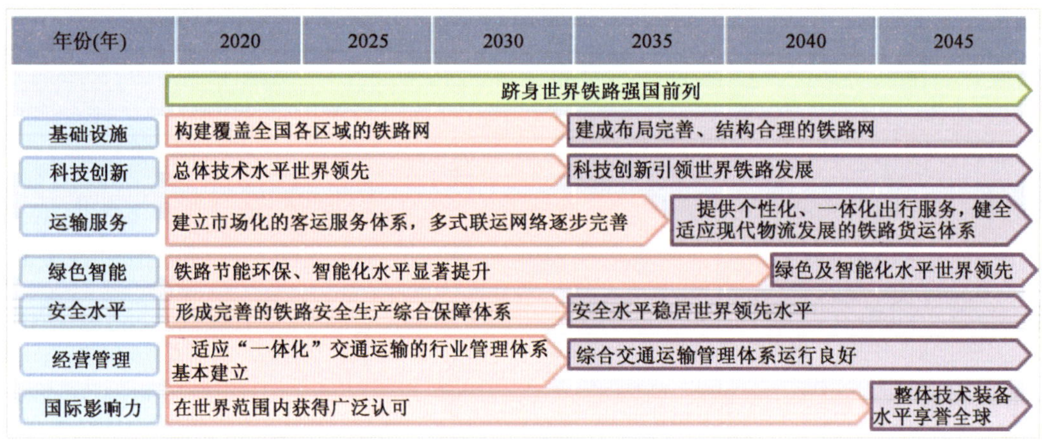


图13-2 技术路线图

# 第五章 铁路强国重点任务

要解决当前铁路发展存在的不平衡不充分问题，在支撑国家战略中发挥重要引领作用，必须推动铁路向更高层次发展，以“补短板、强弱项、促融合、上水平、创品牌”为方向，建立更安全、更便捷、更高效、更绿色、更经济的铁路运输体系。

(1)补短板。补齐基础设施短板，消除干线运输通道“瓶颈”制约，加快铁路国际大通道建设，建设技术标准适用的西部及贫困地区铁路线，建立“一体化”、内外联通的发达铁路基础设施网络。

(2)强弱项。补强运输服务，建立覆盖全运输链条的客货运输服务体系，通过创新服务手段、提升服务理念、改善服务体验，提供更加多样化、人性化、品质化的客货运输服务，增强群众获得感；提升铁路企业经营管理水平，以满足旅客需求为目的，推进“铁路+”新型业态不断开拓创新，促进铁路企业良性、可持续发展。

(3)促融合。解决与其他运输方式联通的“最后一公里”问题，通过与其他运输方式在基础设施、运输服务等方面的有机衔接和融合发展，更好地服务客运“零换乘”和货运“无缝衔接”；通过与互联网、人工智能等现代信息技术融合，形成具备自感知、自诊断、自决策功能的铁路系统，推动铁路逐步进入全面智能时代。

(4)上水平。通过合理扩大优质设施增量供给及充分利用先进科技成果，进一步扩大既有基础设施有效运能，全面提高运输产品供给能力和供给效率，增强服务保障能力；进一步扩大铁路运输的绿色优势，充分发挥铁路在综合交通中的骨干作用。

(5)创品牌。加强铁路重点领域、关键技术的研发力度，通过技术创新，研发世界领先的铁路技术装备；打造享誉全球的中国铁路品牌，完善全球产业布局，增强中国铁路国际话语权，使中国铁路走向世界铁路发展舞台的中央。

# 第一节 优化基础设施

统筹考虑各类交通运输方式的优势特点，以“一体化”交通运输体系为目标，进一步完善铁路运输网络及综合交通枢纽建设，构建布局完善、结构合理的铁路网络；有序推进国内和国际铁路及相关配套设施建设，建立适应中国未来全球定位的铁路国际大通道；增强基础设施安全性和可靠性，提升使用效率，为进一步发挥铁路在经济社会发展中的作用奠定基础。

到 2030 年，形成以特大城市为中心，覆盖全国、以省会城市为支点覆盖周边的高速铁路网，基本实现内外互联互通、区际多路畅通，为区域经济发展和新型城镇化建设提供支撑；形成系统配套、站城融合的综合枢纽，实现客运换乘“零距离”、物流衔接“无缝化”、运输服务“一体化”。

到 2045 年，进一步优化各类型铁路基础设施，铁路通达能力及运输效率进一步提升，与其他运输方式协调发展，综合交通运输体系运作效率大幅提升；重要国际大通道建设基本完成，为国际互联互通及国家重要战略实施提供有力支撑。

近期我国铁路基础设施优化完善的重点任务主要包括以下 5 项。

### 1. 优化现行铁路中长期路网规划

科学预测铁路未来客货运量，充分考虑未来科技创新及各运输方式有效衔接带来的路网效率大幅提升，优化铁路中长期路网规划。

### 2. 适应国家发展需求，完善铁路基础设施

(1)补强东部运能紧张区段。针对东部京沪、京广等部分运能紧张的线路，采用新增线路或现代化改造等手段，有效提升线路运输能力。

(2)完善中西部铁路网。综合考虑国家战略及经济效益等多方面因素，规划建设规模合理、标准适度的中西部铁路网，重点建设川藏铁路，适应国家西部大开发及“一带一路”倡议推进的需要。

(3)加强革命老区、贫困地区铁路建设。以革命老区、贫困山区等国家扶贫攻坚主战场为重点，修建铁路联通线，以铁路畅通促进人员、物资流动及旅游业开发，带动贫困地区脱贫致富，支撑国家“精准扶贫”战略的顺利实施。

(4)加强重点基础设施升级改造。针对西南、西北、出关、南下及东部等对铁路货物运输形成瓶颈的重点通道、重点枢纽开展必要的新线建设和扩能改造，提升重点运输通道的

集疏运能力;针对运量较为集中的铁路既有线,进行电气化或提速等现代化升级改造,提高整体运输效率。

(5)促进各类型铁路协调发展。加强铁路网规划和建设,促进高速铁路、快速铁路、普速铁路的协调发展,以及城际铁路、区域铁路、地方铁路的相互配套支持,更好地满足社会运输需求。

(6)提升基础设施耐久性。从设计、原材料、施工、验收等各环节全面把握铁路工程建设质量,优化基础设施养护维修,全面提升铁路基础设施可靠性及耐久性。

3. 以交通"一体化"为前提优化铁路基础设施

加强铁路与水运、港口、公路、航空等交通运输资源的协同,发挥不同运输方式的组合优势,推动货物多式联运、旅客联程运输发展,提升综合运输服务的可达性、便捷性、经济性和安全性,降低社会物流成本。

(1)统筹布局、建设现代化综合交通枢纽。以铁路网重要节点为中心,加强布局设计,配套点线能力,推动现代化综合交通枢纽发展,实现各种交通运输方式之间无缝衔接,同时推动现代化综合交通枢纽与城市的融合发展,将综合交通枢纽打造为城市的标志性建筑。

(2)完善"一体化"交通运输配套设施。以资源富集区、主要港口、物流园区为重点,建设开发性铁路及疏港型、园区型支线铁路,构建干支有效衔接、促进多式联运的现代铁路集疏运系统。统筹规划铁路物流基地,实现已有物流基地与新建铁路物流基地在建设布局、功能定位上的优势互补。完善现代化仓储、多式联运转运、邮政快递运输、国际联运以及集疏运等"一站式"服务设施,健全末端配送服务设施,提高物流作业效率。开行班列的铁路物流基地配套整列到发条件。配套建设公路分拨设施,加强公铁衔接。实现传统货运场站向城市物流配送中心、现代物流园区转型发展。

(3)深入推进"铁路网 + 互联网"的双网融合。深化与互联网企业在高铁快运、国际物流、电子支付等领域的合作,创新合作模式、发挥各自优势,推动高铁网与互联网双网融合,实现各种交通运输方式新旧业态的加速融合和全面转型升级,让铁路成为民众享受出行、旅游、购物、休闲等于一体的综合服务载体,铁路服务更加智能化、便捷化,让铁路生活成为一种新的生活方式。

4. 以适应未来城市群发展为目的构建城际铁路网

随着区域经济协同化发展进程的加快,城市群已成为中国经济发展的重要经济形态。铁路运输应支撑未来中国城市群发展,打造服务京津冀城市群、长江中游城市群、长三角城市群、成渝城市群、珠三角城市群等的城际铁路网,为建成城市群客运"123 交通圈"提供有力支撑。

5. 建设与中国未来全球定位相适应的铁路国际大通道

紧密围绕“一带一路”等国家战略部署，加强与沿线国家在铁路基础设施建设规划、技术标准等方面的合作，共同推进国际大通道建设，形成连接亚洲各次区域及亚欧非之间的铁路基础设施网络，进一步巩固中国与各国的经贸友好合作关系。

重点加快推进“一带一路”6 大铁路通道建设。以通道为基础、沿线中心城市为支撑，大力建设通道内缺失路段，改造已有线路，构筑大能力运输通道和枢纽节点，在“一带一路”沿线区域构筑中国—中南半岛、孟中印缅、中巴、中国—中亚—西亚、中国—中亚—欧洲、中蒙俄 6 大铁路通道，使国际铁路通道成为共建沿线经济带的先导，打造以铁路为主轴布局的国际经济合作走廊。特别是考虑到我国与 14 个国家陆上接壤，优先围绕周边国家这一重点区域，大力推动促进与周边国家互联互通的区域型铁路通道建设。

## 第二节 强化科技创新

把握世界科技发展总体趋势和铁路发展需求，打造重点领域全面领先的铁路技术装备体系，保持并扩大我国铁路在世界铁路科技创新中的领先地位。推进智能化技术与铁路的深度融合，研发应用更加智能、高效、安全、绿色的新型铁路技术装备；深化复杂环境和特殊地质条件下路基、桥梁、隧道、轨道等铁路工程建造关键技术研究；瞄准世界科技前沿，加强基础性、前瞻性技术研发，探寻新材料、新能源在铁路各领域中的应用。

到 2030 年，铁路总体技术水平世界领先。自主创新能力大幅提升，具备自主设计、建设、制造世界领先铁路线路及技术装备的能力；物联网、云计算、大数据、BIM 等先进技术广泛应用于我国铁路各领域，铁路信息化、智能化水平大幅提升；旅客列车最高运行速度达 400km/h，货运列车最高运行速度达到 160km/h，研制 250km/h 高速货运列车，实现自动驾驶、自动装卸、全程追踪，基础设施及移动装备基本实现“状态修”，铁路系统更加绿色、安全、高效；基础设施、技术装备、运营管理等各领域现代化水平处于世界领先地位，在铁路关键技术领域拥有世界顶尖的优势技术。

到 2045 年，铁路科技持续创新能力世界领先。更高速度高铁系统建设及核心装备研制取得重大突破，适应多样化需求的技术装备体系日益健全；自动驾驶、定制化和一站式运输服务、动态灵活的运输组织等新技术得到普遍应用；复杂地质气候条件下的铁路建造技术实现新的跃升；长期制约铁路安全性、经济性提升的重大基础前瞻技术研究取得一系列原创性突破，形成更高速度高速铁路、低真空管(隧)道高速磁悬浮铁路等顶尖技术储备;建成若干代表铁路发展新方向的示范工程,引领世界铁路科技发展。

当前及今后一段时期需要重点推进的重点任务主要包括以下4项。

1. 推进运载工具研发升级

(1)研究时速400km高速轮轨列车关键技术。加快推进时速400km高速轮轨列车关键技术研究和装备研制,着力解决高速运行带来的减振降噪技术难题,提高动车组列车安全、节能、智能化水平,提升其综合效能、乘坐舒适性、安全保障能力以及跨国互联互通能力。

(2)攻克高速磁悬浮核心技术,进而开发时速600km级真空管(隧)道高速磁悬浮铁路系统。

(3)研制快捷化、集装化新型货运装备。适应我国货物运输物流化、专业化发展需求,大力开展专用货车顶层规划设计,深入研究时速160km快捷货车及时速250km高速货运列车等快速货运系统关键技术、集装化运输技术与装备、冷链运输车、公铁联运货车,不断优化铁路货车技术装备结构,提升铁路运输能力和效率。

(4)深入开展多种制式城市轨道车辆及关键技术研究。研制跨坐式单轨、中低速磁悬浮、有轨电车、地铁、轻轨等多种制式城市轨道车辆,深入推进牵引系统、储能装置、信号系统等关键技术及核心部件研究,形成更加绿色节能、协调发展的多样化城轨车辆产品体系,适应不同城市和区域交通出行需求。

(5)研发适应"走出去"需求的系列运载装备。围绕跨国联运需要,研制适应多种供电制式、多种信号控制系统、可变轨距运载装备;根据"走出去"目标国不同地理气候环境、不同技术制式和标准的运用需求,研制具有产品平台特征、可应用于多种特殊地理条件、不同速度等级、具有国际竞争力的系列运载装备;建立国际化、网络化创新平台,通过创新资源凝聚和创新过程协同,推进技术辐射和产业转移。

2. 深化工程建造技术攻关

研究数字化、信息化、智能化技术在工程建造领域的应用,实现铁路基础设施设计、施工、维修等全程可控化、智能化管理,降低基础设施全寿命周期成本。重点针对我国青藏、川藏地区等高海拔、大高差、强地震复杂地质气候条件下铁路建设需要,深化复杂环境和特殊地质条件下铁路工程建造关键技术研究。研究超长海底铁路隧道的工程设计、建造、运维、应急救援成套技术。深入推进高速铁路简支梁跨度系列研究,形成BIM设计、信息化预制、千吨级运架设备和智能运架技术于一体的大跨度简支箱梁制运架成套技术。

### 3. 深入开展客货运输组织技术创新

适应成网条件下客货运输需求和运输组织模式变化，开展基于全网运力资源配置的高速路网运输组织技术研究，高速列车实现3min以内追踪，重载列车实现8min以内追踪。研究国家铁路与市域铁路互联互通技术，实现国家铁路与市域铁路便捷衔接。研究应用冷链物流、多式联运、中欧班列、高铁快运、商品汽车物流等物流产品运输组织技术、经营优化技术，进一步提高重点产品运输组织效率。开发新型多式联运模式，研究以铁路为骨干的综合运输一体化关键技术，进一步发挥铁路在综合交通体系中的骨干作用。基于大数据、云计算、多维数据融合、网络安全等支撑技术，分析挖掘铁路货运营销、市场监测与运输组织等数据，深入研究符合市场需要的货运产品设计、定价、营销等关键技术。

### 4. 加强基础性、前瞻性技术研发

加强基础性、前瞻性技术的研发，突破轮轨关系、弓网关系、空气动力等对列车运行速度的限制，提升列车运营速度及稳定性；研究掌握高速铁路电磁干扰机理和耦合途径理论，研究铁路通信网电磁兼容特性与抗干扰技术，提升铁路通信传输的稳定性和可靠性。开展时速600km级低真空管（隧）道磁悬浮铁路技术储备研究和试验，增强我国对铁路前沿技术的把握能力。

## 第三节 提升服务水平

充分考虑未来大众对铁路运输服务的需求及信息化、智能化技术对铁路服务领域的影响，从配套设施、便利化装备等硬件方面，以及市场化、定制化服务等软件方面，建立覆盖全运输链条的客货运输服务体系，不断提升铁路服务水平。

到2030年，建立市场化的客运服务体系，多式联运网络逐步完善。铁路客运产品灵活多样，通过大数据预测等手段按需制定列车开行方案；为旅客提供更为便利和人性化的订票方式，根据旅客出行习惯推送定制化信息服务；车站普遍实现无票进站，或使用全社会通用的电子支付方式进站，便利化小车、行李托运等站内配套设施、服务基本齐全；依托综合性电商服务平台，“铁路 + 旅游”“铁路 + 商务”等专业化经营服务获得长足发展；移动设备轻资产运营模式得到运用。场站建设和集疏运能力有效提升，货运列车、装卸设施、物流仓储系统自动化程度明显提高，依托公铁联运、铁水联运及全程物流信息共享机制，提供高质量、高效率多式联运服务，多式联运占比显著增长；按需组织列车开行，

提供“门到门”一体化运输解决方案，铁路货物发送量、货物周转量市场份额进一步提升。

到2045年，具备成熟的个性化、一体化出行方案提供能力，建立健全适应现代物流发展的铁路货运体系。客运方面，利用智能调度系统统筹指挥列车开行；建立高度集成的旅客出行服务平台，为旅客提供面向多种交通方式、涵盖旅游住宿餐饮娱乐等全旅程安排的综合出行方案，以及“门到门”定制化服务；车站普遍推行机器人智能安检和车站引导，实现旅客无障碍进出站。货运方面，场站布局结构合理，广泛使用智能化技术，实现自动驾驶、智能装卸及安全监控；通过智能调度系统，实现列车运行图自动动态调整；物流仓储、配送系统全面智能化，由机器人完成货物识别、装箱、分拣、分单等工作，实现运输最佳路线自动规划、货物机器人或无人机配送；多式联运成为主要货运方式，铁路货物发送量、货物周转量市场份额稳步提升。

近期提升铁路客货运输服务水平的重点任务主要包括旅客运输和货物运输两方面共4项任务。

## 一、旅客运输

### 1. 建立市场化的旅客运输服务体系

(1)构筑谱系化铁路客运产品设计体系。深入分析旅客在速度、频率、直达性、季节、时段、价格、区域等方面的服务需求，形成满足不同种类客流需要的谱系化客运产品；研究全网铁路客运产品体系整体方案，实现高铁和既有线客运产品的合理分工，形成少量长途、大量中短途的高铁列车产品结构，实现跨线列车与本线列车、夜行列车与日间列车、少停站列车与多停站列车、周期与非周期开行列车的有机结合。

(2)突出以高铁为代表的品牌效应。充分发挥高铁的技术经济优势，继续发挥高铁在500~1500km长途运输和部分地区中短途运输的运营优势，努力实现主要干线间的产品接续，拓展高铁列车的辐射范围，进一步扩大夕发朝至动卧列车的开行数量和范围；优化能力配置，加大对客流需求大、开行效益好的方向的运能投放；梯次安排运力，充分满足客流需求，实现均衡运输和能力最大化，迅速提升高铁客运市场份额和经营效益。

(3)打造城市群、都市圈客运产品。积极开拓城际和市郊旅客运输市场，推出高密度、大容量的城际和市郊旅客运输产品，有效促进城市带融合及城市开发区建设，努力培育铁路客运新增长点。

(4)优化既有线客运产品，完善客运品类。高铁成网条件下，实现高铁和既有线客运产品的有效分工，有效组合高铁和既有线产品，优化既有线客运产品，全面覆盖不同层次的客运需求。

(5)提供定制化旅客运输服务。适应未来老龄化社会及大众个性化需求不断增长的市场变化,持续改进铁路运输产品和服务,提供量身定制出行方案和全面周到的配套设施及服务。

2. 建立覆盖旅客出行全链条的旅客服务体系

(1)为旅客提供消费信息及综合出行方案。运用大数据技术,全面掌握旅客出行及消费习惯,向旅客推送铁路运输在途信息、到站时间及空座情况,以及商品、服务等商业信息;提供涵盖各种交通运输方式、无缝衔接、囊括旅游住宿餐饮等各种服务在内的综合出行方案,极大便利旅客出行。

(2)完善"一站式"运输配套服务。利用互联网、智能设备等先进技术手段,提供便利的订票及支付方式,实现旅客全旅程无现金、一体化支付;完善车站智能化设备设施,便利乘客安检、进站、候车;提供便捷、舒适、个性化的车上服务以及出租车辆、行李运送、食宿预订等配套服务,提高综合服务效率。

## 二、货物运输

1. 建立适应现代物流发展的铁路货运体系

(1)加快建设现代化铁路物流网络。加强物流分层服务网络顶层设计,优化物流节点网络布局和物流中心设施配置,综合运用多种智能化技术,建立布局合理、配置科学的现代化铁路物流网络。创新货运组织模式、物流中心经营模式、增值物流服务开发模式,加强现代物流市场营销和关键绩效评估,建立市场化的铁路物流市场营销模式。

(2)创新铁路运输产品。以多式联运为主,大力发展集装箱运输,提升集装箱装运比例。与主要港口、船舶公司建立融合发展的合作关系,加快铁水联运班列,特别是短距离铁水联运班列发展。开发新型特色运输产品,努力扩大市场份额。适应货源零散化、订单海量化、品种多样化等电子商务的特点,开发"拼装"运输等新型特色服务;适应高附加值、快速消费品等运输快速扩大的需求,大力发展商品汽车运输、冷链物流等特色物流。研发快捷货运列车,改善特快班列场站条件,加强与电商、快递企业合作,建立快捷货物运输体系。

(3)提升整体服务质量。依托既有运输资源,拓展全程物流服务,将业务从单一产品的运输向物流链上下游延伸。横向拓宽延伸服务的覆盖范围,构建多式联运体系;纵向整合和完善铁路物流电子商务平台,丰富铁路物流服务的业务类型,最大限度地满足供应链全环节的客户需求。优化运到时限的管理标准,重点加强对跨局货物运输以及集装箱、零散货物、货物班列运到时限的监控和考核管理,提高运到时限的保障水平。

2. 提供“门到门”个性化货物运输服务

(1)完善互联网物流平台。完善95306网站功能,通过电脑客户端和手机APP,使客户能够随时在网上预约、预付与支付,由货运部门提供上门取送货服务,客户能够实时跟踪货物状态,为客户提供更加便捷、完整的互联网体验和增值服务。

(2)提供定制化服务方案。针对货物类别及客户个性化需求,提供定制化解决方案,提供从单证准备到目的地清关、派送等一系列的专业服务。对于高价值货物运输,通过提高运输装备的可靠性、提供专人陪同运输等措施,确保运输的安全性和时效性。

(3)提供全程货物运输服务。搭建并完善一体化信息集成平台,实现铁水联运、公铁联运、空铁联运及国际联运等信息交换与共享,构建全程物流信息链条,推进各类运输资源高效配置,提升社会整体物流水平和业务协同能力,为旅客提供高质量、高效率的多式联运服务。

## 第四节 推动绿色智能化

加强铁路节能环保技术的研发力度,不断降低铁路运行能耗及污染排放水平,推动新材料、清洁能源在铁路各领域的应用,持续提升铁路绿色环保水平。深化研究信息化、智能化技术在工程建造、运载工具、调度指挥、运营维护、运输服务等各领域的开发应用,推动铁路逐步进入全面智能时代。

到2030年,铁路节能环保、智能化水平显著提升。新材料、新能源在铁路的应用范围不断扩大,铁路能源利用效率、减排水平显著提升;人工智能技术在铁路技术装备、运输服务、养护维修等主要领域应用广泛,铁路智能化水平显著提升。

到2045年,铁路绿色发展及智能化水平达到世界领先。铁路减排水平、清洁能源利用率、清洁能源列车研发制造水平均处于世界领先地位;智能化技术在铁路建设、运营服务和养护维修中广泛应用,全面建成智慧铁路,引领世界铁路智能化发展。

近期我国铁路绿色智能引领战略的重点任务主要包括以下3项。

1. 加强节能环保技术研发

通过列车轻量化、提升牵引传动效率、采用节能装备或再生制动技术、优化列车开行方式、严格控制废气排放等技术措施,不断降低铁路运行能耗及污染排放水平。深化研究铁路减振降噪、生态保护及水土保持技术,不断提升铁路沿线的节能环保水平。

2. 推动新材料、新能源在铁路应用

开发可用于铁路领域的新材料。研究超导材料、高强高导材料及纳米材料、碳纤维复合材料、改性工程塑料、绝缘结构材料等在工程领域的应用技术；研究具有稳定服役性能的辙叉材料、桥梁高强耐候钢、减振降噪用钢轨约束阻尼材料、无砟轨道降噪吸声材料；研发应用无砟轨道、桥梁、隧道等修补、加固新材料和新工艺。

研究新能源在铁路领域的应用。研究太阳能、空气能、风能、地热能等新型能源技术，以及储能与再生制动技术在铁路的应用，研制车载和轨旁再生制动储能装置，进一步提升铁路节能环保效益。

3. 加强智能化、信息化技术研发力度

智能化、信息化是提高铁路运输效率、提升服务水平、保障运输安全的关键技术，是满足旅客和货主自助化、个性化、多样化服务需求的有效途径，是未来我国铁路尤其是高铁创新发展的重要方向。

(1)深入推进基于 BIM 技术的智能建造。综合采用云计算、物联网、大数据、人工智能、移动互联网等先进技术，研究基于 BIM 的工程建设数字化管理信息平台，推进以 BIM ( + GIS)为支撑的智能建造，实现铁路工程建设过程的精益、智慧、高效、绿色协同发展，构建全生命周期一体化的智能铁路设施，提升施工管理水平，确保建设质量安全，降低建造成本。

(2)推动牵引供电智能化。全面提升牵引供电系统技术水平和运行品质，提高牵引变压器利用率，深化研究接触网装备服役性能及全寿命周期管理技术。研究网络、信息、大数据融合的智能供电技术、“互联网 + 供电”信息化运维管理和决策系统、供电系统及装备故障预测与健康管理技术，深化研究牵引供电系统运行可靠性和维修维护技术。

(3)推动列控系统向网络化、智能化发展。采用卫星导航、自动驾驶、人工智能、LTE-R 或 5G 新一代无线通信等技术，实现 CTCS-3 + ATO、CTCS-4 + ATO 下一代列控系统、智能行车调度指挥系统等的应用。研究容量更大、可靠性更高、速度更快的车—地通信、地面通信技术。通过地面局域网、广域网及车—地间的无线通信网，将控制中心、车站及列车连成一个覆盖全线及所有运行列车的网络化控制系统，畅通各类信息传递和沟通，大大提高列控系统性能，提升列车运行效率及旅客服务水平。

(4)实现运输调度更加灵活化、智能化。研究开展基于客货运量实时预测的列车运行图调整方案，在大数据分析技术的基础上，研究客流统计、预测的新方法和列车开行方案，实现运能与运量最佳匹配，最大限度地提高列车使用效率，降低运营成本。

(5)深入开展面向全程智能出行的旅客服务技术创新。研究应用购票、进站、候车、乘车、出站(换乘)等全过程旅客智能出行服务技术，研究市场监测技术、票额智能预分和调整技术、电子客票技术、基于人脸识别自主实名制核验技术、无感支付技术、站车 Wi-Fi 运营服务及优化技术，研发站内智能导航系统、站台引导标识系统，实现旅客安全、快捷、舒适、绿色出行。

(6)提升铁路货物运输的自动化、智能化程度。开发具备智能化识别、分拣、分单、仓库管理功能的现代化立体仓储系统,提升仓储和物流效率。通过信息系统集成和智能化装备,实现全程跟踪及智能配送。

(7)实现铁路基础设施、移动装备智能化维护。研究基于车线环境全息自主感知的检测监测技术。研究基础设施、移动装备关键部件远程实时状态监控,实现设施设备状态自主诊断、预测、修复。利用无线通信技术、大数据分析技术等,将设备状态检测、灾害预警等相关信息与调度、养护维修、应急处置等相关环节进行联动控制,形成安全管理闭环系统。

## 第五节 提高安全水平

利用先进的通信、信息、大数据及人工智能等技术,深入研究铁路设备状态检测监测、灾害预警技术,形成覆盖日常检测监测、运营维护、安全防灾、应急保障等全过程的安全管理闭环系统,健全“三位一体”安全保障体系,确保铁路安全万无一失。

到 2030 年,形成完善的铁路安全生产综合保障体系。安全生产治理能力和治理体系现代化水平显著提升,“企业主体、政府监管、社会监督”的铁路安全生产综合保障体系日趋完善。铁路安全生产法律法规标准体系基本健全,应急救援体系建设更加完善,运输安全外部环境显著改善,基本消除铁路重特大事故。

到 2045 年,安全水平稳居世界领先地位。铁路防灾减灾和应急救援能力显著提升,移动装备、基础设施普遍采用“状态修”,安全生产综合保障体系和保障能力持续保持世界领先水平。

近期我国铁路安全水平提升的重点任务主要包括以下 4 项。

### 1. 提升科技保安全的能力

(1)研究自然灾害智能监测与预测技术。研究风、雨、雪、地震等自然灾害监测系统,研究大风监测、地—车无线传输与行车预警技术;研究基于视频智能模式识别技术的复杂情况下全天候异物侵限监测技术,深入研究采用卫星信息的广域监视技术、地基模拟震动技术,研究灾害危险分析评价方法、线路结构物和列车走行性评价方法,以及灾害预测和受灾后早期恢复技术。

(2)深化研究铁路事故预防及应急处理技术。深入研究复杂条件下铁路的事故预防预警、应急保障、处置平台技术,研发运输工具主动与被动安全技术、交通运输事故再现技术、交通应急反应系统和快速搜救技术等。研究接触网停电、深埋特长隧道、运载危险货物等特殊情况下的应急救援技术,提高铁路对突发事件和灾害的应急处置能力。

2. 加强安全防灾和应急保障体系建设

在把握新技术、新设备发展要求的基础上,健全安全保障规章制度。坚持安全第一、预防为主、综合治理的原则,构建人防、物防、技防"三位一体"的安全保障体系。建立覆盖各层级各岗位的安全生产责任制和安全履职考评考核机制,形成科学规范的安全生产责任体系,建立各专业上下贯通、横向衔接的专业管理体系;适应新技术新装备运用需要,优化生产组织及劳动组织,强化主要工种的岗位准入管理。坚持应急处置导向安全的理念,加强应急救援指挥体系和应急处置能力建设,完善相关预案和处置措施。

3. 强化设备质量基础

强化设备质量源头控制,探索实行主要行车固定设备等级管理,研究支线运营维护管理办法,优化配置检修维护资源,逐步实现关键设备、部件全寿命周期健康管理。创新高铁基础设施维护管理模式,推进高铁工务、电务、供电现场综合维修生产一体化。推进安全检测监测设备统型和功能融合共享,提升设备质量技防能力。

4. 提升人员素质

从安全制度、安全技能、安全方法等方面,加强对安全相关管理人员、操作人员的教育培训,强化安全理念,提升安全意识和安全技能,以人员综合素质的提升保障铁路运输安全与稳定。

## 第六节 加强经营管理

建立健全综合交通管理体系和现代企业管理制度,企业市场化运作良好,非运输业收入占比大幅提升,打造"铁路+"新型经营业态,企业运输效率和整体盈利水平大幅提升。

到2030年,适应"一体化"交通运输的行业管理体系基本建立。实现各类交通方式统一规划、统一管理;铁路企业建立现代企业制度,经营市场化,经营板块多元化,盈利水平大幅提升;建立多元化的铁路投融资体制,有效解决铁路债务及建设资金问题,铁路主要企业资产负债率控制在合理的水平,实现财务可持续。

到2045年,综合交通运输管理体系进一步完善。铁路行业政府、企业职责清晰,与其他运输方式协同发展;主要铁路企业现代化治理水平大幅提升,盈利水平达到世界前列,经营可持续性良好；铁路投融资体制机制健全，安全管理、科技创新、人才培养等管理体制机制协调配合、运作良好。

近期提高我国铁路经营管理水平的重点任务包括以下5项。

1. 提高运输组织水平

坚持市场导向、效益导向，按需组织列车开行。建立客货运需求与列车开行方案、列车运行图动态调整联动体系，科学、及时地调整客货运输结构，挖掘运输潜力。客运方面，分析路网特征与客流空间分布特征，优化车流径路，合理确定不同种类客流的输送模式，根据不同线路的运营条件和列车开行种类设计合理的列车开行模式，提高动车组列车开行的规律性。货运方面，研发自动编组货车，可根据需要进行自动组合，也可以与旅客列车相连，组成客、货混运列车；通过实时跟踪和预测货运市场供需状况，依托智能调度系统，优化货物列车开行方案，实现按需组织列车开行。

2. 优化旅客运输资源协同经营

整合旅客运输、客车管理以及相关的站车商业开发、旅游、酒店、餐饮、广告等经营资源，延长旅客运输产业链，实现客运资源专业化、集约化、规模化经营，加强人员配备和专业培训，建立"相互依存、相互联动"的旅客运输资源运营体制和"目标清晰、权责明确"的旅客运输资源经营机制。

3. 加强客运市场营销

研究和应用基于旅行与运输大数据的多维数据挖掘与分析、客运营销辅助决策模型、收益管理、多源信息整合、融合及协同处理等技术，建立铁路客运商务决策支持平台，加强客运市场监测和营销策略调整，拓展客运增值服务功能。

提高客运营销策划水平，丰富客运营销内容和手段。研究根据地域、季节特点，适时增加特色产品与增值服务产品；采用灵活的客票营销体系，丰富票种类型，加大与外部企业的合作，增加不同种类客票的延伸服务内容；建立旅客管理系统，提升旅客对铁路的信任度。

4. 打造"铁路+"新型经营业态

充分发挥铁路运输优势，以大数据为基础，分析旅客出行特点，结合旅客需求，加强铁路与地方政府、旅游景点、大型商务区及购物休闲中心等的合作，打造"铁路+旅游""铁路+商务""铁路+休闲""铁路+土地开发"等不同种类的专业化经营服务。

5. 打造综合性电商服务平台

充分利用拥有的海量旅客信息资源,发展完善个人对个人(Customer-to-Customer,简称C2C)、商家对个人(Business-to-Customer,简称B2C)运作模式,打造以铁路运输为主、以其他服务为辅、国内领先的综合性电子商务平台。提供多类别商品在线销售服务,搭建电子商务生态圈,满足旅客网上购物、娱乐等多样化的消费需求。

## 第七节 提升国际影响力

以支撑国家发展战略为基础,在全球范围内规划我国铁路产业布局,持续增强我国铁路企业在国际市场的竞争力,提高我国铁路在国际规则、标准制修订中的话语权,提升中国铁路品牌的国际影响力,中国铁路逐步迈入世界铁路发展的中心。

到2030年,中国铁路在世界范围内获得广泛认可。铁路企业国际市场竞争能力显著增强,技术装备的国际市场占有率稳步提升,在全球竞争力排名中位于前列;多项海外铁路项目运营良好,在全球范围内获得广泛认可;我国铁路专家和机构在国际标准化组织中承担更多重要职务和工作,积极主导和参与国际标准制修订工作,推动更多中国铁路优势、特色技术纳入国际标准,中国铁路对国际标准化活动的贡献度和影响力进一步提升。

到2045年,中国铁路享誉全球。一批海外铁路项目采用中国铁路成套技术标准和装备;主要铁路企业全球竞争力世界领先;在主要国际标准化组织的专家库及领导席位中,中国铁路占有重要比例,在战略、政策和规则的制修订中拥有较强话语权;中国铁路部分优势技术成功纳入国际铁路技术标准;中国铁路成套技术装备获得全球范围的广泛认可。

近期提升我国铁路国际影响力的重点任务主要包括以下4项。

1. 对接国家发展战略制定铁路全球产业布局

坚持设计先行的原则,以国家战略、市场需求为导向,超前谋划开展设计咨询业务。铁路施工与装备制造业应积极跟进,做好产业布局。铁路运输企业跟踪了解相关项目进展情况,发掘后续运营管理服务机会。

(1)加强亚非拉地区铁路布局。密切跟踪非洲"四纵六横"铁路通道、南美洲铁路一体化互联互通等铁路发展规划,结合我国资源能源生产基地、产业集聚区布局和经济社会发展需要,深入挖掘亚非拉地区的需求和潜力,积极参与当地铁路建设和既有线维护、改造。

(2)推进欧美地区铁路合作布局。目前欧美一些国家都在积极推进高铁布局,我国企业应积极开展符合欧美标准的高端产品研发,加强产品定制化、个性化和适应性,注重节能环保,以满足欧美高端市场需求。

2. 增强国际标准、规则制定的话语权和主导权

(1)促成更多工作人员在国际标准组织任职。积极促成我方工作人员在国际标准组织的管理机构任职,争取承担相关技术委员会(含分委会)秘书处工作,力争成为重要技术委员会(含分委会)主席及委员,并争取专家工作组负责人职位。

(2)主持和参加国际标准的制定。加强与国际铁路联盟(UIC)、国际电工组织(IEC/TC 9)、国际标准组织(ISO/TC 269)三大组织的沟通与联系,实质性参与其标准化行动。积极参与有关重要标准的前期研究工作,协调各方力量,加大工作力度和投入,结合我国优势技术和领域,在国际铁路技术标准制定中争取更多主持和参加的项目。

(3)着力推广我国铁路优势技术。系统梳理总结我国铁路在系统集成、工程建设、机车车辆等领域的优势技术,加大优势技术的推广力度,力求将其上升为国际标准或事实标准。

(4)牵头建立"一带一路"国际铁路联盟机构。牵头建立以"一带一路"沿线国家为主,其他国家为辅的"一带一路"国际铁路联盟机构,以此为平台,促进"一带一路"沿线国家铁路基础设施互联互通,主导开展相关铁路标准及规则制定,扩大中国铁路的国际影响力。

3. 打造中国铁路国际品牌

制订科学合理的宣传计划,充分利用各种传统媒体和新媒体平台,加强中国铁路优势技术及相关标准的宣传力度,继续推进中欧班列等中国铁路国际品牌建设,扩大中国铁路品牌的全球知名度,推动国外铁路采用中国铁路产品、技术标准或配套服务,增强中国铁路品牌的国际影响力。

4. 依托重点海外工程项目提升中国铁路国际影响力

优质高效推进"中老铁路""中泰铁路""雅万高铁""伊朗德伊高铁"等重点国际铁路项目实施,高标准、高质量完成项目建设、运营及后续保障工作,充分展示中国铁路的优良品质,打造海外项目示范工程,提升中国铁路国际影响力。

**专栏 1　提升铁路运输市场份额**

不断深化运输供给侧结构性改革，充分利用国家支持政策，强化顶层统筹规划，促进各运输方式协调融合；坚持市场导向，提高铁路运输能力和服务质量，增加客货产品有效供给；加快推进多式联运相关标准制定，促进各运输方式之间的信息共享，坚定不移巩固和扩大铁路运输市场份额。

## 一、货运方面

### 1. 加强顶层规划统筹设计

加强公路、铁路、港口等各种运输方式发展规划的协调融合，统筹布局全国重点客货运输综合交通枢纽及物流园区；充分考虑各运输方式优势、各区域货物运输特点以及装卸、仓储、转运及海关等各环节，研究建立布局合理、配置完善的现代化综合交通枢纽及物流园区。

### 2. 提升铁路运输能力及市场竞争力

（1）消除铁路关键通道瓶颈制约。对铁路货物运输种类及运量发展趋势进行科学预测，优化铁路运能布局，充分发挥我国高铁成网的优势，释放既有线货物运输能力，针对西南、西北、出关及南下等对铁路货物运输形成瓶颈的重点通道、重点枢纽进行扩充改造，提升重点运输通道的集疏运能力，解决我国铁路货物运输存在的运输能力不均衡问题。

（2）扩大铁路在大宗物资运输中的市场份额。针对我国铁路货源不均衡问题，以山西、陕西、蒙西、新疆、沿海、沿江 6 个区域为重点，充分发挥大秦、张唐、侯月、瓦日、宁西、兰渝等干线通道能力，强化“三西”重点区域煤炭运输组织和沿海沿江港口集疏运组织，坚持“下水、直达、疏港”三管齐下。下水组织好集港运输，直达着力全面挖掘陕煤外运通道潜力，疏港着力加强矿石运输。研究应用更加先进的技术装备，提高货车平均载重量，提高运输效率。加强与重点运输需求企业衔接合作，建立契约运输服务机制，大幅提升煤炭、矿石、石油、化肥等大宗物资的铁路货运市场份额。

（3）不断完善铁路货运产品体系。以满足大宗货物运输需求为基础，优化调整大宗直达列车运行线；针对白货货源特点，配套开行时速 120km、160km、200km 普快、快速、特快等多种类型的快运班列，满足中欧班列、集装箱水铁联运班列、电商班列、商品汽车运输班列等开行需求。探索发展驮背运输项目，配合地方政府开展绿色物流项目，与快递物流企业共同推进集装箱快运。

(4)拓展专业运输市场。积极拓展集装箱海铁联运、江铁联运,组织开行双层集装箱班列,不断扩展中欧班列开行数量和范围。深化大客户战略合作,优化商品汽车班列开行,大力开发冷链市场。

(5)持续提升铁路货运服务质量。提高运到时限管理水平,建立运到时限监测评价指标体系。扩展全程物流,与优质社会运力资源开展深入合作,将业务从单一产品的运输向物流链的上下游延伸,横向拓宽延伸服务的覆盖范围,建设以多式联运为主要发展方向的物流配送平台,最大限度地满足供应链全环节的客户需求。

(6)加强铁路货运市场化营销。建立科学合理的货运营销管理机制,加强与重点企业的战略合作,从货物运输向企业供应链和全产业链延伸拓展,开展多层次、多方位、多领域合作。以市场为导向,建立"规则统一、结构清晰、比价合理、调整灵活、监管到位"的货运价格管理体系,提升铁路运输市场竞争力。

3. 加快发展多式联运

(1)推进多式联运基础设施及运输装备建设。加快推进港口、铁路、公路和货运站场、运输装备、装卸设施等多式联运设施设备建设,推进铁路装卸线向港口码头延伸,推进"港站一体化",实现铁路货运站场与港口码头无缝衔接。

(2)推进多式联运相关标准建设。加快多式联运标准化建设,统一铁水联运集装箱规格、货种(包括危险货物)限制、装载技术等相关标准及要求。制定多式联运数据信息传输、交换等相关标准,建立健全多式联运统计考核制度,完善统计调查方法和指标体系;推进多式联运统一单证、简化流程、责任交接及全程联保制度建设。

(3)推进不同运输方式信息共享。进一步加大港口、船公司、铁路、货代公司等多个运输主体间信息资源共享技术研究,构建信息共享机制,充分利用港航、铁路、口岸等管理部门的信息资源,建立多式联运公共信息共享平台,实现车、船、集装箱、货物等位置和状态信息的实时跟踪和查询。通过与港口集装箱电子数据交换系统(Electronic Data Interchange,简称 EDI)间的数据交换,加速铁路货运国际接轨,提高中间环节作业效率,更好地推动铁水联运及多式联运快速发展。

(4)优化不同运输方式的协作机制。根据各地情况,创新开发不同运输方式的合作模式,加强地方政府、港航局、铁路局间的沟通合作,及时解决各种运输方式的联运、衔接问题,提升多式联运服务效率。

## 二、客运方面

### 1. 加强铁路与其他交通方式的衔接和融合

加强铁路与其他运输方式的衔接和融合，着力实现客运基础设施、运输服务、运输标准一体化，提升旅客获得感。

（1）基础设施一体化。对于新建枢纽，要综合考虑各种运输方式特点，统筹规划可实现无缝衔接的新型综合交通枢纽；对已经建成的枢纽，各运输方式应着力提高邻近枢纽之间的连接便利性，充分利用市政设施资源，构建相对封闭的市政联络通道或者车辆运行模式。如采用摆渡大巴车队，实行公交化运营、一站直达等。

（2）运输服务一体化。建立旅客全程运输服务体系，实现票务、安检、海关、行李托运的无缝衔接，使旅客只需一张车票、一次安检、一次托运就能完成全部旅程。

（3）运输标准一体化。建立统一的全程联运相关标准，如席位、餐饮、卫生、行李托运等，实现运输服务标准的一体化。

考虑我国高铁成网的优势特色，特别是要着重加强高铁与民航的紧密衔接，加强空铁联运在建设规划、设施设备、运营服务等方面的协调与有效衔接，加快推进我国空铁联运发展。

### 2. 优化运输组织

加大对路网运力资源的开发利用，重点针对高铁、城际铁路和旅游市场等，充分挖掘运输需求，优化列车开行方案，提高运输密度，繁忙高铁线路列车力争实现3min追踪。

### 3. 提升铁路旅客运输市场竞争力

充分发挥我国高铁成网及铁路在中长途旅客运输中的优势，推进铁路旅客运输市场化经营，形成完善的谱系化客运产品和灵活的票价体系，逐步建立旅客全程服务链条，为旅客提供个性化、定制化出行方案；打造“铁路+”专业化经营服务，不断提升旅客服务品质，增强铁路在旅客运输市场的竞争力，持续提升铁路旅客运输市场份额。

专栏2 重点示范工程

一、以京张、京雄高铁为代表的智能铁路系统工程

打造综合采用云计算、物联网、大数据、人工智能、移动互联网、BIM等先进技术的智能铁路系统，通过信息的全面感知、安全传输、融合处理和科学决策，实现铁路运输服务、调度指挥、安全保障、养护维修等智能化，满足旅客智能出行、铁路智能运输的要求。建立基于BIM的智能建造标准体系，广泛应用智能建造技术；研发具备自学习、自适应、自修复功能的谱系化智能动车组，探索全自动无人驾驶列车；突破面向多种交通方式的智能综合协同指挥、旅客无障碍出行服务等重大智能高铁理论与技术，突破极端复杂情况下高铁智能容错理论与技术，构建基于量子、区块链等新技术的智能安全体系，实现铁路运营全面自主操控、无人化。构建以京张、京雄高铁为代表的智能铁路系统，最大限度优化旅客购票、进出站及在途服务，实现客站设备管理、客流监测、客运指挥智能化，实现动车组智能运行与管理，实现对铁路运营状态和运输安全的实时监测、智能分析、科学诊断，以及全线防灾智能化管理。探索形成我国高铁创新的新模式，进一步提升我国铁路运输组织、服务和经营水平，引领世界铁路智能化发展方向。

二、川藏铁路示范工程

推进川藏铁路建设，围绕川藏铁路建设、运营及养护维修需求，在工程建设方面重点攻克地形勘测、地质判析、灾害防治、生态保护、卫生保障、工程建造、固定装备、建设管理等关键技术难题；在运营服务方面重点攻克运营管理、移动装备、安全保障、应急救援等关键技术难题；在养护维修方面重点攻克检修装备、养维对策等关键技术难题，在高原铁路重大基础理论、核心关键技术、主要技术标准、重要技术平台等方面取得新突破，形成一系列国际领先、实用性强的自主创新成果，整体提升我国高原铁路建设水平、安全水平、运输能力和综合效益，为国家发展战略实施提供强有力的支撑。

三、时速400km轮轨高速铁路示范线

推进时速400km及以上高速轮轨列车关键技术研究，以此为基础，开展既有高速铁路提速至时速400km固定设施升级优化技术研究及试验，选择一条运量充沛、技术条件适应的线路完成提速，实现既有高速铁路提速至时速400km的示范应用。同时，开展时速400km高速铁路设计、建造、运营、维护成套技术研究，适时打造一条时速400km新建高速铁路示范线，推动中国高速铁路技术实现新的提升。

## 四、时速 600km 级高速磁悬浮铁路试验线

系统攻克时速 600km 级高速磁悬浮铁路关键技术，研究车—线—桥—隧耦合机理、低流阻、低噪声、系统集成等关键技术，推进车体、悬浮架、电磁铁、悬浮导向、车载诊断控制网、定位测速、车载供电等系统和部件的研制；明确低真空管（隧）道高速磁悬浮铁路总体技术方案，攻克技术装备、基础设施、安全保障等方面的关键技术，建设时速 600km 级低真空管（隧）道高速磁悬浮铁路试验线或先行段，形成磁悬浮铁路技术引领能力。

## 五、超长海底隧道工程

研究超长海底铁路隧道的工程设计、建造、运维、应急救援等成套技术，开展隧道衬砌施作工艺、成套工装研究，克服衬砌开裂掉块、渗漏等病害。选择合适地点，建设超长海底铁路隧道示范工程，引领世界铁路隧道技术发展。

# 第六章 铁路强国战略保障措施

## 第一节 健全适应一体化交通的管理体制机制

### 一、完善综合交通管理体制机制

完善综合交通规划管理体制，推进各种运输方式融合高效发展。解决各种运输方式多头规划、各自建设的问题，由交通运输部履行编制综合交通运输规划的职责。合理划分中央与地方的权力，激发地方政府管理交通运输的积极性，在确保交通运输部对交通系统总体监督和控制的同时，保证整个交通系统能够有效衔接、科学运营。

健全与铁路市场化经营相适应的政府行业管理和监管体系，明确相关职责和权限，减少管理部门对铁路企业经营管理的直接干预，加强对铁路安全、市场准入、市场竞争、价格、服务质量等方面的监督管理。

### 二、加大对环境友好型绿色运输方式的政策支持

完善铁路投融资、公益性运输补贴、土地利用、运价等相关政策，加强对铁路等绿色运输方式的政策支持。对生态保护区域的货物运输，以及煤炭、钢铁等大宗、长距离货物运输，鼓励更多依靠铁路等环境友好运输方式，限制能耗及污染排放严重不合理、不经济的货物运输方式。健全自然资源资产产权制度和用途管制制度，实行资源有偿使用，加快自然资源及其产品价格改革，坚持使用资源付费和谁污染环境、谁破坏生态谁付费原则，建立完善的交通运输资源税、环境税等税收体系。积极推动碳税、燃油消费税等绿色财税制度改革，加快建立交通运输生态补偿机制，促进交通运输向环境友好型方式转移。

## 第二节 健全化解和防范铁路债务风险的体制机制

### 一、加强铁路规划科学性、经济性

控制交通负债、确保财务可持续是落实中央防范金融风险决策必须解决的重大问题。鉴于目前铁路的债务和财务状况，有必要统筹考虑铁路建设项目的规划设计、选线和技术标准确定、投融资与运营成本核算、财务平衡与债务清偿等问题，合理规划铁路建设项目，避免运能虚糜。

### 二、加强铁路资产分类运营管理

加快铁路优质资产资本化、股权化、证券化，向市场释放更多溢出效益。针对收益预期较好的高铁线路，按照市场化、法制化原则实施债转股；研究提供债转股的低成本资金，对银行建立激励机制等方面给予支持。在保证国家对铁路控制力的前提下，合理转让优质股权，推动东部地区有稳定现金流、资产质量优良的高速铁路企业资产证券化，加快推进股份制改革和优质资产股改上市工作。

加快建立铁路公益性运输补贴机制。根据铁路公益性运输（线路）任务及亏损情况，逐步增加补贴额度。加快建立公益性运输（线路）核算制度，科学界定市场与政府职责，加强财政政策与价格政策的统筹协调，逐步研究对铁路承担的学生、伤残军人、紧急救援、青藏铁路、南疆铁路等公益性运输（线路）任务逐项逐笔核算予以补贴。

### 三、全面实行降本增效

增加企业效益。积极开拓市场，发挥铁路运输优势和品牌效应，大力发展多式联运，加快向物流企业转型，拓展增值服务，进一步提高铁路在中长途和城际客运方面的市场份额，探索通过地方政府购买服务等方式，积极利用既有铁路开行市域（郊）列车。

降低铁路总公司债务负担及财务成本。尽快妥善解决铁路总公司的巨额债务，及早化解财务风险。可借鉴各国铁路改革普遍为运营主体减负的处理办法，并根据我国国情分别或综合采取政府贴息、剥离并分担债务、出售铁路资产偿债、财政挂账、债转股、建运分离等手段。

降低能源使用成本。优化铁路运输企业电价计收方式。由铁路运输企业自主选择是否执行峰谷分时电价；对双回路及以上高可靠性供电费用，按照投资主体区分执行不同的收费标准；对两部制电价，在新开线路联调联试和试运行期间，按实际情况确定最大需求量，可考虑暂时不受最低限制。

## 四、健全科学灵活的运价机制

政府定价方面。深化货运价格市场化改革,进一步扩大市场调节范围,放开集装箱、零担各类货物运输及整车部分高附加值小批量货运价格。完善价格体系,简化运价结构,将电力附加费并入运价,相应扩大上浮幅度。加强普通旅客列车定价成本监审,研究完善硬座、硬卧票价机制。

企业定价方面。铁路运输企业在国家政策范围内用好定价权,加快建立灵敏反映市场变化的货运价格机制,合理确定高铁动车组票价水平,探索建立反映不同区域、线路、运输淡旺季、列车供求状况的票价调整机制。

## 五、强化土地综合开发

盘活铁路运输企业用地。研究制定现有铁路用地盘活利用规划、计划,做好与相关地方土地利用总体规划、城市总体规划的衔接,合理安排土地综合开发布局、规划和时序,先行推出一批试点示范项目,落实土地规划、用地性质变更等事项,提高土地综合开发的增值收益,积极探索推进土地资产资本化、股权化、证券化。

落实综合开发用地政策。落实《国务院办公厅关于支持铁路建设实施土地综合开发的意见》部署,做好宏观政策指导和协调工作,铁路投资主体应在明确铁路项目投资建设安排的基础上,积极与相关地方人民政府协商,将新增铁路综合开发用地纳入相关地方土地利用总体规划、城市总体规划统筹安排。

## 六、扩展建设资金渠道

充分考虑铁路外部效益,合理规划铁路建设项目,依照项目性质的差异,采取不同的建设资金筹集模式,扩展铁路建设资金渠道。

按照中央和地方事权划分原则,科学界定国铁干线、区域性铁路和扶贫开发等铁路项目建设投资责任。扩大中央财政对公益性较强铁路建设的支持规模,进一步调整中央预算内投资在项目安排上的结构,未来中央财政性资金主要用于国家战略通道和扶贫开发项目建设,加大中西部地区铁路建设投资力度。

调动地方和社会资本积极性。改革铁路建设体制机制,在接轨、委托运营方面制定明确的制度规则,支持以具备条件的地方为主建设铁路,探索通过政府和社会资本合作(Public-Private Partnership,简称 PPP)、以公共交通为导向的开发(Transit-Oriented Development,简称 TOD)等模式支持铁路投资建设运营。地方政府开展 PPP 项目应当符合相关规定,严禁通过 PPP 等形式违法违规变相举债。充分发挥铁路发展基金的作用,以市场化规则加强基金运作,切实发挥吸引社会资本的平台作用。

## 第三节 建立铁路企业现代管理制度

### 一、建立以市场为导向的铁路企业经营机制

从建立健全铁路企业现代治理体系和治理能力入手，构建适应市场化经营的现代企业制度和运行机制，真正确立运输企业的市场主体地位，促使企业自上而下地将市场化经营和盈利作为发展的根本目标，为铁路紧密围绕运输市场发展需求，推动技术、产品和管理创新，以及广泛开展与其他运输方式及新业态的融合奠定制度基础。

### 二、推动国家铁路股份制改造，深化铁路管理体制机制改革

坚持政企分开、政资分开和公平竞争原则，加快推动中国铁路总公司股份制改造。深入实施铁路领域混改，择优推进混改试点，加强与大型央企的合作，引入战略合作者，积极利用资本市场加快推进优质资产、重点企业股改上市，研究推进科创板股改上市。推进市场化债转股和上市公司再融资工作，利用资本市场扩大融资规模、盘活存量资产。以建立现代企业制度为目标，深化铁路体制机制改革创新，着力构建具有中国特色、行业特点、符合市场经济要求的现代企业法人治理体系和运行机制。

## 第四节 完善铁路技术创新管理体系

### 一、建立引领世界的技术创新硬件环境

加强国家级实验平台的申报与建设，充分发挥既有实验室作用，不断完善铁路研究实验平台体系，着力建设集试验研究、检测认证、交流展示、技术培训等多种功能为一体的世界一流国家轨道交通实验中心。加强对创新平台的管理，引导铁路行业内外优质资源向实验平台汇聚，不断夯实科技创新基础、打造铁路科技创新高地，营造有利于铁路技术创新的硬件环境。

### 二、完善技术创新激励机制

紧密围绕铁路强国发展目标，建立健全以增加知识价值为导向的分配制度，构建并完善技术创新激励机制。充分发挥收入分配政策的激励导向作用，通过稳步提高基本工资、加大绩效工资分配力度、落实科技成果转化奖励等激励措施，使科研人员收入与岗位职

责、工作业绩、实际贡献紧密联系,强化产权等长期激励,激发广大科研人员的积极性、主动性和创造性,形成知识创造价值、价值创造者得到合理回报的良性循环。

### 三、持续加大对基础性、前沿性技术创新的支持

瞄准世界科技发展前沿,超前部署和开展基础前瞻技术研究,打造在铁路关键技术领域的独有独创优势,增强把握世界铁路科技竞争战略主动权的能力。形成基础性、前沿性技术研究的长期投入机制,从人才、设施设备、评价制度等方面,加强对基础性、前沿性技术创新的支持,为基础前瞻技术研究多出成果奠定良好基础。

## 第五节 建立适应未来铁路发展的人才培养体系

### 一、建立完善的人才培养链条

坚持边选拔、边培养、边使用的原则,在铁路发展涉及的重点专业技术领域、管理领域,分层选拔培养有国际影响力的铁路专家、院士、铁路杰出青年、专业领军人物、专业带头人、拔尖人才和优秀管理人才;完善依托项目培养人才和依靠人才发展项目的机制,加大课题、项目、科研经费等方面给予骨干人才的支持力度;不断完善对骨干人才的考核手段;全面打造系统完整的人才培养链条,搭建支撑中国铁路发展的人才宝塔。

### 二、制定合理的人才培养机制

以建设既适应本国铁路发展需求又具备引领世界铁路发展能力的人才队伍为出发点,综合运用推进实践提高、提供学术支持、组建项目团队、完善激励措施、促进作用发挥等有效手段,促进骨干人才健康成长;营造开放包容的创新文化和公平公正的人才竞争环境,强化科学精神和创造性思维培养;建立理论研究和应用开发相结合、国内培养和国际交流合作相结合的铁路高层次人才培养体系;加强科教融合、校企联合等模式,培养造就一批熟悉市场运作、具备科技背景的创新人才。

### 三、建立灵活的人才流动机制

实施全面创新的人才引进、流动机制,充分利用全球范围内的优质人力资本资源。着力打破户籍、地域、身份、学历、人事关系等制约,实行更积极、更开放、更有效的人才引进、流动政策,不断充实铁路人才队伍;实施精准引进,为铁路急需的、有助于解决长期困扰铁路的关键技术和核心部件难题的人才开辟专门渠道;开展非涉密部分岗位全球招聘试点,开辟绿色通道;探索设立海外研发机构,围绕“一带一路”建设建立铁路科技人智库,搭建

创新人才跨界平台;打通管理岗位和专业技术岗位之间的流动渠道,允许管理人员和专业技术人员合理转换流动;建立健全科研人员双向流动机制,完善所属单位专业技术人员离岗创业有关政策;设立一定比例的流动岗位,吸引具有创新实践经验的企业家、科技人才兼职。

## 四、建立适应铁路"走出去"的人才培养体系

构建科学、完善、有效的铁路"走出去"人才培养培训体系以及相应的内部管理体制机制。紧扣"走出去"战略对国际化人才知识、能力、素质的要求,创新人才培养培训体制、机制和模式,瞄准世界铁路发展新趋势及人才新需求,以教材建设、课程建设、实践基地建设为重点,构筑前沿性、权威性、国际化的教学资源体系。建立完善的内部运行机制,如人才培养培训主体和师资的资质要求、认定、准入和退出机制,过程监控与评估机制,对相关培训主体的激励机制等,形成强大的人才资源优势,为中国铁路"走出去"提供智力支持和人才保障。

# 参考文献

[1] 陆东福. 交通强国铁路先行为促进经济社会持续健康发展作出更大贡献——在中国铁路总公司工作会议上的报告(摘要)[J]. 中国铁路,2018,(1):1-6.

[2] 陆东福. 强基达标 提质增效 奋力开创铁路改革发展新局面——在中国铁路总公司工作会议上的报告(摘要)[J]. 中国铁路,2017(01):1-7.

[3] 宋祥波,肖贵平,聂磊. 铁路安全评价方法的探讨与分析[J]. 工业安全与环保,2006(12):34-36.

[4] 周黎等. “十二五”期间铁路发展回顾[J]. 中国物流与采购,2018(03):39-44.

[5] 交通运输部. 2016 年交通运输行业发展统计公报[R]. 北京:交通运输部,2017.

[6] 中国民用航空局. 2016 年民航行业发展统计公报[R]. 北京:中国民用航空局,2017.

[7] 中国工程院. 推动能源生产和消费革命战略研究[R]. 北京:中国工程院,2017.

[8] 王艳波. 中欧班列建设发展规划研究[J]. 铁道运输与经济,2017,39(01):41-45.

[9] 邓洲. 我国铁路产业“走出去”现状和市场环境分析[J]. 中国铁路,2017(11):46-50.

[10] 孟亚彬. 基于市场观角度的铁路货运发展对策探讨[J]. 铁道货运,2018,36(10):9-13.

[11] 王锷莹,贾光智,刘妍君. 国外铁路科技发展趋势及对我国铁路科技发展的建议[J]. 中国铁路,2015(11):9-12.

[12] 周黎. 国外铁路科技管理[M]. 北京:中国铁道出版社,2018.

[13] 王同军. 以创新为动力引领铁路科技发展[J]. 铁道学报,2016,38(07):3.

[14] 肖增斌,穆文奇,王锷莹. 新时期我国高铁技术创新发展需求及重点任务探讨[J]. 中国铁路,2017(12):40-44.

[15] 罗庆中,常山. 世界铁路[M]. 北京:科学出版社,2017.

[16] 卢春房. 中国高速铁路建设项目一体化管理模式研究与实践[J]. 铁道学报,2016,38(11):1-8.

[17] 周黎. 做好新时期中国铁路总公司技术标准工作——在中国铁路总公司技术标准工作座谈会上的讲话[J]. 铁道技术监督,2014,42(09):1-6.

[18] 陈寒,廖富阔. 我国高铁产业的 SWOT 分析及发展对策研究[J]. 科技管理研究,2012,32(14):136-139.

# 课题报告 14

# 公路发展战略研究

# 课题组主要研究人员

**课题顾问**

翁孟勇

**课题组长**

奚宽武

**课题组主要成员**

安旗林　胡春红　肖春阳　纪　绪　高建华

吴　迪　刘梦涵　邓小兵　赵　京

**课题主要执笔人**

奚宽武　胡春红　安旗林

# 内容摘要 Abstract

公路交通是综合交通的基础和载体，也是社会经济发展的切入点。“要想富、先修路”，现在也没有过时。从综合运输的角度看，公路要解决的基本问题是可达性问题。广覆盖的公路网络体系是国土均衡开发、经济健康发展、实现交通公平、保障国家安全的基本条件。从未来交通发展态势看，公路是车路协同的重要组成部分，是智能交通的基本板块之一。公路交通基础设施也是实现交通绿色发展的重要组成部分。

本报告从交通强国的内涵着手，结合公路交通的技术经济特征分析，首先明确了我国建成现代化交通强国之时，公路交通系统将具有基础设施领先、运输服务领先、科技创新领先和治理能力领先四个“领先”特征。之后在明确我国是公路交通大国的基础上，分析了公路交通发展不平衡、不充分的问题。基于对未来经济社会形势的预判，报告对未来公路交通运输量进行了分析及预测，结合世界上交通强国的经验启示，阐述了我国打造交通强国公路发展战略目标和重要指标。报告提出了我国到 2030 年进入交通强国行列，建成“人便于行、货畅其流、开放高效”的公路交通体系；到 2045 年成为世界领先的交通强国，各种运输方式实现深度融合，高标准建成“安全、便捷、高效、绿色、经济”的现代化综合交通运输体系。最后报告分析了我国由公路交通大国迈向公路交通强国的战略思路，提出了“干线公路基础设施优化工程、乡村公路提档升级工程、交通科技创新及应用工程、运输服务水平提升工程、现代治理体系构建工程和国际道路运输便利化工程”六大重点任务，并提出了深化公路资金保障及政策研究、多措并举切实提升公路交通软实力等措施建议。本报告另附有汽车拥有量预测、支撑乡村振兴农村公路发展设想等 5 个附件。

**Abstract**

Highway transportation is the foundation and carrier of comprehensive transportation, and a cut-in point of the social and economic development. " Better roads lead to Better life" , it's not out of date. From the perspective of comprehensive transportation, the basic problem to be solved by highway is accessibility. Broad coverage of highway network system is the basic condition for balanced land development, healthy economic development, fair transportation and national security. From the perspective of future transportation development, highway is an important part of Intelligent Vehicle Infrastructure Cooperative System, and one of the basic parts of intelligent transportation. Highway transportation infrastructure is also a critical part of achieving green transportation development.

Starting from the connotation of transportation power and combining with the analysis of technical and economic characteristics of highway transportation, this paper firstly clarifies that China's highway transportation system will have four " leading " characteristics: infrastructure, transportation service, scientific and technological innovation and governance capability. Afterwards, on the basis of defining that China is a big country of highway transportation, this paper analyses the insufficient unbalanced development of highway transportation. Based on the prediction of the future economic and social situation, the report analyses and predicts the future road traffic volume. Based on the experience and Enlightenment of the world's transportation powers, this paper expounds the strategic objectives and important indicators for the road development of China's transportation powers, and puts forward that China should enter the ranks of transportation powers by 2030 and build a road transportation system of " easy access, smooth flow of goods, open and efficient " ; and become the world's leading transportation powers by 2045. Deep integration of transportation modes will be achieved, and a modern comprehensive transportation system of " safety, convenience, efficiency, green and economy " will be built with high standards. Finally, the paper analyses the strategic thinking of our country from a major highway transportation country to a powerful highway transportation country, and puts forward " the optimization project of highway infrastructure, the upgrading project of rural highway, the innovation and application project of transportation science and technology, the upgrading project of transportation service level, the construction project of modern management system and the facilitation of international road transportation ". Six key tasks, such as engineering, are put forward, and some suggestions are put forward, such as deepening the research of highway fund guarantee and policy, and taking various measures to improve the soft power of highway traffic. In addition, there are 5 accessories in this study, such as the prediction of car ownership and the assumption of supporting rural road development.

# 第一章
# 内涵与特征

交通运输是国民经济的基础性、服务性、引领性、战略性产业，谋划建设交通强国背景下的公路发展是关系人民群众切身利益的重大民生问题，是促使我国繁荣昌盛的重要因素。公路交通的持续发展，是交通运输更好地服务于社会经济发展、完成第二个百年发展目标、实现交通强国梦的重要支撑，历史赋予了公路交通在中华民族伟大复兴中的神圣使命。

改革开放以来，我国公路基础设施建设取得了巨大成就，路网规模迅速扩大，公路等级不断提高，公路交通服务经济社会的能力和水平显著提升。高速公路从无到有，建成了全球规模第一的高速公路网，基本建成了广覆盖的全国公路网，公路货运量及货物周转量均居世界第一，公路交通行业强力支撑了中国经济的快速发展，我国已经成为名副其实的公路交通大国。我国公路交通在等级结构、服务水平、国家影响力等方面还存在不足，公路交通区域发展不平衡，人均指标与发达国家差距还很大，公路交通服务的"软实力"还有待提高。

谋划我国公路交通长远战略，从全球视野和战略眼光研究由"交通大国"向"交通强国"的转变思路，分析强国战略下公路交通发展的战略目标与实施举措，是当前阶段交通发展所面临的重大课题，也是实现国民经济和社会健康持续发展的重要使命和紧迫任务。为此，本报告首先回答公路交通强国的内涵与特征。

## 第一节 基本内涵

公路交通强国的内涵是：人民满意、保障有力、世界领先。

"人民满意"是指提供高品质、多样化的公路交通产品和服务，满足人民不断增长的美好生活需求。

“保障有力”是指公路交通运输在提供高质量服务的同时,发挥引领作用,实现与其他运输方式协同发展,与经济深度融合,成为发展新动能。

“世界领先”是指我国公路交通基础设施规模质量、交通服务、绿色化和智能化水平世界领先,交通创新能力、科技装备、安全水平和可持续发展能力世界先进。具体体现在以下四个“领先”:

一是基础设施领先。具有布局完善、内通外联的公路网络,具有经久耐用、品质精良的设施质量,具有畅通高效、安全可靠的服务供给,建成一批具有全球影响力的重大工程(如渤海海峡跨海通道等)。

二是运输服务领先。信息化、智能化在公路运输中发挥重要作用,运输组织、运输效率、运输装备等方面处于世界领先水平,旅客运输实现“无障碍、零距离换乘”,货物运输实现“无缝衔接”,用户体验更加便捷舒适。

三是科技创新领先。在信息科学、材料科学、工程技术等方面拥有强大的自主研发能力,前沿科学技术在公路行业得到广泛应用,拥有国际先进的现代交通运输核心关键技术,成为引领全球公路交通科技进步的研发中心。

四是治理能力领先。拥有与现代交通运输业相适应的制度体系,法律法规完备健全,体制机制运行高效,标准规范科学先进,政策体系完善有效,行业治理能力和水平领先。

公路交通是区域经济社会发展的基础支撑和重要组成部分,它在区域交通、对外交通、城市群际交通、城际交通、城乡交通中都发挥着不可或缺的重要作用,我国绝大多数城市和90%以上的建制镇都是依托公路发展起来的。公路的技术经济特征有以下几点。

(1)基础功能。公路交通覆盖面广,具有机动灵活的特征,可实现“门到门”的直达运输服务,可解决“最后一步路”的问题,能够直接联系千家万户。同时公路交通可为其他运输方式提供集疏运功能,特别适用于城乡交通和集疏运交通。

(2)通道功能。干线公路特别是高速公路,有快捷、通行能力大等特点,可有效承担中长途交通和大运量、中短途交通的客货运输任务。

(3)“自由”特征。公路交通是综合运输中能够提供个性化出行条件的运输方式。未来随着经济生活水平的提高,人们多样化、个性化出行频率增加,公路交通能够提供此类出行条件。

从上述特点可以看出,公路可以广泛服务各类客货运输,既是服务中长距离客货运输的主要方式之一,也是服务中短距离客货运输的主力,并在惠及全民的交通基本公共服务、适应个性化旅客运输需求、提供其他运输方式集疏运、保障应急救灾和国防安全等方面发挥着无可替代的作用。公路是最基础、最广泛的运输方式,也是其他运输方式的支撑和终端运输模式,在综合运输体系中同时发挥基础网络功能和干线运输功能。

显然，要发挥公路的技术经济优势还需考虑综合交通运输体系的构建，当前我国综合运输体系发展的一个重要特征就是以充分发挥各种运输方式的比较优势为主线，加快推进综合运输体系建设。随着各种运输方式逐步完善和比较优势的充分发挥，各运输方式在综合运输体系中的定位将更趋合理，综合运输体系的整体性和功能性将更加完善，支持交通强国的能力也更充沛。

## 第二节 公路战略定位及思路

### 一、战略定位

1. 公路是经济社会发展的重要基础

公路为经济社会发展提供了坚实基础和保障条件，公路交通基础设施建设具有很强的先导作用，"要想富、先修路"现在仍不过时。世界银行指出，中国在经济增长和减少贫困上取得了举世瞩目的成就，公路交通运输为中国经济和社会的持续发展作出了巨大贡献。

2. 公路是国家重要的战略资源

公路交通作为国民经济的基础性、服务性、引领性、战略性产业的地位仍然没有改变，公路交通仍然是国家稳增长、促改革、调结构、惠民生的重点领域。公路交通直接贴近群众生活，有效满足了个性化、差异化、多元化出行需求，公路交通在保障国防安全、促进国土开发和服务国家战略方面一直发挥着重要作用。

3. 公路是综合交通运输体系的基础和骨干

公路覆盖面广、具有"门到门"优势，是使用最广泛甚至是许多地区唯一的运输方式，为其他运输方式提供集疏运服务，解决出行链"最后一公里"问题，是综合运输体系的基础网络；以高速公路为主体的骨架公路是综合运输大通道的重要组成部分，在跨区域、省际、城际中长途运输中发挥着十分重要的作用；2017 年，公路营业性车辆完成的客、货运输量分别达到 146 亿人次和 368 亿 t，分别占全社会客、货运输量的 78.9%、76.7%，公路运输是我国旅客和货物运输的主体。

### 二、发展理念

未来公路发展以"创新、协调、绿色、开放、共享"五大发展理念为指引，坚持"先行、融合、共享、绿色”的方针。“先行”是引领公路发展的指向,“融合”是推进公路创新发展的动力,“共享”是检验发展成果的标尺,“绿色”是促进公路可持续稳健发展的路径。

1. 先行发展,实现引领

(1)引领经济。树立“交通引领经济、公路率先发展”的主导思想,紧紧围绕国家重大战略布局,增加有效供给,发挥好公路交通支撑引领经济社会发展的“先行官”作用。

(2)领先国际。以先进的发展理念为指导,着力打造先进的基础设施网络、处于领先水平的运输服务系统和支持保障系统,使公路发展水平居世界前列,实现公路交通“由大转强”。

2. 融合发展,协同创新

(1)方式融合。强化公路与其他交通运输方式的衔接与协调,合理利用通道资源,推进方式之间规划同图、服务一体、管理协同、信息共享,通过多网融合提升综合运输的组合优势和整体效率。

(2)业态融合。抓住新技术革命的机遇,充分运用科技的力量,促进传统产业转型升级,积极培育新业态新模式。推动公路交通与旅游、物流、电子商务等服务业结构升级的协同融合,完善适应消费结构升级的基础设施和公共服务供给。

3. 共享发展,普惠人民

(1)人民共享。坚持“以人民为中心、人民交通为人民”的发展宗旨,以人民群众关心的问题为导向,优化供给结构、扩大有效供给、提升供给质量,提供更安全、可信赖、人性化的公路服务,让更多群众共享公路发展成果。

(2)区域共享。充分发挥公路交通的公益属性,增强发展的全面性、平衡性、协调性,注重区域间、城乡间的交通资源优化配置,努力缩小区域和城乡公路交通发展差距,提升公共服务均等化水平。

(3)让人民有获得感。国家战略目标与个体目标协同一致时,百姓感觉会更好,如地市高速通达、县县国道覆盖、交通扶贫、农民兄弟出门柏油路、百姓抬脚上客车等目标都深入人心。

4. 绿色发展,生态宜人

坚持公路交通发展绿色化。习近平总书记要求把生态文明建设摆在全局工作的突出地位,让良好生态环境成为展现我国良好形象的发力点。发展绿色交通是建设生态文明的基本要求,形成人与自然和谐发展新格局的应有之义。发展绿色公路,集约利用土地、线位、桥位等资源，落实“不破坏就是最大的保护”，建设生态性基础设施，实现公路与自然和谐相容。

## 三、发展思路

在经济发展新常态下，实现公路发展战略目标，缩小与国际先进水平的差距，要选择符合国家战略导向、体现资源禀赋特点和阶段性特征的发展思路。

1. 转型

以提高发展效益为中心，加快转变交通运输发展方式，实现规模、速度、质量、效益相统一。推动公路建设由规模扩张向结构优化、补齐短板转变，推动公路发展由建设为主向建设、养护、管理、服务等并重转型，推动发展动力由投资等要素驱动向深化改革、创新驱动转变，推动发展模式由粗放供给、资源消耗向绿色低碳、集约高效转变。

2. 提质

深化公路交通供给侧结构性改革，着力提升公路交通供给品质，围绕公路交通发展薄弱环节，优化路网结构、加快补齐短板、加强科学养护，使公路基础设施达到稳定、成熟的发展状态，供给能力和结构明显优化，例如应重视公路基础设施长寿命问题，现在有部分公路基础设施寿命短、事故较多，下一步要注重提质增效，努力延长现有设施寿命。进一步提升运输服务品质，增强服务主动性，创新服务供给模式，拓展服务内涵，延伸服务链条，厚植公路交通文化与软实力，有效满足出行者多样化、个性化需求。

3. 增效

着力推进运输资源高效整合和优化配置，推广应用先进的运输装备与组织方式，有效降低物流成本，提升公路运输效率。优化路网管理，统筹推进路网监测、应急调度、智能化管理等举措，加强管理资源和信息资源的整合利用，提升路网整体运行效率和保障水平。把节能减排、环境保护和节约集约利用资源贯穿到公路交通发展的各个领域、各个环节，降低公路发展对资源和环境的影响，减少发展代价，增强公路交通绿色、可持续发展能力。

4. 创新

加强新技术、新产品的研发和应用，将互联网、大数据、云计算等技术广泛应用于公路交通基础设施、运输服务、支持保障和管理等领域，大力发展新业态、新模式，公路行业智能发展、创新发展水平显著增强。着力推进体制机制创新和政策创新，全面深化重点领域改革，努力破解深层次矛盾，促进行业治理体系和治理能力现代化。

# 第二章
# 发展基础

## 第一节 公路交通发展现状

我国公路交通成就巨大，路网规模和运量指标均居世界前列，已经成为名副其实的交通大国，基本适应经济社会发展要求。

### 一、公路基础设施日臻完善

（1）公路网规模稳步增长。截至2017年底，全国公路网总里程达477.35万km；二级及以上公路里程达62万km，全国97%的县城实现二级及以上公路连通。

（2）高速公路网络格局基本形成。截至2017年底，全国高速公路通车里程达13.7万km，其中国家高速公路10.2万km；高速公路覆盖全国97.4%的城镇人口20万以上的城市。

（3）公路覆盖范围不断扩大。截至2017年底，全国普通国道二级及以上公路比例达到71.8%，乡镇、建制村通畅率分别达到99.39%、98.35%。全国公路养护比例达到98%，高速公路、国省干线、农村公路优良率分别达到99%、85%和60%以上。

### 二、公路运输服务切实改善

2017年，公路营业性车辆完成的客、货运输量分别达到145.7亿人次和368.7亿t，分别占全社会客、货运输量的78.9%、76.7%。东部地区95%、中部地区90%、西部地区62%的县城建有二级及以上客运站，乡村客运站点覆盖面明显扩大，建制村客运班车通达率超过95%，公路货运车型标准化率超过50%。

## 三、公路智能化发展积极推进

高速公路电子不停车收费联网已基本实现，主线收费站电子不停车收费系统（ETC）基本全部覆盖。各省均已建成高速公路监控指挥中心，基本实现国家公路网40%的重点路段动态监测，初步实现了国家公路养护管理的数字化和信息化等。

## 四、交通扶贫取得显著成效

"十二五"以来，按照《中国农村扶贫开发纲要（2011—2020年）》的部署和要求，交通运输部编制实施了《集中连片特困地区交通建设扶贫规划纲要（2011—2020年）》，以集中连片特困地区为主战场，真扶贫、扶真贫，全面加强交通扶贫工作。"十二五"期间，累计安排了约5500亿元车辆购置税资金支持集中连片特困地区公路建设，约占"十二五"车辆购置税总投资的45%，带动了全社会对公路建设近2万亿元的投入，贫困地区交通基础设施明显改善，为当地区域发展和脱贫攻坚提供了坚实的基础保障。具体来说，突出表现为以下几个方面：

（1）贫困地区"出行难"问题得到有效解决。"十二五"期间共帮助集中连片特困地区654个乡镇和4.2万个建制村的群众用上了沥青（水泥）路，会同国务院扶贫开发领导小组办公室实施了309个"溜索改桥"项目。截至2016年底，14个集中连片特困地区超过96.1%的乡镇和86.5%的建制村开通了沥青（水泥）路，超过95%的乡镇和81%的建制村开通了班车，许多贫困地区几代人"出门水泥路，抬脚上客车"的梦想变为现实。2016年7月，交通运输部发布了《"十三五"交通扶贫规划》，扩大了交通扶贫范围。2017年交通扶贫领域国、省道建设投入7307亿元，建成国家高速公路2733km、地方高速公路697km、普通国道7529km、普通省道7077km；农村公路交通投入2188亿元，建成农村公路里程150280km。

（2）贫困地区路网结构得到明显改善。按照"外通内联"的要求，在集中连片特困地区共建设了6.6万km干线公路，打通多条"断头路"和"瓶颈路段"，贫困地区县城基本实现了二级以上公路覆盖，许多贫困县还开通了高速公路。有的地区正在形成综合交通运输网络，曾经"山里山外两重天"的局面正在不断改变。

（3）贫困地区特色产业发展得到了有力支撑。"十二五"期间，重点支持集中连片特困地区改造建设了约2.1万km县乡资源路、旅游路、产业路。不少贫困地区矿产、能源、旅游等资源得到有效开发利用，资源优势转化为经济优势、发展优势。一些拥有良好自然环境和独特人文环境的农村，因为交通条件的改善，把农产品变成了旅游产品，农家院变成了旅游目的地，让"绿水青山"变成了脱贫致富的"金山银山"。一些当地特色产业，因路而起、因路而兴，贫困地区涌现出成千上万个全国知名的地理标志特产品牌，农业生产经营规模化、集约化、非农化趋势明显，传统农业向现代农业转变进程大大加快。

（4）贫困地区发展面貌得到切实改变。不少地区将农村公路建设作为社会主义新农村"村容整洁"和"乡风文明"建设的重要切入点，同步开展公路沿线绿化以及沿途村镇的美化建设，将农村公路打造成一道道亮丽的乡村风景线，极大改善了农村的居住和出行环境。农村公路的畅达也促进了客货运输的发展，加速了人流、物流在城乡间的流动，城乡经济一体化进程加快。随着基本出行条件的改善，贫困地区教育水平和医疗保障水平"水涨船高"，城市文明、基本公共服务逐步向贫困地区纵深覆盖，贫困地区物质文明、精神文明水平大幅提升。

## 第二节　存在的主要问题及原因

我国公路交通在基础设施布局、路网结构、与其他交通方式的衔接、运输服务及智能化水平、投融资、公路养护、公路管理体制等方面还存在一些问题，公路交通发展不平衡不充分、"大而不强"的问题还较为明显。发展不平衡，主要是区域间、城乡间以及新旧业态间的不平衡，制约了行业整体水平提升；发展不充分，主要是基础设施网络覆盖、运输服务供给、安全绿色发展、智能化应用的不充分，阻碍了行业高效、高质、包容、可持续发展。

从发展的眼光看，目前我国公路交通发展不平衡，人均指标与发达国家差距还很大，交通服务的"软实力"还有待提高，路网结构问题、资金短缺问题、公路管理体制机制问题还比较突出，交通创新驱动能力不足，管理体系不够完善，国际规则制定和话语权有限等，部分交通领域和环节存在短板，法律法规建设滞后于行业发展，行业监管跟不上新技术新模式新业态步伐，难以适应新形势下的新要求。

### 一、公路网络仍不完善，结构性矛盾比较突出

国家高速公路（不含展望线）仍有 1 万多 km 的待建路段，京哈、京沪等早期修建的通道部分区段车流量日趋饱和，服务水平下降明显。普通国道中还存在 3 万多 km 的四级路、等外路和未贯通路段，部分城镇化过境路段街道化严重，通行效率和安全性低下。西部地区、"老少边穷"地区农村公路发展仍显滞后，全国仍有 276 个乡镇、1.0 万余个建制村不通硬化路，农民群众出行难问题仍未全面解决。

路网结构性不合理，区域城乡发展不均衡。路网等级结构亟待优化，二级及以上公路占比偏低，普通国省干线公路发展滞后已成为影响路网效率的短板。城乡、区域结构矛盾突出，西部地区国家高速公路实线建成率较东、中部地区低 10 多个百分点，西部地区普通

国道二级及以上公路里程占公路总里程的比例较东、中部地区低20多个百分点，集中连片特困地区和老少边穷地区公路基础设施短板问题更为突出。

## 二、养护管理压力较大，安全保障水平低

受养护资金短缺影响，部分干线公路养护不到位，一些危桥、事故多发和灾毁路段不能及时修复；相当数量农村公路处于失养状态，“油返砂”现象逐步加剧。早期大规模建设的公路，逐渐进入了周期性养护高峰期，需要集中进行大中修。部分公路临水临崖、坡陡弯急，安全防护设施相对不足，部分路段地质灾害多发易发，部分公路交通安全形势还比较严峻。

## 三、服务水平有待提升，运输衔接转换仍不便利

公路出行服务水平不高，部分高速公路服务区能力不足，普通公路沿线服务设施偏少，公路出行服务信息量少且更新不及时，ETC车道数偏少、功能较单一。货运车辆标准体系不健全、车辆使用不规范、监管不协同，造成车型标准化程度低、技术水平落后，非法改装、超限超载等现象屡禁不止。公路与其他交通方式衔接不畅，综合交通枢纽建设滞后，旅客联程运输、货物多式联运发展缓慢，运输组织效率不高，多样化、个性化、高品质的运输服务供给能力不足。

## 四、资金供需矛盾突出，外部刚性约束趋紧

受宏观经济及政策环境等因素影响，支撑公路长期快速发展的土地、劳动力等要素低成本的优势相对减弱，公路融资难度加大，资金短缺问题日益明显。此外，更严格的耕地保护制度和节约用地制度，以及环境资源等刚性约束，使得公路建设项目征地拆迁难度加大、审批周期拉长，公路进一步稳健发展面临着较大挑战。

## 五、公路管理体制不顺，事权与支出责任不清

我国公路长期实行以地方为主的管理体制，随着财税体制改革的不断深入，现行管理体制及投资政策还存在一些不相适应的地方。公路事权和支出责任不够清晰，省际项目建设不同步、水平差异大，局部瓶颈制约问题突出。

## 六、公路交通国际影响力有待提升

我国公路交通发展仍不平衡，部分领域和环节存在短板，交通服务的“软实力”还有待提高。公路交通的国际影响力还不足，在国际组织、相关技术、标准制定等国际事务中的话语权不强，国际道路运输便利化方面还需进一步推进。

# 第三章 公路交通发展要求

## 第一节 未来经济社会形势预判

交通运输业是国民经济的基础性、服务性、引领性、战略性产业,交通运输的发展在推进经济总量增加和社会生活变革的同时,其发展速度、设施设备规模和服务水平又取决于国民经济的发展水平,即充满了时代特征。因此,预判我国未来经济社会发展走势,是研究我国未来公路交通发展需求、发展定位的基础。

我国将在21世纪中叶实现中华民族的伟大复兴,实现两个百年的伟大目标,即建成富强、民主、文明、和谐的社会主义现代化国家。预计2035年左右,我国国内生产总值(GDP)将超过美国居世界首位,迈入中等发达国家行列。我国将进入后工业化阶段,信息化、智能化、绿色化和服务化成为未来产业发展方向,清洁能源、新材料、新能源汽车等将成为先导产业。

### 一、客运出行的变化

#### 1.人口的增长和老龄化

2017年我国总人口超过13.9亿人,65岁及以上老龄人口达到1.58亿人,占我国总人口比例为11.4%。据相关测算,2030年前后我国总人口将达到峰值的14.5亿人,我国将逐渐进入老龄化社会,60岁以上人口比例将达到25%,预计为3.63亿人[1];2030—2050年,中国的老龄化将进入快速发展阶段,人口总量开始缓慢减少,老龄人口将达到4.87亿

[1] 数据来源于《国家人口发展规划(2016—2030年)》。

人,老龄人口比例将达到36.1%[1]。接近15亿人的出行和占人口总数近1/3的老龄人口出行的便利性将成为未来公路交通关注的重点之一,老龄人口的出行方式对家庭其他人员出行方式选择的影响也不容忽略。

2. 城镇化和人口的迁移

2017年我国城镇化率为58.5%,2030年我国城镇化率将达到68%,2050年或将达到80%以上。至2030年,城镇化的快速发展将使近2亿农村人口转化为城镇人口,将有大量人口由农村向城市和城市郊区迁移,城镇化在改变人们居住方式的同时,也改变了人们的出行方式。城市和城市郊区将承载更多的旅客出行和吸引更多的货运交通,农村地区则因大量人口的迁出,旅客出行和货物运输将呈现出更加分散的趋势。

3. 消费升级使人们渴望更好的出行体验

改革开放以来,我国居民生活发生了翻天覆地的变化,居民消费水平快速增长。目前我国居民消费正处于从物质型消费向服务型消费升级的重要阶段,物质型消费基本得到满足,服务型消费快速增长,交通消费升级作为居民服务消费升级的重要体现之一,正成为多领域关注的重点。以公路自驾出行为代表的"机动、灵活、便利"的个性化交通和以高铁出行为代表的"安全、快捷、舒适"以及"相对低的价格"[2]的大容量公共交通已成为交通消费的新热点。

"十二五"期间,我国公路出行结构发生了较大变化,根据国家高速公路交通量观测数据,"十二五"期间,公路小型客车出行保持了较快的增长势头,年均增长6.7%;同期大型客车出行持续下降,年均下降3.5%。2016—2017年小型客车出行快速增长、大型客车出行下降的趋势较"十二五"期间变化更加明显,小型客车交通量年均增速达到2位数(表14-1、表14-2)。

国家高速公路年平均日交通量　　表14-1

| 车型 / 年份(年) | 观测里程(km) | 自然车(辆/日) | | | | | | | |
|---|---|---|---|---|---|---|---|---|---|
| | | 合计 | 小型货车 | 中型货车 | 大型货车 | 特大型货车 | 集装箱货车 | 小型客车 | 大型客车 |
| 2010 | 33332 | 12184 | 937 | 1078 | 916 | 1739 | 346 | 6296 | 872 |
| 2015 | 42581 | 14482 | 932 | 1018 | 808 | 1952 | 330 | 8712 | 729 |
| 2016 | 44636 | 15379 | 1089 | 1000 | 817 | 1871 | 334 | 9587 | 681 |

[1] 数据来源于《中国老龄产业发展报告2014》。

[2] 高速铁路票价:时速200~250km高速铁路0.35元/km、时速300km高速铁路0.45元/km,普通铁路0.05861元/km,公路各省基准运价不同,约0.1元/km。

续上表

| 车型 / 年份(年) | 观测里程(km) | 自然车(辆/日) | | | | | | | |
|---|---|---|---|---|---|---|---|---|---|
| | | 合计 | 小型货车 | 中型货车 | 大型货车 | 特大型货车 | 集装箱货车 | 小型客车 | 大型客车 |
| 2017 | 59876 | 19880 | 1415 | 1244 | 854 | 2207 | 546 | 12961 | 653 |
| | 年均增长速度(%) | | | | | | | | |
| "十二五"期间 | — | 3.5 | -0.1 | -1.1 | -2.5 | 2.3 | -0.9 | 6.7 | -3.5 |
| 2017 年相比 2015 年 | — | 17.2 | 23.2 | 10.5 | 2.8 | 6.3 | 28.6 | 22.0 | -5.4 |

普通国道年平均日交通量　表 14-2

| 车型 / 年份(年) | 观测里程(km) | 自然车(辆/日) | | | | | | | |
|---|---|---|---|---|---|---|---|---|---|
| | | 合计 | 小型货车 | 中型货车 | 大型货车 | 特大型货车 | 集装箱货车 | 小型客车 | 大型客车 |
| 2010 | 80125 | 5384 | 867 | 566 | 487 | 456 | 90 | 2522 | 395 |
| 2015 | 83478 | 6400 | 804 | 532 | 388 | 531 | 119 | 3678 | 348 |
| 2016 | 84198 | 6795 | 806 | 504 | 382 | 633 | 115 | 4031 | 324 |
| 2017 | 177844 | 18579 | 951 | 560 | 442 | 734 | 147 | 5136 | 324 |
| | 年均增长速度(%) | | | | | | | | |
| "十二五"期间 | — | 3.5 | -1.5 | -1.2 | -4.4 | 3.1 | 5.7 | 7.8 | -2.5 |
| 2017 年相比 2015 年 | — | 70.4 | 8.8 | 2.6 | 6.7 | 17.6 | 11.1 | 18.2 | -3.5 |

## 二、货物运输的新需求

发达高效的货运系统是国家满足工业运转和消费者需求的基础，也是国家参与全球市场竞争的保障和支撑。

1. 工业的变革将带来公路货物运输的革新

我国总体上处于工业化中期阶段，并开始向工业化后期过渡(图 14-1)，但我国目前工业总体上尚未摆脱高投入、高消耗的发展方式。[1] 随着我国工业革新和绿色工业战略的实施，未来我国工业能源消耗增速减缓，部分重型化工业能源消耗出现拐点，主要行业单位产品能耗达到或接近世界先进水平。未来我国将由制造大国向制造强国迈进，制造业也将由生产型制造逐渐向服务型制造转型，能源、原材料等大宗货物运输需求将逐渐降低，

[1] 《工业绿色发展规划(2016—2020 年)》，工业和信息化产业部。

电子产品、医药等高附加值的轻质货物运输将快速增加,货运量可能将经历缓慢增长—持平—缓慢降低的过程。而且随着工业3.0向工业4.0发展,我国工业生产也将由“集中型”向“分散型”的模式转变。工业的变革将带来能源、材料、产品在货运规模、空间分布上的巨大变化,能源及材料消耗、产品品类及结构、物资流通空间需求的变化都将带来公路货运的革新。

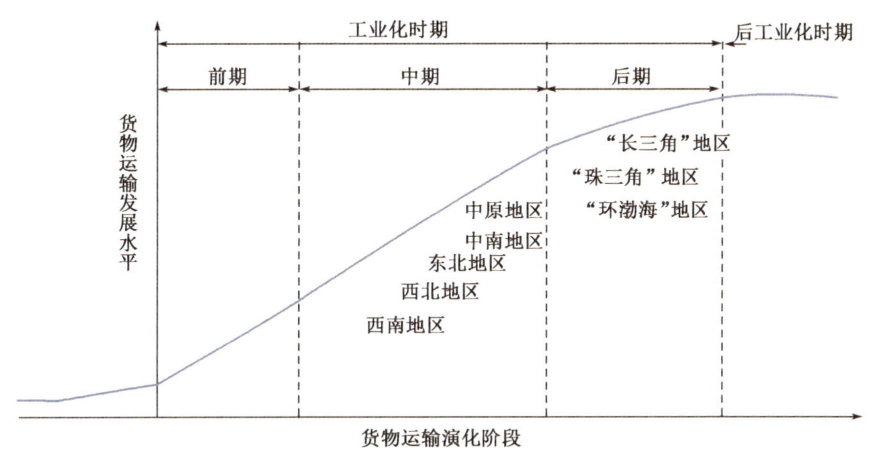


图14-1 我国运输需求发展阶段判断

2.乡村振兴将带来农村公路货运和物流的快速发展

党的十九大报告提出了“乡村振兴战略”,为近6亿中国农村人口擘画了宏伟而美好的蓝图。党的十九大报告指出,要坚持农业农村优先发展,按照产业兴旺、生态宜居、乡风文明、治理有效、生活富裕的总要求,建立健全城乡融合发展体制机制和政策体系,加快推进农业农村城镇化。乡村产业的兴旺离不开交通基础设施的保障支持,农村交通基础设施可以为农民“打开一扇脱贫致富的大门”,让投资、产业、教育、医疗等优质资源进来,让丰富的农产品资源销出去。发达的物流产业和完备的市场体系是现代农业和现代农村发展的重要保障,是农村经济发展的基础和根本。农村输出货物以粮食、蔬菜、水果、药材等农副产品为主,具有鲜活易腐、需求分散、季节性明显、价值相对不高等特点;农村输入货物以家电、服装及日常生活用品为主,具有多样化、批量小、对运输价格敏感等特点。因此公路货运和物流企业需要结合农村货运和农村物流特点提供适合当地的服务模式。

3.安全、节能、高效将成为公路货运的发展方向

2017年底,我国拥有营运货车1368.6万辆、11774.8万吨位(单车平均吨位约8.6t),

共完成公路货运量368.7亿t、货物周转量66771.5亿t·km,平均单车年均完成货运量约2694t、货物周转量约48.8万t·km,货物平均运距约181km,每辆货车每年需完成约299次运送服务(按平均货车吨位9t/车计算)。

2012年美国拥有商用重型货车约1000万辆,完成约130亿t货运量,平均单车年均货运量约1300t,其单车货运强度远低于我国。与美国相比,我国公路货车更多承担了大宗货物的运输服务,中、美两国各运输方式完成的货运量对比见表14-3。长距离的大宗货物运输采用公路运输是既不经济也不环保的,因为公路货物运输成本高、运送单位货物碳排放更高。但是长期以来由于我国铁路运输运力不足、内河航运发展缓慢,很多大宗物资仍广泛采用公路运输。未来随着我国铁路网规模的增加以及内河航运的发展,长距离大宗货物运输将逐渐向铁路、水运回归。并且随着绿色交通的发展,货车将逐渐向大吨位、专业化方向发展,车辆安全技术逐渐改善,新燃料货车、货车自动驾驶技术也将逐渐普及,安全、高效、节能将成为公路货运未来发展的主要方向。

中国、美国各运输方式货运量对比　　表14-3

| 运输方式 | 美国 | | 中国 | |
|---|---|---|---|---|
| | 货运量(亿t) | 占比(%) | 货运量(亿t) | 占比(%) |
| 公路 | 132 | 81.5 | 368.69 | 78.1 |
| 铁路 | 20 | 12.4 | 36.89 | 7.8 |
| 水路 | 9.75 | 6.0 | 66.78 | 14.1 |
| 航空 | 0.15 | 0.1 | 0.07 | 0.0 |
| 合计 | 161.9 | 100.0 | 472.43 | 100.0 |

注:表中美国为2012年数据,中国为2017年数据。

## 第二节　公路交通运输量分析

### 一、公路旅客运输需求分析

2000年以来,随着公路基础设施规模的扩大和路网的不断完善,我国公路客运量和旅客周转量增长迅速。2010年我国公路客运量和旅客周转量为306.3亿人和15020.8亿人·km,分别占全社会客运量、旅客周转量的93.4%和53.8%。2005—2012年期间,公路客运量和旅客周转量年均增长速度分别为10.4%和9.8%;2014年由于统计口径发生变化,其数据与2013年没有可比性。随后受经济下行和高速铁路的影响,2014—2017年间,公路客运量和旅客周转量年均增长速度分别为 -0.9% 和 -0.4%。我国 2005—2017 年公路客运量、旅客周转量及其占全社会公路客运量、旅客周转量比例见表 14-4，2005—2017 年我国公路客运量情况如图 14-2 所示。

**我国 2005—2017 年公路客运量及旅客周转量** 表 14-4

| 年份(年) | | 客运量(亿人) | | 旅客周转量(亿人·km) | |
|---|---|---|---|---|---|
| | | | 占全社会公路客运量比例(%) | | 占全社会公路旅客运输周转量比例(%) |
| 2005 | | 168.4 | 91.9 | 9292.1 | 53.2 |
| 2006 | | 184.5 | 91.9 | 10130.8 | 52.8 |
| 2008 | | 220.7 | 92.1 | 12476.1 | 53.8 |
| 2009 | | 278.0 | 93.4 | 13511.4 | 54.4 |
| 2010 | | 306.3 | 93.4 | 15020.8 | 53.8 |
| 2011 | | 327.9 | 93.2 | 16760.2 | 54.1 |
| 2012 | | 354.3 | 93.5 | 18467.5 | 55.3 |
| 2013 | | 374.7 | 93.2 | 11250.9 | 40.8 |
| 2014 | | 190.5 | 86.3 | 10996.8 | 38.4 |
| 2015 | | 189.0 | 85.3 | 10742.7 | 35.7 |
| 2016 | | 154.0 | 81.0 | 10228.7 | 33.0 |
| 2017 | | 145.7 | 78.8 | 9765.2 | 29.8 |
| 年均增长速度(%) | 2005—2013 | 10.4 | | 9.8 | |
| | 2014—2017 | -0.9 | | -0.4 | |

注：资料来源于《中国统计年鉴 2018》。另外，2008 年和 2013 年交通运输部对营业性公路运输量的统计口径进行了调整。

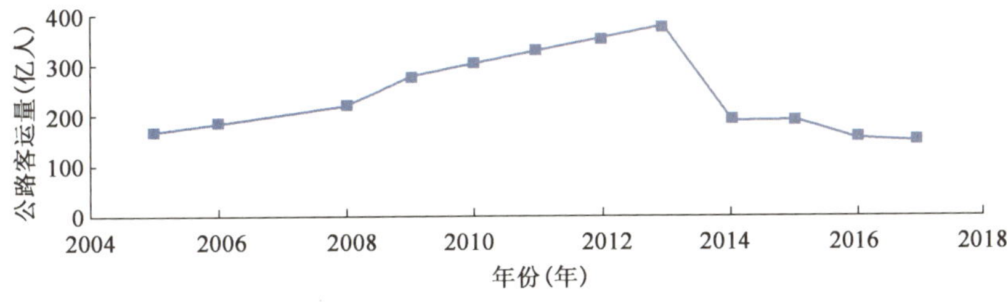


图 14-2 2005—2017 年我国公路客运量情况

### 公路客运量统计说明

交通运输部于2008年开展了全国公路水路运输量专项调查，于2013年开展了全国交通运输业经济统计专项调查，两次专项调查后分别于次年发布了《公路水路运输量统计试行方案(2009)》《公路水路运输量统计试行方案(2014)》。

2008年专项调查中，公路客运量调查的范围为所有在公路上产生旅客运输量的民用载客汽车，包括营业性载客汽车和非营业性载客汽车，不包括只在城市内道路上进行旅客运输的公共汽(电)车和市内出租汽车，用于公路养护、卫生救护、公安消防等工作的专用车辆，以及在机场、港口作业区、车站为内部换乘而进行旅客运输的各种运输车辆。

2013年专项调查规定的公路客运量调查范围：客运车辆是由道路运输管理机构颁发道路运输证，依法从事营业性公路客运的车辆，不包括出租汽车和公共汽(电)车，公路养护、卫生救护、公安消防等工作的专用车辆，在机场、港口作业区、车站为内部换乘而进行旅客运输的各种运输车辆。

根据交通运输部统计数据，2013年之前公路客运量调查的范围为所有在公路上产生旅客运输量的民用载客汽车，主要是营业性载客汽车。2014年因《公路水路运输量统计试行方案(2014)》对统计口径有所调整，公路旅客运输量调整为由客运车辆完成的公路旅客运输量，即由道路运输管理机构颁发道路运输证、营业性客运车辆完成的公路客运量。

考虑到统计数据不含小汽车出行，而随着人民生活水平的提升和小汽车进入家庭，未来小汽车出行量明显上升，这部分数据虽没有统计但数值不可忽略。长安大学编著的《2016年中国高速公路运输量统计调查分析报告》提出2016年、2015年、2014年我国高速公路的旅客周转量已达到15473亿人·km、14609亿人·km、14695亿人·km(此数据含小汽车出行)，分别是2016年、2015年、2014年公路旅客周转量统计数据10228.7亿人·km、10742.7亿人·km、10996.8亿人·km的1.5倍、1.4倍、1.3倍，这说明包含小汽车出行全口径的公路运输量将比目前统计的营业性公路运输量还要大一些(表14-5，图14-3)。

**2006—2016年我国高速公路和公路旅客周转量统计情况** 表14-5

| 年份(年) | 公路旅客周转量(亿人·km)(营业性) | 高速公路旅客周转量(亿人·km)(全口径) | 高速公路旅客周转量/公路旅客周转量(%) |
|---|---|---|---|
| 2006 | 10130.8 | 5901 | 58.2 |
| 2007 | 11506.8 | 6591 | 57.3 |
| 2008 | 12476.1 | 6850 | 54.9 |
| 2009 | 13511.4 | 7978 | 59.0 |
| 2010 | 15020.8 | 9293 | 61.9 |

续上表

| 年　份 | 公路旅客周转量（亿人·km）(营业性) | 高速公路旅客周转量（亿人·km）(全口径) | 高速公路旅客周转量/公路旅客周转量(%) |
|---|---|---|---|
| 2011 | 16760.2 | 11087 | 66.2 |
| 2012 | 18467.5 | 11916 | 64.5 |
| 2013 | 11250.9 | 13112 | 116.5 |
| 2014 | 10996.8 | 14695 | 133.6 |
| 2015 | 10742.7 | 14609 | 136.0 |
| 2016 | 10228.7 | 15473 | 151.3 |

注：公路旅客周转量数据来源于全国交通运输统计资料，高速公路旅客周转量数据来源于长安大学《2016 年中国高速公路运输量统计调查分析报告》。

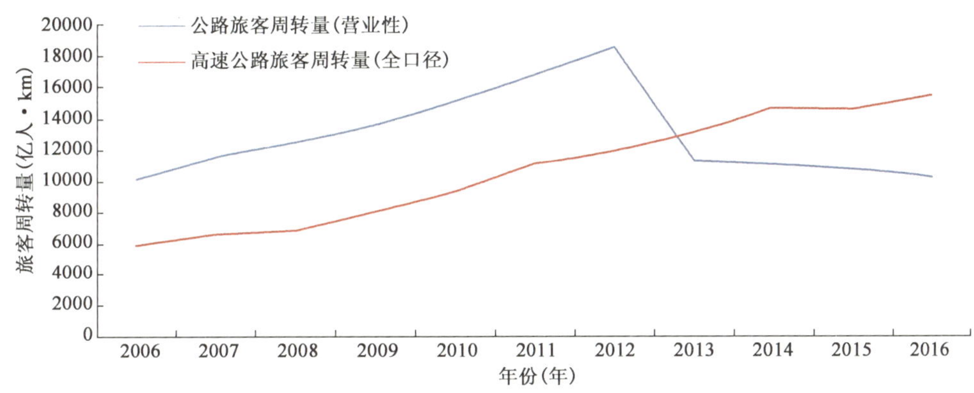


图 14-3　2006—2016 年我国高速公路和公路旅客周转量对比情况

综上所述，可以预见，公路运输未来将继续在全国客运体系中占主导优势，公路客运量与旅客周转量还会保持平稳增长。根据国家发展和改革委员会综合运输研究所课题组关于我国“运输需求发展态势分析预测研究”报告，得到 2020 年、2030 年、2045 各特征年公路客运量及旅客周转量(含小汽车)的预测数据，见表 14-6。

**我国公路客运量及旅客周转量预测数据**　　表 14-6

| 年份(年) | | 客运量(亿人) | | 旅客周转量(亿人·km) | |
|---|---|---|---|---|---|
| | | 低方案 | 高方案 | 低方案 | 高方案 |
| 2020 | | 522 | 535 | 31080 | 31850 |
| 2030 | | 788 | 810 | 46860 | 48150 |
| 2045 | | 900 | 1022 | 56000 | 63360 |
| 年均增长率(%) | 2021—2030 | 4.20 | 4.23 | 4.19 | 4.22 |
| | 2031—2045 | 0.89 | 1.56 | 1.20 | 1.85 |

## 二、货物运输需求分析

2005 年以来，我国公路货运取得了长足的发展。公路是全国货运量的承担主力，完成着超过70%的全国货运量。“十二五”期间,公路货运量和货物周转量年均增长速度分别为8.2%和6.4%。2017年,我国公路货运量和货物周转量为368.7亿t、66772亿t·km,分别占全社会货运量、货物周转量的76.7%和33.8%。我国2005—2017年公路货运量、货物周转量及其占全社会货运量、货物周转量的比例见表14-7。2000—2017年我国公路、铁路货运量对比情况如图14-4所示。

我国2005—2017年公路货物运输量及货物周转量　　表14-7

| 年份(年) | | 公路货运量(亿t) | | 公路货物周转量(亿t·km) | |
|---|---|---|---|---|---|
| | | | 占全国货运量比例(%) | | 占全国货物周转量比例(%) |
| 2005 | | 131 | 73.3 | 8693 | 10.8 |
| 2006 | | 146 | 73.3 | 9754 | 11.0 |
| 2007 | | 163 | 73.5 | 11355 | 11.2 |
| 2008 | | 182 | 74.4 | 32868 | 29.8 |
| 2009 | | 210 | 76.4 | 37189 | 30.4 |
| 2010 | | 243 | 76.9 | 43390 | 30.6 |
| 2011 | | 281 | 77.5 | 51375 | 32.2 |
| 2012 | | 319 | 77.7 | 59535 | 34.3 |
| 2013 | | 308 | 78.4 | 55738 | 33.2 |
| 2014 | | 311 | 69.3 | 56847 | 31.3 |
| 2015 | | 315 | 72.1 | 57956 | 32.5 |
| 2016 | | 336 | 70.0 | 61080 | 33.4 |
| 2017 | | 368.7 | 76.7 | 66772 | 33.8 |
| 年均增长速度(%) | 2005—2010 | 13.1 | | — | |
| | 2015—2017 | 8.2 | | 7.3 | |

注:资料来源于《中国统计年鉴2017》,统计口径变化年份数据无可比性,不计算增长率。

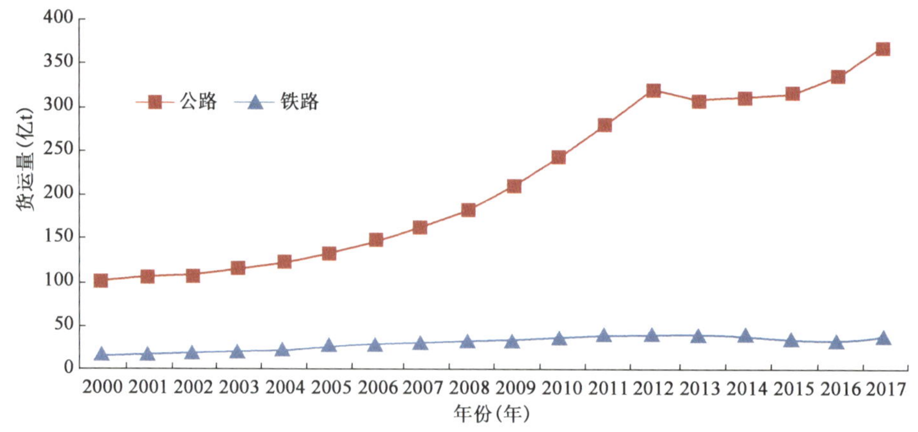


图14-4　2000—2017年我国公路、铁路货运量对比情况

2000—2017年,我国公路货运保持了高速增长态势,年均增速达到8%。根据相关统计数据,2017年我国平均每辆货车完成货运量约2694t。与美国相比,2012年美国平均每辆货车完成货运量约1300t,其单车货运量运输强度仅为我国的48%。在我国公路货运货类中,能源、建材、粮食等大批量、低货值货物占比较大,约占50%,而电子轻工产品及机械产品等其他货类占比约40%。

我国公路货运强度高的主要原因在于我国的工业产品结构和铁路货运过去一段时间运能严重不足。未来随着我国逐渐向工业化中后期过渡,以及铁路货运基础设施供给能力的改善,我国公路货运需求将进入增速递减"换挡"期。但另一方面,由于我国幅员辽阔、人口众多、资源禀赋不均衡,"北粮南运""西煤东运"等跨区域大宗物资公路运输需求仍将持续存在,未来一段时期,随着我国经济进入新常态,全国公路货运量还将持续稳定增长,特别是小型化、多批次、有一定时效性、高附加值和短距离的货运需求将呈现较大幅度增长。根据国家发展和改革委员会综合运输研究所课题组关于"我国运输需求发展态势分析预测"报告,未来各特征年我国公路货运量及货物周转量的预测数据,见表14-8。

**我国公路货物运输量及货物周转量预测** 表14-8

| 基准政策情景 | 货运量(亿t) | | 货物周转量(亿t·km) | |
|---|---|---|---|---|
| 年份(年) | 低方案 | 高方案 | 低方案 | 高方案 |
| 2020 | 432 | 441 | 75301 | 76875 |
| 2030 | 497 | 511 | 95160 | 98318 |
| 2045 | 519 | 534 | 111036 | 113644 |
| 低碳政策情景 | 货运量(亿t) | | 货物周转量(亿t·km) | |
| 年份(年) | 低方案 | 高方案 | 低方案 | 高方案 |
| 2020 | 431 | 440 | 71544 | 73040 |
| 2030 | 498 | 512 | 81767 | 84480 |
| 2045 | 506 | 522 | 85684 | 87696 |

# 第四章 国际经验借鉴

## 第一节 发达国家交通发展及其经验

本节以美国、欧洲等发达国家和地区为主要研究对象，分析提炼其公路发展的阶段特点和规律，不同时期的发展战略、政策及其背景，总结提出对我国公路交通发展战略的经验借鉴与启示。

经梳理，主要发达国家和地区交通现代化进程可分为三个发展阶段：

第一阶段：基础设施大规模建设的阶段。

第一阶段的主要特征是交通基础设施规模快速扩张，水运、铁路、公路、航空、管道等各种运输方式相继发展，总量持续提升、结构逐步优化、网络不断完善，多种运输方式均发展到一定阶段，达到较为成熟稳定的状态。这一阶段的发展主要是满足经济快速增长、工业化和城市化发展带来的运输需求在数量上的高速增长，从而实现支撑经济持续快速增长的目标。

第二阶段：应用新技术提升整体效率的阶段。

第二阶段的主要特征是广泛利用信息技术等先进手段，改进基础设施，优化多种运输方式之间的衔接包容，提升综合优势和组合效率，提高服务能力及水平，推进信息化、网络化、智能化，完善管理手段，增强交通的可靠性等。这一阶段的发展主要是满足经济社会进一步发展带来的运输需求在质量上的更高要求，解决从“走得了”向“走得好”转变的问题。

第三阶段：注重用户感受与可持续发展能力的阶段。

如果说前两个发展阶段主要是物质的现代化，那么第三阶段就是综合交通运输更为全面的现代化，是物与人的现代化。这一阶段的发展既有对前两个阶段的延续、发展和创新，在某些方面也进行了反思甚至“淘汰”，例如不再强调基础设施规模扩张、引导和管理交通需求、减少交通发展的资源消耗和环境代价等。交通发展更加注重用户感受和多元化需求，更多运用社会学、心理学等理论和方法提升人们对综合交通运输的满意度，并不断提升交通参与者的能力与素质；更加注重交通与环境、资源相协调，构建用户友好、环境友好、社会友好的综合交通系统。第三阶段的发展主要适应经济社会“新现代化”在政治、社会、文化、生态等领域的变革，满足人们全面提升生活质量、实现对大自然的保护和回归等更高诉求。

20 世纪 70 年代，随着欧美主要发达国家和地区第一次现代化的基本完成，其大规模交通基础设施建设也基本完成，综合交通运输的现代化发展逐渐向第二阶段迈进。伴随着全球科技革命日新月异的步伐，网络化、数字化等信息技术广泛用于交通运输领域，发达国家和地区的综合交通运输现代化发展在随后的数十年间实现了质的飞跃。目前，欧美主要发达国家和地区正处于从第二阶段中后期向第三阶段迈进的过程中。从美国、欧盟等国家和地区的综合交通运输战略规划来看，发达国家和地区综合交通运输现代化呈现出一些新趋势、新特点。

显然，各发达国家和地区在其交通发展过程中也存在如下共性。

(1)国外发达国家和地区普遍重视贫困地区的公路交通建设，以促进国土均衡开发和提升国力。

在基础设施建设的过程中，国外发达国家和地区均认识到公路交通建设对维护公共利益和平衡区域发展的巨大作用，在助推国家经济社会快速发展的同时，通过扶贫规划、资金补贴、开发政策等有效措施促进贫困地区交通的发展，提升社会公共服务水平和综合国力。例如：20 世纪 60 年代，美国开始施行阿巴拉契亚山区公路扶贫政策，将其作为阿巴拉契亚地区经济和社会发展规划的核心，该政策惠及 2300 万人；加拿大在 1967 年颁布的《国家交通法案》(National Transportation Act, 1967)着重强调交通运输发展必须考虑西部偏远地区人民的出行需求，在 1987 年以及 1996 年颁布的修正法案中同样明确了交通在解决社会和区域发展上的巨大作用；日本重视落后地区交通网络建设，不断加强落后地区与发达地区的经济联系，通过颁布《东北开发促进法》(1957)、《山村振兴法》(1965)等法律，加大对落后地区的扶持力度。可以看出，各发达国家和地区都非常关注公平，在国家发展的过程中缩小贫富差距，增强整体发展动力，值得借鉴。

(2)注重科技进步和科技创新在交通运输领域广泛应用并取得实效。

科技进步和科技创新是助推交通运输发展的重要因素，国外发达国家和地区一直将科技进步视为交通运输创新发展的重要手段，不断推广新科技在交通领域内的广泛应用，并始终致力于打造新型的交通运输系统。利用先进的科技和信息化技术，实现交通运输系统的信息管理、安全管理和高效管理，从而全面提升交通运输系统的运行效率、服务水平和国际竞争力。例如:当今美国通过持续不断地引进新技术,改善联邦运输系统,推进智能交通系统(Intelligent Transport System,简称 ITS)的建设,提升全球物流竞争力;欧盟通过改良交通运输管理和信息系统,逐步建成欧洲共同航空区,部署欧洲卫星导航系统;加拿大政府将技术创新视为保持交通系统竞争力、保护环境与提升生活质量的核心要素与重要手段,并鼓励政府与企业在交通科技领域的合作攻关;日本自 2001 年 3 月开始普及电子收费系统,并采取了给用户补贴、给通行费折扣等多种优惠措施,鼓励车主利用高速公路自动收费系统支付通行费,目前已在高速公路收费站以及大部分机动车辆上都安装和配备了电子不停车收费系统(ETC),日本装配有电子不停车收费系统车载器的车辆突破 6000 万辆,有效缓解了交通拥堵,降低了能源消耗,提高了交通通行效率。

(3)国外交通发达国家和地区均在公路发展过程中高度关注安全发展并重视资源和环境保护,强调促进交通运输的可持续发展。

交通安全和环境保护是交通运输发展永恒的主题,近年来交通运输发展所带来的交通事故、环境污染和交通拥堵等负外部性问题日益突出,交通安全发展和环境保护已经上升为国外发达国家和地区交通运输发展新的关注点。

随着经济发展水平和人民生活水平的不断提高,社会对于交通安全出行的渴望愈发强烈,交通安全已成为世界各国交通发展关注的重点,特别是进入 21 世纪以来,建设安全的交通运输系统已经成为美国、英国和加拿大等国家交通发展的首要任务。例如:美国在《2006—2011 年战略计划》中明确指出将"减少交通事故的伤亡人数,增进公众的健康与安全"作为国家交通发展的重要战略之一;欧盟在《欧盟交通运输发展白皮书(2011)》中明确"到 2020 年道路伤亡要减少一半,到 2050 年逐步实现道路交通零事故"的安全发展目标;英国在 2000 年颁布的交通发展白皮书——《明天的道路——对人人更安全》中为改善道路安全设定了框架,其核心聚焦于教育指导、执行管理、工程设计和车辆技术与标准四大核心领域;加拿大也将"减少交通安全威胁,降低伤亡"列为交通发展的首要任务。

同时,能源消耗、污染排放与资源不合理利用已成为制约国外发达国家和地区交通运输发展的突出问题。国外发达国家和地区将"提升装备排放标准,提高资源利用效率,有效利用可持续能源"作为环境保护的切入点,同时,采取有效的交通管理措施,减少车流量。实现交通运输系统"低排放、低消耗、低污染"的可持续发展。例如:美国在《10 年 20% 目标》(2007)中明确指出通过改革小汽车平均燃油经济性标准(Corporate Average Fuel Economy,简称 CAFE)和基本控制汽车的二氧化碳排放量的增长,提升可再生能源利用效率和降低汽车尾气排放;欧盟在《2020 年战略计划》和《2011 年新能源效率计划》中提出使用更加清洁的能源,提高资源和能源利用效率,减少对水、土地和生态系统等重要资源的负面影响;英国鼓励积极使用清洁能源和新能源车辆等来实现对温室气体排放的有效控制;加拿大则要求交通决策必须考虑对空气、水、土壤和栖息地的影响,发展可替代燃料和环保科技,减少交通污染。

## 第二节 国外公路交通发展主要特征

从国外公路交通发展历程和趋势看,国际先进的公路交通系统普遍具有以下特征:

(1)建成覆盖广泛、成熟稳定的公路网络,有效支撑国土空间开发治理。

(2)具有便捷多样的客运服务系统和集约高效的货运服务系统,实现"人便于行、货畅其流"。

(3)形成创新引领的发展模式,现代技术广泛运用,系统运行安全绿色智能。

(4)形成现代化的治理体系,制度标准法规体系健全,在全球治理中具有一定影响力和话语权。

发达国家和地区主要通过战略研究明确交通运输发展的长远目标和实施理念,欧美和日本等发达国家和地区先后制定过多个有关战略的法案、白皮书、长期规划(具体见本报告附件1)。

# 第五章 战略目标与指标

## 第一节 战略目标

我国交通强国战略的总目标是：建成“安全、便捷、高效、绿色、经济”的现代化综合交通运输体系，实现交通率先突破。具体分两阶段实现上述总目标：

到2030年为第一阶段，我国进入交通强国行列；

从2030年到2045年为第二阶段，我国建成世界领先的交通强国。

从现在到2020年为交通强国建设准备期，是服务决胜全面建成小康社会的攻坚期，也是新时代交通强国建设新征程的启动期。公路交通发展要突出抓重点、补短板、强弱项，特别是要坚决完成交通脱贫攻坚战，为建成小康社会和交通强国建设奠定坚实基础。到2020年，完成全面建成小康社会公路发展目标，基本建成“安全可靠、便捷高效、绿色智能、服务优质”的公路交通运输网络，公路发展质量和效益明显提升，在综合交通运输体系中的基础地位和主体作用进一步增强，与其他运输方式进一步融合，公路交通运输对经济社会发展的先行引领作用更加明显。

到2030年，我国将进入交通强国行列，建成“人便于行、货畅其流、开放高效”的公路交通体系，届时路网建设任务明显降低，改造维护任务逐渐加大，路网中智能低碳公路和新能源车辆的比例加大，路网和人、车之间的交互明显增强，科技创新在路网运行中发挥越来越大的作用，交通事故和交通拥堵明显减少，道路运输服务水平和品质明显提升，路网运行状况良好，人民群众对公路出行的满意度显著提高，国际道路运输便利化水平显著提高，我国在世界的公路交通国际影响力显著提升。

到2045年，我国将成为世界领先的交通强国。届时公路网规模趋于稳定，公路改建和优化任务仍然存在；公路网更安全，趋近道路零死亡的目标；公路网更绿色，交通污染大大降低,初步实现了零排放;人车路协同交互技术更完备,智能公路和新型运输工具更多,出现了公路交通自我预警甚至自我调节功能;路网运行效率更高,公路出行更加便利、舒适和自由;新技术应用使通勤、商务等出行需求大幅减少,旅游、休闲等出行持续增加;公路交通有力支撑我国第二个百年目标的实现,满足了人民对道路出行的美好向往。

## 第二节 主要指标

### 1. 选取原则

对于交通强国公路发展评价指标的构建,拟考虑从国家层面和道路使用者感受两个角度来分析,具体评价指标的选取应遵循以下原则。

(1)定性与定量相结合。

在考量交通强国的评价中,并不是所有因素都可以定量化处理。评价指标应在定量评价的基础上,考虑专家意见和经验,结合定性评判,定性与定量相结合。

(2)科学性和简明性。

指标的概念必须明确。构建评价指标的目的在于对交通强国进行实际评价,因此应构建大多数人都能理解和接受的指标,指标的含义应尽可能直观、形象和简单明了。

(3)可操作性。

在指标选取时应尽量注意指标的可测量性,选择指标要有较好的统计基础或者可靠的信息来源,尽量利用已有统计数据,保证数据的可采集性。

(4)独立性。

只有选用相互独立的指标才能获得客观真实的评价结果,因此指标确定之前应进行相关性分析,剔除相关性大的指标,以保证各评价指标的独立性。

### 2. 发展目标

根据研究内容、指标选择原则,评价指标的设计主要从基础保障能力、运输服务水平、可持续发展能力和国际影响力四个方面总体考虑定性与定量的指标,以引领实现下述具体发展目标。

(1)设施优化。形成广覆盖、多层次、网络化的公路交通网络,区域间、城乡间公路基本公共服务差距明显缩小。

公路网规模与等级水平明显提升,结构更为优化,农村公路铺装水平与等级路比例明显提升。具体指标如公路网总里程、高速公路建成里程、路面铺装率等。

公路各层次路网之间、公路与其他运输方式之间实现顺畅衔接与转换，综合运输效率明显提升。具体指标如县城建有二级及以上客运站比例、主要港口的重要港区通二级及以上公路比例等。

(2)服务优质。公路养护质量进一步提升，运输装备水平和出行服务水平显著提升，公路运输服务更加优质。具体指标如公路优良路率、货车车型标准化率、公路客车ETC使用率、公路出行信息服务覆盖率等。

(3)安全绿色。公路安全防护水平显著提高，绿色循环低碳公路交通运输体系基本形成，建设养护环节实现资源集约利用，土地利用效率明显提高。具体指标如：道路交通万车死亡率、沥青路面废料循环利用率等。

(4)国际影响。公路交通国际影响力和竞争力显著提升，国际道路运输便利化水平明显提高。具体指标如获得国际认可的交通标准规范专利、重要国际组织任职人数、加入的国际公约情况等。

3. 评价指标

交通强国公路发展评价建议指标见表14-9。

交通强国公路发展评价建议指标　表14-9

| | 领域 | | 具体指标 |
|---|---|---|---|
| 交通强国公路发展评价指标 | 基础保障类指标 | 基础设施规模 | 公路网总里程、高速公路里程 |
| | | 安全方面 | 道路交通万车死亡率 |
| | | 运输覆盖 | 村村通客车比例 |
| | | 与周边国互联互通 | 口岸通二级以上公路比例 |
| | 服务水平类指标 | 智能化水平 | 公路出行信息服务覆盖率 |
| | | 路况水平 | 公路优良路率 |
| | | 出行者满意度 | 出行者满意度 |
| | | 应急保障方面 | 公路应急救援现场到达时间 |
| | 可持续发展类指标 | 技术创新方面 | 公路交通技术装备水平 |
| | | 标准化应用方面 | 公路运输装备标准化率 |
| | | 绿色化方面 | 沥青路面废料循环利用率 |
| | 国际影响类指标 | 国际标准方面 | 国际认可的交通标准规范专利数 |
| | | 国际交通专业人员 | 重要国际组织任职人数 |
| | | 加入国际公约情况等 | 加入的便利化公约 |

关于我国未来路网规模测算见表14-10。与美国、德国、日本、英国等经济发达国家比较，我国路网总规模虽已居于世界前列，但路网结构、路网等级、服务水平等与世界发达国家相比，仍存在较大差距。由于我国幅员辽阔、区域资源禀赋差异较大，因此东、中、西部地区路网规模将存在一定差异：东部地区以缓解拥堵为主，注重增加通道容量和提高通过

能力，中、西部地区以解决干线大通道的服务水平以及保障居民公路出行服务为主。分区域看，我国东部地区和京津冀、长三角等地区公路网规模以及密度已基本接近发达国家水平，但中、西部尤其是西部地区与发达国家相比仍存在较大差距。

**我国公路网规模发展及预测情况** 表 14-10

| 年份(年) | 公路里程（万 km） | 年均增加里程（万 km） | 高速公路里程（万 km） | 高速公路规模年均增长率(%)[2] |
|---|---|---|---|---|
| 1949 | 8.1 | | 0.0 | |
| 1978 | 89.0 | 2.8 | 0.0 | |
| 2000 | 140.3 | 2.3 | 1.6 | |
| 2004 | 187.1 | 11.7 | 3.4 | 21.0 |
| 2005 | 334.5 | 147.5 | 4.1 | 19.5 |
| 2006 | 345.7 | 11.2 | 4.5 | 10.5 |
| 2010 | 400.8 | 13.8 | 7.4 | 13.1 |
| 2015 | 457.7 | 11.4 | 12.4 | 10.8 |
| 2016 | 469.0 | 11.3 | 13.0 | 5.3 |
| 2017 | 477.1 | 8.1 | 13.7 | 5.4 |
| 2020 | 500 | 10 | 15.5 | 4.5 |
| 2030 | 560 | 6 | 19.0 | 2.1 |
| 2045 | 600 | 2 | 21.5 | 0.8 |
| 未来年[1] | 700 | | | |

注：1. 考虑到未来城市道路（目前近 100 万 km）和部分林区、厂矿公路等专用公路纳入路网，到 2045 年我国的道路网规模规划将超过 700 万 km。

2. 我国高速公路未来发展规模与速度分析见本报告附件 3。

# 第六章
# 重点任务

从干线公路基础设施改善、科技创新及应用、运输服务水平提升、现代治理体系构建、增强国际道路运输便利化和推进农村公路提档升级等角度，重点实施好“六大工程”：干线公路基础设施优化工程、乡村公路提档升级工程、交通科技创新及应用工程、运输服务水平提升工程、现代治理体系构建工程、国际道路运输便利化工程。

## 第一节 干线公路基础设施优化工程

以经济社会发展和人民群众需求为导向，着力补短板、降成本、强服务，增强供给的精准性和灵活性，推进公路交通高质量发展。完善大通道建设，加快落后贫困地区基础路网建设，完善城市群地区城际路网，补齐基础设施发展短板；推进公路两个体系建设，逐步取消普通公路收费，推行收费公路分时段差异化收费，着力降低物流成本；加强公路全寿命周期理论的研究和实践，提升公路工程质量水平。

从国家层面考虑，提升运输大通道的能力和水平，贯通沿边公路、畅通沿海公路以及与之衔接的路线，提高主通道、国防公路、口岸公路、疏港公路等重要通道的可靠性和应急保障能力。在改善高速公路等干线路网的同时，注重推进民生重大项目的建设，打赢交通扶贫脱贫攻坚战，实施交通致富战略。具体任务如下。

1）进一步完善高速公路网络

从2020年至2030年10年时间，既是高速公路保持合理规模的建设期，也是实现高质量发展的关键“窗口期”。在2030年之前推进完成国家高速公路网贯通任务，积极推进高速公路繁忙路段、城市群城际高速公路的扩容改造，引导地方高速公路有序发展。

（1）继续加快贯通国家高速公路通道，以连通“一带一路”主要节点城市，服务京津冀协同发展和贯通长江经济带、长三角、粤港澳大湾区的通道为重点，加快推进国家高速公路待贯通路段建设，确保国家高速公路实现贯通。

(2)提升高速公路网络效率，加强国家高速公路主通道拥挤路段扩容改造，畅通主要城市群城际通道，疏通中心城市进出通道，满足公路交通发展需求。

(3)引导地方高速公路有序发展，通过规划、投资、信贷等调控措施，引导地方政府合理把握高速公路规模，对于交通量小、功能不足的路段应控制建设高速公路的节奏，科学确定项目建设标准和实施时序，有效防控债务风险。

2)推进普通国省干线升级改造，拓展服务功能

加强普通国省道干线低等级路段升级改造，推动干线公路服务升级，支持建设一批连接口岸、交通枢纽、旅游景区的国省道项目，推进普通国省道城镇过境路段改造，提高干线公路与城市道路的衔接水平。

3)切实提升公路管理养护能力和安全路况水平

按照全寿命周期养护成本最小化理念，全面开展预防性养护；加强干线公路和农村公路养护力度，强化养护工程；积极推进养护技术创新，提升养护机械化水平。着力提升公路的安全水平和抗灾能力，着力推动公路网络管理养护，保持高质量路况，使路网保持良好的运行状态。

4)加强国边防公路建设

加快完善战略战役通道及联络线布局，促进各战略区域之间互联互通；加强边境和沿海地区边海防公路建设，增强边海防部队守备及后勤保障能力；加强机动迂回道路及相关连接道路建设等。

## 第二节 乡村公路提档升级工程

实施乡村振兴战略，是党的十九大作出的重大决策部署，是决胜全面建成小康社会、全面建设社会主义现代化国家的重大历史任务。农村公路作为农村地区最主要甚至是唯一的交通方式，是解决好“三农”问题的基础性、先导性条件。农村公路建设与发展，是脱贫攻坚、全面小康和乡村振兴的必然要求。2020年，完成全面建成小康社会公路发展目标，基本实现建制村通硬化路、通客车的目标，有效缓解广大农民群众“出行难”的问题，但这是低水平的，也是初步的。随着农民群众生活水平的提高，对美好出行的需求也日益旺盛，未来需要在巩固既有成果的基础上进一步对农村公路提档升级。重点将在以下方面。

(1)继续提高农村公路通达深度，推动农村公路向“进村入户”延伸。在建制村通硬

化路的基础上,全面推进“四好农村路”建设,逐步推进从“村村通”转向“组组通”乃至“户户通”道路建设,逐步提高农村公路通达深度和通畅水平,努力构建农村交通安全畅通网络。

(2)推动农村公路提档升级,支撑乡村产业兴旺。农村公路可为农民“打开一扇脱贫致富的大门”。未来要推动农村公路的升级改造建设,提高农村交通的服务能力和保障水平,并进一步连通乡村各产业经济节点,推进旅游景区、特色小镇、农牧业产业园、水产养殖基地、农家乐集聚地等乡村经济节点通公路建设,使投资、产业、教育、医疗、农副产品等优质资源顺畅流通,有效推动乡村产业兴旺。

(3)加强城乡公路互联互通,促进城乡融合发展。积极推进乡村地区对外快速通道建设,促进城镇交通基础设施向乡村延伸。推进城乡客运服务一体化,推动城市公共交通线路向城市周边延伸,推进有条件的地区实施农村客运班线公交化改造,采用城乡公交、区域经营班车、预约响应客车等农村客运组织形式,提升农村客运组织模式的灵活性、适应性。推动邮政寄送、电商快递、冷链运输等农村物流发展,提高农村物流配送能力和水平,推进城乡物流配送协调发展。

## 第三节 交通科技创新及应用工程

利用“互联网+公路”、大数据、云计算、自动驾驶、道路使用者行为和感知、车路协同等新技术应用,强化公路交通科技创新,将科技创新贯穿于公路交通发展的全链条,提出相关战略举措。

(1)促进公路交通智能化。加快发展智能公路交通是推进公路交通高质量发展的重要抓手,也是提升交通运输现代化水平的有效途径。推进智能公路建设,应充分把握世界科技发展新趋势和交通运输需求新特征,不断推进公路交通理论创新、科技创新、管理创新和产业创新。加强公路交通基础理论与关键政策研究,深入总结发展规律,不断丰富中国特色公路交通发展理论。加快大数据、云计算、基础设施数字化等现代信息技术集成创新及在公路交通上的应用,实现公路基础设施、公路运输服务、公路交通决策监管智能化,全面提高公路交通管理的精细化水平。全面推进“互联网+便捷公路交通”“互联网+现代物流”,推动公路交通产业智能化变革,促进共享交通等新产业、新业态蓬勃发展。

(2)实施公路创新驱动发展战略。具有强大的科技创新能力是迈向交通强国的战略支撑,必须将其摆在建设强国的核心位置。

①要坚持走中国特色自主创新道路,以全球视野谋划和推动创新,提高公路交通原始创新、集成创新和引进消化吸收再创新能力,加强公路交通技术集成和商业模式创新。

②要深化国际化公路交通科技人才培养体制机制改革，统筹各类创新人才发展，培育国际化公路交通人才。

③要强化公路基础理论与方法研究、前沿技术研究，提高公路交通科学研究水平和成果转化能力。

④要完善公路交通科技创新政策环境，健全科技创新评价标准、激励机制和转化机制，推进公路交通创新资源高效配置和集成。

（3）建立健全科学先进、智能实用的车路协同设施体系与协同产业链。鉴于自动驾驶技术代表了全球当前新一轮科技和产业发展竞争的制高点，对提升交通运输效率、增强交通出行安全、缓解交通拥堵、减少空气污染、提高驾驶和乘坐的舒适性等具有十分重要的意义，未来需高度重视自动驾驶和车路协同等前瞻性技术的发展和应用，以智能道路建设为载体，按照车路协同发展的技术路径，积极推进智能交通基础设施建设。坚持车路协同发展，分阶段、分区域推进公路基础设施智能化建设，有选择地新改建、完善道路设施以适应智能汽车特别是自动驾驶车辆的发展要求，制定自动驾驶公共道路测试规范，将自动驾驶汽车测试纳入道路交通管理部门监管范围，推进自动驾驶功能的智能汽车试点及实用化。逐步筹备及建立全国道路的联网数据库，为车路协同系统提供数据支撑，推动道路交通法律法规的修订以满足智能汽车尤其是自动驾驶汽车上路行驶的要求。围绕车路协同、自动驾驶、新一代交通控制网等方面，形成技术研发应用、产业示范推广、政策法规标准支撑的良性发展格局，推动构建全国车路协同与自动驾驶产业生态体系。

（4）建议通过试点示范，打造智能高效的高速公路，让高速公路成为各类先进技术得以实施和应用的创新发展平台，综合利用如车路协同技术、绿色路面技术、无线充电技术等，在自身升级的同时，支持和孵化新经济、新业务，为整个公路网络技术升级提供示范引领。

## 第四节 运输服务水平提升工程

提升公路运输服务水平是打造交通强国的本质要求，要积极构建便捷的公路客运服务网络，提升客运服务水平，不断优化货运结构和提升货运组织化水平，积极推进现代物流业发展，同时健全公路交通安全监管和应急保障体系，应用信息化技术促进公路运输的智能化发展。

1）打造便捷舒适的公路客运服务

以公共客运为主导，大力推进城际、城郊、城市、城乡客运协调发展，优化提升客运服务品质，积极推进公路客运服务便捷化、多样化水平，更好地满足公众多层次出行需求。

(1)适应高速铁路客运的快速发展,实施旅客联程运输推进工程。

(2)建设高品质的城际旅客运输系统,积极推进城际公交有序发展。

(3)建立一体化的城乡客运服务网络,加强城乡客运的服务衔接,进一步提高农村客运通达深度,推进有条件的地区实施农村客运公交化改造,鼓励发展镇村公交。

(4)提供多样化、个性化出行服务,规范网络约车发展,培育发展新业态。

2)打造高效经济的货运物流服务

(1)推进公路货运组织化发展,强化货物运输组织创新,积极推广甩挂运输、无车承运人等现代组织模式,积极推进平台型物流经济发展。

(2)完善城乡物流发展,统筹利用客运、邮政、供销等资源,改善城乡配送末端网点服务网络。

(3)提高物流信息化水平,强化科技应用,推行智能物流服务。

3)大力提升公路运输装备技术水平

大力发展标准化、专业化公路货车车型,推进行业标准的制修订,加快制定汽车列车、挂车等系列技术标准。支持厢式化、模块化、轻量化等先进车型的发展,鼓励发展专用运输车辆和重载大型车辆,鼓励和引导传统道路货运企业主动适应并融入多式联运发展大局。

4)强化公路交通运输应急保障能力建设

重点防控道路交通重特大事故,重视安全源头治理。统筹旅客运输组织和小客车出行,尤其是节假日期间,根据旅客流量、流向,建立高度协同的运力安排和调剂机制。健全公路交通气象预报预警、高速公路交通广播、“12122”高速公路救援系统等,提升公路交通应急保障能力。

## 第五节　现代治理体系构建工程

把深化公路交通重点领域改革作为公路发展的核心动力,加快提升行业现代治理能力,推动交通供给侧结构性改革,有效提升公路交通治理能力。

(1)理顺管理体制,明晰责权关系。稳步推进公路管理体制改革,研究推进公路财政事权和支出责任划分改革,理顺公路养护管理事权关系;研究推动出台地方公路管理体制改革的指导意见。

(2)创新法规政策,释放发展活力。修订《中华人民共和国收费公路管理条例》等法律法规,健全公路政策体系和规章制度,深化公路交通投融资体制改革,加强公路资金发展保障、政府专项债务等研究工作,建立债务风险评估制度,逐步推进法治建设,提高公路交通治理水平。

(3)加强试点示范,规范综合执法。有序推进公路综合执法改革,发挥改革试点的示范带动作用,以解决多头执法、趋利执法、选择性执法为核心,建立权责清晰、透明高效的公路综合执法体制和运行机制。加强执法规范化建设,建立公路行政执法权力清单制度。

(4)培育养护市场,分类推动改革。引入市场机制,将公路养护领域适合的事项由"直接提供"转型为向社会"购买服务"。积极引导和培育养护市场,分类推动养护市场化改革,建立政府与市场分工合理的养护生产模式,加快养护市场信用体系建设。

(5)加强交通人才队伍建设,提升综合素质和治理能力。培养一批公路建设、养护管理、运输服务、行政执法、信息技术等方面的高端人才队伍,增强依法行政、改革创新、公共服务等意识,提升行业治理的规范化和专业化水平。

## 第六节 国际道路运输便利化工程

在国际金融危机处于长周期的背景下,高举经济全球化旗帜,不断创新更全面、更深入、更多元的对外开放战略,是我国的战略选择。推进公路交通对外开放,加强互联互通,把中国和世界更紧密地联系在一起,是落实习近平总书记全球治理观的重要举措。一要推进"一带一路"倡议国际合作,统筹境内外基础设施布局,加快形成以六大走廊(中蒙俄经济走廊、新亚欧大陆经济走廊、中国—中亚—西亚经济走廊、中巴经济走廊、孟中印缅经济走廊和中国—中南半岛经济走廊)为重点的陆路基础设施主通道;加强政策沟通和衔接,开辟多式联运、便利化的跨境运输走廊。二要推动交通运输"走出去",加强与中东欧、亚非拉等国家和地区的合作,打造中国公路在资本、装备、技术、服务等方面的"金字招牌"。三要积极参与国际交通运输治理,继续引进、消化和吸收国际先进经验,逐步扩大我国在国际运输规则制定上的影响力和话语权。

首先,需要在硬件上完善国内基础设施、强化与周边国家公路交通基础设施的互联互通。其次,积极创造便利的国际道路运输软环境,通过与周边国家间的双边、多边运输协定谈判,推动跨境运输等方面的协作和合作,营造便利化国际运输软环境。

具体将推进"一带一路"倡议国际合作,实施与周边国家的互联互通公路交通基础设施建设,从国际公路通道和口岸公路建设、积极参与国际标准规则的制定、加入国际道路运输公约、促进国际便利化运输、增强国际市场话语权等角度,提高我国道路交通在国际组织中的制度性话语权和影响力,提出我国国际交通"走出去"、国际影响力提升、输出中国模式等的实施路径。

在我国加入国际上相关便利运输公约研究方面,经研究分析,可以有以下结论:国际运输公约在对外道路运输国际法规体系中占据重要位置,在国际运输公约中又以国际便利运输公约为主。从打造交通强国的角度,研究加入重要的国际便利运输公约,可以提升我国在国际社会上的话语权,提升我国国际交通竞争力和影响力。加入旨在便利化运输的各国际公约,可以消除各类非物理性障碍,有效降低运输成本,进一步推动我国道路运输业参与国际竞争与合作,为我国国际运输和对外贸易营造良好的国际环境和有利的外部条件,促进我国国际道路运输的快速发展和经济社会的可持续发展,也有利于解决我国交通"大而不强"的问题。

目前几个重要的国际道路运输便利化公约缔约方情况见表14-11。

国际道路运输方面四个重要的便利化公约缔约方情况　　表14-11

| 公　约 | 缔约国家或地区个数 | 我国是否加入 |
|---|---|---|
| 《联合国道路交通公约》(1968年) | 78个(包括美国、澳大利亚、英国、德国、俄罗斯、法国、意大利、墨西哥、巴西等) | 未加入 |
| 《联合国道路标识和信号公约》(1968年) | 65个(包括澳大利亚、英国、德国、俄罗斯、法国、意大利等) | 未加入 |
| 《国际公路运输公约》(1975年)(TIR) | 71个(包括美国、德国、英国、日本、韩国、加拿大、哈萨克斯坦、蒙古等) | 2016年7月,我国已签署TIR公约,2017年1月5日生效 |
| 《国际道路货物运输合同公约》(1956年) | 55个(包括俄罗斯、德国、法国、意大利、哈萨克斯坦、蒙古、瑞典等) | 未加入 |

## 第七节　近期举措

在推进以上六大工程的同时,关于近期举措有以下考虑。

### 1.精准发力,着力提升公路建设供给品质

公路交通基础设施供给品质是公路交通发展的基本要义。要围绕公路建设薄弱环节,把握社会发展阶段约束性因素,优化路网结构、提升建设理念、完善相关设施,着力提升公路建设供给品质。

1)优化供给结构、补齐路网短板

优化路网结构,加快补齐公路交通基础设施短板,继续推进高速公路待贯通路段和"四好农村路"建设,全面加强普通国省道升级改造工程,优化城市及景区入口路,妥善处理好进出城快速通道、绕城公路及路网布局与城市发展规划的关系,打造高品质的快速公路网,强化高效率的普通公路网,拓展广覆盖的基础公路网,不断强化对国家重大战略、新

型城镇化和扶贫脱贫攻坚的支撑引领作用。

2)转变建设思路、实现绿色发展

树立绿色、低碳、可持续的发展理念,转变建设思路,实现低消耗、低排放、低污染、高效能、高效率、高效益的发展转型,建成“资源节约、生态环保、节能高效、服务提升”的绿色公路,推进公路建设内涵升级。积极推进公路钢结构桥梁应用,提升公路桥梁建设品质,提高结构安全耐久性,降低全寿命周期成本。打造一批优质耐久、安全舒适、经济环保、社会认可的品质工程,进一步提升公路建设工程质量安全水平,促进公路交通建设转型升级、提质增效。

3)完善设施建设、保障平安出行

牢固树立安全至上的发展理念,确保公路设施始终处于良好的技术状态,强化安全监管,完善安保设施,消除安全隐患。通过加强高速公路重点路段安全应急保障设施布设,继续实施普通公路安全生命防护工程建设、危桥(隧)改造工程和灾害防治工程,全面保障出行安全,提高公路建设品质。

### 2. 建养并重,加快推进公路养护现代化

推进公路养护现代化是促进公路交通发展的重要内容,需要坚持建养并重,着力加强公路养护管理有效供给,推进养护转型,加快构建现代公路养护体系。

1)推行科学决策、完善养护制度

推行养护决策科学化,研究出台公路养护决策指导意见,加快建立公路养护科学决策机制和技术要求,基本建成国省道养护科学决策体系,并逐步向农村公路推广。推进养护管理制度化,健全养护工程管理制度体系、养护预算管理制度,建立养护监管与考核制度。

2)加强养护工程,保持良好路况

促进养护工程精准化,全面开展预防性养护,完善相关的资金、政策和技术标准;强化干线公路综合养护,定期开展养护巡查,科学安排养护工程,建立普通国省道养护工程省级统筹安排制度;加强农村公路养护管理,重点实施3.5m及以下窄路面公路、“油返砂”等老旧油路改造。

### 3. 优化管理,促进路网运行优质高效

推进公路管理升级,提升路网整体运行效率和保障水平,是公路强国发展的基础保障。要统筹推进路网监测、应急调度、智能化管理等举措,促进路网管理水平全面提升。

1)完善路网监测,提升运行效率

建立全行业贯通衔接、责权清晰的路网运行管理体制,加强跨区域、跨部门路网协调联动机制;加快公路网监测体系建设,实现部级对省级、省级对市县级各类路网监测数据

的统一接入和按需调用;加快路网运行态势研判与辅助决策能力建设;推进部省两级公路网监测管理与服务平台建设,并实现全国联网。

2)健全应急管理,增强保障能力

完善国家、省、市、县四级公路交通应急预案体系;加快国家区域性公路交通应急物资储备中心建设,建立健全运行管理制度体系,加快形成国家、省、市三级公路交通应急装备物资储备体系;建立公路养护与应急中心;深化跨部门、跨区域应急联动协作,提升应急救援效率。

3)加快技术创新,实现信息共享

推进“互联网+”路网管理,加快云计算、大数据等现代信息技术的集成创新与应用,有效提升路网管理智能化水平;建立实时路网运行监测体系,全面实现路网资产、承载对象、管理资源等要素信息化,建立健全信息共享与交换机制。

4. 突出为民,全面提升公路服务水平

建设人民满意的交通是交通发展的根本目的,公路交通发展要以提升公路服务水平为根本目标,不断完善服务设施、创新服务手段、加强服务管理、拓展服务内涵。

1)完善服务设施、满足出行需求

按照“布局合理、经济实用、标识清晰、服务规范、安全有序、生态环保”的标准,继续加大对高速公路服务区的改造工作,推进服务区专业化、连锁化经营管理。按照“优化现状、服务升级、全面覆盖、完善网络”的思路,调整和拓展全国普通国省道公路服务设施网络,通过改造现有服务设施、依托现有管养或闲置设施建设服务区与停车区。继续加快ETC基础设施和服务设施建设,提高ETC收费车道、服务网点覆盖率,拓展ETC应用领域。完成国家公路网公路交通标志的更换完善工作,同步推进省级路网交通标志的规范和完善,实现指路标志更清晰、设置更合理。

2)创新服务手段、实现智能出行

强化跨部门、跨行业信息共享,坚持市场化和政府公益性双轮驱动、有效互补的出行服务供给方式,充分借助互联网、移动互联等新媒体,构建多渠道、全方位的公路出行信息服务体系,满足公众出行服务多层次、个性化、高品质的新需求。加强高速公路服务区智能引导与信息发布,推动手机近场通信(NFC)、二维码等移动支付技术在高速公路通行费及服务区消费等领域的应用,有效降低收费系统的建设和运营成本。设置超速抓拍预警系统、雾区路段主动发光诱导系统、可变情报板提示系统、路侧定向广播、LED诱导警示灯等,实现区域路段的智能诱导与安全提示,降低车辆通行安全风险。

3)强化服务意识、弘扬公路文化

以提高公路服务质量为目标,不断增强公路从业人员服务意识,转变服务观念,强化服务措施，从服务质量、服务手段、服务内容、服务态度、服务环境等方面入手，全面提升优质文明服务的整体水平。同时，要将服务管理作为打造公路文化品牌的重要抓手，通过全面提升公路服务管理水平，创树公路行业新形象，提升公路软实力，彰显公路美丽、安全、畅通、亲民、惠民的亲和力，为公路事业可持续发展添加助力。

4）延伸服务领域、丰富经营业态

按照交通运输与旅游业融合发展的相关要求，鼓励高速公路服务区向交通、生态、旅游、消费等复合功能型服务区转型升级。鼓励高速公路服务区增设物流、票务、旅游信息服务，特色产品售卖等功能，以及采取措施向临近居民和临近公路开放等。普通公路服务区应与道路功能定位、沿线环境、出行需求等相结合，因地制宜增设休憩、餐饮、住宿、旅游信息服务，特色产品售卖，娱乐等功能，丰富经营业态。同时，鼓励普通公路结合旅游公路建设，因地制宜设置自驾车营地、房车营地、观景平台等旅游配套服务设施，满足出行者多样化、个性化需求。

### 5. 内拓外延，共促公路融合发展

融合发展是当今社会发展大势，也是交通强国战略实施的重要抓手。要加强公路交通与不同交通方式衔接协调、与相关产业融合互动，坚持对外开放与合作，充分发挥公路交通的基础性作用和优势。

1）加强衔接协调、促进协同共享

强化公路与其他交通运输方式的衔接与统筹协调，合理利用通道资源，推进综合运输枢纽建设，在建设时序、标准上发挥组合优势与整体效益。同时，加强公路交通与其他交通运输方式之间管理运行服务信息交流与共享，促进各种运输方式协同与融合发展，推动现代综合交通运输体系建设。

2）推进产业融合、助力精准扶贫

加快实施交通扶贫脱贫攻坚，是实现精准扶贫、精准脱贫的“先手棋”，是破解贫困地区经济社会发展瓶颈的关键。公路交通是精准扶贫的助推器，要通过“公路＋互联网”“公路＋特色产业”“公路＋旅游休闲”“公路＋电商快递”等形式，激发新模式、新业态，破解贫困地区经济社会发展瓶颈，促进贫困地区旅游、特色加工、能矿开发、绿色生态等产业落地、发展壮大，增强贫困地区内生发展能力，加快贫困地区开发式脱贫致富。

3）服务需求热点、共享发展成果

以促进和服务全域旅游发展为突破口，准确把握经济社会发展新需求，积极推进公路交通与产业融合发展。通过构建“快进慢游”的公路旅游交通基础设施，实现“以公路为载体，以旅游为引导，以产业为支撑”的融合发展模式，以及“近期公路支持旅游、远期旅游反哺公路”的运营发展模式，实现公路从单纯运输功能向游憩功能、生态保护功能、教育体

验功能、文化传承功能及产业带动功能等全方位发展，充分体现公路对社会进步的影响和积极贡献。

4）促进合作交流、实现开放发展

公路交通建设要主动融入国家重大发展战略中，加强国际交流与合作，推动"一带一路"沿线国家公路交通互联互通，聚焦六大走廊交通主通道建设；实现重大工程建设技术、建设标准及建设成果等与国际接轨，塑造中国公路建设新品牌，全力构建公路交通开放发展新空间。

# 第七章
# 措施建议

推进公路交通发展，需要从国家的角度进行全局性谋划，设计构建出高瞻远瞩、系统科学、切实可行的交通强国战略及政策体系。

## 一、深化公路资金保障及政策研究

我国具有集中力量进行社会主义现代化强国建设的巨大优势，而打造交通强国又是实现中华民族伟大复兴的有效支撑，因此确保公路交通稳定的资金具有重要意义。建议深化公路投融资体制改革，加快形成政府主导、分级负责、渠道多元、风险可控的资金保障体系。积极推动财政、金融、产业、区域等政策支持公路交通可持续发展。此外，考虑到公路建设投资要看产出效果，建议健全"花钱必问效、无效必问责"的资金投入机制，做好重点项目支出的绩效评价工作，这也是控制后续项目资金风险的有效举措，确保路网的可持续完好运行。

## 二、多措并举切实提升公路交通软实力

我国的公路硬件设施已达到较高水平，但服务水平等软实力方面还比较欠缺，社会对精细化服务的呼声还很高。未来需坚持强化建设人民满意交通这个根本宗旨，"软件、硬件"统筹并进。鉴于公路交通直接贴近群众生活，为适应未来人们多元化、个性化、差异化出行需求，强化道路交通软实力保障、提升行业治理体系和治理能力将会一直是改善民生领域的重点任务。强化世界级交通人才培养，包括培养国际上具有话语权的人才、可处理巨型项目能力的专业人才、国际组织人才，强化人才国际交流与合作等。

## 三、制修订一批行业管理迫切的法规和部门规章

随着交通运输新技术新业态的不断涌现以及新型城镇化的推进，公路以及城市

道路交通行业也出现了新情况和新问题。为破除应用新技术或新程序的监管障碍，建设基础设施和制定相关标准以支持新技术、适应新形势要求，未来亟须推动《中华人民共和国收费公路管理条例》《中华人民共和国道路运输条例》《农村公路条例》等制修订工作，修订一批行业管理急需的部门规章和重点领域标准。

## 四、深化改革，推进试点示范工程

（1）推动无人驾驶汽车测试及运行。研究建立车辆自动驾驶与车路协同的技术体系，以试验路、示范区的形式，在指定区域、指定时间、固定线路测试无人驾驶车辆运行；在新建高速公路（如杭甬高速复线、京雄高速公路），国省干线公路改造中实施车路协同技术改造和升级，实现自动驾驶技术从试验走向实用；出台完善的自动驾驶车辆运行技术标准和行政法规，填补相关政策空白。

（2）推行地面空中立体救援试点工程。利用现代科技信息技术，结合高速公路及其服务区、航空救助机场、飞行起降点建设，优化配置应急保障资源，推行地面空中立体救援试点工程，提升各运输方式间跨区域、跨部门的联动协调指挥能力，增强交通运输系统抵御自然灾害、突发事件等能力，提高交通安全应急救援能力。

## 五、强化战略推进及跟踪评估

加强动态跟踪考核与评估，引导地方将交通强国建设情况纳入政府考核指标体系，强化综合协调、统计监测、跟踪分析、绩效评估和监督考核，及时发现和解决存在的问题。做好交通重点工程、重大政策等具体事项的动态调整，建立健全评估结果与考核、投资等挂钩的奖惩机制。

# 参考文献

[1] 傅志寰,陆化普. 城市群交通一体化[M]. 北京:人民交通出版社股份有限公司,2017.

[2] 交通运输部政策研究室,交通运输部公路局. "四好农村路"理论与实践[M]. 北京:人民交通出版社股份有限公司,2018.

[3] Department of Transportation. Beyond Traffic 2045: Trends and Choices[R]. Washington, D. C. : Department of Transportation, 2015.

[4] Tokyo Metropolitan Government. Tokyo Vision 2020[R]. Tokyo: Tokyo Metropolitan Government, 2011.

[5] 交通运输部规划研究院. 国家公路网规划(2013—2030 年)[R]. 北京:交通运输部规划研究院,2013.

[6] 陈胜营,刘祖祥. 高速公路改扩建方案思考[J]. 公路,2001(7):102-103.

[7] 奚宽武. 中国迈向公路交通强国的战略构想[J]. 综合运输,2017(12):32-36.

[8] 交通运输部. 公路"十三五"发展规划[R]. 北京:交通运输部,2016.

[9] 交通运输部综合规划司. 英国公路行动——打造 21 世纪的公路网[R]. 北京:交通运输部综合规划司,2014.

[10] 长安大学运输科学研究院. 2016 中国高速公路运输量统计调查分析报告[M]. 北京:人民交通出版社股份有限公司,2017.

[11] 交通运输部规划研究院. 实现全面建成小康社会目标交通建设扶贫研究[R]. 北京:交通运输部规划研究院,2017.

[12] 交通运输部. 集中连片特困地区交通建设扶贫规划纲要(2011—2020 年)[R]. 北京:交通运输部,2012.

# 附件 1
# 发达国家和地区公路发展战略

发达国家和地区主要通过战略研究明确交通运输发展的长远目标和实施理念，欧美和日本等发达国家和地区先后制定过多个事关战略的法案、白皮书和中长期规划。

## 一、美国交通法案

2012 年美国颁布了《迈向 21 世纪前进法案》(简称 MAP-21，又称前进法案)。该法案是 2008 年全球金融危机之后，美国经济复苏之际提出的第一个长期交通法案，它的特点在于转变政策框架，建立以绩效为基础的发展规划和行动计划，通过构建更为合理的综合运输体系，来应对美国运输系统中安全、养护、拥堵、运输效率、货物运输、环境保护和减少项目交付延误等方面的问题。在发展战略上，主要呈现以下特点。

(1)进一步强化国家层面干线交通网的建设。前进法案将更多的公路干线纳入国家公路系统，将半数以上的公路建设资金投入到国家公路的提升和养护中，以提高整个国家公路网的综合效益。

(2)以绩效作为项目建设的导向。通过基于绩效的规划和项目管理，改善交通运输项目投资决策效率，提升和完善项目的透明度和问责机制，进而提升国家投资对国家运输系统发展目标的支撑作用。

(3)增加就业岗位和支撑经济增长。前进法案在 2013—2014 年投入 820 亿美元用于提升公路、桥梁等基础设施和自行车、行人出行环境。该法案加强了金融创新，鼓励私人部门投资参与交通基础设施建设。

(4)持续强化交通运输安全性。前进法案将用于提高交通基础设施安全性的资金投入增加了一倍，强化了不同运输方式安全性计划之间的衔接，致力于降低公路交通事故死亡率。该法案同时还大力推进危险驾驶治理和载运工具安全。

(5)注重环境保护。法案延续以往对环境保护的重视,加大对环境治理的投入。例如,法案规定当一州 PM2.5 超过标准时必须拿出一定比例的资金用于 PM2.5 排放治理。

针对公路交通,前进法案提出绩效目标主要包括:

(1)安全。所有公路上的交通事故伤亡数量显著下降。

(2)基础设施状况。维持公路基础设施较好的养护水平。

(3)拥堵消解。大幅降低国家公路网拥堵程度。

(4)系统可靠性。提升地面交通系统运行效率。

(5)货物运输和经济活性。提升国家货运网络,强化乡村社区和国家公路网的衔接,增强其与国际贸易市场的联系,促进区域经济发展。

(6)环境可持续性。在提高交通系统运行效率和服务水平的同时,加强对自然环境的保护。

(7)降低交付延误。通过简化流程、提高行政部门效率等方式缩短项目周期,加快项目实施和交付,进而降低工程费用,促进就业和经济增长。

2015 年 12 月 4 日,时任美国总统奥巴马签署了《美国地面交通修复法案》(简称"FAST ACT"),这是美国出台的又一个中长期授权法案,将在 2016—2020 年为美国陆路交通(包括公路、铁路、公共交通)提供预计 3050 亿美元的投资。表 14-12 列举了最近 20 年美国交通授权法案实施年度和预算额度情况。

美国交通授权法案实施年度和预算额度情况　　表 14-12

| 法　案 | 颁布时间 | 执行周期(年) | 总预算(亿美元) | 年平均预算(亿美元) |
|---|---|---|---|---|
| ISTEA | 1991 年 | — | — | — |
| TEA21 | 1998 年 6 月 | 1998—2003 | 2178 | 363 |
| SAFETEA-LU | 2005 年 8 月 | 2005—2009 | 2441 | 488 |
| MAP-21 | 2012 年 7 月 | 2013—2014 | 1050 | 525 |
| FAST | 2015 年 12 月 | 2016—2020 | 3050 | 610 |

注:FAST = Fixing America's Surface Transportation Act。

从表 14-12 可以看出,美国每年用于交通的投资是不断增长的。"FAST ACT"在项目交付、货物运输、金融创新、交通安全等方面作出了规定。该法案采取了一系列的管理建议加速项目许可进程,在运输部下设立了一个新的国家地面交通和金融创新局,作为州政府和地方政府获取联邦资金、开展财政和技术援助的一站式服务机构,该创新局也被赋予了促进许可流程改进的重任。"FAST ACT"允许以公共交通为导向的开发(TOD)在公路、铁路项目中的应用,TOD 促进了交通枢纽中心附近的商业和居住项目的开发,有效支持了公共交通的发展,并且促进了步行方式的发展,还有利于土地的可持续利用。"FAST

ACT"强化了"购买美国国货"的要求,通过汽车和轨道列车的购买来促进国内制造业的发展。该法案还包括强化员工培训、提高区域规划能力等内容。

## 二、美国 2030 年运输愿景

2008 年美国交通运输部发布了《2030 年运输愿景——确保国家前进道路上的个人自由与经济活力》,提出了到 2030 年,美国运输系统发展的战略目标:

(1)安全而少拥堵。每个人能自由决策,能确信人和货物将安全准时地到达目的地。

(2)具有经济竞争力。强化美国经济全球化下的世界领导地位,刺激经济增长,创造就业机会。

(3)能源独立。减少美国对进口石油的依赖,确保美国能源的独立。

(4)环境可持续。确保环境可持续,抑制温室气体排放。

(5)安全。确保国内和国际的旅客运输、货物运输和危险货物运输的安全。

(6)灵活。对于各种人为和自然因素造成的交通损害有充足的准备,并能有效应对和恢复。

针对不同的领域,分别提出了更为具体的目标:

(1)旅客运输。安全、高效、可靠的旅客运输系统和基础设施将达到世界一流水平。浪费更少的燃料、时间和金钱。社会将减少由于交通带来的污染和噪声。为高峰时期的出行提供更多高品质的公共交通。为交通工具提供替代燃料,为其提供新的节能技术。美国将不再过多地依赖国外的石油。交通系统将使温室气体的排放最小化,并准备好应对气候变化带来的影响。技术创新将改善人类和货物的国内外运输方式。

(2)货物运输。美国货运系统将确保货物运输的安全、高效、可靠,在提高环境质量的同时促进经济的增长。通过飞机、铁路、远洋、内河、公路运输的危险货物也将得到安全、高效的运输。这些货物将会按计划到达目的地,及时为汽车提供能源,及时为生活、工作场所提供暖气和冷气。

(3)融资与合作。运输系统拥有一个稳定的收入来应对所面临的超出预期的旅客和货运增长需求。在成本和收入之间存在显著的关联性,一旦成本变化,系统也会快速调整,当消费者需求调整,系统也会快速做出反应。

(4)技术创新。一个创新的运输系统包括高效的、整体的、成本有效的、可持续涉及多种运输方式的运输解决方案。通过持续不断地引进新的概念、引入新的技术,将会对美国世界一流的运输系统带来巨大的改善。

2015 年 3 月,美国交通运输部发布了《美国 2045 年交通发展趋势与政策选择》(Beyond Traffic——Trends and Choices 2045)的报告,目标是将美国未来的交通体系建设得更加安全、高效、可持续,更令人满意。报告并未给出一个具体的解决方案,而是从如何出行、如何运输货物、如何更好地运输、如何应变、如何平衡决策与投资五个方面提供了政策选择。

1. 如何出行

(1)提升基础设施的承载能力:修建新的道路、桥梁和其他交通设施;更高效地维护已建基础设施;通过更科学的设计和技术创新,更有效地利用现有基础设施。

(2)减少拥堵:合理的土地利用、远程办公和实行弹性工作制,推广小型车、自动驾驶车辆和收费政策。

(3)推广使用公共交通、骑自行车和步行等出行方式。

2. 如何运输货物

(1)利用新技术提升货运效率。

(2)制定有助于统一行动的全国性货运战略,完善货运规划。

(3)强化政府与私人企业之间的协调,提高资源利用效率;开展公私合作,解决货运"第一公里"和"最后一公里"问题。

(4)加大在港口和联运设施上的投资,提高联运效率。

(5)精简法规、流程,同一方式内或不同方式间运输企业的竞争确保运输成本低廉。

3. 如何更好地运输

(1)破除应用新技术或新程序的监管障碍,建设基础设施和制定相关标准以支持新兴技术。

(2)收集和管理数据,在保护个人隐私的同时,转向以数据为驱动的投资体系。

(3)支持技术发展和应用的相关研究。

(4)将保障信息安全作为重中之重。

4. 如何应变

(1)减少交通系统排放:开展替代燃料、燃油高效能研发;对电动或使用替代燃料的车辆给予补贴;征收碳排放税;支持减少公路拥堵的定价和运营战略;提高交通各行业的燃油效率标准;投资公共交通、铁路和海运基础设施建设以支持模式转换。

(2)对于未建成的基础设施,设立更高的适应性标准,更好应对气候环境变化。

(3)避免在易受污染的区域发展;推进区域规划、保险和脆弱地区的灾难恢复政策。

5. 如何平衡决策与投资

(1)利用现有的税收、新消费税、使用费、通行费、拥堵费、车辆行驶里程费和其他筹资机制，确保有足够的资金满足关键需求。

（2）基于绩效的投资优先策略：联邦资金用于支持有明确国家目标的投资。

（3）创新筹资方式：通过直接贷款、贷款担保、备用信贷额度等方式为地面交通项目提供联邦信贷的低利率资金援助，鼓励政府和社会资本合作（PPP 模式），促进州、大都市规划组织和私人投资者之间的投资合作。

## 三、欧盟交通运输发展白皮书（2011）

欧盟委员会每 10 年发布一期关于共同交通运输政策的白皮书，引领欧盟交通运输业的发展方向。目前白皮书最新的是 2011 年版：通往欧盟统一交通系统之路——建立更有竞争力、资源使用更高效的交通系统。该报告提出的 2050 远景目标给世界极大震撼，甚至引发争议，其战略目标主要包括以下方面。

（1）在保障运输效率和机动性的前提下，降低对石油的依赖。通过加大对清洁能源的开发利用、提高能源使用效率、建立新的交通运输模式等途径，实现到 2050 年减少排放 60%。这也是 2011 年白皮书最核心的目标。

（2）构建高效的多方式城际核心交通网络。欧盟将重新调整现有运输结构，引导促进低能耗、低排放、环境友好且兼顾效率的新运输模式。主要包括在中长途运输中，更多地利用大型客车、铁路、航空等大容量运输方式运输旅客，而货物运输则更多地依靠远途水运和铁路运输。加强铁路、机场、航运码头、城际轨道等多方式交通网络的集成度，提高枢纽在各种运输方式之间衔接转换的作用。研究发展能源利用和排放最优的货运通道，使其对环境的影响最小化，但同时也极力保证该通道在运输管理成本、拥堵、可靠性等方面对运输企业的吸引力。

（3）长途旅行和洲际运输的全球化。进一步优化航空枢纽能力，在降低能源消耗和排放的同时保持全球性航空枢纽地位，面对未来翻倍的运输需求，高速铁路是吸收中途出行的一个有效方式。海运面临的形势较为紧迫，欧盟提出通过技术革新等手段，到 2050 年降低 40% 的海运碳排放。

（4）更为清洁的城市交通体系。欧盟将整合公共交通资源，重点发展小型、轻量化乘用车，逐步淘汰传统燃油汽车。到 2030 年，欧盟城市内燃机汽车保有量将减少一半，主要城市实现物流运输二氧化碳零排放；到 2050 年，在城市全面淘汰传统内燃机汽车。为此，欧盟将重点普及电动汽车和混合动力汽车。

## 四、日本国土战略规划 2050

2014 年日本国土交通省发布了《国土战略规划（Grand Design）2050》，针对未来日本将面临的少子化、老龄化、灾害侵袭、能源制约等严峻问题，提出了 2050 年日本国土发展的愿景。

未来日本将构建更为紧密、更为网络化的城镇体系。从最小的乡村集落到巨大的都市圈,将通过更为高效的基础设施和信息网络连接在一起。为了保持人口减少后的地区经济社会活性,规划提出要重新整合各级社区、城镇乃至城市和都市圈,加强不同层级、不同区域之间的人流、物流、资金流、信息流的交换。

(1)形成约5000个小型聚集点。聚集点通常是围绕铁路车站等枢纽节点,在步行可达范围内各类日常生活设施齐备的小型城镇中心,通过密集的交通网络与散落在周边的居民住户集落相连接。

(2)形成60～70个地方城市联合体。伴随未来人口下降,既有城市规模萎缩,部分都市圈机能难以维持。为此,规划提出将相邻或相近的小型城市通过交通等网络化基础设施牢牢联系在一起,促进新的城市联合体形成,维持现有规模的城市圈机能。

(3)形成巨型城市圈(super mega-region)。通过新中央新干线(地铁),将现在的东京都市圈、名古屋都市圈和大阪都市圈形成约1h巨型城市圈,人口达6000万人。通过发挥巨大的积聚效应,使之成为日本经济发展和创新活动的"引擎"。

(4)海洋利用。加强对日本海海域水运、空运的开发,弥补太平洋海域及沿岸受到海啸、核电站泄漏等灾害影响后交通机能的不足。

(5)加强智能交通系统(ITS)和大数据等技术的结合应用,提供更为精细化的信息服务,同时更加优化交通服务供给,最大化经济社会效益。

# 附件 2
# 我国汽车拥有量预测分析

2017 年我国民用汽车保有量达到 2.1 亿辆,2000—2017 年我国民用汽车保有量年均增速约 16.5%,特别是在"十一五"期间,增长速度更快,年均增长率接近 20%。我国 2000—2017 年民用汽车保有量见表 14-13。

**我国 2000—2017 年民用汽车保有量** 表 14-13

| 年份(年) | 民用汽车保有量(万辆) |
|---|---|
| 2000 | 1609 |
| 2001 | 1802 |
| 2002 | 2053 |
| 2003 | 2383 |
| 2004 | 2694 |
| 2005 | 3160 |
| 2006 | 3697 |
| 2007 | 4358 |
| 2008 | 5100 |
| 2009 | 6281 |
| 2010 | 7802 |
| 2011 | 9356 |
| 2012 | 10933 |
| 2013 | 12670 |
| 2014 | 14598 |
| 2015 | 16284 |
| 2016 | 19440 |

续上表

| 年份(年) | | 民用汽车保有量(万辆) |
|---|---|---|
| 2017 | | 20907 |
| 年均增长速度(%) | 2000—2005 | 13.8 |
| | 2006—2010 | 19.9 |
| | 2011—2017 | 14.3 |

注:资料来源于历年中国统计年鉴。

按照我国2017年总人口139008万人计算,平均每千人拥有汽车数量为150辆,仍低于世界千人汽车保有量平均160辆的水平,与国际发达国家相比,差距则更大,仅为发达国家平均水平的24.6%,为美国的18.3%、德国的22.7%、日本的23.6%、俄罗斯的56.2%、韩国的37.7%(表14-14,图14-5)。

世界部分国家千人汽车保有量　　表14-14

| 国　别 | 年份(年) | 千人汽车保有量(辆) |
|---|---|---|
| 美国 | 2015 | 820 |
| 德国 | 2015 | 660 |
| 日本 | 2014 | 635 |
| 俄罗斯 | 2014 | 267 |
| 英国 | 2014 | 518 |
| 加拿大 | 2015 | 637 |
| 澳大利亚 | 2015 | 723 |
| 瑞典 | 2013 | 497 |
| 韩国 | 2014 | 398 |
| 法国 | 2013 | 583 |
| 上述国家平均值 | | 573 |
| 中国 | 2017 | 150 |

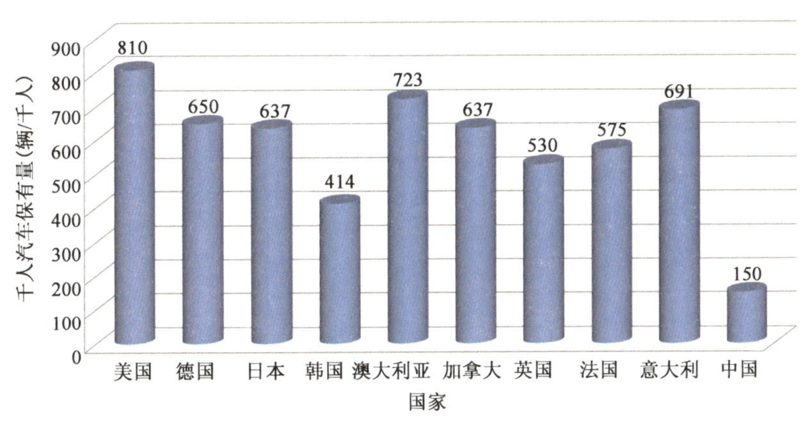


图14-5　我国千人汽车保有量与世界部分发达国家指标对比

考虑到我国地区发展不平衡，西部地区地域大、人口分散，中、东部地区人口较为密集，不同区域采用公路运输方式的出行距离不同，对汽车的需求也不一样。随着我国经济的发展、居民收入的稳步提高和道路等基础设施网络的完善，我国汽车保有量还会持续增长一段较长时间，从国际经验看，当人均国内生产总值超过1万美元时，汽车保有量还会有一个稳步的增长，目前我国人均国内生产总值接近9000美元，随着收入水平的提高，城乡居民对消费型出行的需求快速增长，旅游、度假等汽车出行比例有所增长，自驾游出行将成为重要的趋势，这说明未来对汽车的需求还会有一个增长期。从人均拥有车辆的水平看，特别是在城市群区域以及其他运输方式较为薄弱的地区，我国汽车保有量的未来增长空间还比较大。

从人口结构上看，2017年我国总人口数超过13.9亿人，65岁以上老龄人口为1.6亿人，占我国总人口比例为11.4%。据测算，到2030年我国社会将逐渐进入老龄化阶段，60岁以上人口比例将达到25%，预计为3.63亿人[数据来源于《国家人口发展规划(2016—2030年)》]；2030—2050年，我国的老龄化将进入快速发展阶段，人口总量开始缓慢减少，老龄人口将达到4.9亿人，老龄人口比例将达到36.1%，然后考虑未成年人(预计占总人口的20%)的影响，若按让每一个持有中国驾驶证的人拥有一辆汽车来计算，我国未来千人汽车保有量的水平是达不到美国、德国水平的，乐观估计接近韩国水平，届时我国汽车保有量将接近4.6亿辆。

从汽车产销量上也可以大致预计我国未来汽车保有量的水平，经统计，我国已连续9年汽车产销量世界第一，见表14-15。考虑到每年汽车的报废情况，预计2020年我国汽车保有量将达到2.6亿辆。

**我国2000—2017年汽车产销量情况** 表14-15

| 年份(年) | 汽车产量(万辆) | 汽车销量(万辆) |
| --- | --- | --- |
| 2000 | 207 | 209 |
| 2005 | 571 | 592 |
| 2008 | 935 | 938 |
| 2012 | 1927 | 1931 |
| 2013 | 2212 | 2198 |
| 2014 | 2372 | 2350 |
| 2015 | 2450 | 2460 |
| 2016 | 2812 | 2803 |
| 2017 | 2902 | 2888 |

此外，我国与韩国都是亚洲国家，汽车工业的发展有相似之处，通过与韩国的对比分析，可以得出我国汽车市场仍存在一个中速增长期，未来我国千人汽车保有量有望与韩国

基本持平，届时我国的汽车数量将达到4.6亿辆。根据以上分析，在没有很强的政策干预和公交服务水平明显提高的前提下，本课题组对未来我国民用汽车保有量预测见表14-16。

我国未来民用汽车保有量预测　　表14-16

| 年份（年） | 汽车保有量（亿辆） | 年份（年） | 汽车保有量（亿辆） |
|---|---|---|---|
| 2020 | 2.6 | 2045 | 4.6 |
| 2030 | 4.1 | | |

随着共享汽车出行等新业态的出现，未来我国民用汽车保有量的增长速度也将有所缓解，预计共享汽车占比不会太大，但出行频次会相对较高。

从表14-17数据还可以推算出，到2030年我国千人汽车保有量达到280辆，超过俄罗斯目前水平，到2045年我国千人汽车保有量约达到320辆，基本是我国汽车保有量峰值。

# 附件 3
# 我国高速公路发展规模与速度分析

## 一、我国高速公路建设速度分析

我国高速公路建设是在科学规划的引领下有序进行的，高速公路有效支撑了国家经济社会发展。20 世纪 90 年代以来，根据发展需要，我国先后制订了《国道主干线系统布局规划》《国家高速公路网规划》《国家公路网规划（2013 年—2030 年）》等，确保了高速公路有序建设。在实施过程中，按照中央应对 1998 年和 2008 年金融危机、扩大内需的要求，我国加快了高速公路建设，为宏观经济平稳运行提供了重要支撑，多年来的交通运输紧张状况也得到了显著缓解。我国高速公路建设也创造了“中国速度”，起步、稳步发展阶段（1988—1997 年）年均增长约为 500km，加快发展阶段（1998—2007 年）9 年的年均增长约为 5000km，2008—2016 年处于跨越式发展阶段，这一阶段 8 年的年均增长约为 8800km，具体数据见表 14-17。

我国高速公路 1988—2016 年发展情况　　表 14-17

| 时间段 | 年均增长情况 | 年份（年） | 高速公路里程（km） | 备注 |
|---|---|---|---|---|
| 起步、稳步发展阶段（1988—1997 年） | 年均增长约 500km | 1988 | 147 | 实现了零的突破 |
| | | 1995 | 2141 | |
| | | 1997 | 4771 | |
| 加快发展阶段（1998—2007 年） | 年均增长约 5000km | 1998 | 8733 | |
| | | 1999 | 11605 | 突破了 1 万 km |
| | | 2000 | 16314 | |
| | | 2003 | 29745 | |
| | | 2005 | 41005 | |
| | | 2007 | 53900 | |
| 跨越式发展阶段（2008—2016 年） | 年均增长约 8800km | 2008 | 60302 | 突破了 6 万 km |
| | | 2009 | 65055 | |

续上表

| 时　间　段 | 年均增长情况 | 年　　份 | 高速公路里程(km) | 备　　注 |
| --- | --- | --- | --- | --- |
| 跨越式发展阶段（2008—2016 年） | 年均增长约 8800km | 2010 | 74113 | |
| | | 2011 | 84946 | 超过了美国州际高速公路 |
| | | 2012 | 96200 | |
| | | 2013 | 104438 | 突破了 10 万 km |
| | | 2015 | 123523 | |
| | | 2016 | 130973 | |
| | | 2017 | 136568 | |

关于我国高速公路建设速度，有以下两点认识。

1）近年来高速公路发展快符合集中大规模建设发展规律

近年来，我国高速公路发展保持着一个快速建设速度，这与主要发达国家高速公路发展大多有集中 20～30 年大规模建设阶段的发展规律相吻合。如美国，高速公路起步于 20 世纪 40 年代，自 20 世纪 50 年代中后期进入了快速发展阶段，平均每年新建高速公路约 3000km，其中在 1966 年的一年间新增里程高达 1.6 万 km。20 多年的大规模建设使美国的高速公路网络基本形成。20 世纪 80 年代初期以后，美国高速公路开始进入稳定发展阶段，建设速度降至每年增长 300km 左右。法国、日本等国家也都在 20 世纪 60～70 年代经历了相似的快速发展阶段，经过 20 多年的集中建设，基本形成了覆盖全国的高速公路网。世界各国高速公路发展的历程表明，高速公路作为一种具有显著规模效应特征的基础设施，通过集中一段时期进行大规模建设，尽快形成比较完善的网络，是高速公路自身发展的客观规律。同美国高速公路建设高峰期相比，我国现阶段高速公路建设投资强度并不高。

2）高速公路建设速度与国家宏观政策导向相适应

我国高速公路的快速发展，是符合不同时期国家发展战略部署和宏观政策导向的。1998 年，公路行业积极响应中央应对亚洲金融危机、扩大内需的要求，加快高速公路建设步伐；2008 年公路行业又一次积极贯彻国家关于应对全球金融危机，“保增长、扩内需、调结构”的战略部署，推动了新一轮高速公路的加快建设。在两次应对金融危机的过程中，国家宏观政策为高速公路建设发展提供了良好的机遇与条件，高速公路在实现快速发展的同时，也为国家经济良好运行、平稳渡过金融危机作出了重要贡献。

## 二、我国高速公路发展形势预判

我国已经是名副其实的高速公路大国，但路网仍然不够完善，西部地区尤其是贫困地区瓶颈制约仍未有效解决,城市群互联互通水平需要提升,早期修建的通道拥堵加重、产生新的交通瓶颈;与发达国家相比,我国高速公路网的运行效能和服务效率还存在一定差距。有序发展高速公路,推动路网质量、效益再上台阶,对建设社会主义现代化强国具有重要意义。

(1)继续推进高速公路发展,是建设现代化经济体系的需要。目前我国经济已由高速增长转向高质量发展阶段,实体经济尤其是先进制造业将迈向全球价值链的中高端,但受资源能源分布的影响,我国原材料、规模性产成品、中长距离调运的格局将仍持续存在一段时间。同时,随着未来先进制造业集群逐渐形成,"零库存"、高频次、小批量物流需求将大幅增加,集装箱、零担、快递等运输需求将持续上升。

高速公路在集装箱、高附加值货物运输中占据着绝对份额,是保障现代化经济体系运行的重要载体。当前我国高速公路主通道仍不够完善,国家高速公路主线尚有一部分待贯通路段,京沪、京港澳等通道拥堵日益加重,大中城市出入口不畅问题还较为突出。为解决上述问题,需要继续推进国家高速公路待贯通路段建设和繁忙通道扩容改造,扩大通道能力供给,完善城市群城际路网,充分发挥高速公路在产业带动和拓展区域发展空间的先行引领作用。

(2)持续推进高速公路发展,是建设交通强国的重要选择。在综合交通体系中,高速公路发挥着重要的骨干作用,以占公路网2.9%的里程承担了超过40%的公路营业性货物周转量和营业性客车旅客周转量,路网规模和承担的运输份额与铁路基本相当。

未来我国经济将继续保持中高速增长,居民消费进一步升级,引起全社会交通运输需求规模升级。继续加强高速公路网络建设,全面提升路网运行效能,充分发挥高速公路在通道运输中的比较优势,对加快形成安全、便捷、高效、绿色、经济的综合交通体系至关重要。

(3)持续推进高速公路发展,是确保行业经济稳定运行的重要举措。集中一段时间建成稳定成熟的网络是世界发达国家的普遍做法。1956—1978年间,美国进入了高速公路快速集中建设期,20多年间共建成高速公路约7万km。从1998年开始,我国高速公路建设进入快车道,投资规模和通车里程持续快速增长。党的十九大报告提出,要发挥投资对优化供给结构的关键性作用。高速公路投资带动效益明显,是当前我国最重要的投资领域。在有效防控风险的前提下,继续保持适当的高速公路有效投资,对于国民经济尤其是交通运输行业平稳运行至关重要。

总体判断,我国高速公路已由高速度增长转向高质量发展的新阶段,路网大规模集中建设已进入后期,发展重心正由通道建设为主逐渐转向完善网络、优化结构、提升效能等全方位协调发展。高速公路需求仍将持续增长,发展任务尤其是扩容改建任务仍然繁重,坚持稳中求进、适度超前仍是今后一段时期高速公路发展的基调。

## 三、未来我国高速公路发展规模分析

一个国家的高速公路规模或者密度，仅以里程规模考虑是不全面的，单以国土面积考虑密度也是不全面的，例如加拿大、俄罗斯、澳大利亚等国家虽然国土面积大，但人口稀少，高速公路规模也小。目前我国高速公路里程虽已位居世界第一，以面积密度计算也高于美国（若以东部省份江苏为例，江苏省高速公路面积密度目前已经远高于美国、日本以及德国），但是以国土面积和人口两个因素考量，我国高速公路综合密度是1.2km/（百 $km^2$ · 万人）$^{0.5}$，明显低于美国［综合密度1.9km/（百 $km^2$ · 万人）$^{0.5}$］、德国［综合密度2.4km/（百 $km^2$ · 万人）$^{0.5}$］等发达国家，与日本［综合密度1.2km/（百 $km^2$ · 万人）$^{0.5}$］持平。若分区域考虑，2017年我国东、中部地区的高速公路综合密度是1.7km/（百 $km^2$ · 万人）$^{0.5}$，已超过日本，但还是低于美国、德国等发达国家；我国西部地区的高速公路综合密度是1.0km/（百 $km^2$ · 万人）$^{0.5}$，低于我国的平均水平，也明显低于美国、德国、日本等发达国家。

根据2013年5月国务院批准实施的国家公路网规划，到2030年，我国国家高速公路规划里程为13.6万km，国家高速公路全面连接地级行政中心和城镇人口超过20万以上的城市。各省根据实际情况也编制了省级高速公路规划，结合规划建设情况和专家意见，考虑土地、资金、环境等制约因素，初步判断，到2030年省级高速公路建成里程约7万km，届时我国高速公路规模将达到20万km。

到2030年，若我国高速公路规模达到20万km，则我国高速公路的综合密度将达到1.7km/（百 $km^2$ · 万人）$^{0.5}$，超过日本目前的水平，但仍低于美国、德国当前的水平。由此可以看出，未来的10多年中，我国高速公路规模还没有达到稳定状态，高速公路建设还将持续一段时期。但是从我国东部发达省份的数据可以看出，江苏、浙江、广东的综合密度已达到1.7km/（百 $km^2$ · 万人）$^{0.5}$，超过日本目前的水平。我国全国及江苏省高速公路综合密度与美国、德国、日本对比情况如图14-6、表14-18所示。

**我国公路路网密度与国际比较** 表14-18

| 国家及地区 | 数据年份（年） | 人口（万人） | 国土面积（万 $km^2$） | 高速公路里程（km） | 公路总里程（km） | 公路面积密度（km/百 $km^2$） | 高速公路面积密度（km/百 $km^2$） | 高速公路人口密度（km/万人） | 高速公路综合密度［km/（百 $km^2$ · 万人）$^{0.5}$］ | 公路网综合密度［km/（百 $km^2$ · 万人）$^{0.5}$］ |
|---|---|---|---|---|---|---|---|---|---|---|
| 美国 | 2015 | 32142 | 983 | 105021 | 6750002 | 68.7 | 1.1 | 3.3 | 1.9 | 120.1 |
| 德国 | 2015 | 8260 | 36 | 12917 | 230377 | 64.5 | 3.6 | 1.6 | 2.4 | 42.4 |
| 日本 | 2015 | 12700 | 38 | 8400 | 1219000 | 322.5 | 2.2 | 0.7 | 1.2 | 175.9 |

续上表

| 国家及地区 | 数据年份（年） | 人口（万人） | 国土面积（万 $km^2$） | 高速公路里程（km） | 公路总里程（km） | 公路面积密度（km/百 $km^2$） | 高速公路面积密度（km/百 $km^2$） | 高速公路人口密度（km/万人） | 高速公路综合密度［km/（百 $km^2$·万人）$^{0.5}$］ | 公路网综合密度［km/（百 $km^2$·万人）$^{0.5}$］ |
|---|---|---|---|---|---|---|---|---|---|---|
| 韩国 | 2015 | 4842 | 10 | 2100 | 100000 | 100.0 | 2.1 | 0.4 | 1.0 | 45.4 |
| 澳大利亚 | 2015 | 2378 | 774 | 51540 | 873573 | 11.3 | 0.7 | 21.7 | 3.8 | 64.4 |
| 加拿大 | 2015 | 3585 | 998 | 17000 | 141000 | 1.4 | 0.2 | 4.7 | 0.9 | 7.5 |
| 英国 | 2015 | 6514 | 24 | 3645 | 395620 | 164.8 | 1.5 | 0.6 | 0.9 | 100.1 |
| 法国 | 2015 | 6681 | 55 | 11465 | 1065557 | 193.7 | 2.1 | 1.7 | 1.9 | 175.8 |
| 意大利 | 2015 | 6080 | 30 | 6726 | 253730 | 84.6 | 2.2 | 1.1 | 1.6 | 59.4 |
| 中国 | 2017 | 139008 | 960 | 136568 | 4771226 | 49.7 | 1.4 | 1.0 | 1.2 | 41.3 |
| 中国（东部地区） | 2017 | 57733 | 106 | 42693 | 1271533 | 119.4 | 4.0 | 0.7 | 1.7 | 51.3 |
| 中国（中部地区） | 2017 | 43406 | 167 | 42757 | 1555105 | 93.2 | 2.6 | 1.0 | 1.6 | 57.8 |
| 中国（西部地区） | 2017 | 37695 | 681 | 51208 | 1944577 | 28.5 | 0.8 | 1.4 | 1.0 | 38.4 |

注：1. 美国高速公路里程包括州际公路（77183km）和其他快速路（FREEWAYS AND EXPRESSWAYS，27838km）；

2. 高速公路综合密度 = ｛公路里程（km）/［人口数（万人）×国土面积（百 $km^2$）］$^{0.5}$｝。

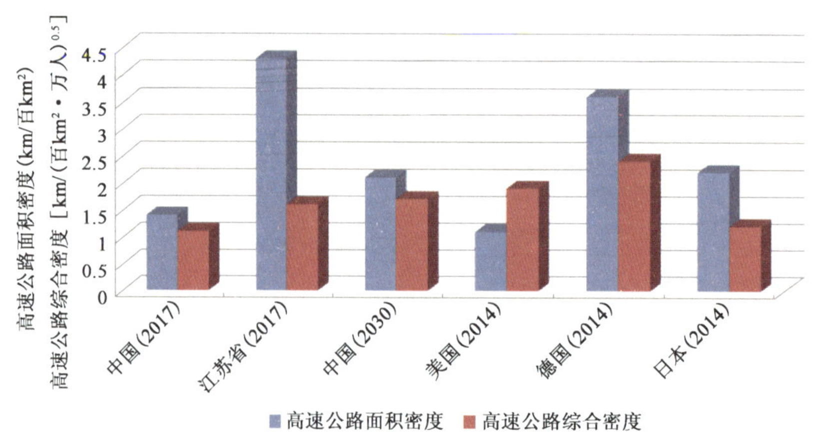


图 14-6　我国高速公路密度与发达国家对比情况

## 四、对未来高速公路发展节奏的认识

### 1. 我国高速公路发展速度已经回落，建设规模增速放缓

“十二五”期间，我国高速公路新增通车里程为49410km，平均每年新增近9900km，五年投资额达到7万亿元以上。“十三五”期间，我国高速公路预计新增里程3万km左右，平均每年新增6000km左右，从建设规模来说，比“十二五”期间明显降低，高速公路发展速度已明显回落。“十三五”期间高速公路投资总额预计达到7万亿元左右，与“十二五”期间基本持平，这主要是由于高速公路建设造价上升等因素。总体来看，高速公路建设与投资规模仍维持高位运行，但建设规模增速已明显放缓，这表明高速公路发展速度已经进行调整。我国高速公路每5年新增里程情况如图14-7所示。

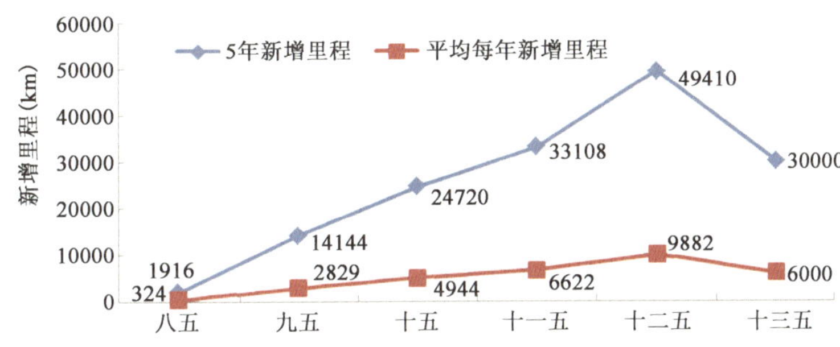


图14-7 我国高速公路每5年新增里程情况

### 2. 结合国外经验和我国发展需求，预计我国高速公路还需要10年左右的建设发展

未来5~15年是我国加快推进新型城镇化战略、全面建成小康社会、实现现代化的关键时期，交通需求将持续稳步增长。据预测，到2045年我国民用汽车保有量将达到4.6亿辆，将有3亿左右的人口由农村居民转为城镇居民，而我国城镇居民的平均出行次数是农村居民的8~9倍，未来客运需求巨大。目前，中国已超过美国成为全球制造业第一大国，在世界500种主要工业品中，中国有200多种产品产量位居全球第一位。经济结构决定了我国公路货运需求和单位国内生产总值的公路货运强度远高于主要发达国家，我国的特殊国情以及未来巨大的运输需求，决定了高速公路仍有一定的发展空间。

当前我国高速公路正处于联网贯通的关键时期，一些大通道还没有完全贯通，下一步需要重点推进；另有一些早期建成通车的国家高速公路如京哈、京港澳、连霍高速公路部分路段已频繁出现拥堵现象，亟须扩容改造。为尽快打通主要高速公路通道，形成较为完善的高速公路网，充分发挥高速公路的网络规模效应，未来我国仍需要继续保持一定的建

设规模。总体上从我国高速公路发展需求看,借鉴国外发展规律和经验,预计我国高速公路还将需要10年左右的建设期。

3. 未来需密切关注地方高速公路建设规模与速度

高速公路项目投资拉动效益大,再加上地方高速公路主要由各省(自治区、直辖市)负责规划、审批和实施,各省(自治区、直辖市)发展积极性较高、发展势头较为强劲。近几年来,各省(自治区、直辖市)在推进国家高速公路建设的同时,根据区域经济社会发展需要,规划和建设了一定规模的地方高速公路。由于地方高速公路规划和建设的事权主体在地方,如不加强监督和科学引导,可能会出现一些项目建设时机论证不足、标准超前等问题,需要引起重视。据统计,到2030年,地方高速公路规划里程约7.5万km[各省(自治区、直辖市)高速公路规划里程见表14-19]❶。

全国各省(自治区、直辖市)高速公路网规划里程表 表14-19

| 序号 | 区域 | 省份 | 面积(万 $km^2$) | 人口(万人) | 规划里程(km) | | | 面积密度($km/万 km^2$) | 人口密度(km/万人) |
|---|---|---|---|---|---|---|---|---|---|
| | | | | | 国家高速公路 | 地方高速公路 | 合计 | | |
| 1 | 东部 | 北京 | 1.68 | 1633 | 795 | 581 | 1376 | 8.2 | 0.8 |
| 2 | 东部 | 天津 | 1.19 | 1115 | 606 | 1040 | 1646 | 13.8 | 1.5 |
| 3 | 东部 | 河北 | 18.77 | 6943 | 5981 | 2939 | 8920 | 4.8 | 1.3 |
| 4 | 中部 | 山西 | 15.63 | 3393 | 3930 | 3329 | 7259 | 4.6 | 2.1 |
| 5 | 西部 | 内蒙古 | 118.30 | 2405 | 8827 | 2359 | 11186 | 0.9 | 4.7 |
| 6 | 东部 | 辽宁 | 14.75 | 4298 | 4065 | 1425 | 5490 | 3.7 | 1.3 |
| 7 | 中部 | 吉林 | 18.74 | 2730 | 4198 | 1500 | 5698 | 3.0 | 2.1 |
| 8 | 中部 | 黑龙江 | 45.39 | 3824 | 4980 | 2231 | 7211 | 1.6 | 1.9 |
| 9 | 东部 | 上海 | 0.63 | 1858 | 483 | 733 | 1216 | 19.3 | 0.7 |
| 10 | 东部 | 江苏 | 10.26 | 7625 | 3557 | 2031 | 5588 | 5.4 | 0.7 |
| 11 | 东部 | 浙江 | 10.18 | 5060 | 3806 | 2000 | 5806 | 5.7 | 1.1 |
| 12 | 中部 | 安徽 | 13.94 | 6118 | 4138 | 1716 | 5854 | 4.2 | 1.0 |
| 13 | 东部 | 福建 | 12.14 | 3581 | 4100 | 3150 | 7250 | 6.0 | 2.0 |
| 14 | 中部 | 江西 | 16.69 | 4368 | 4377 | 1915 | 6292 | 3.8 | 1.4 |
| 15 | 东部 | 山东 | 15.67 | 9367 | 5100 | 2551 | 7651 | 4.9 | 0.8 |
| 16 | 中部 | 河南 | 16.56 | 9360 | 4270 | 3800 | 8070 | 4.9 | 0.9 |

❶ 不含香港、澳门特别行政区和台湾省数据

续上表

| 序号 | 区域 | 省份 | 面积（万 $km^2$） | 人口（万人） | 规划里程（km） | | | 面积密度（km/万 $km^2$） | 人口密度（km/万人） |
|---|---|---|---|---|---|---|---|---|---|
| | | | | | 国家高速公路 | 地方高速公路 | 合计 | | |
| 17 | 中部 | 湖北 | 18.59 | 5699 | 5015 | 3320 | 8335 | 4.5 | 1.5 |
| 18 | 中部 | 湖南 | 21.18 | 6355 | 5336 | 3278 | 8614 | 4.1 | 1.4 |
| 19 | 东部 | 广东 | 17.79 | 9449 | 6127 | 5877 | 12004 | 6.7 | 1.3 |
| 20 | 西部 | 广西 | 23.67 | 4768 | 4642 | 3608 | 8250 | 3.5 | 1.7 |
| 21 | 东部 | 海南 | 3.41 | 845 | 1153 | 25 | 1178 | 3.5 | 1.4 |
| 22 | 西部 | 重庆 | 8.24 | 2816 | 3105 | 1514 | 4619 | 5.6 | 1.6 |
| 23 | 西部 | 四川 | 48.14 | 8127 | 8008 | 6250 | 14258 | 3.0 | 1.8 |
| 24 | 西部 | 贵州 | 17.62 | 3762 | 4127 | 3641 | 10096 | 5.7 | 2.7 |
| 25 | 西部 | 云南 | 39.41 | 4514 | 6634 | 7180 | 13814 | 3.5 | 3.1 |
| 26 | 西部 | 西藏 | 122.84 | 284 | 4642 | 0 | 4642 | 0.4 | 16.3 |
| 27 | 西部 | 陕西 | 20.56 | 3748 | 5411 | 2168 | 7579 | 3.7 | 2.0 |
| 28 | 西部 | 甘肃 | 45.44 | 2617 | 5118 | 3345 | 8463 | 1.9 | 3.2 |
| 29 | 西部 | 青海 | 72.12 | 552 | 5372 | 23 | 5395 | 0.7 | 9.8 |
| 30 | 西部 | 宁夏 | 5.18 | 610 | 2004 | 650 | 2654 | 5.1 | 4.4 |
| 31 | 西部 | 新疆 | 166.04 | 2095 | 8013 | 650 | 8663 | 0.5 | 4.1 |

注：此表中数据为 2017 年统计。

4. 2030 年前后，我国高速公路发展将进入一个基本稳定的状态

结合前述判断，在“十四五”以后，我国高速公路发展速度将进一步明显放缓，建设任务以完善网络和改造扩容为主。目前高速公路发展较快的中西部地区，受到土地、环保、资金等因素影响，经过 10 年左右的时间，其高速公路建设速度也将趋缓，接近目前东部地区的发展状态。“十五五”期间，按照国家和地方高速公路规划，高速公路规划目标即将实现，高速公路网络将趋于稳定。待国家公路网规划全部建成后，即 2030 年左右，我国高速公路发展将进入一个基本稳定的状态。

## 附：关于我国东部与中西部地区高速公路车流量的比较

“十二五”期间我国东、中、西部地区高速公路交通量情况及比较如表 14-20、图 14-8 所示[1]。主要特征如下：

[1] 不含香港、澳门特别行政区和台湾省数据

我国 2011—2015 年东、中、西部省份高速公路交通量(单位:标准车当量数/日)　表 14-20

| 地　区 | 年　份 | | | | | 5 年平均 |
|---|---|---|---|---|---|---|
| | 2011 年 | 2012 年 | 2013 年 | 2014 年 | 2015 年 | |
| 东部地区 | 24634 | 27810 | 28963 | 30461 | 30914 | 28556 |
| 北京 | 45073 | 58280 | 58949 | 64796 | 68368 | 59093 |
| 天津 | 12043 | 33780 | 27870 | 31148 | 26891 | 26346 |
| 河北 | 22569 | 26364 | 32889 | 32265 | 31043 | 29026 |
| 辽宁 | 19889 | 16742 | 17808 | 18381 | 17649 | 18094 |
| 上海 | 45547 | 58667 | 63009 | 66084 | 68991 | 60460 |
| 江苏 | 25213 | 29555 | 30169 | 32640 | 31917 | 29899 |
| 浙江 | 30284 | 33428 | 39915 | 34819 | 36003 | 34890 |
| 福建 | 13771 | 13245 | 14941 | 14740 | 15734 | 14486 |
| 山东 | 21474 | 28196 | 28611 | 29249 | 29650 | 27436 |
| 广东 | 29033 | 34653 | 36671 | 41466 | 42392 | 36843 |
| 海南 | 16435 | 16545 | 18249 | 23556 | 23883 | 19734 |
| 中部地区 | 15082 | 14342 | 15680 | 15629 | 16090 | 15365 |
| 山西 | 15048 | 23413 | 28611 | 15283 | 14739 | 19419 |
| 吉林 | 18924 | 9708 | 11106 | 12016 | 11377 | 12626 |
| 黑龙江 | 11459 | 6459 | 6094 | 6429 | 6596 | 7407 |
| 安徽 | 24322 | 20479 | 22843 | 25520 | 27032 | 24039 |
| 江西 | 12253 | 15584 | 14278 | 15283 | 14479 | 14375 |
| 河南 | 13277 | 18072 | 18159 | 19660 | 19934 | 17820 |
| 湖北 | 14532 | 19040 | 21515 | 22909 | 24230 | 20445 |
| 湖南 | 17455 | 19139 | 17583 | 17795 | 18824 | 18159 |
| 西部地区 | 14609 | 17497 | 17368 | 17594 | 17224 | 16858 |
| 内蒙古 | 17712 | 19376 | 18265 | 18176 | 14593 | 17624 |
| 广西 | 18672 | 20713 | 23913 | 24055 | 25446 | 22560 |
| 重庆 | 11054 | 14132 | 19915 | 22065 | 24319 | 18297 |
| 四川 | 22417 | 24645 | 23428 | 23826 | 25761 | 24015 |
| 贵州 | 11919 | 14707 | 15999 | 15951 | 20161 | 15747 |
| 云南 | 8617 | 14837 | 12539 | 15360 | 15422 | 13355 |
| 陕西 | 16541 | 19913 | 20180 | 21525 | 21713 | 19974 |
| 甘肃 | 9556 | 12257 | 13250 | 13539 | 13550 | 12430 |
| 青海 | 8187 | 10460 | 12873 | 15846 | 15075 | 12488 |
| 宁夏 | 11967 | 13764 | 12954 | 14196 | 14352 | 13447 |
| 新疆 | 11488 | 16325 | 15323 | 12899 | 11910 | 13589 |
| 西藏 | — | — | — | — | — | — |

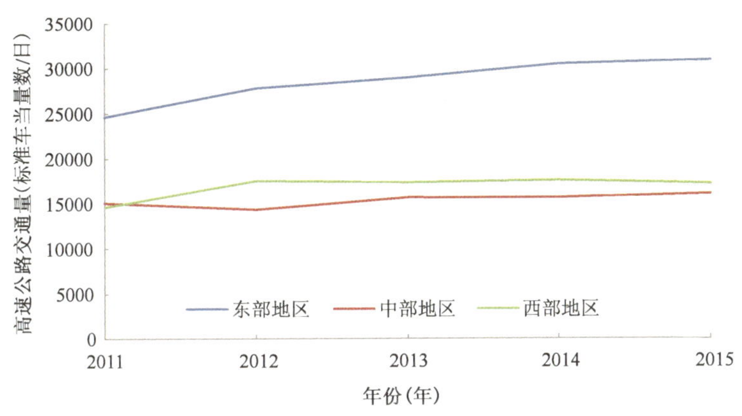


图14-8 我国2011—2015年东、中、西部地区高速公路交通量比较

(1)东部地区已建成高速公路的交通量明显高于中部、西部地区。2011—2015年,东部地区高速公路日均交通量为28556辆(标准车当量数,下同),中、西部地区高速公路日均交通量分别为15365辆和16858辆。具体来看,高速公路交通量最高的省(自治区、直辖市)主要为直辖市和东部沿海发达省份,而交通量最低的省(自治区、直辖市)主要为东北、西北边疆省份。

(2)东、中、西部地区交通量均稳步增长,总体上东部地区高速公路交通量增长相对更快、西部次之、中部较平缓。具体来看,交通量增长最快的区域为各直辖市和西南及西北部分省份。究其原因,与近几年区域经济发展差异有关,尤其是中部一些资源枯竭、经济增速下滑的省份,如山西、吉林、黑龙江等,其高速公路交通量呈现下降趋势,而西南地区近年来经济增长势头较快的趋势也反映到高速公路交通量的增长上来。

近年来,我国已建成高速公路的使用效率总体上较好,集中体现了高速公路大容量、高效率、集约型、安全型的特点。高速公路交通量的持续增长表明高速公路有效地满足了国民经济和社会发展对交通运输的需求,为我国经济社会发展提供了有力支撑。中、西部地区一些高速公路在建成初期交通量较小符合高速公路交通量生成及发展的一般规律,也是由我国高速公路网络尚未形成和区域差异的特点决定的。

(1)高速公路存在交通量成长的培育期。高速公路建设项目是以远景设计年限的交通量作为决策的依据之一,并要为今后的发展留有足够的余地。在高速公路建成通车初期,部分路段交通量较小、财务效益不理想是正常的,这主要是因为高速公路的预测适应年限是20年,如果建成初期交通量就趋于饱和,恰恰说明规划和设计不当。国内外发展经验表明,由于使用者对公路收费及行驶路线的选择有一个适应的过程,高速公路在建成通车初期的几年内都存在一个交通量成长的培育期。中、西部地区高速公路发展起步较晚,大量高速公路都是近年来建成通车,尚处于交通量培育期,而东部地区高速公路普遍已建成使用多年,部分路段交通量甚至趋于饱和。随着交通量的逐步培育,中、西部地区高速公路的使用效率将不断提高，债务压力也会逐步减轻。

（2）高速公路交通量与是否成网以及区域经济差异有关。中、西部地区高速公路发展起步晚，大多分布于未贯通的高速公路通道中，由于断头路多、网络没有形成，无法发挥高速公路的“网络效应”和“规模效应”，少数高速公路交通量呈现出较低水平。同时，高速公路交通量受到人口数量、经济规模与产业布局等需求因素的影响，中、西部地区一些省份处于边疆、经济相对落后，因而高速公路交通量低于东部发达地区。

（3）高速公路建设不仅为交通需求服务，还具有先导性作用，有更大的经济社会效益，不能仅以交通量大小来评价中、西部地区高速公路建设。公路作为公益性事业，并不以盈利为唯一和根本目标，而是以服务国民经济发展、满足老百姓出行需要为目标。公路作为先导性、服务性的基础设施，其适度超前发展对经济发展的促进和支撑作用得到了广泛验证。基础设施越落后的地区，发展越缓慢，而通过高速公路的建设，可以实现产品运出去和产业引进来的效果，能促进欠发达地区的资源开发和经济社会发展。

对于中、西部一些欠发达地区，发展高速公路更具有带动和引导经济社会发展、均衡国土开发、推进对外开放、保障国防安全、促进民族团结、加强应急保障等重要作用。因此，中、西部地区的高速公路建设，要统筹兼顾经济效益和公平公益，更加注重高速公路在体现国家意志、贯彻国家战略、维护国家利益方面的重要功能。通过交通基础设施的持续改善推动中、西部地区经济社会发展，未来欠发达地区的通行费收入会随着交通量的增长而增加，高速公路的偿债能力将不断增强。

# 附件 4
# 支撑乡村振兴农村公路发展设想

农业、农村、农民问题是关系国计民生的根本性问题，党中央一直把解决好“三农”问题作为全党工作重中之重。2013 年中央农村工作会议指出“中国要强，农业必须强；中国要美，农村必须美；中国要富，农民必须富”。党的十九大作出了中国特色社会主义进入新时代的重要论断，确定了决胜全面建成小康社会、开启全面建成社会主义现代化强国新征程的奋斗目标；并明确提出实施乡村振兴战略，坚持农业农村优先发展，按照产业兴旺、生态宜居、乡风文明、治理有效、生活富裕的总要求，建立健全城乡融合发展体制机制和政策体系，加快推进农业农村现代化。

农村公路作为农村地区最主要甚至是唯一的交通方式，是解决好“三农”问题的基础性、先导性条件。农村公路建设与发展，是脱贫攻坚、全面小康和乡村振兴的必然要求。2014 年 3 月，习近平总书记专门对农村公路发展做出重要批示，充分肯定了农村公路的先导作用及近十年取得的巨大成绩和做出的突出贡献。同时，习近平总书记也对农村公路建设发展提出了明确要求：新形势下，农村公路建设要因地制宜、以人为本，与优化村镇布局、农村经济发展和广大农民安全便捷出行相适应。要通过创新体制、完善政策，进一步把农村公路建好、管好、护好、运营好，逐步消除制约农村发展的交通瓶颈，为广大农民脱贫致富奔小康提供更好的保障。

## 一、农村公路建设发展成绩

改革开放以来，我国农村公路总体经历了由少到多，由通到畅，由群众自发组织建设到政府统筹规划、有序发展的历史过程。交通运输行业一直高度重视农村公路建设与发展。尤其自 2003 年以来，按照中央建设社会主义新农村的总体要求，交通部提出了“修好农村路，服务城镇化，让农民走上油路和水泥路”的发展目标，编制印发《农村公路建设规划》，加大中央车辆购置税资金的投入支持力度，先后组织实施了“西部通县油路建设”

“县际及农村公路改造”“乡村通达通畅工程”“集中连片特困地区交通扶贫攻坚”等一系列以农村公路建设发展为主要内容的专项工程或专项行动,在全国掀起了大规模农村公路建设发展浪潮。党的十八大以来,按照中央全面建成小康社会的战略部署,交通运输部进一步提出“小康路上,绝不让任何一个地方因农村交通而掉队”的奋斗目标,以西部地区和“老少边穷”地区为主战场,按照习近平总书记“四好农村路”批示要求,开启了建好、管好、护好、运营好农村公路的新征程。

在中央资金尤其是车辆购置税资金大规模投入的强力推动下,我国农村公路建设发展取得了显著成绩。农村公路覆盖范围和通达深度快速扩大,管理养护逐步加强,客运服务逐步改善,服务能力和服务水平显著提升,农村地区交通运输条件明显改善,广大农民群众的“出行难”问题得到有效缓解。农村公路建设与发展,显著改善了农村居民的基本出行条件,明显改变了我国传统乡村的社会面貌和生产生活方式,加快了贫困群众的脱贫致富奔小康步伐,为全国脱贫攻坚、全面建成小康社会作出了突出贡献。2006—2016 年的 11 年间,全国共解决了 6600 个乡镇和 26.7 万个建制村通硬化路,新增农村公路通车里程 105 万 km,农村公路总里程达 396 万 km,乡镇、建制村通硬化路率分别由 2005 年的80.4% 和 52.9% 提高到 99.0% 和 96.7%,分别提高 18.6 个百分点和 43.8 个百分点,实现东、中部地区所有乡镇、建制村和西部地区具备条件的乡镇、95% 的建制村通硬化路。截至 2016 年底,我国农村公路列养率达到 97.5%,优良中等路率达到 80.4%,基本实现“有路必养”;全国乡镇、建制村通客车率分别达到 99.0% 和 95.4%,绝大部分群众的基本公共交通出行服务需求得到满足。

## 二、农村公路发展不平衡不充分问题

在乡村振兴及农业农村现代化发展背景下,人民群众对农村公路交通日益增长的美好生活需要,主要体现为交通运输基本公共服务均等化、交通安全、服务品质等交通运输公平、安全、环境方面的服务要求。与之相对应,农村公路交通不平衡不充分发展的问题主要体现为“横向”区域性、结构性发展不平衡,以及“纵向”建设不充分、管理养护不充分、运输发展不充分,具体包括:

(1)农村公路规模依然不足,区域发展不平衡。目前我国农村公路主要呈“树枝”状通达乡镇和建制村,农村公路延伸至自然村及农村公路网络化水平仍然不足;西部地区、“老少边穷”地区等农村公路建设发展任务仍然艰巨。截至 2017 年底,全国仍有 276 个乡镇、1 万个建制村不通硬化路,随着乡村振兴战略的实施,百姓出行需求进一步释放,未来建设任务还很繁重。通自然村、通村组路的建设需求明显增加,而且一些人口仍然聚居的自然村庄亟须解决通硬化路问题,群众“出行难”问题尚未完全解决。

(2)建设养护发展不平衡。相比农村公路建设,农村公路养护投入不足,管理养护体制机制不完善,“重建轻养”思想仍然存在,“缺养”“失养”“以建代养”现象比较普遍,农村公路日常养护水平低,大、中修工程难以保障。早期建设的农村公路普遍投入少、标准低、路面窄,经过多年使用,随着交通流量增加,服务能力和水平明显不足,“油返砂”“畅返不畅”问题也日益凸显。虽然目前农村公路列养率已达97.5%,但是农村公路养护水平较低,经常性、专业化养护明显不足,不少列养的农村公路仍以季节性养护、突击性养护为主,养护质量不高。

(3)农村公路安全防护设施明显不足。农村公路覆盖广度、通达深度及通车里程快速增加,但安全防护、桥涵配套建设明显不足,随着农村机动化水平不断提高,农村公路交通安全问题日益凸显。

(4)农村客货运输发展不充分。截至2016年底,全国仍有350个乡镇和约2.8万个建制村不通客车,农村居民基本公共客运服务需求尚未完全满足;而且农村客运开通难、票价高、运营难、舒适性差、服务水平较低,农村地区生产生活资料、农副产品运输条件也亟待改善。

(5)事权财权不匹配,法规制度不完善。结合公路事权划分改革方向,农村公路主要服务当地,属于地方事权。但由于地方特别是县级人民政府普遍财政困难,很难为农村公路建设养护筹集到应有的资金,尤其是中西部省份和贫困地区,资金到位问题更为艰难,事权和财权不匹配的问题相当突出。农村公路法规制度不健全,行业管理相对粗放,管理方式和手段相对落后。目前《中华人民共和国公路法》中不含村道,然而,在实际路网中,村道规模很大,占整个公路网的一半以上;《农村公路管理养护体制改革方案》(国办发〔2005〕49号)中关于农村公路养护标准的规定,已经远远不能满足实际需要及新形势发展要求。

## 三、乡村振兴对农村公路的新要求

农村公路是乡村振兴的重要载体和支撑,其发展必须适应和适当超前于乡村振兴建设步伐。乡村振兴战略的实施为农村公路提供了新的发展契机,创造了良好的发展环境,同时也提出了新的更高要求。

农村居民日益增长的对美好生活的向往,要求进一步延伸农村路网的通达深度,提升服务品质。随着乡村建设的不断推进和农村居民生产生活水平的日益提升,对农村交通的需求也不断增加。一方面,随着建制村通硬化路任务的逐步完成,农民群众对自然村、村组通硬化路的建设需求越来越强烈,要求进一步提高农村公路的覆盖面和便利性。另一方面,随着农村地区机动化水平不断提高,农村居民对农村公路的需求不仅仅要“走得了”,还要“走得好”,要求进一步提升“四好农村路”的服务品质,提高农村公路等级,拓宽农村公路宽度,增强农村公路的安全性和舒适性。因此,在完成建制村通硬化路目标的基础上,还需进一步延伸农村公路的通达深度,推动农村公路向进村入户倾斜,支持较大人口规模自然村通硬化路建设,并着力进一步提升农村公路的服务品质,加强对老旧农村公路的提级改造,加强农村公路的安全生命防护工程建设,让农民出行更方便,物资运输更便捷,出行环境更安全。

农业现代化水平的不断提升以及新兴产业的不断涌现,要求进一步提升农村公路的产业服务能力和水平。服务农村产业发展是农村公路的重要功能。随着农村特色种养业、乡村旅游的发展以及农业生产的规模化、机械化发展,农村地区对农村公路的产业服务需求更加强烈,要求进一步提升农村公路的产业服务能力和水平。这就需要继续加快推进资源路、产业路、园区路、旅游路的建设,并充分考虑现代化农业的规模化、机械化作业等发展需求,适当提高农村公路的建设标准,完善其服务功能。

建生态宜居、美丽乡村的发展目标,要求建设美丽农村公路。应按照美丽宜居乡村建设要求,转变农村公路发展方式,充分考虑农村地区的生态和环保,集约节约利用土地,灵活采用技术规范和建设标准,体现地域特征因地制宜,实现交通运输发展与自然环境以及社会环境的和谐统一、和谐共美。

城乡融合发展的深入推进,要求进一步推动城乡间交通的一体化发展。推进城乡交通互联互通是畅通城乡联通渠道,促进城乡双向流通与融合的重要前提。一方面需要推动城乡间交通基础设施的一体化建设,加强城市道路与农村公路间的衔接,实现城乡间交通基础设施的互联互通;另一方面还要加快城乡交通运输服务的一体化建设,着力实施村村通客车工程,加快推进县乡村物流网络体系建设步伐,提升农村客运以及农村物流服务的能力和水平。

农村公路点多、面广,建设任务重,管护运营压力大,提高对农村公路的治理能力,建立农村公路发展的长效体制机制,是建好、管好、护好、运营好农村公路,实现农村公路可持续发展的关键。这就需要进一步深化农村公路管养体制改革,加快完善农村公路组织保障、资金保障、绩效考核体系,增强农村公路发展的内生动力;需要加快构建现代化的农村公路养护管理体系,大力推进农村公路养护的规范化、标准化、专业化和机械化,切实巩固农村公路建设成果;需要进一步创新农村公路的运营组织模式,让农村客运开得通、留得住、有效益,让农村物流更加便捷顺畅。

## 四、未来农村公路发展目标及展望

“十三五”末期,我国将实现所有具备条件的乡镇、建制村通硬化路、通客车,基本形成“县乡顺畅连通,乡村之间、毗邻乡镇有效连通”的农村公路网络,农村居民基本交通出行条件和生产生活交通运输条件得到改善,农村公路交通安全水平和服务水平进一步提升。

到 2030 年,农村公路将广泛覆盖乡镇、建制村和较大人口规模自然村,基本实现农村公路交通基本公共服务均等化;干支衔接顺畅的农村公路网络基本形成并趋于稳定,农村公路交通便利化、舒适化水平明显提高,基本实现农村公路交通现代化。

展望到2045年,农村公路与美丽乡村、特色村镇、田园社区建设和农业农村现代化发展高效融合,农村公路交通更加便利、安全、绿色、舒适、经济、自由,满足人民群众对农村公路交通出行的美好向往,实现农村公路交通现代化。

## 五、未来农村公路发展对策与建议

### 1. 切实落实地方政府农村公路建设养护的主体责任

按照事权改革与支出责任划分原则,各级地方政府要切实落实农村公路建设养护的主体责任,将农村公路建设养护纳入地方政府及相关部门目标考核体系;加大地方公共财政、一般债券对农村公路建设养护的投入支持力度;将农村公路建设、养护资金及管理机构运行经费和人员基本支出纳入一般公共财政预算,形成稳定的农村公路建养资金来源渠道。

### 2. 发挥战略规划引领的作用

在国家乡村振兴战略及相关规划的框架下,各地区宜根据适应乡村振兴战略的实施要求,结合地域特色研究理清当地农村公路发展的总体思路、基本方向和重点任务,进一步完善农村公路网络布局,实行推进农村公路交通建设发展的相关举措,保障农村公路的协调可持续发展。

### 3. 营造良好的农村公路建设养护环境

(1)稳定农村公路建设养护中央投资补助资金渠道。在农村地区尤其是贫困地区县级财政普遍吃紧的背景下,建议继续给予农村公路建设养护必要的中央专项投资补助支持,以缓解农村公路建设养护资金不足的问题。

(2)建议参照棚户区改造、易地扶贫搬迁等民生工程,尽可能地发挥市场和社会资本参与作用,改善农村公路建设养护的筹融资环境,努力构建政府主导、多方参与的农村公路建设养护供给制度。

### 4. 将农村客运服务纳入基本公共服务范畴

进一步明确农村客运作为城乡基本公共服务的公益或准公益属性,针对“农村客运开通难、持续运营更难”的实际问题,建立健全农村基本客运服务的公共财政补贴制度,以及用地、财税等方面的配套支持政策,让广大农民群众共享安全、便利、经济、舒适的基本公共客运服务。

# 附件 5
# 公路交通发展新动力

党的十九大报告指出，我国经济已由高速增长阶段转向高质量发展阶段，正处在转变发展方式、优化经济结构、转换增长动力的攻关期。随着全球科技迅猛发展，科学技术前沿不断扩展，现代信息技术、智能制造技术、新材料和新能源技术等广泛应用到公路行业各个领域和环节，也带动了以绿色、智能、协同为特征的技术变革。大数据、云计算、物联网、人工智能等技术与公路交通产业加速融合，自动驾驶、车路协同、共享经济等新技术、新业态、新产业、新模式不断涌现，科技创新与公路交通运输行业的深度融合必将促进交通领域科技的飞速发展。未来公路交通领域科技发展的新趋势和发展前景主要体现在公路交通运行安全化、公路交通系统集成的智能化、公路交通发展绿色化、公路基础设施运营维护的科学化、国际道路运输便利化等多个方面。

## 一、公路交通运行安全化

安全是交通强国建设的基本前提。习近平总书记强调，要始终把人民群众生命安全放在第一位，发展决不能以牺牲人的生命为代价，这必须作为一条不可逾越的红线。打造平安公路，是“人民交通为人民”的本质要求，是服务民生的最大前提，也是实现行业科学发展的基础条件。实现公路安全发展，要坚持底线思维和红线思维，要弘扬生命至上、安全第一的思想，牢固树立安全发展理念，把“以人为本、安全第一”理念贯穿于“路、车、人”全要素、全过程，全面提升安全管控能力。加强公路安全隐患治理，完善生命安全防护设施，推广公路宽容设计理念，让人民群众走“平安路”；以“两客一危”车辆为重点，严把准入关，强化车辆检验检查和维护，让人民群众坐“平安车”；加强道路交通安全教育培训，提升交通参与者的安全素质，让人民群众安全文明出行；要加强应急救援体系建设，统筹规划建设全国联动、地面与空中协同、军民融合的道路应急救援体系。

## 二、公路交通系统集成的智能化

当今科技在多个领域都取得了重要进展,并呈现交叉融合的态势。在交通运输系统的集成应用上,借助互联网的发展,以云计算、物联网技术、第五代移动通信技术(5G)、智能传感/大数据挖掘技术为代表的新一代科学技术有效地集成应用于道路交通系统,使交通系统集成呈现智能化、网联化、协同化趋势。智能型设施成为智能交通的重要研究方向,成为支撑智能交通发展的重要基础;车路协同等技术研究已从以解决交通管控为重点的阶段向以车车/车路通信下的智能联网为特征的新一代智能交通系统阶段发展。交通参与者、运载工具、设施一体化协同系统成为交通系统发展的大趋势。

### 1. 自动驾驶功能的智能汽车呈现实用化趋势

随着新一轮科技革命快速发展,人工智能(AI)、信息技术、新能源、新材料等前沿科技不断取得突破,基于人工智能、物联网的汽车自动驾驶技术研究已由试验阶段逐渐进入路测和工程试验阶段。

自动驾驶要具备环境感知、高精度地图和驾驶决策三个部分。环境感知包括车道线、车辆、行人、交通标志等目标的自动检测和识别,有了高精度地图,就可通过识别某个特别的信息标志,来定位车辆的位置,提高定位识别率,进而进行科学决策。自动驾驶汽车依靠人工智能、视觉计算、雷达、监控装置和全球定位系统协同合作,让电脑可以在人工干预较少乃至完全无人干预的主动操作下,自动安全地操作机动车辆。自动驾驶汽车技术的研发,自 20 世纪开始已经有数十年的历史,于近几年呈现出接近实用化的趋势,谷歌自动驾驶汽车于 2012 年 5 月获得了美国首个自动驾驶车辆许可证,我国百度研发的自动驾驶汽车也已上路测试,自动驾驶的公交车在深圳也已上路测试。未来在高速公路、国省干线、城市道路、恶劣气象等环境下智能车路协同系统将广泛应用。近期可在新建高速公路、国省干线一级公路改造中实施车路协同技术改造和升级,使自动驾驶技术从试验走向初步试用,例如使用自动驾驶技术的公交车在城市中试点运行,引领自动驾驶汽车技术应用发展;预计到 2035 年前后,以车路协同为方向的智能汽车技术将推广应用。

汽车自动驾驶技术集自动控制、人工智能、视觉计算等众多技术为一体,是计算科学、模式识别和智能控制技术高度发展的产物,它的应用将对提高车辆驾驶安全水平、促进车辆节能减排、提升道路通行能力等具有重要意义。

1)提高交通安全性

无人驾驶汽车可大幅降低交通事故数量,为此挽救数百万人生命。据美国华盛顿特区的非营利机构伊诺交通中心(Eno Centre for Transportation)研究显示,如果美国公路上 90% 的汽车变成无人驾驶汽车,车祸数量将从 600 万起降至 130 万起,死亡人数从 3.3 万人降至 1.13 万人。在过去 6 年间，谷歌无人驾驶汽车已行驶 300 多万 km，只遇到过 16 起交通意外，且未引发过致命事件。

2）降低环境污染

由于无人驾驶汽车在加速、制动以及变速等方面都进行了优化，它们有助于提高燃油效率、减少温室气体排放。据麦肯锡咨询公司预测，无人驾驶汽车每年帮助减少 3 亿 t 温室气体排放。此外，无人驾驶汽车还有助于缓解交通拥堵，也明显影响和改善了大气环境。

3）节省时间效益明显

据统计，80% 的美国人每天平均驾车时间为 50min，而无人驾驶汽车能帮助驾驶员在此期间去做其他事情。麦肯锡咨询公司估计，无人驾驶汽车每天为全球驾驶员节省的时间总和高达 10 亿 h。

4）提升道路通行能力明显

以单一路段道路通行能力计算，根据普遍认可的通行能力定义：某一时段，在通常的道路条件、交通条件下，车辆通过道路或某行车道的某一路段或某一断面的最大流量，通常用 pcu/h 来表示。

$$C = \frac{1000v}{L}$$

式中：$v$——平均车速，km/h；

$L$——最小车头间距，m。

$$L = L_1 + L_2 + L_3 + L_4 = \frac{vT_1}{3.6} + \frac{v^2}{2\mu g} + L_3 + L_4$$

$L_1$——在人的反应时间和车辆的响应时间内车辆行驶距离（m），人的反应时间因人而异，一般都需要 1s 左右，车辆响应时间可取 0.2s；

$L_2$——车辆制动距离（m），$L_2 = v^2/2\mu g$（$g = 9.8\text{m/s}^2$），$\mu$ 是摩擦系数，一般取值 0.8；

$L_3$——车身长度，m；

$L_4$——车辆之间的安全距离，m。

考虑到无人驾驶车辆可以节省人的反应时间，其提升通行能力是必然的，本次假设其他条件不变，测算不同速度下某条车道在无人驾驶和有人驾驶两种状态下的通行能力，测算理论上无人驾驶提升道路通行能力的程度。具体数值见表 14-21。

不同车速、不同反应时间下无人驾驶和有人驾驶车道通行能力对比　　表 14-21

| 速度（km/h） | 通行能力（无人驾驶）（pcu/h·车道） | 人的反应时间取 0.5s | | 人的反应时间取 1s | | 人的反应时间取 1.5s | |
|---|---|---|---|---|---|---|---|
| | | 通行能力（pcu/h·车道） | 提高比例（%） | 通行能力 | 提高比例（%） | 通行能力 | 提高比例（%） |
| 20 | 1890 | 1497 | 26.3 | 1240 | 52.5 | 1057 | 78.8 |
| 30 | 2207 | 1689 | 30.6 | 1368 | 61.3 | 1150 | 91.9 |

续上表

| 速度（km/h） | 通行能力（无人驾驶）（pcu/h·车道） | 人的反应时间取 0.5s | | 人的反应时间取 1s | | 人的反应时间取 1.5s | |
|---|---|---|---|---|---|---|---|
| | | 通行能力（pcu/h·车道） | 提高比例（%） | 通行能力 | 提高比例（%） | 通行能力 | 提高比例（%） |
| 40 | 2273 | 1728 | 31.6 | 1393 | 63.1 | 1167 | 94.7 |
| 50 | 2214 | 1694 | 30.8 | 1371 | 61.5 | 1152 | 92.3 |
| 60 | 2102 | 1627 | 29.2 | 1327 | 58.4 | 1120 | 87.6 |
| 70 | 1972 | 1548 | 27.4 | 1274 | 54.8 | 1082 | 82.2 |
| 80 | 1842 | 1467 | 25.6 | 1218 | 51.2 | 1042 | 76.7 |
| 90 | 1719 | 1388 | 23.9 | 1163 | 47.7 | 1002 | 71.6 |
| 100 | 1606 | 1313 | 22.3 | 1111 | 44.6 | 962 | 66.9 |
| 110 | 1504 | 1244 | 20.9 | 1061 | 41.8 | 924 | 62.7 |
| 120 | 1411 | 1180 | 19.6 | 1014 | 39.2 | 889 | 58.8 |
| 140 | 1253 | 1067 | 17.4 | 930 | 34.8 | 823 | 52.2 |
| 150 | 1185 | 1018 | 16.5 | 892 | 32.9 | 793 | 49.4 |
| 160 | 1124 | 972 | 15.6 | 856 | 31.2 | 765 | 46.8 |
| 180 | 1017 | 891 | 14.1 | 793 | 28.3 | 714 | 42.4 |
| 190 | 971 | 856 | 13.5 | 765 | 27.0 | 691 | 40.5 |
| 200 | 928 | 822 | 12.9 | 738 | 25.8 | 669 | 38.7 |
| | | 平均提升 | 21.6 | 平均提升 | 43.3 | 平均提升 | 64.9 |

从表 14-21 可以看出，无人驾驶状态下道路通行能力的提升还是比较大的，不同速度下提升比例从 21.6% 至 64.9% 不等。当然这只是理论上对单一车道通行能力的测算值，实际路网更为复杂，而且路网中无人驾驶车辆的比例、无人驾驶车辆速度的提升、车辆制动性能的提高都对道路网络通行能力有较大影响，在未来需要进一步深化研究。

无人驾驶技术还将提供舒适自由的乘坐体验，乘客可以充分利用路上时间做自己的事，例如休息、收发邮件等。人工驾驶将逐步退出，交通运输管理部门的职能将随之改变。在人口密度高的大城市，从空间占用和系统效率来讲，大容量公共交通系统、慢行系统与无人驾驶的电动小汽车之间（出行即服务）的总量平衡，将成为交通运输管理部门新的研究重点。无人驾驶技术的大规模应用取决于技术的成熟程度以及政府的监管政策。

2. 交通综合优化与智能决策将显著提升通行效率

充分发挥物联网技术在交通运输体系中的应用，加强交通系统各组成部分的集成智能化、网联化、协同化发展，研究基于移动互联的综合交通智能化服务、交通系统运行态势精确感知和智能化调控、智能物流网络与物流系统高效运行等技术，重点突破交通信息精准感知与可靠交互、交通系统协同式互操作、智能化交通服务等关键技术,促进智能交通、移动互联等运输系统与智能交通发展新趋势。加强公共交通信息服务、运营监管和应急保障等关键技术的应用,解决交通系统控制优化、城市交通控制功能提升与设计等问题,提高实时控制与信息交互能力,实现交通控制综合优化与智能决策,显著提升道路通行效率。如阿里人工智能技术"城市大脑"项目的落地实施,就初步实现了传统交通向智能交通的转变。

#### 3. 推进自动驾驶在部分领域先行先试

与自动驾驶有关的新技术逐步应用将不可避免,新技术应用对公路基础设施、标准体系和法规体系等带来新的要求,既有系统的转型发展应适应新技术发展的需要,也包括对人员、道路设施、运输服务、治理方式等多方面的改变。建议选择现有基础设施条件好、管理水平高的国家高速公路走廊(如京沪、京港澳、连霍等高速公路),以改善安全、提升效率等为导向,实施区域性自动驾驶应用路测与试点示范工程,同时可开展车辆安全预警服务、信息服务传送、面向自动驾驶的标志标线完善、限速路段评估与标准体系修订以及自动驾驶车辆许可等工作,通过试点示范工程推进我国自动驾驶技术应用进程。

#### 4. 基于车路协同的道路交通发展设想

我国交通运输管理等部门需要及时适应新技术变革带来的新形势、新变化,积极推动自动驾驶汽车新政策的制定和引导,保障道路交通安全并促进自动驾驶行业健康发展。

①有选择地新建、改建、完善道路设施以适应自动驾驶车辆的发展要求;

②制定自动驾驶公共道路测试规范,将自动驾驶汽车测试纳入道路交通运输管理部门监管范围,先获得测试许可,才能进行公共道路测试;

③建立向全球汽车厂商开放的自动驾驶汽车试验道路路段,并制定相应的试验申请程序及规则;

④将自动驾驶汽车安全监管纳入交通运输管理部门监管内容;

⑤筹备及建立全国道路的联网数据库,为车路协同系统提供数据支撑;

⑥推动道路交通法律法规的修订以满足自动驾驶汽车上路的要求。

### 三、公路交通发展绿色化

绿色交通是进入新时代实施交通强国战略的重要内容,习近平总书记要求把生态文明建设摆在全局工作的突出地位,发展绿色交通是建设生态文明的基本要求,形成人与自然和谐发展新格局的应有之义。发展绿色公路交通,关键要提高资源利用效率,系统推进结构性、技术性和制度性减排。统筹规划布局线路和枢纽设施,集约利用土地、线位、桥位等资源,落实"不破坏就是最大的保护",建设生态性基础设施,实现公路与自然和谐相容。加大新能源和清洁能源的应用,提升运输装备能效水平;健全绿色公路政策标准规范体系,完善环境监测手段,以法治方式推进绿色公路建设。发展绿色交通的本质是建立维持可持续发展的交通体系,以满足人们的交通需求,以最少的社会成本实现最大的交通效率。

1. 交通能源动力系统的电动化、清洁化

交通能源消耗是造成局部环境污染和全球温室气体排放的来源之一。加速调整能源结构、转变能源开发利用模式,加快将绿色、多元、高效、低碳的可持续能源应用是其必然要求,交通能源动力系统呈现出电动化、高效化、清洁化趋势。汽车动力向燃料多元化、驱动电动化方向发展;电动汽车具有节能、高效、低污染、低噪声等特点,未来将得到快速发展。在道路交通领域,需推动公交车、出租汽车能源动力的电动化、天然气化;提升充电效率,优化充电设施布局,民用车辆实施电动化、清洁化,同时传统化石燃料汽车的节油减排措施也需要进一步增强。

2. 用户出行需求将呈现多元化、共享化、体验化

优化运输结构,建立公交优先、多样化的客运组织模式,发展高效经济、集约化的货运组织模式。随着互联网对消费导向作用的逐渐增强和消费模式的重大变革,交通用户需求呈现出体验化、共享化、多元化等特征。老龄化和新生代用户比例持续增大,用户体验已成为影响交通运输服务和消费的重要因素;汽车共享、自行车共享等交通共享模式呈现出巨大的市场空间,基于多模式交通服务协同化的消费需求综合化特征日益明显。全面推进"互联网 + 公路交通""车路协同智能网联技术",推动公路交通产业智能化变革,促进共享交通等新产业、新业态蓬勃发展。

## 四、公路基础设施运营维护的科学化

推进公路交通科学化决策,应充分把握世界科技发展新趋势和交通运输需求新特征,不断推进理论创新、科技创新、管理创新和产业创新,加快云计算、大数据等现代信息技术集成创新与应用,实现基础设施、生产组织、运输服务、决策监管智能化,全面提高管理的精细化水平。

公路基础设施运营服役状态快速感知和评估技术在高速铁路、大跨径桥梁等得到逐步应用。如大跨径桥梁采取实时采集桥梁结构、缆索受力状况等传感数据,快速感知和评估桥梁的运行状态。未来需加快交通基础设施快速检测、监测和预警技术应用。围绕复杂环境下公路交通基础设施服役状态快速检测、监测和预警的需求,研究应用快速移动无

线传感、机器人、可穿戴设备、增强虚拟现实、机器视觉、3D激光扫描以及民用雷达、遥感和北斗卫星等检测、监测技术，形成系列高精度、自动化、智能化、可视化、可移动的交通基础设施快速检测装备，提升交通基础设施快速检测、监测和预警的能力。推进全国重点道路交通基础设施(例如国家高速公路)的数字化。研究基于大数据和交通网络功能保持与提升的交通基础设施管养维护决策支持技术，研究道路交通基础设施数据共享与互联互通，跟踪研究道路交通基础设施全寿命周期性能演化机理与评估，对比选择长寿命与绿色交通基础设施材料，全面提升道路交通基础设施服役能力和寿命，尽快建立起重点道路交通基础设施信息大数据中心，逐步实现交通基础设施运营维护决策的科学化。

## 五、国际道路运输便利化

未来仍需高举经济全球化旗帜，不断创新更全面、更深入、更多元的对外开放融合战略，是中国的战略选择。加快推动商签落实双边、多边国际道路运输合作文件，推进已签署的双边协定和上合组织国际道路运输便利化协定、大湄公河次区域便利运输协定等实施。拓展与非相邻国家之间的国际道路运输合作。推进公路交通对外开放，加强互联互通，把中国和世界更紧密地联系在一起，是落实习近平总书记全球治理观的重要举措。

(1)推进"一带一路"国际合作，统筹境内外基础设施布局，加快形成以六大走廊为重点的陆路基础设施主通道；加强政策沟通和衔接，开辟多式联运、便利化的跨境运输走廊。

(2)推动交通运输"走出去"，推动与美国、俄罗斯等重点国家交通运输领域高水平务实合作；加强与东欧、亚非拉等国家和地区合作，打造中国公路在资本、装备、技术、服务等方面的"金字招牌"。积极推动企业参与有关区域交通基建和运输装备技术标准制定工作。支持企业参与境外交通基建和经营管理项目取得实质性进展，促进国际产能合作和行业装备、技术、标准等"走出去"。

(3)积极参与国际交通运输治理，继续引进、消化和吸收国际先进经验，逐步扩大我国在国际运输规则制定上的影响力和话语权。

图片来源于天津港集团。

# 课题组主要研究人员

## 课题顾问

翁孟勇　贾大山

## 课题组长

刘长俭(组长)　孙瀚冰(副组长)

## 课题组主要成员

冯　云　袁子文　毕珊珊　陈中亚　靳廉洁

张晓晴　葛　彪　王　蕊　李宜军　孙　平

徐　杏　魏雪莲　钟奕斌　高天航　孙　路

冯宏琳

## 课题主要执笔人

刘长俭

# 内容摘要 Abstract

交通运输系统主要由服务于国内社会经济发展和国民生活的全国综合运输系统和服务于全球贸易与人员交流的全球综合运输系统构成。随着全球化的迅速发展和“一带一路”倡议的全面展开，提供面向全球的综合交通服务具有重要而紧迫的意义；按照绿色发展理念，充分挖掘和利用水运资源、提高水运分担率也是新时代交通高质量发展的重要内容。

本研究提出了以构建全球航运服务网络、建设中国特色国际航运中心、打造全流域黄金水道等为重点战略目标，聚焦设施装备、服务功能、可持续发展和国际影响力四大战略领域，重点推进以长江为重点的内河黄金水道建设、以铁水联运为重点的集疏运体系完善、以制度创新为主要突破口的国际航运中心建设、以“一带一路”为重点的全球航运服务网络构建、以国际规则公约标准规范等为主要标志的国际影响力提升等战略任务。

本研究的总体思路是，跳出行业看行业，站在国家战略和全球经贸发展的视角，研究水运及相关行业发展问题。因此，本研究主要围绕水路交通业及其相关行业展开，不仅局限在水运业自身；提出的战略任务、政策建议等，很多也需要在国家层面统筹协调解决。

本研究重点是水路交通如何贯彻落实国家重大发展战略，支撑“一带一路”建设、京津冀协同发展、长江经济带发展和贸易强国、制造强国、海洋强国等国家战略实施，更好发挥基础性、服务性、引领性、战略性作用，全力支撑社会主义现代化强国建设，更好助力人类命运共同体建设。本研究聚焦重大问题，不求面面俱到。

本研究的基本框架和主要结论在第一章“总论”中做了基本概括，具体研究内容在第二章至第六章中体现。

## Abstract

Transportation system is mainly composed of a national integrated transportation system serving domestic social and economic development and national life, and a global integrated transportation system serving global trade and personnel exchange. With the rapid development of globalization and the full-scale development of "the Belt and Road" initiative, providing global oriented integrated transportation services is of great importance and urgency. According to the concept of green development, fully exploiting and utilizing waterway transportation resources and increasing the share of waterway transportation are also critical contents of the development of high quality transportation in the new era.

The key strategic objectives of our waterway transportation are to build global shipping service networks, an international shipping center with Chinese characteristics, and the golden waterway in the whole basin. Focusing on the four strategic areas of facilities and equipment, service functions, sustainable development and international influence, the main strategic tasks are the completion of the construction of Inland River golden waterway focusing on the Yangtze River, the collection and distribution system focusing on the intermodal transport of railway and water, the construction of an international shipping center with institutional innovation as the main breakthrough, the construction of a global shipping service network focusing on " one belt and one road", and the improvement of international influence focusing on the international standard conventions and standards.

The general idea of this paper is to study the development of water transport from the perspective of the national strategy and global economic and trade development. Therefore, this study mainly focuses on the waterway transportation industry and related industries, not only limited to the waterway industry itself. The strategic tasks and policy recommendations the paper puts forward, many of which need to be coordinated at the national level.

The key point of this study is how to carry out the major development strategies of our country, support the implementation of the " one belt and one road" construction, coordinated development of Beijing, Tianjin and Hebei, the development of the Yangtze River Economic Belt, and so on.

The final purpose of this study is to drive the world's water transport prosperity through the development of China's water transport, support the Development of Global Trade and construct the Community of Common Destiny for all mankind.

The basic framework and main conclusions of this study are summarized in the first chapter of " General Introduction". The specific research contents are embodied in the second to sixth chapters of this paper.

# 第一章
# 总　论

## 一、新时代新要求

党的十九大提出中国特色社会主义进入了新时代。我国经济发展也进入了新时代，基本特征就是我国经济已由高速增长阶段转向高质量发展阶段；明确了我国未来30年的战略目标，提出了分两步走实现社会主义现代化强国的战略部署，明确了“贯彻新发展理念，建设现代化经济体系”的战略任务，提出“一带一路”建设、长江经济带发展、京津冀协同发展等国家战略，以及建设交通强国、海洋强国、贸易强国、制造强国等重要部署。

未来，我国经济发展将坚持质量第一、效益优先，以供给侧结构性改革为主线，推动经济发展质量变革、效率变革、动力变革。在推动形成全面开放新格局中，以“一带一路”建设为重点，坚持引进来和走出去并重，形成陆海内外联动、东西双向互济的开放格局。

新时代对我国水运发展提出了新要求，要求水运进一步提升服务保障能力，提升国际影响力，支撑现代化强国建设，为世界经济发展作出积极贡献；进一步完善全球航运服务网络布局，有效支撑“一带一路”建设，助力人类命运共同体建设；进一步加快高质量发展，助推现代化经济体系建设；进一步优化服务供给，加快推进供给侧结构性改革；进一步加快转型升级和培育新动能，更好贯彻落实创新驱动战略；进一步完善陆向集疏运网络，促进综合交通一体化发展；进一步加快绿色安全发展，不断满足人民日益增长的美好生活需要。

## 二、新起点新阶段

当前，我国水运发展站在了新起点。

我国主要沿海港口硬件设施全球领先，设施的大型化、专业化、现代化水平达到世界先进水平，设施规模、装卸效率和技术水平已进入世界前列，可停靠世界上最大、最先进的干散货、原油、集装箱船和邮轮等。

运量规模全球第一,我国港口集装箱吞吐量占世界的比例超过 1/4,占亚洲的比例近 1/2,我国海运量占世界海运量的比例超过 1/3。2017 年世界港口货物吞吐量、集装箱吞吐量排名前 10 位的港口中,中国均占据 7 个。我国港口货物吞吐量超过美国、日本和欧盟港口吞吐量的总和,分别约是美国、日本、欧盟的 3.8 倍、3.3 倍和 2.7 倍。

2017 年,上海港完成集装箱吞吐量超过 4000 万 TEU,连续 8 年位居世界第一,为美国所有港口集装箱吞吐量的 78%。长江干线货运量达 25 亿 t,是世界上运量最大、运输最繁忙的通航河流,连续多年超过美国密西西比河和欧洲莱茵河,位居世界首位。

我国水运在经济社会发展中的基础性、先导性作用进一步凸显,有力支撑了"一带一路"建设、京津冀协同发展、长江经济带发展等国家重大战略实施,在对外贸易中发挥了不可替代的作用。

我国已经成为名副其实的水运大国,具备了由量的积累转向质的提升的物质基础。新时代对我国水运高质量发展提出更高要求,而我国水运在由大国向强国迈进中,仍存在差距和不足。

党的十九大提出中国特色社会主义进入了新时代。我国经济发展也进入了新时代,基本特征就是我国经济已由高速增长阶段转向高质量发展阶段。站在新起点上,我国水运发展也进入新阶段,主要呈现以下三大方面的变化。

(1)发展使命的提升,我国水运发展由积极适应经济社会发展向主动引领经济发展、充当发展先行官、支撑国家重大战略实施、满足人民日益增长的美好生活需要转变。

(2)发展方式和动力的转换,我国水运发展由基础设施和规模总量的高速度增长向重视生态环保安全、重视技术引领、重视服务升级、重视制度创新、重视国际影响力提升,实现高质量发展转变。

(3)发展空间的进一步拓展,我国水运发展由立足服务国内发展为主向全球拓展助推现代供应链建设转变。

## 三、新使命新内涵

按照党的十九大总体部署,统筹考虑国内外宏观环境和我国重大发展战略要求,进一步明确新阶段我国水运发展的新使命。

着力提升服务质量,不断优化水运服务供给,推动高质量发展,不断降低全社会物流成本,提高全程物流链整体效率,助推制造强国、贸易强国等建设。

着力完善全球网络,优化布局海外港口支点,加快陆海联运物流网络完善,推动现代供应链建设,支撑我国产业全球化布局和国际产能合作,为我国全方位对外开放战略实施提供有力支撑,更好地促进支点所在国家经济社会发展。

着力提升国际影响力，建设中国特色国际航运中心，唱响中国海运声音、贡献中国海运智慧、推出中国海运方案、弘扬中国海运文化，助推人类命运共同体建设，成为交通强国提升国际影响力的关键依托。

着力满足人民新需要，以人民为中心，切实转变发展理念、发展方式、发展模式，贯彻落实“生态优先、绿色发展”的理念，坚持安全第一，打造平安水运，发展邮轮游艇经济，提升生活消费品运输服务能力，满足人民日益增长的美好生活新需要。

水运强国的基本内涵是人民满意、保障有力、世界领先。

(1)人民满意。注重绿色环保和平安发展，推动港口城市协调，以邮轮游艇发展、国际航运中心建设等带动城市竞争力提升，让城市生活更美好；进一步发挥水运低碳环保比较优势，强化在综合运输体系中的主骨架作用，推动绿色、平安发展，更好地满足人民生活新需要。

(2)保障有力。发挥好自身运输服务保障功能，不断优化服务供给，切实提高服务质量，不断提升全程物流链效率，主要体现在基础设施装备保障、运输服务支撑、绿色安全可持续发展等。

(3)世界领先。为国家经济、安全、便捷、高效发展提供强大、高效的战略支撑和先行引领，发挥基础性和先导性作用，充当经济发展先行官，为我国经贸发展提供供应链物流服务，积极参与相关规则、标准制定，更好地为世界水运事业发展作贡献，支撑我国国际影响力和国际话语权的提升。

水运强国的主要体现是基础保障力强、战略支撑力强、国际影响力强、发展包容性强。

(1)基础保障力强。运输高效、全程可控、保障重点物资运输、保障海洋权益和国家安全。

(2)战略支撑力强。完善全球航运服务网络布局，降低全程物流成本，打造安全可控现代化运输船队，支撑“一带一路”建设和长江经济带、贸易强国、制造强国、海洋强国等国家战略实施。

(3)国际影响力强。集聚现代航运服务要素，提升全球航运资源配置能力，在国际海运规则、标准制定中作出更大贡献，加大重大引领性技术创新，为世界水运业发展积极贡献中国水运智慧和解决方案。

(4)发展包容性强。处理好与环境保护、安全发展等关系，实现绿色安全发展，进一步凸显水运比较优势；推进“一带一路”建设，强化水运先导性作用，带动沿线经济社会发展，为人类命运共同体建设作出积极贡献。

## 四、新思路新目标

水运强国战略思路是，深入贯彻落实党的十九大精神，以习近平新时代中国特色社会主义思想为指导，坚持新发展理念，紧扣我国社会主要矛盾变化，按照高质量发展的要求，围绕统筹推进“五位一体”总体布局和协调推进“四个全面”战略布局，以供给侧结构性改革为主线，着力推动水路交通发展质量变革、效率变革、动力变革，以全球服务网络、国际航运中心、黄金水道建设等为重点战略目标，聚焦设施装备、服务功能、可持续发展和国际影响力四大战略领域，重点推进以长江为重点的内河黄金水道建设、以铁水联运为重点的集疏运体系完善、以制度创新为主要突破口的国际航运中心建设、以“一带一路”为重点的全球航运服务网络构建、以国际规则公约标准规范等为主要标志的国际影响力提升等战略任务，有效支撑国家重大战略和交通强国、制造强国、海洋强国、贸易强国等建设，使水运成为我国经贸发展、国家安全、大国外交战略实施和人类命运共同体建设的重要支撑，进一步凸显水运在全方位开放新格局中先行官的角色定位，有力支撑中国特色社会主义现代化强国建设目标的实现。

水运强国战略目标是，从现在到2020年，既要为决胜全面小康做好服务，为建设交通强国建设做好先行，又要为水运强国绘好蓝图、打好基础、开启新征程。

2020年后我国水运强国战略主要分两个阶段目标进行设定。

1)2030年目标

建成水运强国，我国水运发展水平总体进入世界前列。其中，全球航运服务网络、中国特色国际航运中心、全流域黄金水道全面建成。

(1)全面建成与我国经贸地位相适应的高效海陆双向港航物流服务体系。

(2)在传统贸易国家航运服务网络进一步完善的同时，以服务“一带一路”沿线国家为重点的全球航运服务网络布局基本完成，水运在“一带一路”建设中的保障性、支撑性、引领性作用凸显，水运包容性发展理念不断得到彰显。

(3)具有全球竞争力的世界一流中国特色国际航运中心基本建成，部分现代航运服务业发展水平迈入世界前列，着眼服务“一带一路”沿线国家为重点的航运资源配置能力显著提升，并形成引领性。

(4)成为全球海运治理体系的重要推动着，世界海运发展的中国解决方案不断得到认同，对世界水运业发展的贡献度提升，有效支撑我国综合国力和国际影响力的提升。

2)2045年目标

水运强国总体处于世界领先地位。其中，在全球航运服务网络、中国特色国际航运中心、全流域黄金水道建设等方面的国际影响力和话语权大幅提升。

(1)完善的全球航运物流服务网络布局全面建成。

(2)中国特色国际航运中心全球竞争力进一步提升，现代航运服务业多项细分领域发展水平位居世界前列，具有很大的影响力和话语权。

(3)成为全球海运治理体系的重要贡献者，中国水运发展理念得到大部分国家和地区的认同，水运解决方案得到国际社会的广泛采纳。

(4)水运成为我国经贸发展、国家安全和大国外交战略实施和人类命运共同体建设的关键支撑,进一步凸显全面开放新格局中先行官的角色定位,有力支撑中国特色社会主义现代化强国建设目标实现。

## 五、新战略新任务

水运强国战略主要聚焦在设施装备调整优化、服务功能拓展转型、绿色智慧创新发展、国际影响全面提升等四大领域。

考虑到战略实施的重点方向和可能突破点,本研究认为黄金水道、集疏运体系、航运中心、航运网络、影响力提升等方面将作为未来30年我国水运发展的重点战略任务。

(1)内河黄金水道打造。即补强短板,以长江等高等级航道为重点,建设通江达海、干支衔接的高标准航道网络,推进船型标准化、清洁化和港口集约化、现代化,实现水陆有机衔接,打造全流域黄金水道。

(2)集疏运体系构建。即以港口集装箱铁水联运为重点的集疏运体系完善,重在强化衔接,形成发展合力,提高服务效率,支撑全程物流链整体效率提升。

(3)国际航运中心建设。即以制度创新为突破点,打造一个具有全球竞争力的世界一流中国特色国际航运中心,有所为有所不为,以服务"一带一路"沿线国家新增市场为主攻方向,中远期形成全球竞争力和引领力。

(4)全球航运服务网络构建。即布局港口支点,完善航运网络,强化增值服务,推动形成全面开放新格局,助力人类命运共同体建设。近中期重点完善以服务"一带一路"沿线国家为重点的全球航运服务网络体系。

(5)水运治理能力提升。即开放合作、贡献智慧、共同发展,积极参与、主导国际海运规则、标准、规范制定,发出中国海运声音,贡献中国海运智慧,使得全球海运体系的中国因素突显,为世界海运发展作出积极贡献,体现大国担当。

综上所述,当前水运发展进入新阶段,未来战略实施涉及的重大战略问题,很多已经超出水运行业本身能够解决的范围,涉及财税、金融、土地、环保、海洋、海关、检验检疫、商务、旅游、军事、外交、文化、法律、教育、科技等多个方面,需要上升为国家重大战略,凝聚部门共识,形成发展合力,专题研究、专题解决。如以港口集装箱铁水联运为重点的集疏运问题涉及海关、边检、检验检疫、交通、国土、规划、环保等多个部门;以制度政策创新为主要突破口的中国特色国际航运中心建设涉及金融、海关、税务、商务、法律、交通等多个部门;以"一带一路"为重点的全球航运服务网络构建涉及军事、外交、安全、商务、文化等多个部门;以规则技术标准规范公约等为主的话语权提升又涉及科技、环保、教育、交通、外交等多个部门。

上述问题,单凭一个或几个部门的努力,成立一个临时性的协调机制或签订战略协议等,很难从根本上解决,也很难持续地解决发展中的新情况新问题。

为此,建议将目前交通强国纲要起草领导小组的机制固定下来,在纲要起草发布后,专门统筹协调交通强国战略后续实施中的各项重大问题。

# 第二章 新时代对我国水路交通发展的新要求

## 第一节 现代化强国建设要求水运不断提高国际影响力

党的十九大提出建设中国特色社会主义现代化强国战略部署，客观上要求水运不断提升自身国际化水平，不断提高国际话语权及影响力，更好地引领和促进世界水运事业发展。

2018 年 11 月，习近平总书记在上海考察时指出，经济强国必定是海洋强国、航运强国。水运自古以来就是一个国家发展和振兴的重要战略资源。战争时期港口是一国重要的军事要塞，现代化船队号称“第二海军”；和平时期港口是一国繁荣的商贸中心，现代化船队是对外贸易发展的坚实保障。经略海洋、建设海洋强国，是社会主义现代化强国建设的必然选择。

水运作为维护国家海洋权益和经济安全、推动对外贸易发展、促进产业转型升级的重要力量，是促进国家和地区间政治经济文化交流的重要保障。随着全球经济一体化持续推进，世界贸易仍将持续发展，海运作为世界贸易桥梁和纽带的作用进一步凸显，港口作为全球供应链重要节点的地位还将进一步强化。1980—2017 年，全球国内生产总值(GDP)增长了 2.9 倍，世界贸易额增长了 8.6 倍，经济、贸易年均分别增长 2.9% 和 6.0%，总体保持了持续增长的趋势。同期，世界海运量增长了 2.9 倍，年均增长 2.9%，与世界经济增长基本同步；受货类结构调整等因素影响，海运量慢于世界贸易额增速。结合世界经济增长前景判断，预计 2017—2035 年世界海运量将保持 3% 左右的年均增速。因此，全球经济贸易将持续增长，港口在世界经贸发展中的支撑作用还将持续强化(图 15-1、图 15-2)。

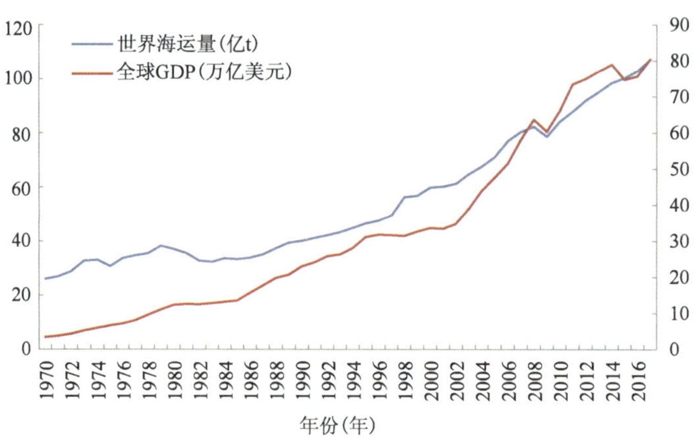

图 15-1　1970 年以来世界海运量与全球 GDP 变化

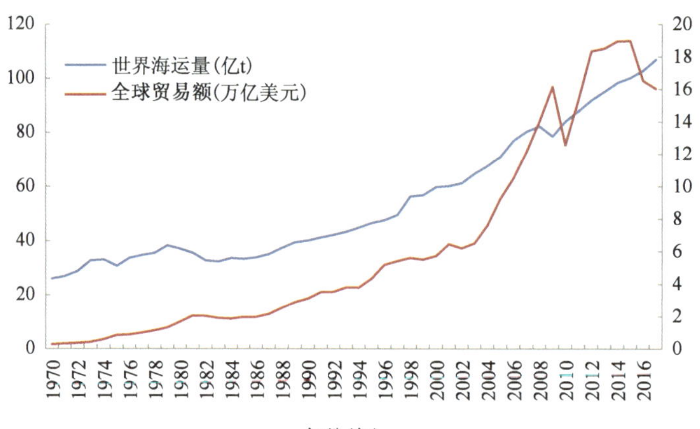

图 15-2　1970 年以来世界海运量与全球贸易额变化

到 21 世纪中叶,我国将全面建设成社会主义现代化强国,成为综合国力和国际影响力领先的国家。新时代新要求,迫切需要我国加快培育国际竞争力强的品牌航运企业、港口建设和运营企业、全球物流经营企业,建设具有中国特色的国际航运中心,不断提升行业国际化水平和国际竞争力,不断提高在国际航运市场、国际组织、全球资源配置、创新技术引领、标准规范制定等中的话语权和影响力,积极贡献中国智慧和方案,更好为世界水路交通事业发展作出中国贡献,体现大国担当。新时代下我国水运的战略价值和现实意义更加凸显。

## 第二节　"一带一路"建设要求水运进一步完善全球服务网络

党的十九大提出要以"一带一路"建设为重点,坚持引进来和走出去并重,遵循共商共建共享原则,加强创新能力开发合作,形成陆海内外联动、东西双向互济的开放格局。

2018 年 11 月，习近平总书记在上海考察时指出，洋山港的建成和运营，为上海加快国际航运中心和自由贸易试验区建设、扩大对外开放创造了更好条件。他希望上海把洋山港建设好、管理好、发展好，加强软环境建设，不断提高港口运营管理能力、综合服务能力，在我国全面扩大开放、共建"一带一路"中发挥更大作用。

水运作为连接世界贸易的纽带和桥梁，承担了全球货物贸易 90% 以上的运输量，在促进国际贸易发展、推进全球供应链建设、支撑国际产能合作等方面，均具有十分重要的作用。加快水运发展，合作建设海外港口支点，推进设施联通，完善海陆双向物流服务网络，是"一带一路"建设的重要领域和优先方向。

未来"一带一路"建设，将以政策沟通、设施联通、贸易畅通、资金融通、民心相通为主要内容。推动口岸基础设施建设，畅通陆水联运通道，推进港口合作建设，增加海上航线和班次，加强海上物流信息化合作。沿海地区利用长三角、珠三角、海峡西岸、环渤海等经济区开放程度高、经济实力强、辐射带动作用大的优势，加快推进中国（上海）自由贸易试验区建设，支持福建建设 21 世纪海上丝绸之路核心区。加强上海、天津、宁波—舟山、广州、深圳、湛江、汕头、青岛、烟台、大连、福州、厦门、泉州、海口、三亚等沿海城市港口建设。

按照共建"一带一路"的合作重点和空间布局，我国提出了"六廊六路多国多港"的合作框架。"六廊"指新亚欧大陆桥、中蒙俄、中国—中亚—西亚、中国—中南半岛、中巴和孟中印缅六大国际经济合作走廊。"六路"指铁路、公路、航运、航空、管道和空间综合信息网络，是基础设施互联互通的主要内容。"多港"指若干保障海上运输大通道安全畅通的合作港口，通过与"一带一路"沿线国家共建一批重要港口和节点城市，进一步繁荣海上合作。"六廊六路多国多港"是共建"一带一路"的主体框架，为各国参与"一带一路"合作提供了清晰的导向。随着"一带一路"建设的推进，加之全球化产业布局的优化调整，东南亚等沿线国家海运需求持续较快增长，港口吞吐量持续增加，为我国港航企业合作开发建设港口带来了重要的机遇（图 15-3、图 15-4）。

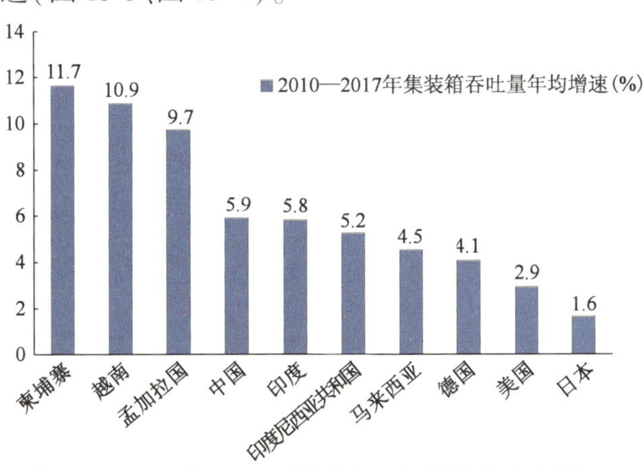


图 15-3　2010 年以来东南亚等部分国家集装箱吞吐量变化

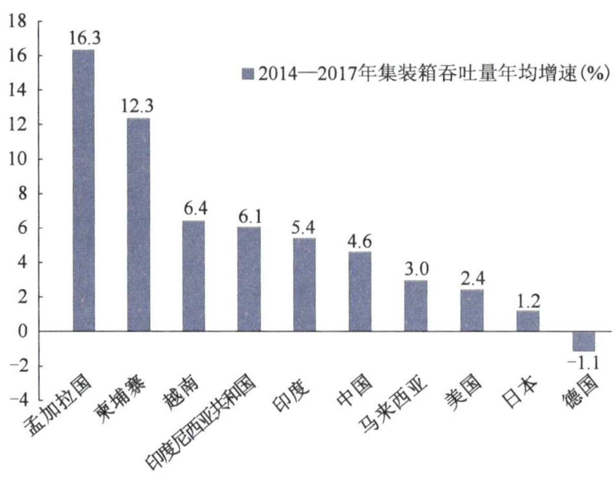


图 15-4　2014 年以来东南亚等部分国家集装箱吞吐量变化

2018 年 11 月,习近平总书记在首届中国国际进口博览会开幕式上的主旨演讲时强调,中国开放的大门不会关闭,只会越开越大。未来相当一段时期,以"一带一路"建设为重点的全方位开放战略将深入推进,客观上要求水运进一步发挥对外开放先行引领者的角色,加快国内主要港口建设,合作开发建设若干重要海外港口支点,积极拓展支点综合服务能力,不断完善支点海陆双向物流服务网络,促进支点所在国家经济社会发展;加快现代化船队打造,培育世界一流航运企业,进一步提升重点物资运输的服务和保障能力,积极支撑交通强国、贸易强国、海洋强国、制造强国等国家战略推进;充分利用双边、多边国际合作渠道,着力推动通道体系建设,提高国际通道保障能力和互联互通水平,为我国和世界经贸安全发展作出应有贡献;主动适应国际发展新环境、加快走出去步伐,提高海运的安全性、可靠性、高效性和稳定性,以构建全球航运物流服务网络支撑我国产业的全球化布局和对外贸易的新一轮发展,为全球经济一体化发展和世界贸易发展作出贡献,实现包容性发展,积极助力人类命运共同体建设。

## 第三节　现代化经济体系建设要求水运加快高质量发展

水运发展与经济发展水平息息相关,是我国经济平稳运行的重要支撑和保障。党的十九大提出了"贯彻新发展理念,建设现代化经济体系"的战略部署。未来经济发展将更加注重质量第一、效益优先,以供给侧结构性改革为主线,推动经济发展质量变革、效率变革、动力变革。

2017 年 4 月,习近平总书记在广西考察时强调,写好海上丝绸之路新篇章,港口建设和港口经济很重要,一定要把北部湾港口建设好、管理好、运营好,以一流的设施、一流的技术、一流的管理、一流的服务,为广西发展、为"一带一路"建设、为扩大开放合作多作贡献。2018 年 3 月，习近平总书记在参加十三届全国人大一次会议山东代表团审议时强调，要加快建设世界一流的海洋港口、完善的现代海洋产业体系、绿色可持续的海洋生态环境，为海洋强国建设作出贡献。

港口是全球供应链的重要节点，海运连接着国内外两个市场、两种资源，是贸易商品畅通、高效运输的重要环节，水运服务效率和服务质量对整个供应链的效率具有重要影响，直接决定了供应链的整体竞争力和可靠度。在推动经济发展质量变革、效率变革、动力变革背景下，港口更应该在效率、质量上下功夫，更好助力现代供应链建设。

在经历了多年高速增长后，水运行业面临需求增速变化、动力转换和发展质量变革，将由主要追求运量规模增长向追求效益效率提升转变，由追求做大水运规模向做强水运服务质量转变（图 15-5 ~ 图 15-8）。加快发展智能、绿色、安全的水运服务更加迫切和必要。上述环境要求，水运需着力转变水运发展方式，创新水运发展模式，进一步完善水运的服务效率和服务质量，更好支撑现代化经济体系建设，着力构建与全面建成社会主义现代化强国经济发展水平相适应乃至适度超前的现代化水运体系。

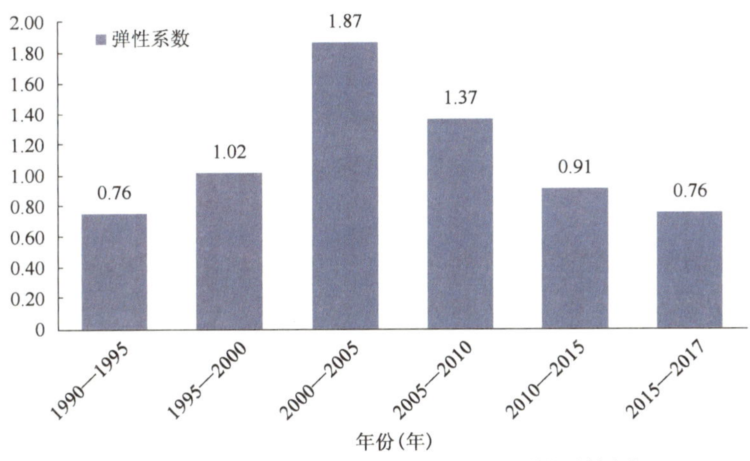

图 15-5　1990 年以来我国港口吞吐量的 GDP 弹性系数变化

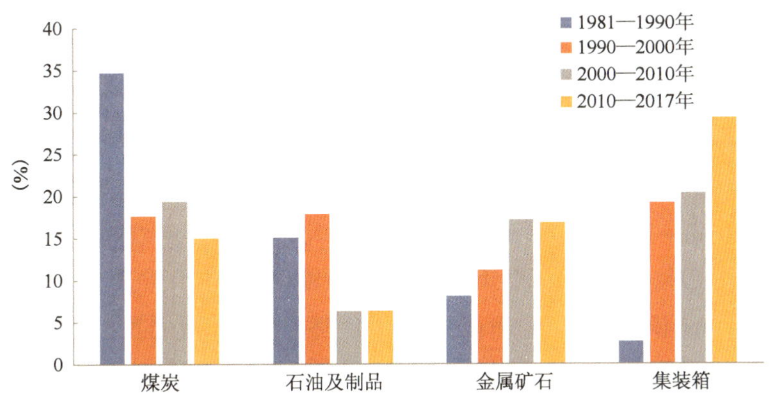

图 15-6　1981 年以来我国港口四大货类对总吞吐量贡献度的变化

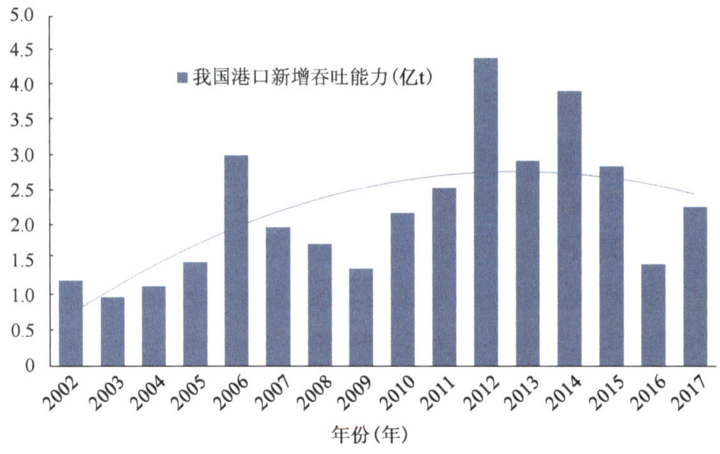


图 15-7　2002 年以来我国港口新增吞吐能力变化

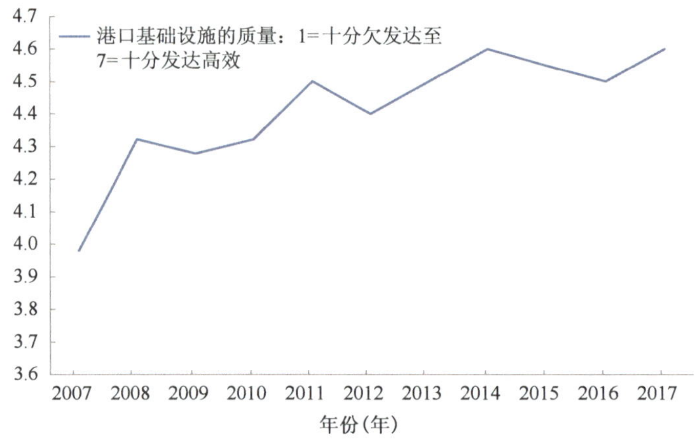


图 15-8　2007 年以来我国港口基础设施质量评价变化

## 第四节　供给侧结构性改革要求水运不断优化服务供给

推进供给侧结构性改革,是以习近平同志为核心的党中央深刻把握我国经济发展大势作出的战略部署,是我国经济的发展主线,是适应后国际金融危机时期综合国力竞争新形势的主动选择。党的十九大提出,我国经济已由高速增长阶段转向高质量发展阶段,现代化经济体系建设必须以供给侧结构性改革为主线。

早在 2007 年 8 月,时任上海市市委书记习近平主持市委常委学习会议时就讲话指出,今后五年是上海国际航运中心建设的关键时期,要继续大力推进基础设施建设,提高运营效能,推动航运服务业企业成群、产业成链、要素成市,提升上海在国际航运中的地位和作用。

我国交通运输已实现从“总体缓解”向“基本适应”的重大跃升，但结构不优、大而不强的问题尚未得到根本扭转。加快交通运输供给侧结构性改革、促进交通运输提质增效升级，要求水运发挥运能大、成本低、能耗小、排放少、占地少的比较优势，加快内河高等级航道建设，加快完善港口集疏运网络，加大与其他交通方式衔接，积极拓展现代物流服务功能，进一步降低全程物流成本和能耗；加大制度创新、体制完善和政策突破，加快建设具有全球竞争力的世界一流国际航运中心，大力发展现代航运服务业，更好提升全球航运资源的配置能力和全球航运市场的服务能力；深化水运重点领域改革，进一步简政放权、强化市场管理，积极与国际接轨，并在部分领域形成引领，为不断优化、提升水运服务供给创造良好的环境。

## 第五节 创新驱动战略要求水运加快转型升级和新动能培育

当前，经济从高速增长阶段转为高质量发展阶段，处在转变发展方式、优化经济结构、转换增长动力的攻关期，由传统的以要素投入、投资拉动、高速增长为特征的发展模式，向形态更高级、分工更复杂、结构更合理的阶段演化，发展动力更多转向创新驱动。

2018 年 11 月，习近平总书记在上海考察，视频连线洋山自动化码头时指出，要有勇创世界一流的志气和勇气，要做就做最好的，努力创造更多世界第一。

当前，我国水运业在自动化码头建设等方面，已经迈出积极步伐，部分技术创新、管理等方面已经走在了世界前列，形成了引领示范效应，未来还有很大的创新潜力和空间。厦门远海全自动化码头，于 2016 年 3 月投入商业运营，是全球首个无内燃机驱动设备作业的码头，码头内所有集装箱的搬运均采用市电驱动，自动导航运载车首次采用锂电池动力。厦门远海自动化码头不仅是全球首个第四代自动化码头，也是中国首个全部自主知识产权的自动化码头。2017 年 12 月，全球规模最大的自动化码头，洋山港四期集装箱码头的正式开港投入试生产，标志着中国港口行业的运营模式和技术应用迎来里程碑式的跨越升级与重大变革，为上海港加速跻身世界航运中心前列注入全新动力。上海洋山港四期码头是全球最大的单体自动化智能码头，是全球综合自动化程度最高的码头，是国内唯一一个“中国芯”的自动化码头，是在亚洲港口中首次采用中国自主研发的自动导引车、自动换电系统的码头。2017 年 5 月，青岛港全自动化集装箱码头正式投入商业运营，整个码头上的作业计划全部智能化，后台只需要几名工作人员远程监控就能完成货物的运输调配工作。全自动码头的“无人化”包括了岸边装卸无人化、水平运输无人化、堆码提箱无人化和闸口查验无人化，这个码头也被公众称作“无人码头”。

2018 年，河北省首个全自动化集装箱码头——唐山港京唐港区智慧集装箱码头项目开工；广州港南沙港区四期工程项目举行开工动员会，预计于 2021 年投产，其水平运输设备所使用的无人驾驶集卡全部采用北斗卫星导航技术，将建设成为一个全自动化码头。

水运应紧跟经济发展形势，不断强化智慧港口建设、拓展港口服务功能，以移动互联网及现代信息技术的高速发展为契机，不断强化水运技术和管理创新，提高设备自动化、智能化水平，提升作业效率。提升豪华邮轮、LNG 等高技术船舶制造、修理能力，推进智能船舶、无人驾驶船舶研发，提升在全球修造船领域的技术引领能力和话语权。推动移动互联网、大数据、云计算、物联网等技术在水运领域的广泛应用，加强运输组织优化变革，进一步提升水运服务效率和管理效率。加大水运与旅游、商贸、制造、信息、金融等业态的融合发展，创新服务模式和形态，构建“水运 +”产业体系，培育水运新的增长点和新动能，主动适应我国经济发展新常态，更好引领世界水运行业创新发展。

## 第六节 综合交通发展要求水运不断完善港口集疏运网络

综合交通运输体系和现代物流体系建设要求水运不断完善集疏运网络，发挥综合交通整体效能。习近平总书记强调，要调整运输结构，减少公路运输量，增加铁路运输量，减少公路特别是大宗产品公路货运量，提高沿海港口集装箱铁路集疏港比例。

党的十九大指出，加强水利、铁路、公路、水运、航空、管道、电网、信息、物流等基础设施网络建设。2017 年，国务院印发的《“十三五”现代综合交通运输体系发展规划》提出，完善港口集疏运网络，加强沿海、长江干线主要港口集疏运铁路、公路建设。优先推进上海、大连、天津、宁波—舟山、厦门、南京、武汉、重庆等港口的铁路、公路连接线建设。加快推进营口、青岛、连云港、福州等其他主要港口的集疏运铁路、公路建设。支持唐山、黄骅、湄洲湾等地区性重要港口及其他港口的集疏运铁路、公路建设。新开工一批港口集疏运铁路，建设集疏运公路 1500km 以上。

2017 年，交通运输部、国家铁路局、中国铁路总公司联合印发的《“十三五”港口集疏运系统建设方案》提出，以加快港口多式联运发展为导向，以提升港口集疏运能力和服务水平为核心，着力完善布局、优化结构、强化衔接、提升服务，加快打通铁路公路进港“最后一公里”，补齐港口集疏运基础设施短板。“十三五”时期拟支持约 2000km 的集疏运铁路和 1300km 的集疏运公路建设。铁路方面将重点解决提供公共服务的港口铁路支线或专用线建设问题，实现铁路支线（专用线）与港口及干线铁路的顺畅衔接，2020 年重要港口铁路进港率将提升到 60% 左右；公路方面将重点解决承担港口作业区与干线公路衔接功能的普通公路升级改造问题，力争到 2020 年实现重要港区 100% 通二级及以上路。

伴随全面深化改革,工业化、信息化、新型城镇化和农业现代化进程持续推进,产业结构调整和居民消费升级步伐不断加快,现代物流服务需求快速增长。构建现代综合交通运输体系,加快发展现代物流,助推现代供应链建设,是推进供给侧结构性改革,推动国家重大战略实施的客观要求。

水运作为我国综合交通运输体系和现代物流服务体系中的重要一环,应主动融入综合交通体系建设,加强沿海、长江干线主要港口集疏运铁路、公路建设,加快运输结构调整,强化港口与综合运输大通道的融合发展,形成组合效率。打破多式联运间的信息壁垒,以铁水联运、江海联运等为重点,积极发展大宗货物和特种货物多式联运,重点突破铁路、公路进港"最后一公里",促进与其他运输方式衔接的一体高效,不断提高供应链整体效率,助推制造强国、贸易强国等国家战略实施。

## 第七节 建设美丽中国要求水运加快绿色安全发展

"绿水青山就是金山银山"。随着生态环境保护形势日趋严峻,绿色发展成为我国新发展理念的重要内容。党的十九大明确要求"加快生态文明体制改革,建设美丽中国",对生态文明建设和环境保护作出了重大战略部署,并将"坚持人与自然和谐共生"作为新时代坚持和发展中国特色社会主义的基本方略之一。

交通是资源能源消耗大户,而水运是最绿色的运输方式,在所有交通方式中最具生态、低碳特征。大力发展水运是发展绿色生态交通的第一选项。新时代以人民为中心的发展思想,要求任何行业的发展要充分考虑人的因素,以满足人民日益增长的美好生活需要为第一出发点。关注生活,实现安全发展,成为各行业发展的首要任务。

上述变化要求水运进一步转变发展理念、发展方式、发展模式,以人民为中心,继续贯彻落实"生态优先、绿色发展"的理念,在节能减排、污染物防治、生态保护与修复等方面采取举措,积极建设资源集约、能源结构合理、绿色环保的水路运输系统。要求坚持安全第一,打造平安水运,不断增强安全监管、应急处置及治安防控能力建设,提升我国海上应急救援能力,特别是深远海应急保障能力,建成全方位覆盖、全天候监控、具有快速反应能力的水上安全监管和应急搜救体系,进一步提升水运发展的可靠性、稳定性、安全性等。

# 第三章 我国水运发展站在新起点进入新阶段

## 第一节 我国水运基础设施和运量规模已处于世界前列

### 一、港航基础设施建设全球领先

我国港口基础设施实现由供应短缺向基本适应的转变。特别是21世纪以来,煤炭、铁矿石、原油、集装箱等大型专业化码头和深水航道的不断建设,一批30万t级原油码头和铁矿石码头、10万t级以上煤炭码头和集装箱码头、30万t级航道工程相继建成,主要货类运输系统港口布局进一步完善。环渤海、长三角、珠三角、东南沿海和西南沿海五大区域港口群体码头设施总体已适应发展需要,基本形成以主要港口为主体、其他港口相应发展的布局合理、层次分明、优势互补的现代化港口体系。长江口、珠江口航道及沿海主要港口的航道条件进一步改善,大部分可通航10万t级及以上船舶。

专业化码头和航道条件适应了当今国际海运船舶大型化发展要求,设施的大型化、专业化、现代化水平达到世界先进水平,沿海主要港口的设施规模、装卸效率和技术水平已进入世界前列,可以停靠世界上最大、最先进的干散货、原油、集装箱船和邮轮等。2014年世界集装箱港口生产率排名前10名的港口中,有6个是中国集装箱港口(图15-9)。

内河水运建设力度不断增强,长江干线航道系统治理成效显著。长江南京以下12.5m深水航道二期工程交工验收,长江中游荆江河段航道治理工程通过竣工验收,12.5m深水航道通达南京,长江口至南京全程可通航5万t级以上船舶,内河高等级航道体系基本形成。长江三峡工程双线五级船闸是世界上连续级数最多、设计水头最高、总体规模最大的船闸。航电枢纽从无到有,先后在嘉陵江、湘江、西江等航道上建设30余座航电枢纽。内河主要港口面貌有了重大改观,港口规模化、集约化、专业化水平不断提高。

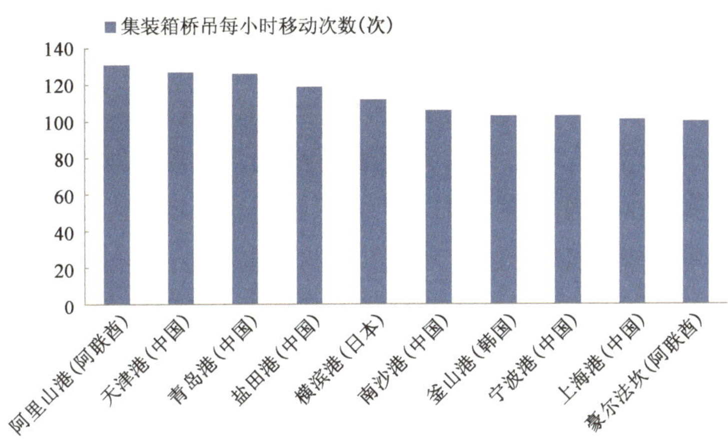


图 15-9　2014 年 JOC 杂志对全球集装箱港口生产率排名情况

截至 2017 年底,全国港口拥有万吨级及以上泊位 2366 个,其中,沿海港口万吨级及以上泊位 1948 个,内河港口万吨级及以上泊位 418 个;全国内河航道通航里程 12.7 万 km,其中,三级及以上航道 1.25 万 km,占航道总里程的 9.8%。我国港口万吨级及以上生产用码头泊位数、内河航道通航里程均居世界第一位。全国拥有水上运输船舶 14.5 万艘,净载重量 2.57 亿 t,平均净载重量 1770t/艘;集装箱箱位 216.3 万 TEU。在集装箱箱位拥有量居世界前 20 位的世界集装箱班轮公司中,中远海运集团排名第 4。2017 年我国海运船队运力规模位居世界第 3。目前,我国初步形成了以大型干散货船、油轮、集装箱船和杂货船为主,客滚船、特种运输船及 LNG 船等为辅的现代化船队。内河运输船舶专业化、标准化持续推进。内河商品汽车滚装船、集装箱船、成品油/化学品两用船、散装水泥船等专业化船舶发展迅速。

2017 年,全国造船完工 4268 万载重吨,承接新船订单 3373 万载重吨,12 月底手持船舶订单 8723 万载重吨,全年造船完工量、新船订单量和手持订单量在全球市场所占份额分别为 41.9%、45.5% 和 44.6%,三大造船指标国际市场份额均位居世界第一。我国骨干船企持续加大科技创新投入,产品结构不断升级,一批高技术、高附加值船舶研制成功。全球首艘 3.88 万 t 智能船舶、全球最先进 6000t 抛石船、8.4 万 $m^3$ 超大型气体运输船、饱和潜水支持船等一批高端船型和海洋工程装备成功交付。批量承接了全球最大的 2.2 万 TEU 双燃料集装箱船、17.4 万 $m^3$ 液化天然气(LNG)船、17.4 万 $m^3$ 浮式液化天然气存储及再气化装置(LNG-FSRU)、30 万 t 浮式生产储油船(FPSO)等高技术船舶和海工订单。

水运业紧紧抓住国家战略需要,紧密结合经济社会发展需要,超前谋划,创造了一批重大的超级工程,在国内外形成了强大的影响力。长江口深水航道治理工程,是我国河口治理和水运事业的伟大创举,是世界上巨型复杂河口航道治理的成功范例。该工程的实施,为改革开放新形势下以上海为龙头的长三角地区和长江经济带沿线经济的发展创造良好的基础条件。上海洋山深水港,当前世界最大的人工深水海港,助推上海港集装箱吞吐量,2010 年首次超越新加坡成为全球最繁忙的集装箱港口;未来随着上海自贸区建设的推进,洋山深水港将会发挥其越来越重要的作用。

近年来,在新一轮开放战略下,我国水运企业加快走出去步伐,创造了诸如巴基斯坦的瓜达尔港、吉布提的吉布提港、斯里兰卡的科伦坡港和汉班托塔港、缅甸的皎漂港等海外重大港口工程,进一步完善了我国海外港口支点布局和全球航运物流服务网络,有力支撑了我国"一带一路"建设的深入推进。

## 二、吞吐量规模位居世界前列

2017 年,我国规模以上港口完成货物吞吐量 126.7 亿 t,外贸货物吞吐量 40.2 亿 t,集装箱吞吐量 2.38 亿 TEU,上述指标多年来均居世界第一,与 2012 年相比,年均分别增长 5.3%、5.8% 和 6.0%。其中,沿海港口完成货物吞吐量 86.5 亿 t,外贸货物吞吐量 35.9 亿 t,集装箱吞吐量 2.1 亿 TEU,与 2012 年相比,年均分别增长 5.4%、5.4% 和 5.9%;内河港口完成货物吞吐量 40.2 亿 t,外贸货物吞吐量 4.3 亿 t,集装箱吞吐量 2701 万 TEU,与 2012 年相比,年均分别增长 5.2%、10.1% 和 6.9%。

我国港口集装箱吞吐量占世界的比例超过 1/4,占亚洲的比例近 1/2,我国海运量占世界海运量的比例超过 1/3,且近年来上述指标仍在不断提升(图 15-10 ~ 图 15-12)。

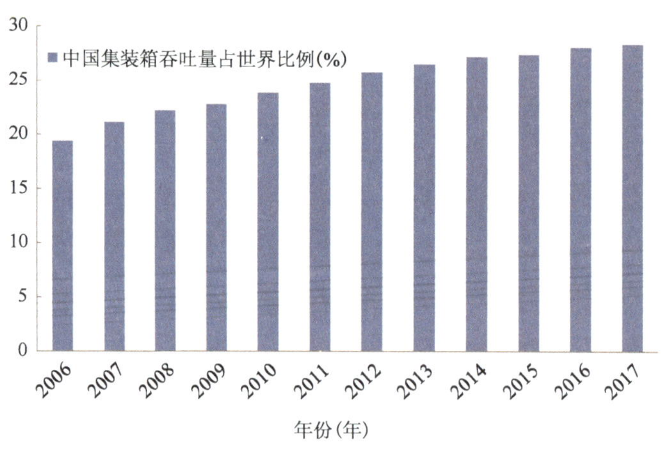


图 15-10　我国集装箱吞吐量占世界比例变化

2017 年,我国港口货物吞吐量超过 1 亿 t 的港口达 40 个,与 2012 年相比,增加 11 个;集装箱吞吐量超过 100 万 TEU 的港口 29 个,与 2012 年相比,增加 7 个。在 2017 年世界港口货物吞吐量、集装箱吞吐量排名前 10 位的港口中,中国均占据 7 个,与 2010 年相比排名有明显的提升(图 15-13、图 15-14)。2017 年,我国内河水运完成货运量 37.1 亿 t,长江干线完成货运量 25 亿 t,是世界上运输最繁忙的通航河流。

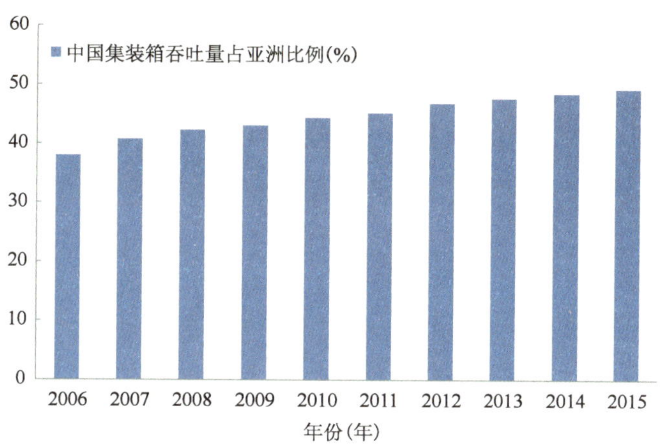


图 15-11　我国集装箱吞吐量占亚洲比例变化

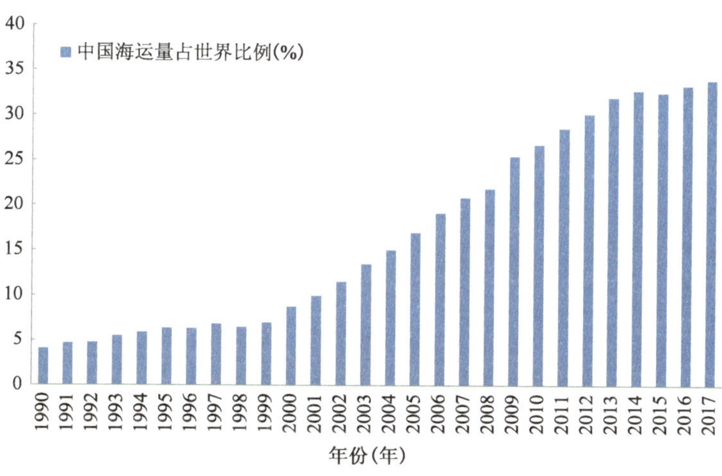


图 15-12　我国海运量占世界比例变化

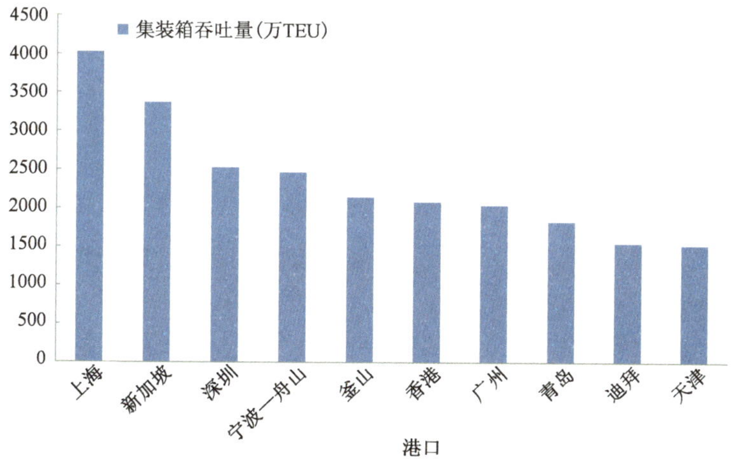


图 15-13　2017 年世界集装箱港口吞吐量排名

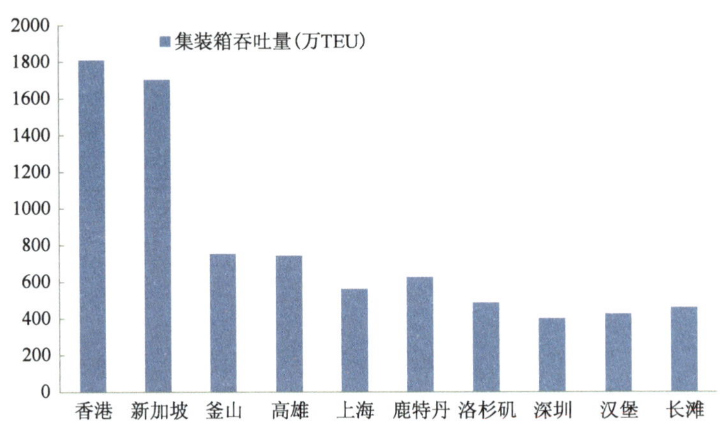


图 15-14　2010 年世界集装箱港口吞吐量排名

上海港集装箱吞吐量持续增长,2017 年突破 4000 万 TEU,约占同期美国所有港口集装箱吞吐量的 78%,如图 15-15 所示。我国港口货物吞吐量超过美国、日本和欧盟港口吞吐量的总和,分别是美国、日本、欧盟的 3.8 倍、3.3 倍和 2.7 倍。

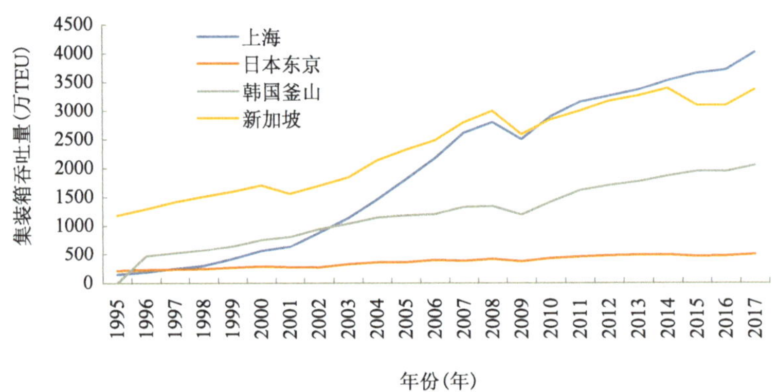


图 15-15　亚洲典型港口集装箱吞吐量变化

## 三、水运服务功能不断创新和拓展

国际航运中心建设取得积极进展。上海、天津、大连、厦门、重庆、武汉等航运中心航运要素不断集聚,航运服务功能不断完善,航运金融业务规模不断扩大。特别是上海国际航运中心依托自贸区平台,全力推进航运领域的改革和开放,加快集疏运体系完善和服务能力提升,启运港退税、沿海捎带、国际中转集拼、国际船舶登记等制度创新加快探索和突破。

港口已经成为我国新一轮对外开放的载体和平台。自 2005 年国家批复建设第一个保税港区上海洋山保税港区以来,共批复建设了 14 个保税港区。保税港区均是依托港口开展相关保税、税收、查验等政策创新。2009 年国务院出台《国务院关于推进上海加快发展现代服务业和先进制造业建设国际金融中心和国际航运中心的意见》，对上海国际航运中心建设进行部署。国家也以不同文件形式明确了大连、天津、厦门等国际航运中心建设任务；在上述航运中心的建设中，港口发挥了重要的载体和平台作用。自 2013 年国务院正式批复成立中国（上海）自由贸易试验区以来，共批复了 12 个自贸试验区建设，其中 10 个有港口依托，2 个有内陆港依托。

物流、信息等现代服务功能不断拓展。以集装箱干线港和部分主要港口为代表，加快推进内陆无水港等区域物流网络设施的建设、区域口岸大通关改革、大宗商品交易市场发展，不断拓展现代物流、保税期货、国际贸易等现代港口功能。信息化得到广泛应用，重点推进了电子口岸建设、港口集装箱多式联运信息服务系统，推广了船联网技术应用，船舶交通管理、港口电子数据交换等领域与世界接轨。主要大型港口企业基本建成智能化生产调度指挥系统，沿海大型集装箱港口信息化已经达到世界先进水平。

大力推广数字航道、水上 ETC、“感知航道”、重点船舶电子监管等新的信息技术。长江干线数字航道已面向社会提供了公共服务。江苏省根据本省船闸较多的特点，重点实施了内河船舶智能过闸系统（水上 ETC）建设。京杭运河无锡段实施了“感知航道”建设工程，实现了对试点段航道的全天候、全区域、全过程监测。浙江省发挥港口、航道、海事、船检统一管理的体制优势，着力推进重点船舶电子监管，并着手推动部分船舶不停航电子签证服务。重庆长江上游和武汉长江中游航运中心分别依托信息技术手段推动了航交所等水运服务新平台加快发展，有力促进了航运服务要素进一步集聚，为内河航运市场提供了更加专业高效的货运交易、船舶交易、人才交流、运价信息等服务，航运服务能力明显加强。

通过吸引外资，国外先进的管理理念和管理方法在我国主要港口获得了广泛应用。以市场为导向，加强港口资源整合、优化配置，我国港口管理水平和作业效率显著提高，部分沿海主要港口已处于世界先进水平。通过不断深化改革，创新管理体制机制，逐步建立了比较完善的货运代理、船舶引航等海运贸易服务体系。目前，全国沿海主要港口船舶平均每次在港停时为 1 天左右，在到港船舶明显大型化的情况下，仅为改革开放初期的 1/10。资源利用效率也处于世界先进水平。长江干线运力结构继续优化，2017 年长江干线货船平均吨位达到 1630t，通过三峡船闸的货船平均吨位达到 4330t。

## 四、可持续发展能力不断增强

绿色港口建设取得实效。发布了《加快推进绿色循环低碳交通运输发展指导意见》《绿色港口等级评价标准》《船舶与港口污染防治专项行动实施方案》等；重点推进了绿色港口试点示范、集装箱码头场桥油改电、靠港船舶使用岸电、散货码头粉尘综合防治、LNG 动力船舶试点应用；推动船舶污染排放控制区建设，推动船舶污染物接收处置设施建设，提高船舶含油污水、化学品洗舱水接收处理能力，促进了水运发展与生态、环境保护相协调。港口、船舶能耗和排放明显下降。

港航企业加快转型升级，市场竞争力进一步提升。在国内经济转型、国际航运市场持续低迷的大背景下，我国港航企业加快转型步伐，市场竞争力不断提升，在全球港航市场中的影响力不断增强。

港口运输需求的持续增长带动了港口企业生产经营的总体保持较快增长。其中，上港集团，2017 年实现营业收入 374.2 亿元，同比增长 19.3%，归属于上市公司股东净利润 115.4 亿元，首次突破百亿元，同比增长 66.3%（图 15-16）。大连、天津、青岛、上海、宁波—舟山、广州等大型港口企业开始依托港口运输主业，积极拓展港口物流、国际贸易、港航金融等增值服务，实施多元化战略，不断提升企业经营绩效和长期可持续竞争力。

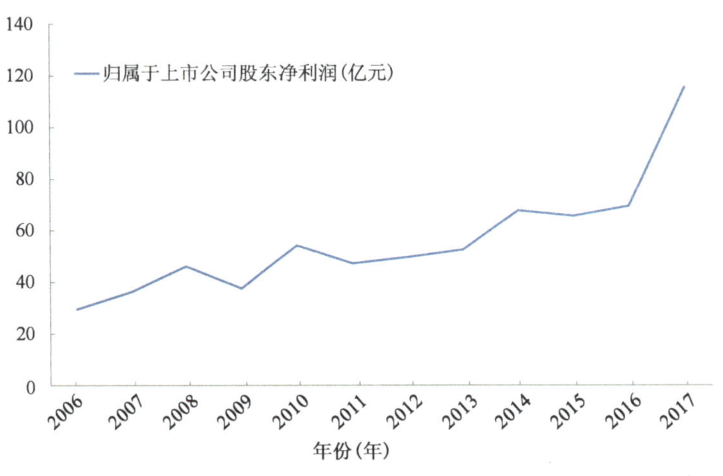


图 15-16　历年上港集团归属于上市公司股东净利润变化

在国际航运市场持续低迷的大背景下，我国航运企业开始加快战略重组，重新架构全球航运物流产业链的业务分工、价值创造和分配格局，实现企业经营规模化和商业模式联盟化，进一步增强市场竞争力。2016 年，中国远洋与中国海运重组，成立中国远洋海运集团；中国外运长航集团整体并入招商局集团，成为其全资子企业。新成立的中国远洋海运集团综合运力排名世界第一，其中，集装箱经营船队规模居世界第三（含东方海外），干散货自有船队运力、油轮船队运力、杂货特种船队均居世界第一（图 15-17）。

## 五、上海国际航运中心影响力逐步提升

上海现代航运服务功能不断完善，航运服务业开放力度不断加大，国际性、国家级航运功能性机构不断集聚，上海国际航运中心在参与全球航运要素资源配置中的影响力逐步提升。

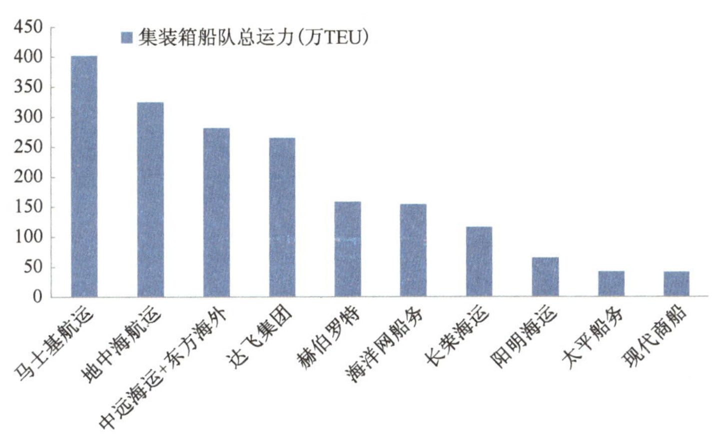


图 15-17 世界集装箱班轮公司集装箱船队总运力规模排名(2018 年 9 月)

船舶交易市场不断发展。2017 年,上海航交所完成船舶交易 112 艘次,交易总价值 2.3 亿元;完成船舶评估 61 艘次。同时,上海航交所为客户提供船舶价格评估、船舶招投标、船舶买卖合同签订等船舶处置一条龙服务,全年处置船舶 21 艘次。自 2010 年至 2017 年底,上海航交所"中国船舶交易信息平台"共接收船舶成交信息报送 30504 艘次,5014 万总吨,4464 万载重吨,成交金额 701 亿元。

航运保险机构加快集聚。目前,上海共有 59 家财产保险公司经营航运保险业务,其中,包括全国唯一一家航运类自保公司和全部 11 家航运保险营运中心。此外,上海还有 176 家保险中介机构以及大量航运法律、海损理算机构提供中介咨询服务,基本形成了"经营机构 + 专业中介 + 服务机构"的完整航运保险产业链。2017 年,上海船舶险和货运险年保费收入 37.12 亿元,全国占比达 25.1%。上海航运保险协会作为全国性航运保险同业组织,目前会员单位在全国航运保险市场的份额超过 90%。

船舶检验能力不断增强。目前,上海地区进行船舶检验业务的机构主要有中国船级社上海分社、上海船舶检验处和国外船级社(美国、英国、挪威、德国、法国、意大利、日本、韩国)。

仲裁服务不断拓展。上海国际航运仲裁院自成立以来,已受理了近千起涉及物流仓储、海上货物运输、船舶租赁、船舶配件及造船材料购销、船舶设计、陆上与航空交通工具交易等类型纠纷,积累了丰富的仲裁成果。除聘任大量的法律、经济界人士为仲裁员外,还吸纳一大批海事海商、航空、物流运输等领域的专业人士,为上海国际航运仲裁院提供强有力的支持。

上海航运交易所发布集装箱运价指数,成为全球集装箱运输市场风向标。2017 年 7 月,上海航运交易所正式对外发布了"一带一路"航贸指数。上海航运交易所自 1998 年发布全球首个海运集装箱运价指数(CCFI)以来,至今已形成涵盖集装箱、干散货、油运、买卖船、船员薪酬、"一带一路"等完整的"上海航运指数体系(SHSI)"。其中,CCFI 发布 20 年来,已经积累了近 2000 万条基础数据,完整地反映了 20 年来集装箱国际海运市场 6 个周期变化。指数不仅获得了船东、货主的充分认可,现货"指数挂钩协议"更是作为市场标准被买卖交易双方广泛使用;集装箱指数挂钩协议已成为美国联邦海事委员会(FMC)运价备案的标准被大量运用。

航运服务总部基地加快打造。上海市虹口区航运服务企业数量达到 4452 家。"十三五"时期,虹口区将通过打造"一线两圈四中心"格局进一步发航运服务:临江沿线吸引航运业总部落户,霍山路促进航运信息交流,密云路聚焦船员服务,以此打造国际航运交流服务中心、国际航运人才服务中心、国际航运金融服务中心和国际航运创新企业服务中心。

邮轮经济不断发展壮大。目前,歌诗达、地中海等邮轮公司纷纷落户上海。上海吴淞口国际邮轮港所在的宝山已成功引进各类邮轮企业 50 余家,"邮轮总部经济"逐渐凸显。在下游,通过打造"吴淞口"邮轮服务品牌激发邮轮带动效应。上海国际邮轮旅游服务中心正式成立,积极推动"邮轮保险""邮轮直通车""邮轮便捷通关条形码"等服务。2017 年 3 月,吴淞口邮轮港还建成了乐购仕跨境电商项目,打造"境内下单、境外提货"的邮轮旅游全新购物模式。此外,邮轮船供服务迎来重要机遇,2017 年邮轮船供总金额超过 4 亿元。

## 第二节 水运在我国经贸发展中的作用不可替代

### 一、水运为我国外贸发展提供了最重要的运输保障

水路交通充分发挥物流枢纽和产业平台优势,在大宗能源、原材料和外贸物资运输中发挥了至关重要的作用,有力支撑了我国对外贸易的快速发展。2017 年,我国港口承担了约 11.4 亿 t 外贸铁矿石进口、3.8 亿 t 外贸原油进口、2.2 亿 t 外贸煤炭进口、1.2 亿 t 的外贸粮食进口(图 15-18),占我国相应物资外贸进口总量的比例均在 90% 左右。

### 二、水运成为我国大宗能源原材料等重点物资运输的重要保障

沿海港口和内河干线是"北煤南运""北粮南运"等大宗物资区域交流的运输主通道,2017 年北方港口完成煤炭一次下水量 7.4 亿 t(图 15-19),承担了我国华东、华南沿海地区三分之二左右的煤炭调入运输任务,有力保障了上述地区电煤需求和电力、冶金等重化工业的平稳运行。沿江大型企业生产所需的 80% 铁矿石、72% 原油、83% 电煤均通过长江港口进出。

### 三、水运在促进区域经济发展、优化产业布局中发挥中了重要作用

水运在促进区域经济发展、优化产业布局中发挥了重要作用。沿海沿江港口以其"大

进大出”的规模化运输优势，有效引导和带动了冶金、石化、电力、加工制造等产业的临港布局和集聚，推动了沿海沿江地区的工业化和城镇化进程，促进了地区生产力布局的优化调整。

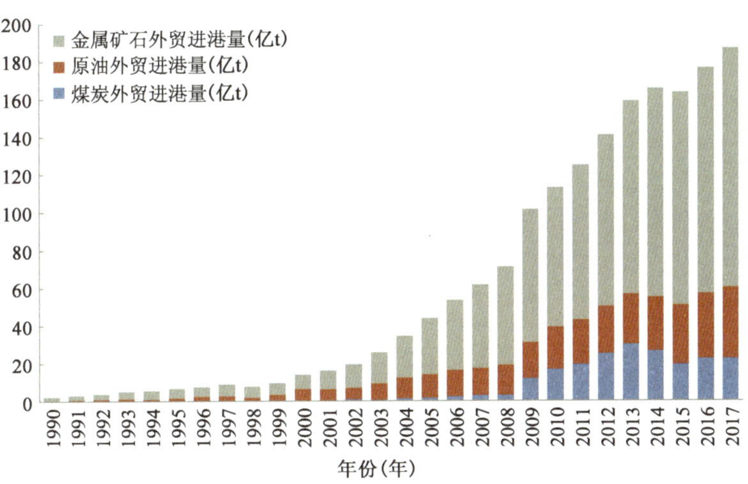


图 15-18　1990 年以来我国港口重点物资外贸进港量变化

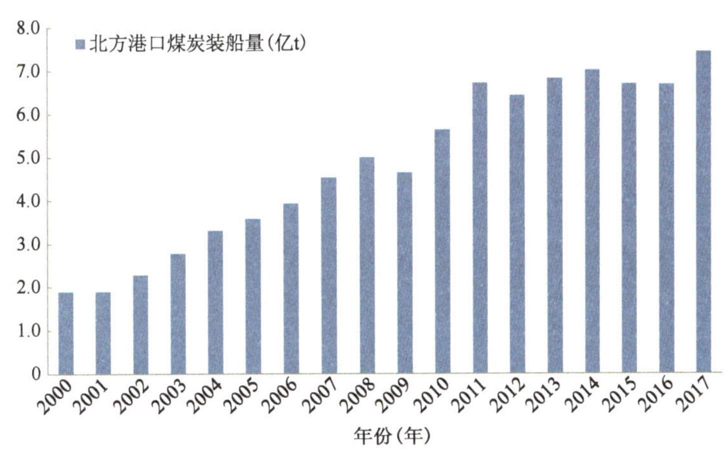


图 15-19　2000 年以来我国北方港口煤炭装船量变化

我国沿海及内河沿线地区已经成为我国重大生产力布局的核心依托。沿海和内河港口所在的省份，集聚了全国约 75% 的常住人口、79% 的 GDP、91% 的外贸额，集聚了全国约 81% 的原油加工量、82% 的生铁产量，已经成为我国重大生产力布局的核心依托。

2017 年，我国生铁产量排名前 15 名的省市中，有 12 个位于沿海及内河沿线；原油加工量排名前 15 名的省市中，有 12 个位于沿海及内河沿线(图 15-20、图 15-21)。

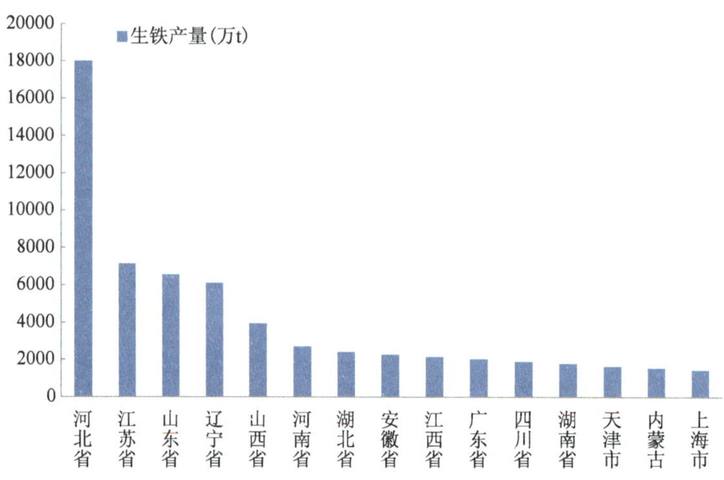


图 15-20　2017 年我国生铁产量前 15 名省(自治区、直辖市)

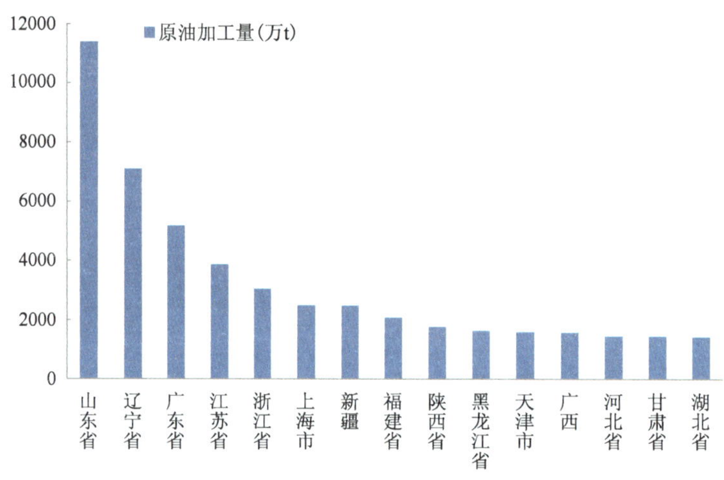


图 15-21　2017 年我国原油加工量前 15 名省(自治区、直辖市)

## 四、水运成为综合运输中不可或缺的重要运输方式

水路交通加强了与高速公路、铁路通道等运输方式的有效衔接,有力推动了多式联运和综合物流的发展,大大提高了全社会的物流服务水平和效率,在国家综合运输体系中的作用凸显。2017 年,全国水路完成货运量 66.78 亿 t,货物周转量 9.9 万亿 t · km,在综合运输体系中分别占 14% 和 51%(水运货运量、货物周转量包含远洋部分)(图 15-22)。水运在综合运输体系中的大通道作用明显。

## 五、水运在促进产业转型和消费升级中发挥了重要作用

水运在促进产业转型和消费升级中发挥了重要作用。如国际航运中心建设带动了现代航运服务业的发展,促进了区域产业结构调整和转型升级。

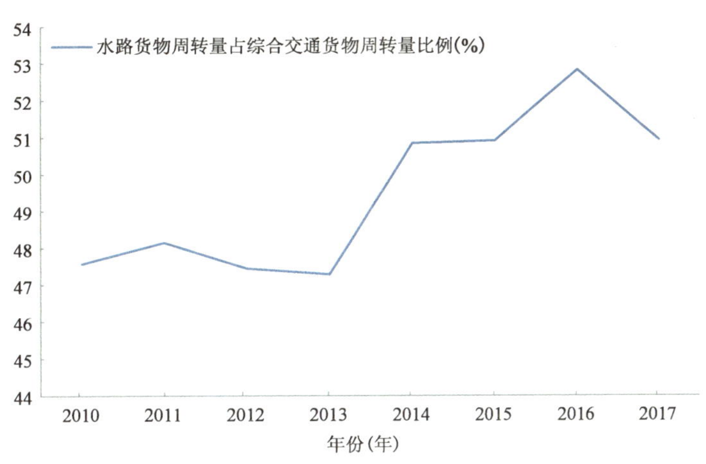


图 15-22 2010 年以来我国水路货运周转量占综合交通货运周转量比例变化

以上海国际航运中心建设为例,近年来,现代航运要素集聚明显加快。截至 2017 年底,上海共有国际航运及其辅助企业 2679 家,其中,国际船舶运输企业 59 家,国际船舶代理 148 家,国际船舶管理 110 家,无船承运人 2323 家,外商独资船务 38 家,船舶交易服务机构 1 家。航运融资、航运保险、航运金融衍生品等业务得到进一步发展,业务规模均居全国前列。截至 2017 年底,4452 家航运服务企业集聚在虹口北外滩,其中,航运功能性机构达到 35 家。入驻航运企业类型涵盖了船公司、航远金融、交易经纪、海事仲裁、信息咨询、教育培训、船代、货代等一整条航运服务产业链。作为上海国际航运中心现代航运服务体系建设的主战场,北外滩坚持高端引领,积极发展高端航运服务业,以每年新引进 20 家航运中高端服务企业的速度,持续吸引航运高端要素,汇集高端人才,丰富航运产业链,已成为国内航运功能要素重要集聚区之一。

邮轮产业的发展促进了我国消费结构升级。2017 年我国港口接待邮轮 1098 艘次,与 2012 年的 285 艘次相比,年均增长 31%,接待旅客 478 万人次,与 2012 年的 66 万人次相比,年均增长 49%。其中,上海邮轮码头及配套设施建设日益完善,邮轮和旅客接待量快速增长,2017 年,接待邮轮和旅客分别达到 512 艘次和 298 万人次,与 2012 年相比,年均分别增长 33% 和 53%。

从 2006 年我国始发港邮轮市场开始,截至 2017 年底,我国邮轮港口接待邮轮总量达到 5807 艘次,接待出入境游客量达到 1813.54 万人次。其中接待始发邮轮 3720 艘次,始发邮轮出入境游客量达到 1482.82 万人次,即大约接待 741.41 万人次客源量;接待挂靠港邮轮总量达到 2087 艘次,接待挂靠港游客 330.72 万人次,即大约接待国外游客 165.36 万人次客源量。我国始发邮轮接待量保持增长趋势,从 2006 年的 18 艘次增长到 2017 年的 1098 艘次,增长了 60 倍(图 15-23、图 15-24)。

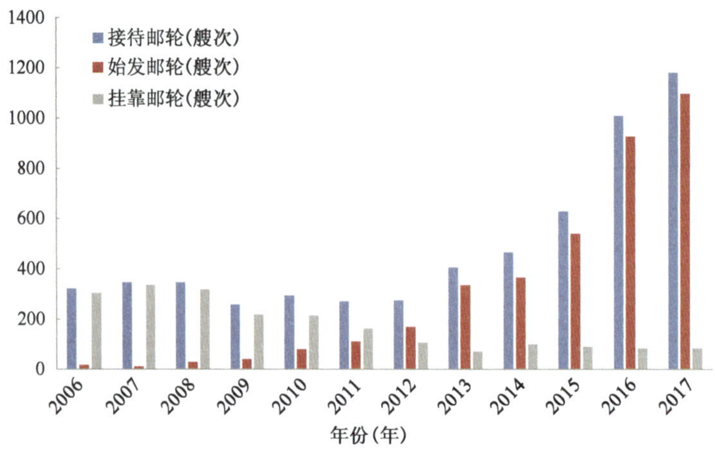


图 15-23　2006 年以来我国邮轮港口接待邮轮艘次变化

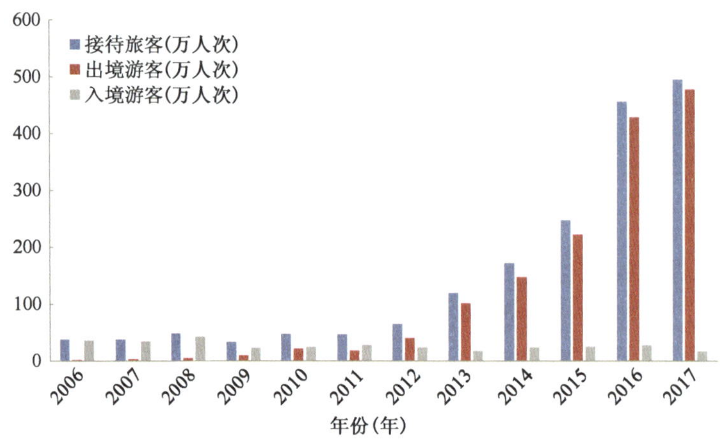


图 15-24　2006 年以来我国邮轮港口接待旅客变化

## 六、港口在"一带一路"建设中发挥了重要的支点作用

我国港航企业不断加大国际航线航班密度,班轮连接指数稳居世界第一(图 15-25)。近年来,我国不断加大"一带一路"沿线国家航线航班密度,为我国与"一带一路"沿线国家货物贸易提供了有力保障(表 15-1)。2017 年,我国港口欧洲、非洲、东盟航线集装箱吞吐量分别完成 2254 万 TEU、500 万 TEU、1458 万 TEU,占我国港口国际航线集装箱吞吐量的 35%。

全球主要班轮公司海上丝绸之路沿线航线情况(单位:条)　　表 15-1

| 序号 | 公　司 | 亚洲—东南亚、南亚航线 | 亚洲—中东、北非航线 | 亚洲—地中海航线 | 亚洲—欧洲航线 | 合　计 |
|---|---|---|---|---|---|---|
| 1 | 中远海运 | 20 | 10 | 11 | 15 | 56 |
| 2 | 地中海航运 | 3 | 1 | 8 | 2 | 14 |

续上表

| 序号 | 公　司 | 亚洲—东南亚、南亚航线 | 亚洲—中东、北非航线 | 亚洲—地中海航线 | 亚洲—欧洲航线 | 合　计 |
|---|---|---|---|---|---|---|
| 3 | 法国达飞 | 1 | 4 | 9 | 11 | 25 |
| 4 | 郝伯罗特 | 5 | 7 | 5 | 6 | 23 |
| 5 | 长荣 | 8 | 4 | 6 | 7 | 25 |
| 6 | 马士基 | 8 | 5 | 1 | 9 | 23 |
| 7 | 商船三井 | 11 | 3 | 3 | 5 | 22 |
| 8 | 美国总统轮船 | 7 | 4 | 5 | 7 | 23 |
| 合计 | — | 63 | 38 | 48 | 62 | 211 |

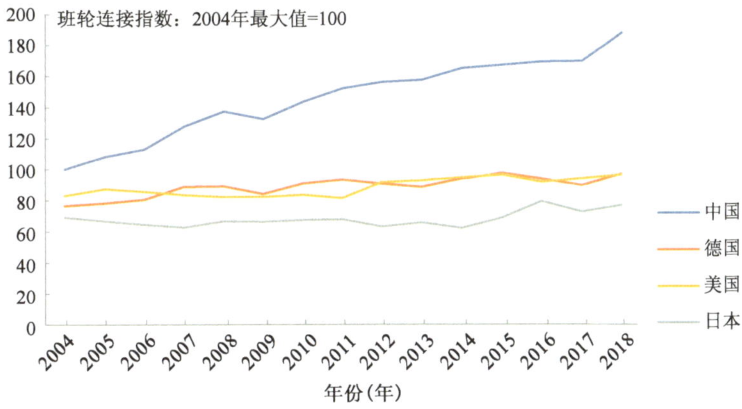


图 15-25　2004 年以来典型国家世界班轮连接指数对比

我国港航企业积极主动贯彻落实国家“一带一路”重大倡议，加快走出去步伐。招商局集团按照巩固亚洲、完善非洲、拓展欧洲、突破美洲的思路，不断完善海外布局。2017 年海外集装箱码头完成集装箱吞吐量 1830 万 TEU，与 2012 年相比，年均增长 115%；占其完成的集装箱总吞吐量的 18%，与 2012 年相比，占比提升约 17 个百分点（图 15-26）。

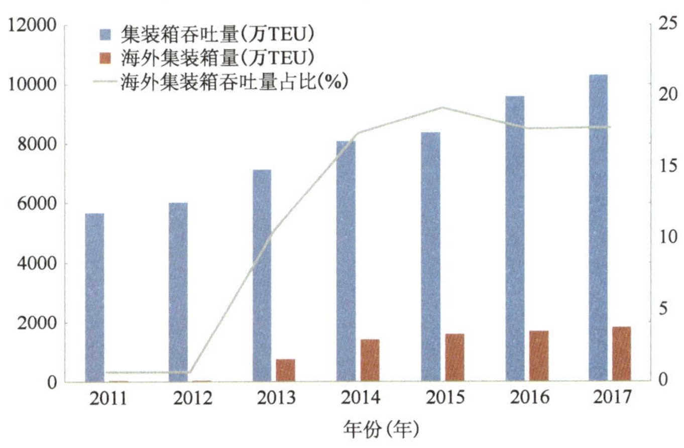


图 15-26　2011 年以来招商局港口集装箱吞吐量变化

中远海运集团积极推进全球化码头布局，重点推进欧洲、中南美、东南亚等地区项目，并同时关注非洲的投资机会。2017 年集团海外集装箱码头完成集装箱吞吐量 1884 万 TEU，与 2012 年相比，年均增长 21%；占其完成的集装箱总吞吐量的 19%，与 2012 年相比，占比提高 3.7 个百分点（图 15-27）。

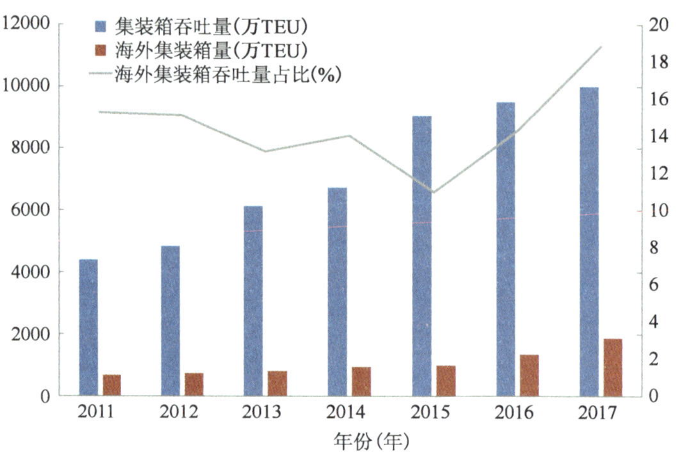


图 15-27　2011 年以来中远海运港口集装箱吞吐量变化

在走出去的过程中，我国企业加大与“一带一路”沿线国家合作开发建设、经营管理港口力度，有力促进了所在国家地区的经济社会发展，拉动了地方就业；积极将先进的经营管理理念、先进技术、人力资本、企业文化等要素与当地深度融合，成为人类命运共同体建设的忠实实践者。

## 第三节　水运发展差距主要在服务和国际影响力方面

### 一、服务经贸发展的保障能力有待进一步提升

主要体现在两个方面。一是内河水运服务能力不高。长江等干线航道仍存在通航瓶颈制约，干支航道高标准直达和联动能力不强，规划的高等级航道达标任务艰巨，航道维护保障能力不足，航道资源保护力度有待提升；内河港口结构有待优化，服务功能较为单一，枢纽作用不强；内河运输船舶标准化、专业化程度不高；航运企业规模小，运输组织化程度低，市场竞争力较弱等问题。

二是我国航运企业国际化经营能力和市场竞争能力有待进一步提升。航运企业作为海运服务的主体，承担了全球对外贸易 90% 的运量，已经成为国际贸易的纽带和桥梁。然而，我国海运外贸进出口货物目前由中国船队承运的比例只有 1/4 左右，而这一比例在进

口原油方面更低,国货国运比例显著偏低。造成这一现象的原因是多方面的,受背后贸易条款、产业、国际物流、金融配套服务等多方面的影响,但船队规模世界占比与我国运输需求占比很不匹配、航运企业国际竞争力有待进一步加强等也是重要因素(图15-28)。

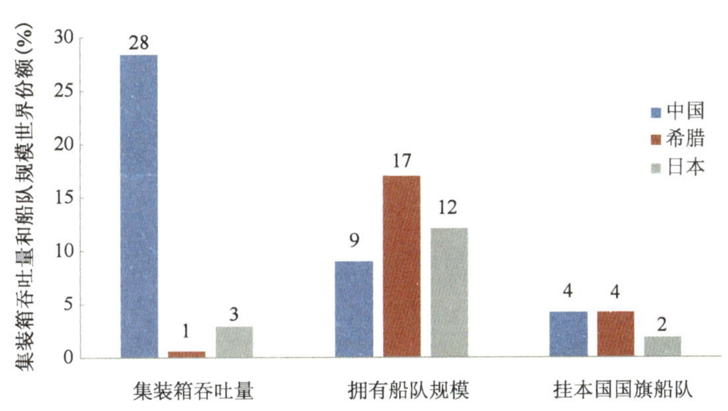


图15-28　2017年我国与希腊、日本集装箱吞吐量和船队规模世界份额

我国海运企业以中远海运等大型企业为代表,加快转型升级,近年来全球市场竞争力明显提升,国际化步伐明显加快,为我国重点物资运输和海运网络布局完善作出了积极贡献。但与世界一流航运企业相比,仍然存在很大的提升空间。

以中远海运、马士基两大航运公司为例,中远海运存在的差距主要体现在以下几方面。①集装箱船队运力的差距。2017年底,中远海运集团集装箱运力规模为183.5万TEU(不含东方海外),世界排名第4,全球市场份额8.5%,运力规模仅为马士基集团的44.3%。此外,从各个航线来看,马士基集团在拉丁美洲航线、非洲航线、中西亚航线和最大的亚欧航线上,运力占比都稳居第1位,其他航线也基本都在前3位以内。②经营收入规模的差距。2010—2016年,中远海运集团年平均营业收入270亿美元,为马士基集团营收规模的53%。2016年中远海运集团在世界500强中排名第366位,马士基排名第298位。③价值创造能力的差距。2010—2016年,中远海运集团年净资产收益率的平均值为0.6%,马士基为3.7%,中远海运集团仅为马士基集团的16.2%。从盈利水平看,2010—2016年,中远海运集团年平均净利润为4.2亿美元,而马士基为26.6亿美元,中远海运集团仅为马士基集团的15.8%。④跨国经营部分领域的差距。中远海运集团海外营收占比仅为32%,而马士基集团则在96%以上。从海外码头看,马士基集团全球范围内共有73个,其中90%以上集中在海外,而中远海运集团48个码头中仅有10个在海外,占比仅为21%。马士基集团在欧洲及波罗的海以外的集装箱吞吐量占比达到68%,而中远集团2016年海外码头集装箱吞吐量占比为14%。在海外集装箱码头运营管理能力和海外跨国经营经验方面,中远海运集团还有提升空间。

## 二、与其他运输方式的衔接有待进一步加强

主要体现在各种运输方式的高效衔接方面。港口集疏运体系建设滞后，疏港公路等级较低，部分能力不足，与城市交通相互干扰普遍。疏港铁路通道与能力不足，老港区铁路专用线面临城市化改造，新港区未能同步建成疏港铁路，"最后一公里"问题较为突出。铁水、公水、江海等多式联运体系尚不完善，集装箱铁水联运占比较低，在体制机制、运输服务、技术标准以及信息共享等方面存在障碍。2018 年 1—10 月，我国港口集装箱铁水联运量占比为 1.78%，其中，沿海为 1.91%，内河为 0.73%，远低于发达国家典型港口一般占比 20% 左右的水平（图 15-29、图 15-30）。世界经济论坛通过用户调查，从港口连接性、口岸效率等方面对全球主要国家港口进行评价，我国港口每年评价得分明显低于美、欧、日等国家和地区（图 15-31）。

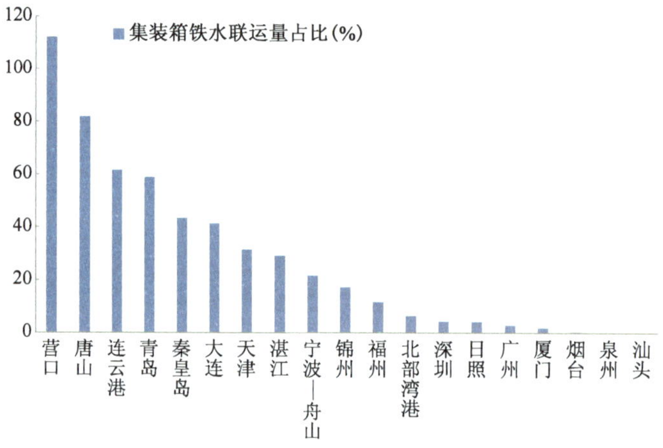


图 15-29　2018 年 1—10 月我国沿海部分港口集装箱铁水联运量占比

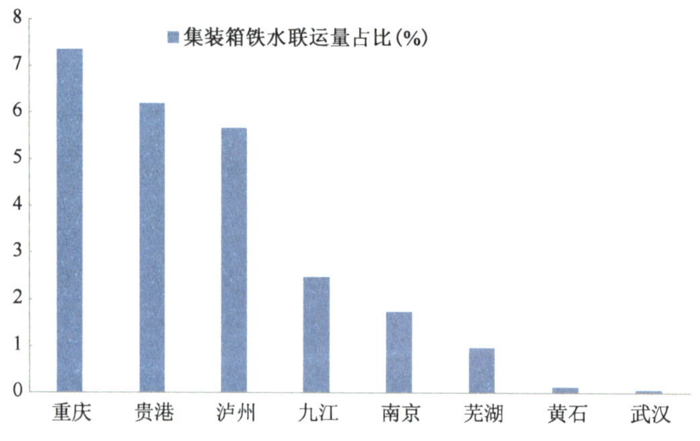


图 15-30　2018 年 1—10 月我国内河部分港口集装箱铁水联运量占比

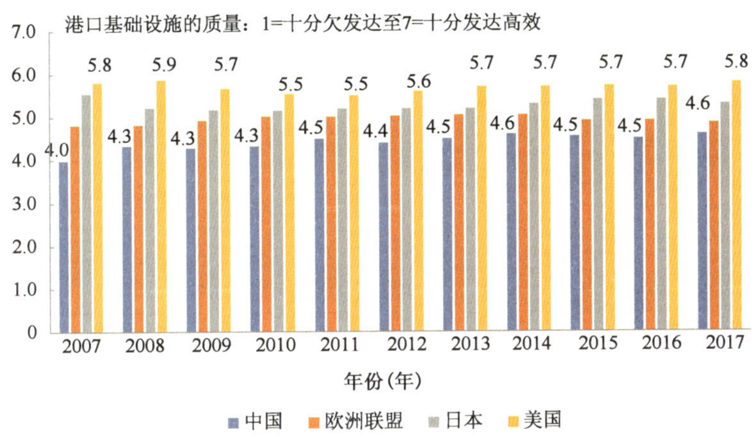


图 15-31　2007—2017 年世界经济论坛港口基础设施质量评价

从总体发展水平看，集疏运系统相对滞后于港口发展。目前，交通运输部划定的 70 个重要港区中，铁路进港率仅为 37%，全国 52 个主要港口中，仍有将近 1/3 的主要作业区没有实现二级及以上公路连通，集疏运系统已成为整个港口运输体系中的明显短板。

## 三、高端现代航运服务有待进一步拓展

主要体现在高端航运服务要素集聚与国外的差距方面。航运中心建设总体仍处在起步阶段，新的突破口尚待挖掘。航运政策、制度有待进一步突破，国际性航运组织及机构入住较少，航运金融、航运交易、航运经纪、信息服务、设计咨询、科技研发、海事仲裁等现代航运服务与世界水运强国相比仍有很大差距，国际航运中心对全球航运资源配置能力和服务能力亟待加强（表 15-2、表 15-3）。

部分现代航运服务全球分布情况　　表 15-2

| 序号 | 业　务 | 市场份额分布 |
|---|---|---|
| 1 | 船舶登记 | 方便旗国家占 50%，亚洲各国占 20% |
| 2 | 航运经纪 | 伦敦占 50% 以上，新加坡占少数份额 |
| 3 | 船舶融资 | 欧洲占 70%，亚洲各国占 26.8% |
| 4 | 航运保险 | 欧洲占 50%，亚洲各国占 27% |
| 5 | 衍生品交易 | 伦敦占主导地位，新加坡占少量 |
| 6 | 海事仲裁 | 伦敦占 80%，新加坡、纽约占少量 |
| 7 | 航运组织 | 全球性的航运组织伦敦占 60% |

主要航运咨询机构所在地　　表 15-3

| 序号 | 机构名称 | 主要业务 | 所在地 |
|---|---|---|---|
| 1 | 波罗的海航运交易所 | 波罗的海干散货指数(BDI),航运运价衍生品设计及交易,航运报告 | 伦敦 |
| 2 | 劳埃德船舶日报 | 航运权威新闻及评论,航运市场分析等 | 伦敦 |
| 3 | 克拉克森 | 航运交易市场数据及分析等 | 伦敦 |
| 4 | 德鲁里 | 航运咨询,航运市场报告等 | 伦敦 |
| 5 | 新加坡海事和港口局 | 海事技术研发,海事教育及培训 | 新加坡 |

具体方面,从航运机构集聚来看,与海运相关的 63 个国际政府间合作组织(IGO)没有 1 个总部设在中国(其中英国伦敦最多,有 7 个)。在 76 个国际非政府间合作组织(NGO)中,总部设在中国的只有 1 个(国际海事教师联合会,IMLA,总部设在上海;英国伦敦最多,有 26 个)(表 15-4)。从海事法律仲裁来看,我国每年的国际海事仲裁数量远远不及伦敦,且没有国际公认的海事仲裁中心(伦敦、纽约、新加坡为国际公认的海事仲裁中心)。从航运金融保险来看,2014 年我国海运保险的市场份额占世界总额的 7.5%,约为英国的 1/4;新型的海事责任险(无船承运人保证金责任保险、海盗赎金保险、游艇保险和船舶抵押人利用保险、港口和码头综合保险、责任物流险等)险种发展滞后,离岸能源险处于起步阶段。

全球与航运相关的主要总部组织所在地　　表 15-4

| 序号 | 机构名称 | 所在地 | 成立时间(年) | 备注 |
|---|---|---|---|---|
| 1 | 国际海事组织 | 伦敦 | 1948 | 政府间国际航运组织 |
| 2 | 联合国贸发会 | 日内瓦 | 1964 | 政府间国际航运组织 |
| 3 | 世界劳工组织 | 日内瓦 | 1919 | 政府间国际航运组织 |
| 4 | 世界贸易组织 | 日内瓦 | 1947 | 政府间与海运有关的国际组织 |
| 5 | 国际货币基金组织 | 华盛顿 | 1945 | 政府间与海运有关的国际组织 |
| 6 | 世界银行 | 华盛顿 | 1945 | 政府间与海运有关的国际组织 |
| 7 | 国际电信联盟 | 日内瓦 | 1947 | 政府间与海运有关的国际组织 |
| 8 | 国际标准化组织 | 日内瓦 | 1947 | 政府间与海运有关的国际组织 |
| 9 | 经纪合作与发展组织 | 巴黎 | 1961 | 政府间与海运有关的国际组织 |
| 10 | 波罗的海国际航运协会 | 哥本哈根 | 1905 | 非政府间海运组织 |
| 11 | 国际航运协会 | 伦敦 | 1921 | 非政府间海运组织 |
| 12 | 国际航运联合会 | 伦敦 | 1909 | 非政府间海运组织 |
| 13 | 国际海运业论坛 | 伦敦 | 1975 | 非政府间海运组织 |
| 14 | 国际独立邮轮船东协会 | 奥斯陆/伦敦 | 1970 | 非政府间海运组织 |
| 15 | 国际干散货船东协会 | 伦敦 | 1980 | 非政府间海运组织 |
| 16 | 国际邮轮协会 | 佛罗里达/华盛顿 | 1975 | 非政府间海运组织 |

续上表

| 序号 | 机构名称 | 所在地 | 成立时间(年) | 备注 |
|---|---|---|---|---|
| 17 | 国际邮轮船东防污联盟 | 伦敦 | 1968 | 非政府间海运组织 |
| 18 | 国际船级社协会 | 伦敦 | 1968 | 非政府间海运组织 |
| 19 | 国际海事委员会 | 安特卫普 | 1897 | 非政府间海运组织 |
| 20 | 国际船舶管理人协会 | 塞浦路斯/伦敦 | 1991 | 非政府间海运组织 |
| 21 | 国际港口协会 | 东京 | 1955 | 非政府间海运组织 |
| 22 | 国际货物装卸协调协会 | 伦敦 | 1952 | 非政府间海运组织 |
| 23 | 海损理算师协会 | 伦敦 | 1869 | 非政府间海运组织 |
| 24 | 国际救捞联合会 | 伦敦 | 1924 | 非政府间海运组织 |
| 25 | 国际航运协会 | 布鲁塞尔 | 1885 | 非政府间海运组织 |
| 26 | 国际航标与灯塔协会 | 巴黎 | 1957 | 非政府间海运组织 |
| 27 | 国际海上保险联盟 | 苏黎世 | 1946 | 非政府间海运组织 |
| 28 | 船舶中介与代理人协会联合会 | 伦敦 | 1969 | 非政府间海运组织 |
| 29 | 国际海事局 | 伦敦 | 1981 | 非政府间海运组织 |
| 30 | 国际运输工人联合会 | 伦敦 | 1896 | 非政府间海运组织 |
| 31 | 石油公司国际海洋论坛 | 百慕大/伦敦 | 1970 | 非政府间海运组织 |
| 32 | 亚洲船东论坛 | 新加坡 | 2007 | 亚洲地区国际海事相关组织 |
| 33 | 东盟船东协会 | 新加坡 | 1967 | 亚洲地区国际海事相关组织 |
| 34 | 联合国亚太经社会 | 曼谷 | 1947 | 亚洲地区国际海事相关组织 |
| 35 | 亚洲发展银行 | 马尼拉 | 1966 | 亚洲地区国际海事相关组织 |

航运经纪是航运交易环节的纽带，其掌握大量船舶买卖信息，推动船舶的快速交割。长期以来，伦敦作为传统航运中心，在航运经纪服务领域依然占据领先地位，特别是信息资源和经纪公司分布数量方面，均表现出较强的竞争力。上海国际航运中心在这方面，还存在很大的差距(图15-32)。

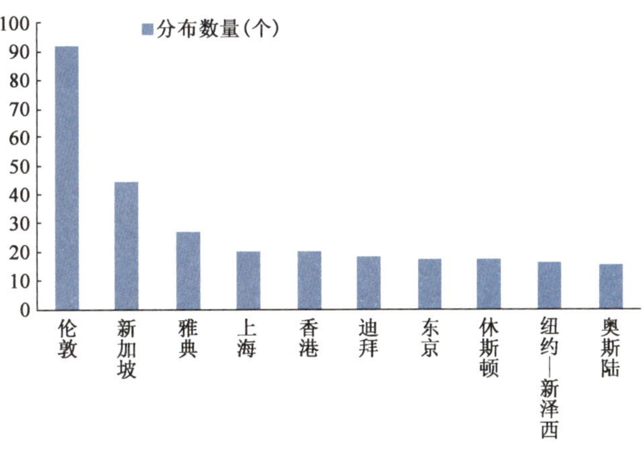


图15-32　全球前10名航运中心经纪公司分布数量

海事法律服务主要对于在海上或可航水域中造成船舶、财产赔偿、损失分摊的特定关系,进行法律层面的问题解决。其中,国际海事仲裁作为航运法律服务的高端产业,是海运贸易的软实力标志。海事仲裁空间格局基本稳定。长期以来,伦敦作为老牌航运中心,凭借其优越的地理位置和一流的服务水平,成为国际海事仲裁机构集聚地,吸引了大量海事仲裁人员。2017 年,伦敦海事仲裁员数量为 428 人,海事仲裁服务实力强劲,上海国际航运中心明显落后,短期内难以赶超(图 15-33)。

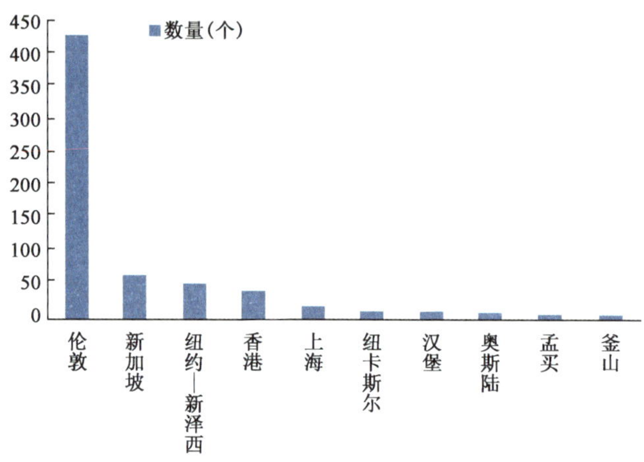


图 15-33 全球前 10 名航运中心海事仲裁员数量

除海事仲裁外,海事律师事务所同样是海事法律服务重要组成部分。2017 年全球海事相关律所合伙人数量最多的是伦敦,上海在这方面差距也比较明显(图 15-34)。

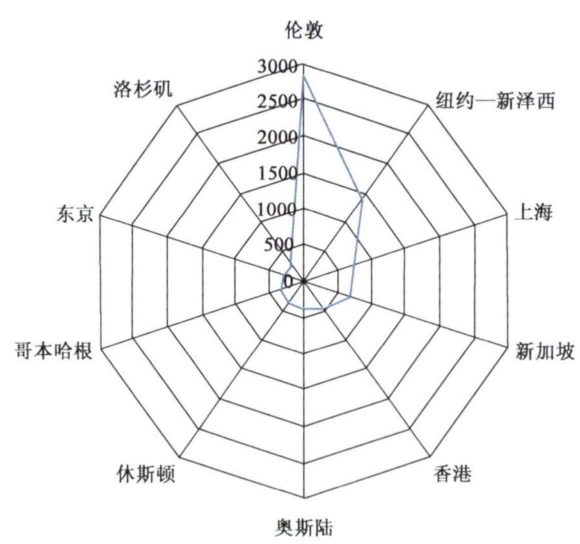


图 15-34 全球海事相关律所合伙人数量前 10 名(个)

航运经营服务是指对船舶的经营管理服务，是航运中心功能升级的基础和依托。从百强散货公司分支机构数量来看，主要集中在新加坡、伦敦，虽然上海也比较靠前，但与第一、第二名仍有很大的差距(图 15-35)。

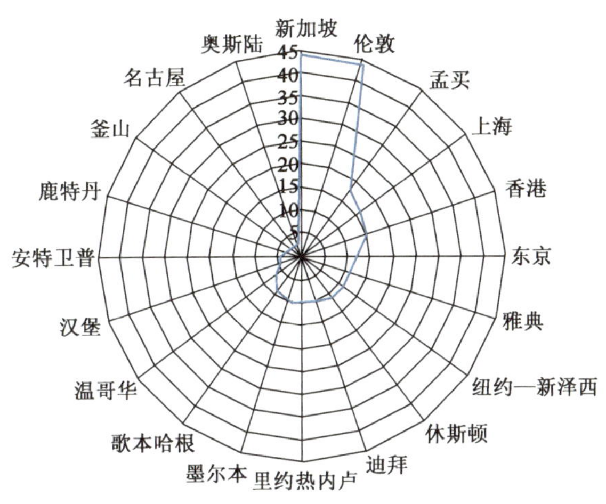


图 15-35　百强散货公司分支机构数量排名前 20(个)

## 四、国际竞争力和影响力水平亟待提升

主要体现在国际竞争力、影响力和贡献度方面仍有很大的差距。国际海事公约、规则和技术标准制定中的贡献度不高；自身的海运利益诉求也得不到有效采纳，处于被动适应地位。中国水运标准规范很多仍在国门之内。航运企业发展水平与国际一流航运企业相比仍有差距，在价值创造力、国际化经营、市场化水平等方面仍有差距，我国海运企业承运进出口货运量的份额仅占总量的 1/4 左右。新兴专业化船队发展滞后。国际航运服务网络覆盖程度仍较低。海运服务贸易长期处于逆差状态并且逆差额持续扩大。

中国在航运交易、航运信息(如知名的航运咨询机构研究报告、具有全球影响力的指数如 BDI 等)、海事教育(如世界知名的海事教育机构)、法律仲裁、航运运价制定等方面仍有很大差距，中国海运智慧贡献小、中国海运方案推出少等，对世界海运发展的总体贡献不高。水运发展理念、技术创新、经营管理、人才培养、中国文化等对世界航运业的引领能力还比较弱，贡献度相对较小。

如我国在世界海事组织(IMO)中的决策层参与度和贡献度不足。IMO 由大会、理事会、5 个委员会、9 个分委员会及秘书处组成，IMO 日常事务由秘书处承担。IMO 秘书处共有来自 50 个国家的 265 名编制员工。我国在 IMO 秘书处的职员不足 10 人，职务级别均较低。1995—2015 年，我国共向国际海事组织提交提案 323 篇，位列所有国际海事组织成员国第12位，与日本、美国等国存在较大差距。1995—2015年，在涉及国际海事组织三大公约提案方面，我国平均参与率2.0%，美国8.6%。2000年之后，在国际海事组织通过的强制性国际公约或规则制定过程中，我国在其中项提案的参与率低于美国，平均参与率低于美国约1/3。在国际海事组织颁发的作为国际海事教育教学指南的72门示范课程中，至今没有1门是由我国政府或相关机构主导开发的。近年来，我国仅负责修订了2门相关课程：2014年上海海事大学负责修订《航海英语》，2015年中国海事局负责修订《雷达导航（操作级）》。1999—2015年，我国仅有5人次在国际海事组织会议中担任主席，位列所有成员国第24位；我国仅有3人次在国际海事组织公约或规则制定过程中担任通信组负责人，位列所有国际海事组织成员国第12位，且与美国、日本等国差距较大（图15-36～图15-41）。

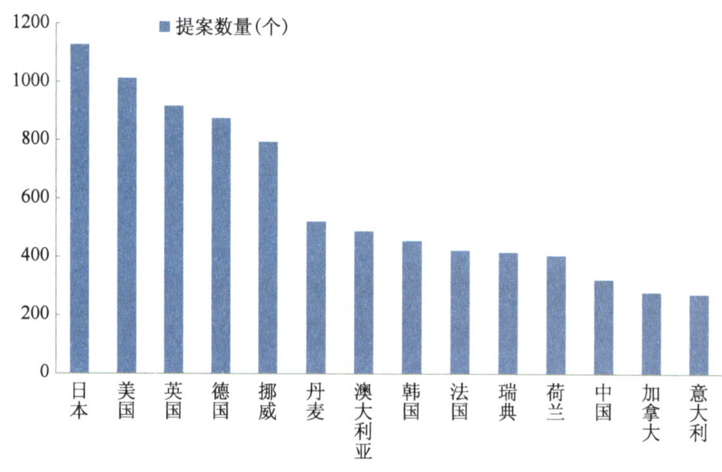


图15-36　1995—2015年主要国家向IMO提交的提案数量

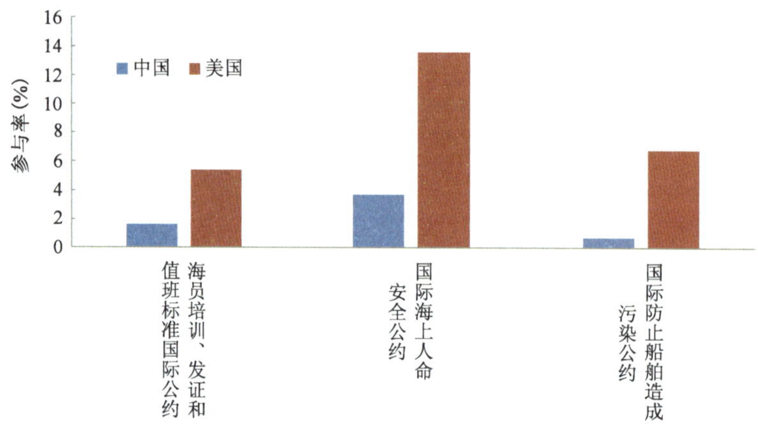


图15-37　1995—2015年中国和美国国际海事组织三大公约提案参与率

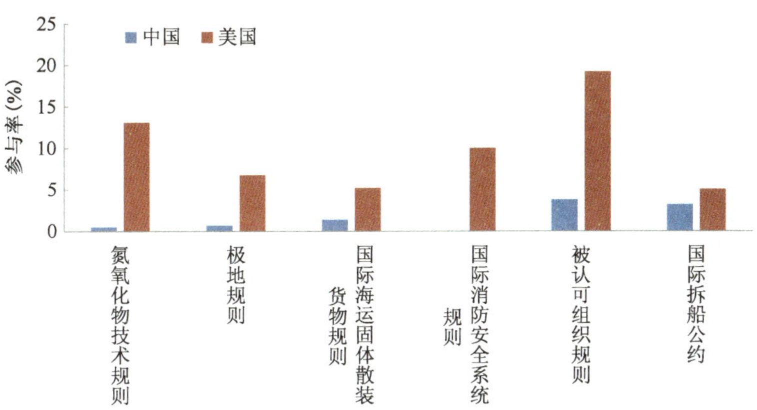


图 15-38　中国和美国在部分海事规则公约中的提案参与率

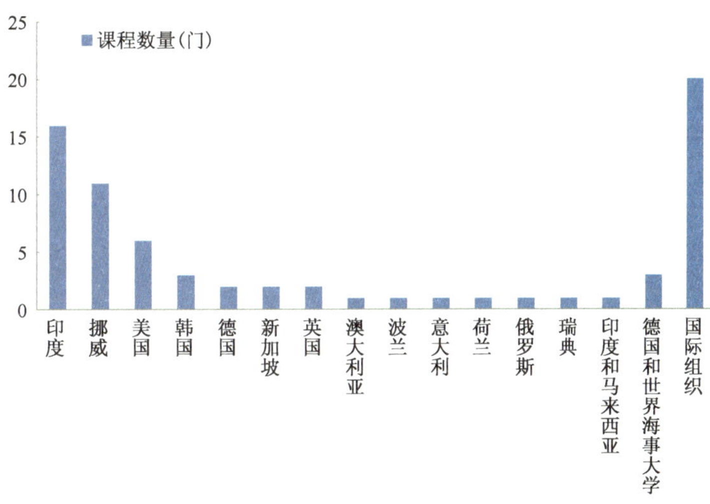


图 15-39　主要国家参与开发国际海事教育示范课程数量

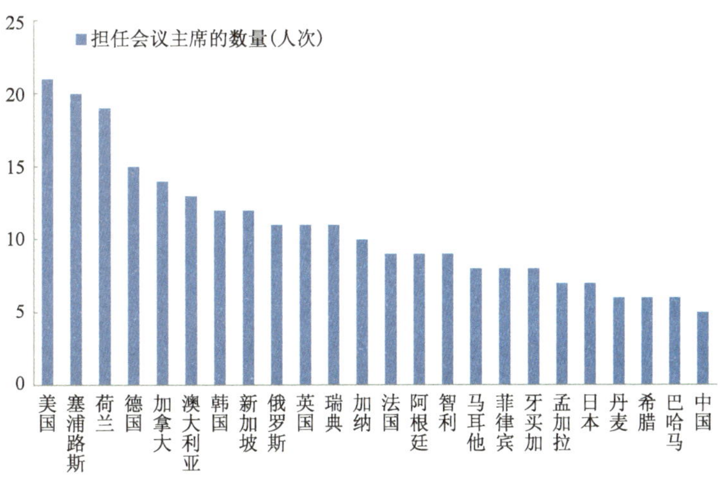


图 15-40　1999—2015 年主要国家在国际海事组织会议中担任主席次数

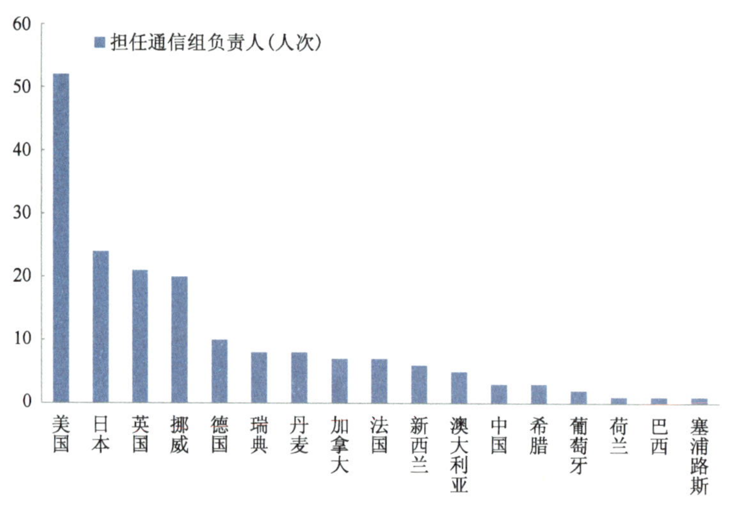


图 15-41　1999—2015 年主要国家在国际海事组织公约或规则制定中担任通信组负责人的人次

### 五、可持续发展能力有待进一步提高

主要体现在绿色安全发展仍需加强。水运发展在部分领域仍存在不节约、不环保、安全隐患大等问题。此外,港口与所在城市在发展空间、交通、环境等方面的矛盾仍比较突出。

## 第四节　我国水运发展进入新阶段

### 一、水路运输需求增速将明显放缓

当前水路运输货运量的统计,主要以注册在国内的航运企业完成的货运量为主要来源,没有包括注册在国外的中国企业或国外企业在为我国经济社会发展提供的水路运输服务量。为更好地反映我国未来水路运输需求的发展趋势,本研究以对沿海、内河港口货物吞吐量为分析对象,对其发展趋势进行判断。吞吐量的发展趋势判断基本能够反映未来我国水路运输需求的发展趋势,故本部分结合已有相关研究成果研究结论,对沿海、内河港口货物总吞吐量和重点货类吞吐量发展趋势给予判断和展望。

(1)我国沿海港口货物吞吐量预测。

基本思路。基于对我国宏观经济形势变化、产业结构升级的影响分析,充分考虑当前我国各区域的工业化发展阶段及未来趋势,参考发达国家工业化相似阶段下的港口发展规律,采取多情景分析,综合相关研究机构对我国 GDP 未来趋势的预测判断,得出我国沿海港口吞吐量的未来走势。

前提假设。我国工业化将在2030年前后全面完成,然后进入后工业化阶段,即钱纳里所说的工业化高级阶段和发达经济阶段;我国在"十三五""十四五""十五五""十六五"期间的GDP年均增速分别为6.6%、5.5%、5%和3.3%左右。

总量判断。2030年前我国沿海港口货物吞吐量总体将继续保持增长的趋势不会改变,增速呈现不断放缓态势;2030—2045年,预计港口货物吞吐量将在一定规模保持总体稳定,年度间有一定波动。预测2015—2030年,我国港口货物吞吐量年均增速2%左右,展望2030—2045年,预计我国沿海港口货物吞吐量年均增速1%左右。

主要货类趋势判断。集装箱的占比处于高位,继续提升;增速相对较快而稳定,相应的物流服务需求多样化、个性化趋势凸显。铁矿石、煤炭、矿建的占比到达高位,有下降趋势;增速波动中明显下滑,中远期绝对量呈现下降趋势。石油、钢铁、水泥、粮食、非金属、木材等货类吞吐量波动增长,占比在一定幅度波动,相对稳定。邮轮旅客吞吐量具备长期增长潜力。

(2)我国内河港口货物吞吐量预测。

我国经济发展从高速增长阶段转向高质量发展阶段,2035年基本实现社会主义现代化。综合经济发展、产业转型升级、工业化和城镇化进程等因素,在对主要货类发展趋势分析的基础上,综合多种方法,预测2015—2030年全国内河港口货物吞吐量年均增长3%左右,展望2030—2045年,预计内河港口货物吞吐量年均增速1%左右。

中西部地区运输需求,以及集装箱和商品汽车运输需求将较快增长。随着人民生活水平提高,对旅游休闲需求的增加,水上旅游客运将成为重要增长点。

综上分析,预测我国水路货运需求仍将持续增长,2030年前能够保持年均2%左右的增速;2030—2045年能够保持年均1%左右的增速。集装箱运输需求成为重要增长动力,水运旅游客运将成为新的增长点。

## 二、水运发展进入转型升级新阶段

综上分析,我国已经成为名副其实的水运大国,具备了由量的积累转向质的提升的物质基础。新时代对我国水运高质量发展提出更高要求,我国水运在由大国向强国迈进中,仍有诸多不足和差距。

党的十九大提出,我国进入中国特色社会主义建设新时代。我国经济发展也进入了新时代,基本特征就是我国经济已由高速增长阶段转向高质量发展阶段。站在新起点上,我国水运发展也进入新阶段,主要呈现三大方面的变化。

(1)发展使命的提升,我国水运发展由积极适应经济社会发展向主动引领经济发展、充当发展先行官、支撑国家重大战略实施、满足人民日益增长的美好生活需要转变。

(2)发展方式和动力的转换,我国水运发展由基础设施和规模总量的高速度增长向重视生态环保安全、重视技术引领、重视服务升级、重视制度创新、重视国际影响力提升,实现高质量发展转变。

(3)发展空间的进一步拓展,我国水运发展由以立足服务国内发展为主向全球拓展助推现代供应链建设转变。

# 第四章 水运强国战略新使命新内涵

## 第一节 国内发展历程总结和国外经验借鉴

### 一、国内水路交通发展历程回顾

中华人民共和国成立以来，特别是改革开放以来，我国水路交通事业的发展取得了长足进步，实现了从改革开放之初的瓶颈制约到20世纪末的初步缓解，再到目前的基本适应的阶段性转变，为国民经济持续快速发展提供了强有力支撑。

从具体发展历程看，我国水运主要经历了以下几个阶段：①改革开放之前，水路交通在面临经济封锁的情况下缓慢发展，形成一定规模。②改革开放到20世纪80年代末，改革开放使得国内经济和外贸发展较快，水运需求快速增长，水路交通取得长足发展。③20世纪80年代末到90年代末，计划经济逐步向市场经济转变，水路运输需求继续增长。④21世纪以来，全面融入全球化，重化工业加快发展，外贸快速提升，我国水路运输需求快速增长，运输规模位居全球前列，水运大国地位基本确立。⑤党的十八大以来，水运发展进入新时代，开始启动由大向强的历史性转变。

（1）改革开放前，“三年大建港”掀起了第一次建港高潮。

中华人民共和国成立初期，我国国民经济处于恢复和调整时期，水运基础设施十分薄弱。运输船舶品种单一、吨位小、技术落后，中国海轮吨位在世界船队中的占比不足0.3%。20世纪50年代以木帆船为主力，60—70年代，以水泥船和利用贷款购买的国外二手船为主。60年代开始，我国开始着手有计划有步骤地建立自己独立的水路交通运输业。1972年恢复联合国席位后，我国对外贸易规模快速扩大，为了迅速改变港口落后面貌，沿海地区和长江干线掀起了第一次建港高潮，港口吞吐量能力有了大幅提高。截至

1978 年底,全国主要港口泊位数增加到 735 个,其中,沿海深水泊位增加到 133 个。期间,内河航道建设经历了 50 年代的建设高潮。60 年代以后,内河航道在相当长的一段时间内严重失养。中华人民共和国成立初期,内河航道通航里程为 7.4 万 km,1960 年增加到 17.4 万 km,1970 年缩短为 14.8 万 km,1980 年进一步缩短到 10.9 万 km。

从港口吞吐量增长看,也呈现质的飞跃。1949 年,我国港口货物吞吐量为 1104 万 t,到 1978 年增长到 2.8 亿 t,增长了 24 倍,其中,沿海、内河港口货物吞吐量分别增长了 29 倍和 18 倍。泊位数快速增加,吞吐能力更是大幅增加,1978 年泊位数是 1949 年的 4.6 倍,万吨级及以上泊位数由 1957 年的 38 个,增加到 1978 年的 133 个。

现在来看,"三年大建港"应该是当时重要的水运发展战略,其重点是在一穷二白的基础上,大力建设港口,提高硬件基础设施保障能力,为当时的经济和外贸快速发展提供运输服务保障。

(2)改革开放到 20 世纪 80 年代末,沿海一批深水港口和内河一批重点工程实施,较好地满足了改革开放带来的经贸发展和运输需求。

十一届三中全会以来,我国实行改革开放政策,沿海省市开放的前沿阵地,经济发展迅速,对外贸易规模急剧扩大,港口码头能力不足的问题日益突出。水运成为制约国民经济和社会发展的突出薄弱环节。为了适应外贸及沿海货物运输需求,扭转港口严重不适应经济发展的局面,国家把港口作为重点行业优先建设,采取多渠道筹资建港方针,充分调动各方面积极性,鼓励和吸引各类社会资本包括外资建设、经营港口,同时开始重视发展国际集装箱运输。大连、天津、青岛、上海、广州等港口开展了集装箱进出口业务。针对能源、外贸运输需求旺盛,水运供给不足的突出问题,沿海地区重点围绕 14 个开放城市及 5 个经济特区开发建设了一批深水港口。沿海港口进入以基础设施建设为重点的快速发展期。内河水运推行"有水大家行船"政策,放开并活跃了水运市场,以长江干线、京杭运河、西江、湘江、汉江等为重点实施了一批重大工程,大幅提高了内河航道的通过能力。

从港口吞吐量增长看,也呈现快速增长势头。1978—1989 年,我国港口货物吞吐量年均增长 9.2%,其中,沿海、内河分别为 8.6% 和 10.7%。泊位数大幅增加,1989 年全国港口生产用泊位数达 2889 个,是 1978 年的 5.3 倍,万吨级及以上泊位数达 276 个,是 1978 年的 2 倍多。特别是内河港口泊位数增长更快,从 1978 年的 424 个,增长到 1989 年的 2984 个,增长了 6 倍多。

这段时期,我国水运发展的战略重点是,继续加大水运基础设施供给,不断破解基础设施的瓶颈制约,不断满足快速增长的水运需求。水运建设重点更加聚焦到重点区域和关键项目,主要围绕改革开放的重点城市,布局重大码头设施,满足快速增长的运输需求。在内河的骨干航道,实施一批重点工程,打通运输大通道,推动中西部地区开放步伐。

(3)20 世纪 80 年代末到 90 年代末,在"三主一支持"交通发展战略指导下,港口建设重点更加聚焦到枢纽港和专业化泊位，内河水运建设投资大幅增加。

进入90年代，传统的计划经济加快向社会主义市场经济转变，我国经济平稳快速发展，运输需求持续增长。在邓小平南行讲话精神指导下，改革开放加速，对外贸易量高速增长。为了加强交通基础设施规划、突出建设重点，1989年，原交通部提出了“三主一支持”交通发展长远规划设想（所谓“三主”，就是公路主骨架、水运主通道、港站主枢纽；“一支持”就是交通支持保障系统），确定了大型专业化码头的建设布局。

沿海重点建设了20个主枢纽港和一批煤炭、原油、铁矿石、集装箱等专业化泊位，相继实施了长江口、珠江口和一些主要港口深水航道工程，完善沿海南北运输主通道，码头深水化、专业化和航道深水化水平显著提升。

内河水运重点建设23个内河港口和“两纵三横”水运主通道（“两纵”是指沿海南北主通道和京杭运河淮河主通道，“三横”是指黑龙江松花江主通道、长江水系主通道和珠江水系主通道）。内河水运建设投入大幅增加，以界牌工程为标志，长江干线中下游航道由维护性治理向现代意义的系统治理的新阶段迈进。积极探索“航电结合、滚动发展”内河水运的新模式，拓宽了内河航道建设的筹融资渠道。港口建设与经营市场化程度不断提高，初步形成了港口多种所有制及多种经营管理方式并存的格局。

港口吞吐量快速增长。2000年，我国港口货物吞吐量达到22亿t，与1990年相比，年均增长11.9%，其中，沿海、内河分别为10.3%和14.7%。泊位数大幅增加，2000年全国港口生产用泊位数达32858个，是1990年的7倍，万吨级及以上泊位数达774个，是1990年的2.5倍。

可以说，这一时期水运发展有了系统的建设发展规划。内沿海港口和内河基础设施建设取得了中华人民共和国成立以来最显著的成效，水运发展瓶颈问题得到初步缓解，初步形成了以主枢纽港大型专业化泊位和专业化船队为基础的煤炭、石油、铁矿石、粮食和集装箱运输系统，特别是集装箱运输系统发展显著。

（4）21世纪以来，深入融入全球化带来快速增长的外贸运输需求，水运大国地位基本确立。

21世纪以来，随着我国加入世贸组织和全面建设小康社会，在更大范围、更广领域、更高层次参与国际经济合作与竞争，国民经济快速发展，能源、原材料及外贸运输需求增长旺盛。国家以市场经济为导向全面开放港口建设和经营市场，启动了新一轮港口管理体制改革，沿海港口大型化、深水化、专业化基础设施建设全面加快，上海、大连、天津等国际航运中心建设取得新进展，现代物流、临港产业等现代港口功能不断拓展，沿海港口开始进入设施建设和服务提升并重的全面发展时期。

内河水运以2005年11月原交通部与长江沿线七省二市高层座谈会为标志，开启了中央与地方政府合力建设长江黄金水道、加快建设以高等级航道为重点的水运发展新阶段。2010 年我国已成为世界第二大经济体、第一大贸易出口国,港口吞吐量和集装箱吞吐量连续多年位列世界第一。2011 年,国务院印发了《关于加快长江等内河水运发展的意见》,将内河水运发展上升到国家战略层面,迎来了新一轮战略发展机遇期。随着经济实力的增强,我国在世界航运界的地位显著提升。目前,我国已发展成世界港口大国和航运大国。金融危机后我国更成为世界水运发展的主要推动力,是世界水运需求总量、集装箱运输需求和铁矿石进口量最大的国家。

港口吞吐量高速增长。2012 年,我国港口货物吞吐量达到 108 亿 t,稳居世界第一,与 2000 年相比,年均增长 14.1% ,其中,沿海、内河分别为 15.0% 和 12.8% 。大型专业化、深水化泊位数大幅增加,2012 年全国港口万吨级及以上泊位数达 1886 个,是 2000 年的 2.4 倍,万吨级及以上泊位数占总泊位数的比例由 2000 年的 2.4% 提升到 2012 年的 5.9% 。

这一时期,我国水运有了更加系统、更加科学的高层次的发展规划作为指导。《全国沿海港口布局规划》《全国内河航道与港口布局规划》两大规划得到国家批复,成为行业发展的重要指导和依据。

(5)党的十八大以来,我国水运加快结构调整和转型升级,加快向水运强国迈进。

党的十八大以来,我国水运业以规划为引领,强化服务保障支撑,不断拓展港口增值服务功能,加快推进安全绿色智慧港口建设,加快转型升级步伐,积极实施走出去战略,我国沿海港口进入了全面转型升级的关键期。内河水运进入了加大投入、加快建设的快速推进期,同时也进入了绿色安全发展和生态保护并重的历史新时期。随着转型升级步伐的加快,水路交通在我国经济社会发展中的基础性和先导性作用进一步凸显,先行官角色进一步突出。

当前,我国基本形成了以国家主要港口为主体、其他港口相应发展的布局合理、层次分明、优势互补的港口体系,构建了较为完善的煤炭、铁矿石、原油、集装箱等主要货类运输系统布局,建成了环渤海、长江三角洲、东南沿海、珠江三角洲和西南沿海五大区域港口群,构建了以“两横一纵,两网十八线”高等级航道为主体的内河航道体系。

随着水运大国地位的确立,我国 2014 年出台《国务院关于促进海运业健康发展的若干意见》,明确提出了建设海运强国的发展目标和主要任务;出台文件,将上海、天津、大连、厦门、重庆、武汉等国际航运中心建设上升为国家战略;先后在上海、天津等地开展自由贸易试验区建设探索,水运成为重要载体和依托;2018 年,国家批复海南探索建设自由贸易港。与此同时,中国企业“走出去”步伐也不断加快,全球布局设点的力度进一步加大。

这一时期,在宏观经济结构调整和产业转型背景下,运输需求增长放缓,港口吞吐量结束两位数增长。2017 年,我国港口货物吞吐量达到 140.07 亿 t,与 2012 年相比,年均增长 5.4% ,其中,沿海、内河分别为 5.7% 和 4.7% 。大型专业化、深水化泊位数继续增加,泊位结构进一步优化,2017 年全国港口万吨级及以上泊位数达 2366 个,比 2012 年增加了 480 个,万吨级及以上泊位数占总泊位数的比例,由 2012 年的 5.9% 提升到 2017 年的 8.6%。

这一时期的水运发展,战略方向明确,规划布局完善,结构不断优化调整,转型升级步伐加快,基本适应了经济社会发展需要。沿海港口大规模基础设施建设时期基本过去,进入了结构调整、功能拓展、科技创新和软实力强化的重要阶段。内河水运一方面将继续补齐航道等基础设施短板,另一方面也将努力与沿海港口发展同步,加快结构调整和功能转型。

回顾我国水运发展历程发现,我国水路交通行业始终紧紧抓住世界产业结构调整和国家改革开放的重大历史机遇,牢牢把握水运作为经济社会发展的基础性、先导性行业定位,始终坚持把加快发展作为第一要务,加强战略谋划,不断优化发展重点,适时调整发展策略,取得了显著成就,为水运大国向水运强国迈进奠定了坚实基础。

## 二、国外水路交通发展战略经验借鉴

从国际典型国家发展经验看,很难对水路交通发展战略进行全面总结和借鉴。关于这方面内容主要体现在海运发展、国际航运中心建设、内河航运发展等领域。为便于比较分析,本部分主要借鉴已有相关研究成果,对典型海运强国发展经验进行分析。

纵观全球,目前海运强国当属欧盟(指欧盟整体)、美国和日本,他们依据发展环境、自身条件、国情特点,各自采取了适用于本国国情的发展模式,并保持了海运强国的地位。

(1)欧盟。

得益于大航海时代的发展成就及经验积累,欧盟是世界海运的发祥地,集聚了绝大多数海运强国。欧盟的海运发展,为其经济、社会发展起到了重要支撑和保障作用,在其国际影响力和话语权提升等方面起到了很好的支撑作用。综合分析欧洲近 30 年的发展历史,欧盟国家虽然已经没有在全球领先的海运强国,但欧盟整体的海运实力仍然是当今世界上最强大的。经过几百年的积累和沉淀,欧盟海运已经形成发达的海运文化、完善的配套政策以及和其他相关产业的合作关系。

海运业投资回报低于市场平均水平,但却关乎国家军事、经济及产业发展安全。为此,欧盟国家通过完善融资、税收和促进技术创新等经济政策,鼓励各类资金对海运业投资,强调市场竞争,不断提升欧洲航运的整体竞争力和影响力。

依托强大的政治、经济、技术及军事影响力,欧盟积极参与世界主要海运通道的建设及维护,具有较大影响力。此外,欧盟船队规模长期处于世界领先地位。据统计,前 10 位运力大国中,4 个属于欧盟。

几百年的海运发展历史使得欧洲成为世界海运发展的引领者,尤其是在航运规则、技术标准、航运服务、航海文化等方面。从早期《海牙规则》《海牙—维斯比规则》,到《鹿特丹规则》、航运碳排放标准等,欧盟不但促进了世界海运发展的规范化,更是世界海运发展先进理念和方向的贡献者、引领者。欧盟拥有以马士基、地中海、达飞等为代表的一批著名航运企业,“希腊船王”更是经久不衰。其中,马士基航运是全球集装箱运输的领头羊,2017 年其集装箱运力已达 356 万 TEU,市场份额高达 16.6%。欧盟还拥有一批世界著名航运中介、资讯公司,在航运信息、咨询、金融、保险和仲裁服务上,集中了一批有影响力的航运金融机构、航运信息中心以及航运仲裁组织等,世界各种航运服务合同文本、仲裁等也大都出自欧洲,在航运相关领域掌控着话语权和规则制定权。此外,欧洲航运服务业十分发达,世界上海运服务贸易顺差的国家很多都在欧洲。

(2)美国。

美国非常注重对世界海权的控制。依托其强大的政治、军事、技术和经济力量,在全球关键海运通道、关键战略节点大都建有军事基地或租用补给点,形成了综合威慑力和海权控制力,对其全球航运网络的安全、可靠、稳定性起到了重要支撑和保障作用。在国内,美国建立国家安全船队保障国家安全需要,同时辅以货载保留、航运补贴等政策来促进国内海运业的健康发展。

美国拥有全球最强大的政治影响力量、军事打击力量和经济惩罚力量,同时拥有强大的海军力量,拥有全球最多的航空母舰战斗群,并以其为核心着力打造美国海运的军事地位。美国在世界主要战略要地都拥有军事基地,对世界主要水运通道都拥有直接控制能力和话语权。美国还拥有完善的国家船队和丰富的海运政策,以滚装船、油船和散货船为依托打造了专业化的国家安全船队。出台《商船法》保留沿海运输权。以安全保障、商船扶持和市场管理为导向,以法律形式形成了完善的运输保障和政策体系,保证了对重要物资运输和关键船队的维护。

美国制定的水运法律法规及相应的水运发展行为,在全球都具有较大的导向性和引领性。依托其技术综合实力,在世界水运技术规则、标准制定和技术发展方向等方面,具有较大的影响力和话语权。以技术创新为例,美国率先将全球卫星导航系统用于航运,引领导航技术发展方向,该技术至今仍处于国际先进水平。

美国虽然缺乏大型国际航运企业,海运服务贸易业也长期处于逆差状态,但由于投资航运业不及简单投资美国国债,加之其他原因,在其不具有竞争优势的情况下,受国家政策扶持,航运业仍可持续提供廉价的航运服务。

(3)日本。

日本海运业发展虽然起步较晚,但极其重视与国家安全利益、国家经济利益与产业利益共享,以合作共赢作为其最终发展目标。日本政府还积极发挥财团作用,在财团内部钢铁、石化、电力、造船、金融和航运等企业形成互动,促进整个行业产业链的良性发展。

日本极其重视海军建设,利用先进技术迅速建立起了一支强大的海上自卫队,并成为亚洲最强的常规海军力量。日本为促进海运业发展并控制海运权益,一方面通过大量到国外参与资源投资,提高资源掌控能力,实现资源进口以 FOB 为主。同时长期把船队作为保障海运的重要手段,建立起规模长期位居世界第二的运输船队,并保持了技术的先进性,拥有日本邮船、商船三井、川崎汽船为代表、具有国际竞争力的航运企业。航运服务贸易出口也居世界前列,进出口重要物资中 2/3 实现日本船队运输。

日本还十分重视世界重要海运通道的安全问题。积极参与打击海盗、海上恐怖活动,通过政府和民间协会等多种途径,积极参与维护马六甲海峡通航安全。日本结合自身实际和航运业高风险、低回报周期性行业的特点,形成的海运利益共享模式,对其他相关国家发展提供了重要的实践指导。凭借其规模巨大的海运需求、雄厚的工业基础力量、先进的造船技术、规模世界第二的运输船队、多个著名航运企业、日本船级社等综合优势,日本在世界海运规则、技术标准制定以及新技术应用等方面发挥积极作用,在部分领域实现了引领。

## 三、对当前我国水路交通发展战略制定的借鉴和思考

在世界海运强国建设过程中,美国以强大的军队实力保障全球主要航运通道安全,政府出台政策保障国内重点物资运输,以技术创新引领部分海运规则、标准制定。我国如何发展好水运,利用其全球网络,维护国家安全,如何以技术创新引领全球海运发展,可借鉴美国经验。日本值得我国借鉴的是,建立航运产业链,通过市场和资本纽带,实现与上下游企业合作共赢,提高整体竞争力。欧洲航海大发现形成的海运带动国家全面发展的时代虽已成为过去,但其形成的航运文化、完善的航运法律、海运政策等,为其长期保持竞争力创造了条件,这方面值得我国借鉴。

过去多年,我国水路交通发展始终坚持的重要战略任务是,加快提升港航基础设施能力,有力支撑重大产业布局,积极适应经济社会发展需要。当前我国水运业转型升级已全面启动,将由基础设施建设向服务功能拓展过渡,将更加注重水路交通服务质量和服务效率的提升,实现高质量发展。

长期看,未来我国水运发展的视野将更加开阔,发展空间将进一步拓展,由过去服务国内经贸发展为主到服务国内、引领世界海运发展、助力全球供应链建设等方向转变。水路交通的国际化是自身发展需要,更是时代赋予的历史使命。布局全球海运服务网络体系,支撑一个国家经济产业全球化布局和扩展,是经济全球化进程中,任何一个经济大国发展战略的重点,也是水路交通应该承担的重大历史使命。在"一带一路"建设大背景下,我国还将积极与沿线国家合作开发建设若干重要港口支点,在完善我国全球航运服务网络的同时,将有力促进港口支点所在国家和地区基础设施水平的提升、经贸产业发展和社

会进步。这也是我国水路交通行业践行人类命运共同体建设的应有之意。

水路交通在各种运输方式中,外向型水平最高,最为开放,国际化水平较高,是交通强国提升国际影响力的关键角色和主力军。提升国际影响力和话语权,引领世界海运业发展,为全球海运业发展作出更大贡献,是任何一个国家在世界经济版图中快速崛起时,国家海运业应当承担的责任和义务。

因此,结合世界海运发展方向及我国国情、未来战略、大国责任及担当,水路交通发展的核心战略是,在以更好支撑国家经贸安全为首要任务的前提下,通过自身发展、促进世界海运共同发展,积极贡献世界海运发展的中国智慧、中国方案,更好助力人类命运共同体建设。

## 第二节 水运强国战略新使命新内涵

### 一、我国水运发展新使命

按照党的十九大总体部署,统筹考虑国内外宏观环境和我国重大发展战略要求,进一步明确新阶段我国水运发展的新使命。

着力提升服务质量,不断优化水运服务供给,推动高质量发展,不断降低全社会物流成本,提高全程物流链整体效率,助推制造强国、贸易强国等建设。

着力完善全球网络,优化布局海外港口支点,加快陆海联运物流网络完善,推动现代供应链建设,支撑我国产业全球化布局和国际产能合作,为我国全方位对外开放战略实施提供有力支撑,更好促进支点所在国家经济社会发展。

着力提升国际影响力,建设中国特色国际航运中心,唱响中国海运声音、贡献中国海运智慧、推出中国海运方案、弘扬中国海运文化,助推人类命运共同体建设,成为交通强国提升国际影响力的关键依托。

着力满足人民新需要,以人民为中心,切实转变发展理念、发展方式、发展模式,贯彻落实“生态优先、绿色发展”的理念,坚持安全第一,打造平安水运,发展邮轮游艇经济,提升生活消费品运输服务能力,满足人民日益增长的美好生活新需要。

### 二、水运强国基本内涵

(1)总体原则。

①充分借鉴国际经验。借鉴世界海运强国、著名国际航运中心、发达内河航运先进经验,在发展模式、发展方向、政策创新等方面汲取有益成分,为我所用。

②立足中国特色国情。充分考虑中国特色社会主义现代化强国建设实际，在目标设定、制度创新、文化塑造等方面，彰显中国特色，充分发挥中国特色社会主义制度的优越性。

③把握水运时代要求。水运发展已经进入新时代，发展重点已经从基础设施建设转向服务质量提升、支撑国家战略等方面。水运的发展更应进一步突出绿色比较优势，加快安全发展，加大技术创新、实现智慧发展。

④系统谋划局部突破。从全局着眼，系统谋划我国水运中长期发展战略问题。同时，注重突出战略重点，寻求关键突破口，以若干关键性路径为突破，实现局部突破带动全局提升。

（2）基本内涵。

水运强国的基本内涵是人民满意、保障有力、世界领先。

①人民满意。注重绿色环保和平安发展，推动港口城市协调，以邮轮游艇发展、国际航运中心建设等带动城市竞争力提升，让城市生活更美好；进一步发挥水运低碳环保比较优势，强化在综合运输体系中的主骨架作用，推动绿色、平安发展，更好地满足人民生活新需要。

②保障有力。发挥好自身运输服务保障功能，不断优化服务供给，切实提高服务质量，不断提升全程物流链效率，主要体现在基础设施装备保障、运输服务支撑、绿色安全可持续发展等。

③世界领先。为国家经济、安全、便捷、高效发展提供强大、高效的战略支撑和先行引领，发挥基础性和引领性作用，充当经济发展先行官，为我国经贸发展提供供应链物流服务，积极参与相关规则、标准制定，更好地为世界水运事业发展作贡献，支撑我国国际影响力和国际话语权提升。

（3）主要体现。

水运强国的主要体现：基础保障力强、战略支撑力强、国际影响力强、发展包容性强。

①基础保障力强。运输高效、全程可控、保障重点物资运输、保障海洋权益和国家安全。

②战略支撑力强。完善全球航运服务网络布局，降低全程物流成本，打造安全可控现代化运输船队，支撑“一带一路”建设和长江经济带、贸易强国、制造强国、海洋强国等国家战略实施。

③国际影响力强。集聚现代航运服务要素，提升全球航运资源配置能力，在国际海运规则、标准制定中作出更大贡献，加大重大引领性技术创新，为世界水运业发展积极贡献中国智慧和方案。

④发展包容性强。处理好与环境保护、安全发展等的关系，实现绿色安全发展，进一

步凸显水运比较优势；贯彻落实“一带一路”建设，强化水运先导性作用，带动沿线经济社会发展，为人类命运共同体建设作出积极贡献。

## 三、水运强国核心指标

主要围绕强国战略基础保障力强、战略支撑力强、国际影响力强、发展包容性强四个方面展开。本文研究提出的是核心指标，不是全面的指标体系。

对上述四个方面进一步细化，应主要体现在以下五个方面：稳定可靠高效的口岸效率、完善的全球航运服务网络、较强的全球航运资源配置能力、较强的全球航运综合治理能力、为人类命运共同体建设作出积极贡献。

因此，具体指标设定应主要考虑以下几个方面。

(1)港口装卸、集疏运效率；

(2)口岸通关效率；

(3)安全可控现代化船队；

(4)海外通道及支点布局；

(5)航线航班网络；

(6)现代航运服务业；

(7)规则标准主导力；

(8)先进技术引领力；

(9)发展理念、文化认可度；

(10)对“一带一路”国家港航设施建设及经济社会发展的贡献；

(11)绿色安全可持续发展水平。

将上述指标进一步具体化，主要包括以下几个方面。

(1)集装箱码头装卸效率、船舶在港停时、平均通关时间、海铁联运占比；

(2)全球竞争力一流的港航企业世界排名、重点货类国货国运比例、船队规模世界排名；

(3)内河等级航道占比、船型标准化率；

(4)典型港航企业跨国指数；

(5)我国海运总体连接度、与“一带一路”沿线国家海运连接度；

(6)邮轮运输规模及自有船队规模，邮轮公司综合实力；

(7)主要航运服务业规模世界占比；

(8)主要国际组织领导职位人数、对规则、标准等制定的话语权；

(9)主要国际性航运组织在华总部及地区总部数；

(10)行业突破性先进技术、先进理念的引领性；

(11)对“一带一路”国家港航设施建设投资额、对经济社会发展的贡献度(如税收、就业、基础设施水平提升等);

(12)单位吞吐量能耗、单位运输量死亡人数。

以上是反映我国水运强国主要特征的指标,考虑指标数据的可得性、可纵向比较性、可国际比较性,并方便以后的后评估、可定量测算等需要,本研究提出我国水运强国的核心指标。

核心指标反映的是我国水运发展的主要方面和状态,但并不具有全面性。核心指标具体包括以下几个方面(表15-5):

(1)港口集装箱铁水联运比例;

(2)港口基础设施质量排名(暂用目前世界经纪论坛排名,以后可考虑重新设计);

(3)造船完工订单、手持订单、新接订单世界排名、占比(暂用中国船舶工业协会统计,后续可考虑改用高新技术船舶占比);

(4)中远海运集装箱运力规模世界排名及占比;

(5)国货国运比例;

(6)船队规模世界排名;

(7)中远海运、招商集团海外港口集装箱吞吐量占比;

(8)上海国际航运中心综合排名(暂用“新华—波罗的海”指数,以后可考虑重新设计);

(9)我国在世界海事组织中的领导席位;

(10)全球性海运组织总部或区域性分部;

(11)中国船级社排名;

(12)邮轮旅客吞吐量规模;

(13)内河等级航道占比、船型标准化率;

(14)单位运量能耗;

(15)年死亡人数。

我国水运强国战略核心指标　　表15-5

| 序号 | 所属方面 | 核心指标 | 备注 | 与交通强国指标对应 |
|---|---|---|---|---|
| 1 | 设施装备 | 港口集装箱铁水联运比例 | 衡量港口集疏运发展水平的重要指标,具有国际可比性 | 便捷 |
| 2 | 设施装备 | 港口基础设施质量排名 | 衡量一个国家港口服务水平的综合性指标(包括衔接、口岸效率等),具有国际可比性 | 经济 |
| 3 | 设施装备 | 内河等级航道占比 | 衡量内河基础设施水平的关键指标,具有国际可比性 | 经济 |

续上表

| 序号 | 所属方面 | 核心指标 | 备注 | 与交通强国指标对应 |
|---|---|---|---|---|
| 4 | 设施装备 | 内河船型标准化率 | 衡量内河运输效率、决定运输成本、体现相对竞争优势的重要指标，具有国际可比性 | 绿色 |
| 5 | 设施装备 | 造船三大指标排名 | 衡量船舶工业发展水平的关键指标，船舶工业是体现一个国家海运实力的重要标志之一，具有国际可比性 | 高效 |
| 6 | 服务功能 | 船队规模世界排名 | 衡量一个国家海运服务保障实力的重要标志之一，具有国际可比性 | 高效 |
| 7 | 服务功能 | 中远海运集装箱运力规模世界排名 | 衡量世界一流航运服务企业的基础性指标，具有国际可比性 | 高效 |
| 8 | 服务功能 | 中远海运集装箱运力世界占比 | 衡量世界一流航运服务企业的基础性指标，具有国际可比性 | 高效 |
| 9 | 服务功能 | 国货国运比例 | 衡量一个国家本国航运企业对本国重点物资运输保障能力的重要指标，具有国际可比性 | 安全 |
| 10 | 服务功能 | 邮轮旅客吞吐量规模（万人次） | 代表港口服务转型的重要指标，具有国际可比性 | 便捷 |
| 11 | 可持续 | 水运企业每千吨海里单耗（千克标准煤） | 考核一个企业绿色化发展水平的重要指标，具有国际可比性 | 绿色 |
| 12 | 可持续 | 港口企业每万吨单耗（吨标准煤） | 考核一个企业绿色化发展水平的重要指标，具有国际可比性 | 绿色 |
| 13 | 可持续 | 年死亡人数（人） | 体现行业安全发展水平的重要指标，具有国际可比性 | 安全 |
| 14 | 影响力 | 上海国际航运中心综合排名 | 体现航运中心综合竞争力的重要指标，具有国际可比性 | 高效 |
| 15 | 影响力 | 中远海、招商海外港口集装箱吞吐量占比 | 衡量一个企业国际化水平的重要指标，具有国际可比性 | 高效 |
| 16 | 影响力 | 我国在世界海事组织中的领导席位 | 衡量一个国家在世界海运治理中话语权的代表性指标，具有国际可比性 | 经济 |
| 17 | 影响力 | 中国船级社排名 | 衡量一个国家在世界船舶标准、规范、技术等领域引领性的代表性指标，具有国际可比性 | 经济 |
| 18 | 影响力 | 全球性海运组织总部或区域性分部（个） | 衡量一个国家高端航运要素集聚程度的代表性指标，具有国际可比性 | 经济 |

# 第五章
# 水运强国战略新思路新目标

## 第一节 水运强国战略总体思路

水运强国战略思路是，深入贯彻落实党的十九大精神，以习近平新时代中国特色社会主义思想为指导，坚持新发展理念，紧扣我国社会主要矛盾变化，按照高质量发展的要求，围绕统筹推进“五位一体”总体布局和协调推进“四个全面”战略布局，以供给侧结构性改革为主线，着力推动水路交通发展质量变革、效率变革、动力变革，以全球服务网络、国际航运中心、黄金水道建设等为重点战略目标，聚焦设施装备、服务功能、可持续发展和国际影响力四大战略领域，重点推进以长江为重点的内河黄金水道建设、以铁水联运为重点的集疏运体系完善、以制度创新为主要突破口的国际航运中心建设、以“一带一路”为重点的全球航运服务网络构建、以国际规则公约标准规范等为主要标志的国际影响力提升等战略任务，有效支撑国家重大战略和交通强国、制造强国、海洋强国、贸易强国等建设，使水运成为我国经贸发展、国家安全、大国外交战略实施和人类命运共同体建设的重要支撑，进一步凸显水运在全方位开放新格局中先行官的角色定位，有力支撑中国特色社会主义现代化强国建设目标实现。

## 第二节 水运强国战略目标

水运强国战略目标是，从现在到 2020 年，是全面建成小康社会的决胜期。我国水路交通既要为决胜建成全面小康做好服务，为建设交通强国建设做好先行，又要为水运强国绘好蓝图、打好基础，开启新征程。

2020 年后我国水运强国战略主要分两个阶段目标进行设定(表 15-6)。

我国水运强国战略分阶段核心指标目标设定

表 15-6

| 序号 | 所属方面 | 核心指标 | 2017 年 | 2030 年 | 2045 年 | 与交通强国指标对应 |
|---|---|---|---|---|---|---|
| 1 | 设施装备 | 港口集装箱铁水联运比例 | 1.5% | 10% | 20% | 便捷 |
| 2 | 设施装备 | 港口基础设施质量排名 | 43 | 25 | 10 | 经济 |
| 3 | 设施装备 | 内河等级航道占比 | 52% | 65% | 70% | 经济 |
| 4 | 设施装备 | 内河船型标准化率 | 50% | 65% | 80% | 绿色 |
| 5 | 设施装备 | 造船三大指标排名 | 1 | 1 | 1 | 高效 |
| 6 | 服务功能 | 船队规模世界排名 | 3 | 2 | 1 | 高效 |
| 7 | 服务功能 | 中远海运集装箱运力规模世界排名 | 4 | 2 | 1 | 高效 |
| 8 | 服务功能 | 中远海运集装箱运力世界占比 | 8.5% | 16% | 20% | 高效 |
| 9 | 服务功能 | 国货国运比例 | 20% | 35% | 50% | 安全 |
| 10 | 服务功能 | 邮轮旅客吞吐量规模(万人次) | 496 | 1700 | 5000 | 便捷 |
| 11 | 可持续 | 水运企业每千吨海里单耗(千克标准煤) | 4.4 | 2.5 | 2 | 绿色 |
| 12 | 可持续 | 港口企业每万吨单耗(吨标准煤) | 2.4 | 1.5 | 1 | 绿色 |
| 13 | 可持续 | 年死亡人数(人) | 256 | <100 | <50 | 安全 |
| 14 | 影响力 | 上海国际航运中心综合排名 | 5 | 3 | 1 | 高效 |
| 15 | 影响力 | 中远海、招商海外港口集装箱吞吐量占比 | 18% | 35% | 50% | 高效 |
| 16 | 影响力 | 我国在世界海事组织中的领导席位 | 0 | 2 | 3 | 经济 |
| 17 | 影响力 | 中国船级社排名 | 7 | 5 | 2 | 经济 |
| 18 | 影响力 | 全球性海运组织总部或区域性分部(个) | 2 | 10 | 20 | 经济 |

1.2030 年目标

建成水运强国,我国水运发展水平总体进入世界前列。其中,全球航运服务网络、中国特色国际航运中心、全流域黄金水道全面建成。

(1)全面建成与我国经贸地位相适应的高效海陆双向港航物流服务体系。

(2)在传统贸易国家航运服务网络进一步完善的同时,以服务"一带一路"沿线国家为重点的全球航运服务网络布局基本完成,水运在"一带一路"建设中的保障性、支撑性、先导性作用凸显,水运包容性发展理念不断得到彰显。

(3)具有全球竞争力的世界一流中国特色国际航运中心基本建成,部分现代航运服务业发展水平迈入世界前列,着眼服务"一带一路"沿线国家为重点的航运资源配置能力显著提升,并形成引领性。

(4)成为全球海运治理体系的重要推动者,世界海运发展的中国解决方案不断得到认同,对世界水运业发展的贡献度提升,有效支撑我国综合国力和国际影响力的提升。

2.2045 年目标

水运强国总体处于世界领先地位。其中,在全球航运服务网络、中国特色国际航运中心、全流域黄金水道建设等方面的国际影响力和话语权大幅提升。

(1)完善的全球航运物流服务网络布局全面建成。

(2)中国特色国际航运中心全球竞争力进一步提升,现代航运服务业多项细分领域发展水平位居世界前列,具有很大的影响力和话语权。

(3)成为全球海运治理体系的重要贡献者,中国水运发展理念得到大部分国家和地区认同,水运解决方案得到国际社会的广泛采纳。

(4)水运成为我国经贸发展、国家安全和大国外交战略实施和人类命运共同体建设的关键支撑,进一步凸显全面开放新格局中先行官的角色定位,有力支撑中国特色社会主义现代化强国建设目标的实现。

## 第三节 水运强国战略方向

水路交通本质是利用现有设施装备,为货物和旅客提供空间位移服务。结合新时代新要求,水路交通更加关注绿色、智慧、平安等可持续发展,更加关注国际话语权和影响力的提升,全面支撑我国重大战略实施,支撑我国大国崛起,支撑社会主义现代化强国建设,支撑人类命运共同体建设,助推我国成为综合国力和国际影响力领先的国家。

为此,本部分提出我国水路交通未来战略方向,主要聚焦在设施装备调整优化、服务功能拓展转型、绿色智慧创新发展、国际影响全面提升等四大领域。

(1)设施装备调整优化。

调整优化设施装备是我国水运行业过去十几年予以推进的重点战略任务。目前,我国水运行业基础设施建设已经取得了显著的成效,具备了良好的发展基础,未来战略的核心指向是,调整存量、优化增量,完善设施供给结构,补齐发展短板,实现好中更优发展,为水运强国建设奠定坚实基础。

具体方向是,结合发展需要,继续推进码头泊位设施的大型化、专业化、深水化,继续推进大型深水进港航道建设,更好适应船舶大型化要求;稳步提高码头装卸设备的自动化、信息化水平,进一步完善码头装卸工艺及相关场站设施,不断提高装卸效率;进一步提升长江黄金水道总体通过能力,保障长江经济带、长三角一体化等战略顺利实施;进一步优化航运企业船队结构,提高保障重点物资运输的能力和水平,提高航运企业国际竞争力;加快推进内河航道高等级化、船型标准化,推进内河港口集约化、现代化,提高内河航运竞争力,打造全流域黄金水道。积极谋划新兴货类码头布局规划建设,完善港口集疏运设施建设,超前谋划中远期大宗散货码头功能调整或退出等。

(2)服务功能拓展转型。

服务功能拓展,是当前我国水路交通转型发展的重点。在宏观经济环境加快转型和自身行业发展周期性变化的双重影响下,我国水路交通正在加快探索转型发展的方向和重点。其中,服务功能转型是重要方向。其核心指向是,改变传统单一的装卸、中转、仓储等服务功能,逐步拓展现代物流服务、运输组织管理、信息服务等功能,更好地为经济社会发展提供有力支撑,同时进一步加快军民融合发展,在促进经济结构战略性转型和国家安全发展中贡献力量。

具体方向是,依托原有的港口装卸、水路运输等服务功能,做强基础的拖轮、引航、物料供应等航运服务,逐步拓展现代物流服务等增值服务功能,实现行业自身的转型升级,更好地服务国民经济发展。加强港口集疏运体系完善,强化与其他运输方式的对接,提高货物运输的便捷性、高效性,促进全程物流成本降低,提高整体供应链效率。加强与城市配套服务的互动,完善城市口岸配套服务功能,提升货物通过效率,不断降低货物在途时间,为我国制造强国等国家战略实施提供基础支撑。系统谋划布局,完善设施、通道标准统一,信息共享,管理协调,为重大件运输、重大军工装备、特殊物料等运输随时提供安全、可靠保障。

(3)绿色智慧创新发展。

一方面,我国大气污染治理、环保、生态文明建设等各方面的要求越来越高,城市发展和人民群众对港口的诉求也日益高涨;另一方面,现代信息技术和互联网技术的发展,以及科技创新对水路交通行业技术进步的影响深刻,对传统行业的理念革新和运营模式创新的影响也越来越深远。在上述背景下,绿色智慧创新发展,成为各行业发展的必然要求,是水路交通发展需要持续贯彻的理念和要求,体现了以人民为中心的发展理念。

该战略的核心指向是,深入贯彻落实国家生态文明建设要求,以人民为中心,将环境保护、生态保护放在发展首位,加快自身发展模式的转型,强化节能减排、技术创新和环境保护力度,实现港口与城市发展、区域环境的协调;积极利用现代新技术来改造水路交通传统的经营理念、发展模式,实现智慧化发展。

具体内容是,研究水路交通节能减排技术,积极采用LNG、电力、太阳能等能源改造传统的装备,实现节能减排和绿色可持续发展;在规划、设计、建设、运营中,充分考虑环保要求,实现绿色发展。在行业发展模式上,充分借鉴最新科技成果和发展理念,改造我国的装备、设施、工艺、管理手段等,实现自动化、信息化水平的提升,以及智能化发展。

(4)国际影响全面提升。

目前,我国已经成为水运大国,但大而不强表现突出,一方面是自身发展方面,存在明显短板，与国民经济发展要求、世界经济强国建设的要求相比，仍有差距；另一方面，从支撑国家“一带一路”建设、支撑我国大国崛起战略实施角度，我国水路交通的国际化水平仍有很大的提升空间，全球话语权和影响力较弱，在全面支撑我国经济全球化、产业布局全球化、外贸发展全球化方面和人类命运共同体建设方面，亟待进一步提升。这是水运强国战略下一步的重要方向，是强国战略得以有效实施的关键点。

其核心指向是，通过国际航运中心建设、海外关键港口支点和关键通道建设、海运治理能力提升，打造全球海运服务网络，全面提升我国水路交通的国际影响力和竞争力，积极参与国际海运规则、标准、规范制定，发出中国海运声音，贡献中国海运智慧，为全球海运发展贡献中国方案。

具体内容是，打造一个具有全球影响力的中国特色的国际航运中心，打造数十个关键海外港口支点，在国际重要海运通道中具有影响力和不同程度的贡献度；构建一个完善、稳定、安全、全天候保障力的全球海运服务网络，在世界主要海运事务中具有重要的贡献度和影响力，唱响中国海运声音，贡献中国海运智慧，传播中国海运文化，推出中国海运方案。这是水运强国战略应该关注的重点和关键点。

# 第六章 水运强国新战略新任务

本部分围绕我国水路交通四大战略领域，明确了12项战略任务。考虑战略特性，按照事物发展规律，随着发展能够逐步解决的，又不是很迫切的一般问题，在文中基本没有提及。许多市场完全能够解决的问题，也没有涉及。本文重点从政府角度，阐述如何加大制度、政策创新，更好引导企业发展，如何更好贯彻落实国家战略、强力推进特定任务等。

考虑到战略实施的重点方向和可能突破点，本文认为黄金水道、集疏运体系、航运中心、航运网络、影响力提升等方面将是未来30年我国水运发展的重点战略任务。

(1)内河黄金水道打造。即补强短板，以长江等高等级航道为重点，建设通江达海、干支衔接的高标准航道网络，推进船型标准化、清洁化和港口集约化、现代化，实现水陆有机衔接，打造全流域黄金水道。

(2)集疏运体系构建。即以港口集装箱铁水联运为重点的集疏运体系的完善，重在强化衔接，形成发展合力，提高服务效率，支撑全程物流链整体效率提升。

(3)国际航运中心建设。即以制度创新为突破点，打造一个具有全球竞争力的、世界一流的、具有中国特色的国际航运中心，有所为有所不为，以服务“一带一路”沿线国家新增市场为重点方向，中远期形成全球竞争力和引领力。

(4)全球航运服务网络构建。即布局港口支点，完善航运网络，强化增值服务，推动形成全面开放新格局，助力人类命运共同体建设。近中期重点完善以服务“一带一路”沿线国家为重点的全球航运服务网络体系。

(5)水运治理能力提升。即开放合作、贡献智慧、共同发展，积极参与、主导国际海运规则、标准、规范制定，发出中国海运声音，贡献中国海运智慧，使得全球海运体系的中国因素凸显，为世界海运发展作出积极贡献，体现大国担当。

# 第一节 水路交通设施装备调整优化战略

## 一、港航基础设施优化

提质增效,进一步挖潜存量和优化增量。

加强既有码头技术改造,结合需求有序提升设施等级,加大港航基础设施维护力度,保障维护资金稳定投入,优化基础设施存量资源,不断提升设施利用效率。

进一步明确各港功能定位,以市场化手段推动区域内港口资源整合,促进港口功能合理分工和结构调整,提升主要货类码头设施专业化水平。

坚持适度超前的原则,合力把握外贸原油接卸码头、集装箱码头、北方煤炭装船码头、外贸铁矿石接卸码头建设节奏,防止低水平重复建设和规模过度超前。

充分考虑现代技术创新、工艺改造等对原有码头通过能力的影响,科学评价水运需求、设施供给的匹配程度,更好地把握项目建设节奏和时序。

结合需求,超前谋划商品汽车、LNG 等码头规划布局。结合老码头改造等,加快推进老城区码头商业化开发,弘扬老码头特色文化。

超前谋划、有序推进邮轮、游艇码头布局建设,完善冷链集装箱仓储设施建设配套,提升 LNG、动植物、肉乳、果蔬等货类设施水平和服务能级,完善配套服务,满足消费升级和人民生活新需要。

目前,集装箱全自动化码头已经在多个港口启动建设;预计仍将有多个港口跟进建设。未来,各港口需结合自身实际,坚持“需求导向、效率提升、管理高效”原则,科学论证必要性,有序把握建设节奏,确保投入产出效益。

未来较长时期,以铁水联运为主的港口集疏运体系的完善将是贯彻落实生态文明建设、解决生态环保和港城矛盾问题、加快运输结构调整的关键举措。在港城矛盾比较突出的现状大型集装箱港区、码头等,系统谋划后方铁路集疏运大通道规划建设,可考虑全地下、地上立交等方案解决目前土地资源、陆域空间不足等问题。超前研究港口后方堆场及其配套功能后移,及前沿码头用高速货运铁路联通的可行性及推广的应用价值。

中远期,随着我国工业化进程持续推进、能源结构调整以及产业结构升级,我国港口煤炭、铁矿石等大宗干散货运输需求存在绝对值下降的可能。因此,在部分区域的部分港口,有必要提前谋划干散货码头功能调整、退出或功能转型升级等思路及实施路径。

## 二、内河黄金水道打造

生态优先、绿色发展，加快推进航道网络化、岸线集约化、码头现代化、船型清洁和标准化。

内河航运是我国目前综合交通发展的短板，也是长江经济带、西江经济带、自贸区建设、国际航运中心建设等国家重大战略实施的重要基础依托，是最能体现生态优先、绿色发展理念、实现包容性发展的领域，是我国水路交通重点战略方向之一。

以长江、西江等干线航道为重点，打造全流域黄金水道。结合实际需求，重点推进长江、西江、京杭运河等干线航道扩能改造、等级提升及系统治理。统筹推进支线航道建设，加快推进三峡枢纽水运新通道建设、进一步完善三峡枢纽通航组织管理。完善长三角、珠三角高等级航道网络，建设通江达海、干支衔接的高等级航道网络体系。研究出台相关运输扶持政策，完善中转能力建设，大力发展水水中转和江海联运，加强水陆有机衔接，进一步强化水运比较优势，更好地支撑沿线经济社会发展，打造全流域黄金水道。

推进航道管理养护体系与能力建设，合理推进梯级枢纽通航联合调度和航道养护市场化。

振兴内河航运，在运价补贴、口岸监管、财税、金融等方面进一步完善扶持政策，加快发展内河集装箱运输，进一步发挥水运占地少、污染轻、运量大、成本低、能耗小的比较优势，进一步发挥水运在综合运输体系中的重要作用。结合经济社会发展需求和生态文明建设需要，超前研究京杭大运河全线复航、湘桂运河等跨区域重大水运联通工程的可行性。加快研究推进长江口北港、南槽航道开发建设和功能提升，提升长江口航道整体通过能力和稳定性，确保长江流域经济社会稳定、安全发展。

推进内河船型标准化、清洁化和内河港口集约化、码头现代化发展。推进船型标准化，切实提升运输效率。有序淘汰老旧船舶，深化标准船型研究。建立健全特定航线江海直达船舶法规规范体系，推进特定航线江海直达船型研发。充分发挥市场主导作用，积极发挥政府资金的导向作用，引导企业加快船型标准化工作。积极引导企业在内河主要干线航道推广清洁动力船，如 LNG、电力等驱动的船舶，进一步提升内河绿色化水平，实现以人为本、包容性发展。着力提升内河港口岸线资源使用效率和质量，加强岸线资源整合，加强港口、产业、城市的联动，实现内河港口集约化、高质量发展。

## 三、现代化船队建设

技术引领，打造核心竞争力。

现代化船队是国家重点物资运输和国防安全的重要保障。建设一支保障有力、高效可控、技术领先的现代化船队具有重要意义。

积极发展原油、LNG、集装箱、滚装、特种运输船队，进一步提高集装箱班轮运输国际竞争力，有序发展干散货运输船队，巩固干散货运输国际优势地位。

积极培育邮轮运输品牌，打造若干具有全球竞争力的中国邮轮企业。

贯彻落实“一带一路”重大倡议，突出高效可控，强化安全保障能力建设。国家出面统筹协调，加大与造船、制造、能源资源开发、金融、贸易、港口等企业联盟化发展，形成利益共同体。以典型企业为依托，着力打造具有全球竞争力的世界一流航运企业。在注册、税收等方面寻求政策突破，逐步扩大五星红旗船队总体规模，进一步提升我国航运企业竞争力，增强对石油、LNG、铁矿石等重点物资运输保障能力，支撑贸易强国、海洋强国建设，满足国防建设和国家安全需要。

贯彻落实《中国制造2025》，突出技术引领，加快我国造船工业转型升级、造船技术革新和核心技术研发，突破豪华邮轮设计建造技术，全面提升LNG船等高技术船舶国际竞争力。掌握重点配套设备集成化、智能化、模块化设计制造核心技术，在LNG、豪华邮轮、大型集装箱等专业化高端船舶中形成引领。加大船舶智能化研发，在无人驾驶船舶等方面形成技术突破。依托造船工业基础，大力发展深海探测、资源开发利用、海上作业保障装备及其关键系统和专用设备，实现高端个性化定制和高质量发展。

## 第二节 水路交通服务功能拓展转型战略

### 一、集疏运体系构建

以港口集装箱铁水联运为重点，强化衔接，切实提升服务效率。

集疏运系统是制约港口服务效率提升和服务腹地向纵深方向拓展的关键因素，同时也是解决港城矛盾的关键举措，应系统谋划、重点突破。

进一步完善港口集疏运体系，以主要港口和航运中心为重点，加强铁路、公路集疏运系统建设，强化集疏运服务功能。畅通重要港区与干线铁路网络的连接，加快打通铁路公路进港“最后一公里”，提高铁路集疏港能力和占比。加强重要港区与干线公路通道之间的集疏运公路建设，鼓励交通制约较大的重要港区建立疏港专用公路，实现重要港区连通二级及以上公路。完善码头作业区前沿场内通道与进港铁路专线、高速公路的衔接，特别是在有保税功能的码头作业区内，更要做好这方面的衔接。积极发展以港口为枢纽的联运业务，以铁水联运、江海联运为重点，进一步推进多式联运工程。在有条件的地区，加快发展水水中转体系，做好大小泊位的配套衔接，实现高效运转，并快速实现口岸通关手续。强化港口与物流大通道的衔接，推进港口腹地向中西部地区拓展，形成陆海内外联动、东西双向互济的运输系统格局。

重点发展铁水联运等为主的多式联运体系。铁水联运，包括有条件的地区发展江海联运等，是未来的重要方向，也是提升港口集疏运效率的关键举措。大力发展集装箱、煤炭、矿石等铁水联运体系。重点发展集装箱铁水联运体系，做好港口后方的铁路场站、集装箱铁路中心站的衔接，完善口岸功能配套，可考虑港口功能后移到集装箱铁路中心站。

同时，加大内陆相关铁路场站的建设，标准、能力等方面与现状车型、未来发展需求充分匹配。完善跨区域的铁路运输标准、政策、管理等方面的协调，使得集装箱铁水联运能够实现中远距离的发展。强化铁路、水路运输集装箱标准的对接，积极推广使用国际标准集装箱运输，发展铁路箱下水业务。

此外，在汽运进港政策日趋严格的背景下，以铁路为主进行港口煤炭和铁矿石的集疏运将是未来发展的重要方向。

上述是重点发展方向和路径问题，但近期应以港口集装箱铁水联运为重点和突破点加快推进。

## 二、港口转型升级

推动跨界融合，培育港航发展新动能。

加快港口传统运输业与现代物流、商贸、旅游、制造、信息、金融、电子商务等业态的融合发展，加快发展港口 + 商贸、港口 + 物流、港口 + 旅游、港口 + 临港产业、港口 + 金融、港口 + 电子商务等新业态，实现转型升级。

依托集装箱、大宗散货运输，积极拓展全程物流服务，加快发展冷链、汽车、化工、木材、粮食等专业物流。稳步发展物流金融、物流信息等业务，提高物流增值服务能力。

充分发挥港口在沿海沿江经济带和石化、冶金、重装等产业布局调整中的支撑和引领作用，加大港口与临港产业联动，加快港口与城市融合，大力发展临港经济，助推港口城市转型和竞争力提升。

结合实际，有序拓展港口保税仓储、贸易、展示、交易、国际采购与配送等功能，延伸港口物流产业链，促进水运与保税、临港物流园区经济融合。

推进邮轮服务供给侧结构性改革，加大制度创新、政策创新和管理创新，完善邮轮食品、燃料、生活用品、备件等物资供应制度，完善相关的口岸、税收政策扶持，加大国内物资供应国际邮轮的比例。依托邮轮港航线航班及旅客集聚优势，有条件的地方加大邮轮城建设，发展休闲、购物、餐饮、娱乐等一条龙服务，大力发展邮轮经济，促进水运与旅游深度融合发展。

## 三、口岸通关环境优化

形成部门合力,推动口岸效率变革。

口岸通关环境是影响货物流通效率的关键环节,对于提升港口物流运转效率具有重大意义。

进一步深入落实港口管理部门、海事管理机构与其他口岸部门各之间的“信息互换、监管互认、执法互助”,扩大联合执法、联合查验范围,坚持共享共用的原则,全面建立负面清单制度,统一监管标准,互认检查结果。依托电子口岸公共平台,推进国际贸易“单一窗口”建设,优化监管执法流程和通关流程,探索“联合查验、一次放行”等通关新模式,实现口岸跨部门共管共享。进一步规范和简化通关程序,推进区域通关一体化,深化“一站式”通关服务,提升港口服务质量效益和服务水平。

不论一个口岸是否提出或实施了口岸大通关、无纸化通关、一站式窗口、电子口岸等,口岸通关效率提升是本质的要求。上述只是形式上的东西,关键看是否实实在在提升了口岸通关效率。

加快口岸通关效率,要从口岸部门的管理和绩效考核上下功夫。在通关效率高、完成作业量高的部门及人员给予绩效上的要求,根据完成情况给予奖惩措施。具体在检验检疫、海关、海事等部门加大从客户使用者角度的考核,充分听取贸易、生产、物流、代理等企业的诉求,并形成改善的措施与建议。

## 四、港航军民融合发展

军民融合发展,保障国家安全。

我国远洋运输船队在军民融合发展方面已经迈出了重要步伐,而港口军民融合发展相对薄弱。因此,本部分重点对港口军民融合发展内容进行论述。

在继续完善港口传统运输、物流等相关功能基础上,留足资源储备,系统谋划布局港口军事安全保障功能,做好通道资源衔接,做好标准对接,强化组织管理,促进军民融合发展。

适应军队改革新形势,结合国防安全建设需要和重点物资运输需求,选择若干港点,依托现有港航设施或规划建设新的设施,强化重大件、重型装备、机械等货类运输功能,预留重大军工装备、专用设备、特殊燃料废料等军工物资运输功能。

在上述设施建设中,注重与现有普通设施的对接、融合,功能上的互补或通用,提高资源的使用效率。在部分港口后方规划若干适应特殊物资运输需要的专用通道(包括公路、铁路等),在技术标准(如限高、限宽、限重等)、施工技术规范、与普通道路衔接等方面,做好统筹,在全程信息有限有效共享、运输组织管理协调、全程物流监测跟踪等方面完善系统设计方案。

上述软硬件设施尽快启动建设,尽早形成储备能力,随时做好服务准备。

进一步完善我国现代化国防安全船队建设,不断提高我国海运船队的应急抢险救援能力、重点物资人员的战时运输保障能力,更好发挥我国海运作为“战时第二海军”的角色,为国家安全、一流军事强国建设作出积极贡献。

按照“军民兼用、国内建造、装备精良、能力充裕、中国海员、信息安全和保持绝对控制”的原则,结合我国海上战略投送实际需求,制定国防安全船队规划和标准,并在海运企业日常训练、执行任务等方面政府给予相关补贴。

## 第三节 水路交通绿色智慧创新发展战略

### 一、智慧港航建设

创新驱动,推动高质量发展。

加强水运信息化顶层设计,促进互联网和水运的深度融合。以“互联网 +”上升为国家战略为契机,推进物联网技术、大数据技术、云计算技术、地理信息系统等技术在港航中的应用。

超前谋划,积极发展“水运 +”新业态,加快发展水运 + 跨境电子商务、水运 + 邮轮旅游、水运 + 购物、水运 + 特色文化等新业态。

依托信息化,选取一批港口开展智慧港口示范工程建设,着力创新以港口为枢纽的物流服务模式、安全监测监管方式,推动实现“货运一单制、信息一网通”的港口物流运作体系,实现货物实时追踪、全程监控和在线查询,促进港口服务智能化。推广生产作业智能调度系统及自动码头技术,不断提高设备自动化、智能化水平,提升作业效率,完善港口智能感知和数据采集系统,实现基础设施的智能化。推动港口闸口智能化,加快港口商务、物流单证等无纸化和服务全过程的网络化。推进不同运输方式和铁路、水路、公路运输企业与物流企业间物流信息的开放共享与互联互通,推进水运生产组织的智能化。积极将我国智慧港口建设技术、运营管理经验等向“一带一路”沿线国家推广,带动所在区域港口管理水平提升和服务水平提升,促进当地经济发展,助力人类命运共同体建设。

加快建设数字航道,逐步实现国家高等级航道管理数字化、运行智能化。积极推进船联网技术应用,扩大船舶电子签证、船舶过闸水上 ETC 系统等电子化服务范围,逐步实现船舶电子监管、船闸调度运行的区域性联网。

### 二、绿色安全发展

更好满足人民日益增长的美好生活需要。

安全绿色发展充分体现了以人民为中心的发展思想，也是现代化的重要标志，体现了可持续发展和包容性发展的理念。

坚持生态优先、绿色发展，加强港口规划与城市规划、产业规划之间的衔接，加强港产城互动融合，加强规划管理，审慎、有序开发新港区。鼓励以公用码头为主要方向，规模化、集约化、专业化为主要方式利用港口岸线资源，推进港口资源的集约及高效利用。加快城市核心区码头功能改造，实现港口转型与港城和谐共荣。加快节能、低碳技术创新，优化用能结构，扩大新能源和清洁能源的应用，继续推进港口水平运输机械"油改电""油改气"，起重机、带式输送机等港口机械节能减排技术应用。推进 LNG 动力船舶试点示范工作和靠港船舶使用岸电。全面开展污染综合防治工作，加强港口生产作业、施工扬尘监管，继续推进干散货码头粉尘专项治理，推进原油、成品油码头油气回收治理，推动港口与航道油污水、洗舱水、生活污水和垃圾接收、转运及处置设施建设和稳定运行。

充分论证必要性，稳步推广长江沿线港口靠港船舶使用岸电。全面加强危化品船舶洗舱全过程监管及港口船舶污染物接收设施建设。支持 LNG 接收站、加注站布局规划与建设。完成涵盖长江干线的港口深水岸线资源监测系统建设。继续开展美丽航道、绿色港口等创建活动，加快推进实施长江干线航道生态恢复措施。鼓励有条件的地区依托内河航道工程，统筹河道治理、城市发展、文化传承、旅游开发等，打造集运输、文化、观光和休闲功能为一体的美丽航道。

全面贯彻落实安全生产法律法规，落实企业安全生产主体责任，健全安全监管制度，完善港航企业安全生产管理体系。强化重点船舶、重点水域安全监管。落实危险品船舶分级和危险货物分类监管措施，加强危险品运输全过程动态监管。增强安全监管、应急处置及治安防控能力建设，提升我国海上应急救援能力，特别是深远海应急保障能力，建成全方位覆盖、全天候监控、具有快速反应能力的水上安全监管和应急搜救体系。

## 第四节 水路交通国际影响力全面提升战略

### 一、国际航运中心建设

以制度创新和政策突破为核心，重点打造具有全球竞争力的世界一流国际航运中心。

航运中心在全球航运资源配置中占据着举足轻重的地位，其发展水平的高低也在一定程度上反映了一个国家经济、金融、贸易、科技实力，以及法律、文化等的国际认可度。

党的十九大提出，到21世纪中叶，实现国家治理体系和治理能力现代化，成为综合国力和国际影响力领先的国家。水运行业应集中优势资源重点打造一个具有全球竞争力的世界一流国际航运中心，更好地服务全球航运资源的配置和全球航运市场发展。

该航运中心需要具备的基础条件是，基础航运物流活动规模处于全国前列，集装箱吞吐量位于国内前三名，腹地纵深大，未来发展潜力大。航运中心建设已经起步良好，航运服务要素初步积聚，处于国内领先水平，特别是航运金融、航运保险、航运经纪、航运信息、航运交易、法律仲裁等发展水平处于国内领先水平。政策创新处于国内前列，自贸区、保税港区、金融创新、海关监管等政策已经先行先试，并取得积极效果，在国内有引领性。

该类航运中心建设近期只能选择一个，不能多点开花，这是关键战略原则。主要考虑以下因素：①建设目标直指世界一流，需要集中国内优势资源集中突破；②航运服务要素的竞争，具有全球性，一般以国家为基本单位，且我国航运服务业发展与国际一流航运中心相比具有很大差距，需要从国家层面合力推进。

国内其他航运中心建设，可结合实际和各自特色，发展成为区域性航运中心或专业化特色化航运中心，与重点打造一个世界一流的国际航运中心并不矛盾。

关键战略要点：

(1)重点建设上海国际航运中心，集中优势资源形成部门合力，在制度和政策创新上大尺度先行先试。

目前上海国际航运中心在航运、海关、投资、贸易、政府管理、监管模式等已有诸多政策试点，需要进一步做实政策，细化落实，真正将出台的政策全部细化落实到位。在做实各项已有政策的前提下，重点加快推进自由贸易港的先行探索，在投资、贸易、口岸监管、政府治理能力等方面加大政策创新，打造具有中国特色、符合上海实际的特色自由贸易港的政策体系和制度体系，进一步丰富上海国际航运中心建设的内涵。

未来，建议重点在航运金融、航运保险、航运仲裁、航运税收、航运资讯等方面，先行突破。一方面与国际一流航运中心相关政策尽快接轨；另一方面，在服务“一带一路”沿线国家中率先突破，与沿线国家分享航运中心建设经验，共同助力沿线国家航运服务水平提升。

在制度创新和政策上实现率先突破，是世界一流国际航运中心高端航运服务业发展的战略关键。因为，上述产业发展，市场化明显，企业主体作用突出，政府只有靠制度和政策创新，创造环境，吸引企业积聚，才是关键。

(2)重点做好基础服务，吸引船舶靠泊停留，形成国际船舶综合服务中心。

基础服务方面一直是我国航运中心发展和服务功能拓展的短板和弱项。很多港口以前不注重这块功能的打造,包括国内有影响力的国际航运中心。长期以来,港口只负责把货物装上或卸下,即可完成装卸费收入,至于海上船舶、陆向拖车火车集疏运与己无关,因此发展各自为政,问题比较突出。

目前,国内航运中心的船舶维修、物料供应、燃料油供应、船员生活品采购等功能一直较弱,直接导致大量船舶仅仅在中国港口靠泊装卸货物,物料供应、维修保养等尽量选择在新加坡等。船舶服务的流失,导致了基于船舶服务的融资、交易、经纪、评估、配件供应、燃油供应等高增值性业务的流失。

建设世界一流国际航运中心,基础航运服务功能必不可少,且十分关键。未来,在国家加大制度和政策创新、放活市场的同时,航运中心所在城市更应重点加强这方面功能的打造。

(3)以服务"一带一路"沿线国家为重点,局部突破带动全局提升。

现代航运服务要素的集聚以市场化为主导,除非短期内制度、政策等重大突破,否则集聚的过程会十分漫长。同时,现代航运服务要素具有全球竞争性和流动性,不围绕货物流的空间集聚而集聚。因此,目前航运金融、经纪、咨询、法律仲裁等高端航运服务要素,仍然能够集聚在港口吞吐量已经非常小的伦敦等城市。此外,纽约、新加坡等航运中心在部分领域也集聚了相当多的国际航运服务要素资源。上述服务要素的集聚,有长期历史习惯的原因,更有语言、法律、制度文化等深层次原因。我国短期内很难取得明显的竞争优势。

因此,在发展航运金融、咨询、法律仲裁等方面,伦敦等航运中心的发展经验,我国可借鉴不可复制。发展的路径不应把分流伦敦等国际航运中心的服务要素资源作为近、中期战略重点。应以服务"一带一路"沿线国家为局部突破,逐步培育市场竞争力,在增量中需求服务新空间。随着我国航运中心服务水平的提升,服务对象满意度的逐步提升和认可,积极吸引国际航运要素资源向我国集聚,与航运发达国家分享经验、共享服务,与伦敦等国际航运中心一道,在航运金融、海事仲裁等方面共同推动世界航运服务发展。

依托港口吞吐量优势以及我国与"一带一路"沿线国家贸易优势和潜力,积极创造条件,加大制度创新和政策创新,新建若干船舶交易、船舶管理、航运经纪、航运咨询、船舶技术等航运服务机构,促进现代航运服务业要素集聚和功能提升。积极培育基于服务"一带一路"航运物流活动的信息、贸易、金融、保险、咨询等增值业务,最终建成一个以服务全国起步、以服务"一带一路"为重点、最终服务面向国际的中国特色国际航运中心。

利用自贸区、自贸港等政策优势,超前谋划海南国际航运中心建设。以现代航运服务业为重要抓手,充分发挥区位优势,形成天津、大连、厦门等区域性航运中心。加快武汉、重庆长江航运中心的建设,并与上海国际航运中心联动发展。

第四,加大制度创新、政策创新和技术创新,加快培育本国邮轮公司,加大邮轮物料供应等相关服务产业发展,大力发展邮轮经济,不断满足人民日益增长的美好生活需要。

## 二、全球航运网络构建

布局港口支点,完善航运网络,强化增值服务,推动形成全面开放新格局。近中期重点完善以服务"一带一路"沿线国家为重点的全球航运服务网络体系,与广大发展中国家共享我国水运发展经验,共同推进世界水运发展,助力世界贸易繁荣。

党的十九大提出建设交通强国、海洋强国、贸易强国、制造强国等,海运在其中发挥着不可替代的作用。合作建设若干港口支点,并以此为基础共同打造若干产业合作区,完善全球航运物流网络体系,为维护关键海运通道的安全、畅通积极作出中国贡献,促进全球现代供应链建设,助力世界贸易发展,是推进"一带一路"建设和贸易强国、海洋强国、制造强国建设的内在要求,也是保障我国经贸发展和外贸稳定、高效运行的关键。

全球航运网络构建的核心是打造保障力、竞争力强的现代化船队,完善全球航线服务网络布局并形成与相应港口支点的有机协同,拓展相关港口节点陆向物流通道,形成国内、国外和海向、陆向双扇面的航运物流供应链,通过物流网络的完善降低全程物流成本和国际贸易成本,并提升基于航运基础运输物流服务的相关物流配送、贸易、信息、金融、保险、交易、教育、资讯、法律仲裁等配套服务,推动形成现代化、高效、畅通、便捷、安全、保障有力的供应链服务体系。一是要培育世界一流航运企业。二是与沿线所在国家共同维护重要世界海运通道的畅通、安全和高效,积极贡献中国方案。超前谋划北极航道,强化关键港口支点水陆联运能力和陆向通道保障,共同打造冰上丝绸之路经济带,为沿线国家经济安全和能源运输安全提供保障。三是优化全球航线航班布局,打造国际陆海联运体系。四是在此基础之上的相关服务,积极分享我国的水运技术、标准、规范、规则、发展理念等,助力构建人类命运共同体。

关键战略要点:

(1)打造具有全球竞争力的世界一流航运企业。

党的十九大报告提出,要深化国有企业改革,发展混合所有制经济,培育具有全球竞争力的世界一流企业。我国世界一流航运企业的特征是,具有世界领先的市场份额,具有世界领先的业务规模,具有世界领先的价值创造能力,具有世界领先的抗风险能力,具有世界领先的跨国经营能力,具有世界领先的影响力和话语权,具有世界领先的公众认可度。

世界一流航运企业的培育离不开国家的鼓励与支持。在落实已有航运政策和法规的同时,建议进一步完善航运企业相关的吨税制、船员所得税等政策法规,建议参照航运发达国家做法,对航运企业实行优惠税制,由目前的所得制向"吨税制"转变,研究取消或降低航运企业营业税。

引导企业诚信体系建设,提高市场化运营水平,从财税、金融、法律等方面进一步提升我国航运企业的国际化经营能力。

(2)共同维护关键海运通道的安全、畅通和高效。

一是合作开发建设经营位于重要海运通道关键位置的港口支点,并不断拓展海事合作、应急保障等服务功能。一方面,通过服务功能拓展,提升对支点及航运网络的补给能力、配套能力,如海事服务、信息保障、燃油供应、引航拖轮、保税仓服务、保税物流服务、应急救援等。有条件的港口支点,进一步拓展临港产业开发、临港新城建设等,与所在地国家共同打造航运物流综合服务基地,分享我国港航发展经验,加大我国港口建设技术、经营管理、港产城发展等成熟经验的输出,助力所在国家港航业水平提升和外贸发展。另一方面,延伸腹地范围,完善陆向物流通道,依托关键高速公路、铁路等,形成陆向网络,强化对陆向腹地的辐射和服务,优化完善全球海运贸易路线,降低全程贸易成本,为世界贸易发展提供更加低成本的航运物流服务,同时也将为我国经济发展和能源运输提供更加安全、低成本的运输保障。二是强化与关键通道区域海事救捞等合作,形成联合协同作业形式,强化对航运物流服务的保障。三是与所在地国家,进一步加强合作,在军事、外交、商务、交通等方面,形成发展合力,互通信息、互通战略、加强政策对接,形成相互补充、相互促进的协同运作格局,共同维护世界海运安全。四是充分利用我国高层领导到相关通道国家互访的有利时机,争取将通道及相关港点合作上升为会谈话题,形成高层战略合作框架,为具体工作的开展营造良好氛围和外部环境。

落实"一带一路"重大倡议精神,根据国际贸易流量流向现状及未来发展趋势,研究认为马六甲海峡、苏伊士运河、霍尔木兹海峡、直布罗陀海峡、曼德海峡、巽他海峡、龙目海峡、土耳其海峡、北极航道、巴拿马运河等为构建以服务"一带一路"沿线国家为主的全球航运服务网络的关键通道。超前谋划、积极参与北极航道开发建设,加强我国与沿线国家世界海运事务合作,推动沿线资源能源开发,为保障世界能源运输安全等方面作出积极贡献。加强海事、通信、应急救援等合作,保障通道安全、畅通、高效,共同维护世界海运秩序,共同促进世界贸易繁荣。

(3)合作建设海外港口支点,共同完善航运服务网络布局。

合作建设若干海外港口支点。重点加强与基础设施比较落后,经济发展水平相对较低的发展中国家的港口合作,共同开发建设港口及其后方产业园区,将我国成熟的港口建设、运营、管理经验与所在地国家共享,提高所在国家港口节点的效率,降低全程物流成本,共同助力双边和多边贸易发展。

上述合作港口应为所在区域的主要交通枢纽,区位优势突出,靠近国际主航线,腹地辐射范围广。在港点后方腹地的物流网络布局中具有很好的辐射力和服务能力。具体港口支点的确定有待进一步深化研究确定,并动态调整。

共同提升航运网络化水平。以“一带一路”沿线国家为重点，优化航线布局，提高网络化水平和班轮密度。研究推进北极航道通航，积极扩大通航船舶数量，不断积累航线经验，为长远规模化航行奠定基础。拓展国际航运网络、营销网络，不断强化新兴航线，优化全球班轮航线布局，打造国际联运链条，构建连通内陆、辐射全球的21世纪海上丝绸之路国际陆海联运新通道，在有力支撑我国贸易发展的同时，促进世界贸易的繁荣发展。

培育国际化码头运营商。鼓励企业走出去，参与海外基础设施开发、建设和运营，实现国际化经营，在海外通道、支点及服务网络布局中发挥主力军和先行者作用。在港口合作中要结合节点的区位优势和经贸潜力等，采取差异化的合作方式。一是具有明显区位优势、在全球航运网络布局中具有重要作用的港口节点，应以一流码头运营商和航运服务商为主参与合作，加大港口航运业务的协同，优化陆海双向物流网络，助力全程物流服务能力提升。二是未来具有较大市场发展潜力，但区位优势不是很明显的国家港口。应充分发挥市场机制作用，鼓励国内大型港口集团、航运企业、能源资源型企业及其他建设施工、设计咨询、金融等类型企业参与合作开发建设及运营管理，实现港产协同发展，更好为我国与所在国家的国际产能合作、经贸发展提供平台支撑，在支撑我国先进优势产能走出去的同时，也带动港口所在国家的经贸发展。

与沿线国家合力谋划北极航道开发建设。一是合作制定中长期北极战略计划，部署北极航道建设规划。超前研究，必要时可考虑成立中俄联合小组，尽快制定中长期战略计划，提前部署冰上丝绸之路沿线建设规划，建立综合管理海洋、环保、科考、商务等方面的北极事务机构，统筹我国在北极地质地貌研究、航运通讯协调、基础设施建设及商业开发利用等方面的国际合作。加强与环北极各国港口路桥、通信设施的建设合作，提高冰上丝绸之路航线的商业可行性与经济可行性。研究在东北航道沿线合作开发建设船舶补给点、维修港和物流中心。二是深化与沿线国家关系，进一步拓宽合作领域。三是加快专业人员培养，注重相关技术的积累和沉淀，为参与北极石油、天然气和海底资源的开发，以及利用北极东北航道进行商业航行作好技术准备。四是鉴于北极地区未来的航运发展趋势以及海上运输对北极生态环境的潜在影响，且《极地规则》对环保有着极高的要求，需从眼前着手，全面分析，积极制定有效对策，最大限度地降低航运活动对环境的影响。

(4)完善服务功能。

完善关键港口支点相关功能，以及临港产业园区、陆向通道、内陆物流节点布局。拓展基于海运而叠加或衍生的相关服务。一是基础配套服务，如依托港口节点而展开的燃料、食品、淡水等物料补给，在上述提到的港口支点建设中应给予充分考虑(图15-42)。二是基于海运服务而展开的，如航运保险、航运信息、航运资讯、法律仲裁、教育培训等，该类服务没有地域限制，全球化市场配制，是航运中心建设中涉及的重点内容。三是基于港航基础服务而衍生的服务，围绕资金问题展开，如港航基础设施建设融资、船舶融资、设备租赁、贸易融资等，也没有明显的地域限制，需要国家相关部门给予政策上的大力支持和突破。

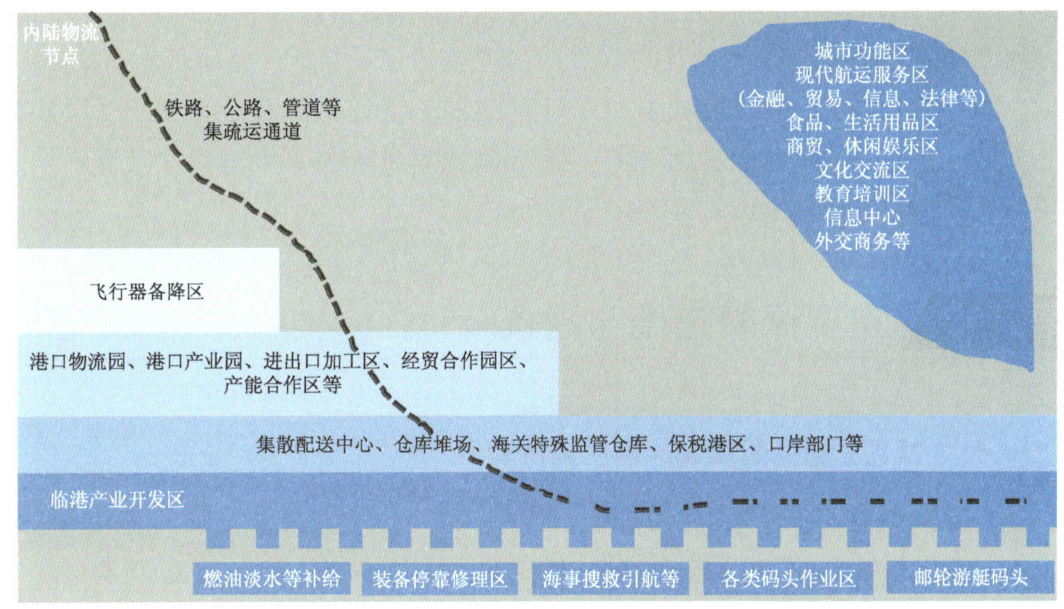


图 15-42　我国合作建设的海外港口支点可能具备的功能集成示意图

## 三、水运治理能力提升

开放合作、贡献智慧、共同发展。

我国在国际公约、规则和技术标准制定中的话语权较弱，利益诉求得不到有效采纳，对国际海运治理的贡献度不高。积极贡献中国海运发展智慧，共同助力世界海运治理水平提升，是现代化强国建设和人类命运共同体建设的内在要求。

完善国际化高端人才培养、输送机制，选派人员到国际相关海事机构和组织任职的机制，提高在国际海事公约、规则、标准、制度、政策等中的参与度、贡献度，提升在国际海事组织等重要组织中的影响力（表 15-4）。

完善航运法律服务体系，大力支持航运法律咨询等服务机构发展，为航运企业提供高水平的航运法律服务。支持中国海事仲裁委员会拓展服务领域，逐步建立权威公正的仲裁员队伍和符合国际惯例的仲裁程序，发挥本土仲裁机构在国际海事仲裁中的作用。借鉴国际先进经验，建立高效规范的海事理赔机制，提升海事理赔水平。依托各地海事法院的专业优势，延伸海事法律咨询服务，形成现代化海运治理体系，为世界海事仲裁业发展贡献中国方案（表 15-5）。

支持航运服务企业深化与国际专业服务机构的合作，积极拓展国际航运服务市场，提高国际竞争力。

充分利用双边、多边国际合作机制，以海外工程建设推动中国水运标准国际化进程，积极参与国际航运服务业相关标准、规则的制修订，促进国际交流与合作，提高参与制定国际公约、规则、标准和规范的能力和水平，树立我国作为负责任的水运强国形象。

加大与主要国际组织人才交流力度，系统谋划在中国设立地区分部或分公司的具体方案。加大相关前瞻性技术、规则、标准等研究，发挥船级社等作用，主动提出中国方案，在相关组织中起到引领作用。以“一带一路”沿线国家为突破口，研究设立以服务“一带一路”沿线国家为主的相关服务组织或机构。

## 第五节 主要保障措施与建议

### 一、形成推进交通强国建设长期协调机制

综上所述，当前水运发展进入新阶段，未来战略实施涉及的重大战略问题，很多已经超出水运行业本身能够解决的范围，涉及财税、金融、土地、环保、海洋、海关、检验检疫、商务、旅游、军事、外交、文化、法律、教育、科技等多个方面，需要上升为国家重大战略，凝聚部门共识，形成发展合力，专题研究、专题解决。

如以港口集装箱铁水联运为重点的集疏运问题涉及海关、边检、检验检疫、交通、国土、规划、环保等多个部门；以制度政策创新为主要突破口的中国特色国际航运中心建设涉及金融、海关、税务、商务、法律、交通等多个部门；以“一带一路”为重点的全球航运服务网络构建涉及军事、外交、安全、商务、文化等多个部门；以规则技术标准规范公约等为主的话语权提升又涉及科技、环保、教育、交通、外交等多个部门。

上述问题，单凭一个或几个部门的努力，成立一个临时性的协调机制或签订战略协议等，很难从根本上解决，也很难持续地解决发展中的新情况新问题。

为此，本文建议将目前交通强国纲要起草领导小组的机制固定下来，在纲要起草发布后，专门统筹协调交通强国战略后续实施中的各项重大问题。

### 二、完善铁水联运和口岸综合协调推进机制

建议成立国家级铁水联运协调推进机构，由发改委、海关、商务、交通、检验检疫、边检、铁总等部门与公司构成，办公室挂靠在国家发展改革委或交通运输部，下设综合规划部、重大项目部、信息化部、标准化部、政策研究部等部门，切实形成合力，统筹规划各种运输方式和各种功能性场站等功能布局，研究出台相关扶持政策，统筹推进重大关键性项

目，加快信息共享，推进装备、单证、信息等标准化，确保集装箱铁水联运各项政策落地、见效。

为进一步加快推进口岸通关效率提升，提升物流供应链整体效率，支撑我国制造强国、贸易强国建设，建议成立由港口、海关、检验检疫、边检等部门组成的综合协调领导小组或办公室，制订中长期规划及近期实施计划，严格目标考核，专门推进口岸效率提升。

## 三、加大重点政策突破

国家专门制定相关政策，凝聚共识，引导航运、贸易、制造、资源开发、金融、造船等企业相互参股、控股、联盟化发展，形成利益共同体。引导银行、造船、航运等企业相互参股联盟化发展。鼓励支持航运企业与上下游产业的企业之间相互交叉持股，或进行多元化重组。

完善水运业人才培养、使用、激励和奖励体制机制。继续加大海事教育投入，建设国际一流海事大学。重点培养航运物流、航运金融、航运保险、航运经纪、海事法律等领域具有国际视野、战略思维的专业型、复合型人才。加强船员特别是高级船员队伍建设，着力培训和引进航运业紧缺人才。

完善高级人才向国际海运组织的输送培养机制。建议将“增强世界海运贡献”纳入国家战略高度，成立专门机构统筹协调。国家战略筹划、有重点培养人才、多部门协同推进，争取进入相关组织领导职务及关键部门领导职位，为我国积极参与世界海运治理、共同推进世界海运业发展创造平台和机会。

# 参考文献

[1] 习近平. 决胜全面建成小康社会　夺取新时代中国特色社会主义伟大胜利——在中国共产党第十九次全国代表大会上的报告[EB/OL]. http://cpc.people.com.cn/n1/2017/1028/c64094-29613660.html.

[2] Clarkson 数据库[EB/OL]. https://www.clarksons.com/.

[3] 习近平在上海考察[EB/OL]. http://cpc.people.com.cn/n1/2018/1107/c64094-30387788.html.

[4] 国际货币基金组织网站[EB/OL]. https://www.imf.org/external/index.htm.

[5] 联合国贸发会网站[EB/OL]. https://unctad.org/en/Pages/aboutus.aspx.

[6] 国家发展改革委　外交部　商务部. 推动共建丝绸之路经济带和21世纪海上丝绸之路的愿景与行动[EB/OL]. http://www.qstheory.cn/2017-05/12/c_1120962775.htm.

[7] 推进"一带一路"建设工作领导小组办公室. 共建"一带一路":理念、实践与中国的贡献[EB/OL]. http://www.china.com.cn/news/2017-05/11/content_40789833.htm.

[8] 习近平在首届中国国际进口博览会开幕式上的主旨演讲[EB/OL]. http://news.cctv.com/2018/11/05/ARTIuCxQkrUrpk8ulDRYHu6v181105.shtml.

[9] 习近平在广西考察时强调:扎实推动经济社会持续健康发展[EB/OL]. http://www.xinhuanet.com//politics/2017-04/21/c_1120853744.htm.

[10] 书写新世纪海上丝绸之路新篇章——习近平总书记关心港口发展纪实[EB/OL]. http://www.xinhuanet.com/politics/2017-07/05/c_1121270327.htm.

[11] 全球首个"自动化码头"到底有多牛?[EB/OL]. https://www.sohu.com/a/167826978_99926688.

[12] 智能码头"中国芯"(砥砺奋进的五年·重大工程巡礼)[EB/OL]. http://politics.people.com.cn/n1/2017/0616/c1001-29342693.html.

[13] 青岛"无人码头"探访 运输装卸全自动(组图)[EB/OL]http://news.qingdaonews.com/qingdao/2017-11/21/content_20052136.htm.

[14] 河北省首个全自动集装箱码头加紧施工[EB/OL]. http://hebei. hebnews. cn/2018-10/10/content_7056915. htm.

[15] 全球首例！南沙四期码头将运用北斗导航无人驾驶水平运输集装箱拖车[EB/OL]. http://www. sohu. com/a/257207547_100116740.

[16] 国务院关于印发“十三五”现代综合交通运输体系发展规划的通知国发〔2017〕11 号[EB/OL]. http://www. ndrc. gov. cn/zcfb/zcfbqt/201703/t20170302_840224. html.

[17]《“十三五”港口集疏运系统建设方案》发布 加快打通铁路公路进港“最后一公里”[EB/OL]. http://www. gov. cn/xinwen/2017-02/23/content_5170277. htm.

[18] 交通运输部. 2017 年交通运输行业发展统计公报[EB/OL]. http://zizhan. mot. gov. cn/zfxxgk/bnssj/zhghs/201803/t20180329_3005087. html.

[19] 中国船舶工业行业协会[EB/OL]. http://www. cansi. org. cn/.

[20] 2018 上海国际航运中心建设蓝皮书[R]. 北京:中国经济信息社等,2018.

[21] 2017—2018 中国邮轮港口发展年度报告[EB/OL]. https://www. sohu. com/a/222119807_100002900.

[22] 招商局港口控股有限公司网站[EB/OL]. http://www. cmport. com. hk/en/.

[23] 中远海运港口有限公司网站[EB/OL]. http://www. coscoshipping. com/col/col7851/index. html.

[24] 马士基(maersk)官网[EB/OL]. https://www. maersk. com/.

[25] 世界经济论坛官网[EB/OL]. https://www. weforum. org/.

[26] 黄有方. 聚焦海运软实力建设实现我国海运强国发展战略[J]. 水运管理,2016,(7):4-8.

[27] 新华—波罗的海国际航运中心发展指数报告 2014—2018[R]. 新华·波罗的海国际航运中心发展指数编委会,2014—2018.

[28] 贾大山. 海运强国战略[M]. 上海:上海交通大学出版社,2013.

[29] 水运“十三五”发展规划[EB/OL]. http://www. ndrc. gov. cn/fzgggz/fzgh/ghwb/gjjgh/201707/t20170719_854985. html.

[30] 国务院关于加快长江等内河水运发展的意见(国发〔2011〕2 号)[EB/OL]. http://www. gov. cn/zwgk/2011-01/30/content_1795360. htm.

[31] 交通运输部关于推进港口转型升级的指导意见(交水发〔2014〕112 号)[EB/OL]. http://zizhan. mot. gov. cn/zfxxgk/bnssj/syj/201406/t20140610_1630894. html.

[32] 国务院关于促进海运业健康发展的若干意见(国发〔2014〕32 号)[EB/OL]. http://www. gov. cn/zhengce/content/2014-09/03/content_9062. htm.

[33] 刘长俭,陈中亚,殷月,等. 我国水运强国发展战略初探[J]. 中国港口,2018(2):8-12.

[34] 交通运输部关于加快现代航运服务业发展的意见(交水发〔2014〕262 号)[EB/OL].

http://www.gov.cn/gongbao/content/2015/content_2843788.htm.

[35] 刘长俭.超前谋划中国特色(海南)国际航运中心建设[EB/OL].https://www.sohu.com/a/246670858_784079.

[36] 刘长俭,袁子文,毕珊珊.协同推进航运中心建设助力长江经济带建设[J].中国水运,2018(9):12-13.

[37] 交通部综合规划司.新中国交通五十年统计资料汇编[M].北京:人民交通出版社,2000.

[38] 彤新春.试论新中国海运事业的发展和变迁(1949—2010)[EB/OL].http://economy.guoxue.com/?p=7575.

# 课题报告 16

# 航空发展战略研究

# 课题组主要研究人员

## 课题顾问

翁孟勇　王长益　张大为　穆　阳

## 课题组长

胡华清

## 课题组主要成员

张　越　高　超　刘雪妮　莫辉辉　彭　峥

陈文来　张　莉

## 课题主要执笔人

胡华清　高　超　刘雪妮

# 内容摘要 Abstract

航空运输是五大运输方式中速度最快的运输方式，肩负着实现全球高效快捷运输服务的重大使命，也是国内长距离出行以及自然地理条件复杂、人口分散地区的骨干运输方式。尤其是随着世界级城市群的发展，作为空中门户的航空运输将起到其他运输方式不可替代的作用。随着快递物流的发展，航空物流在“买全球、卖全球”的全球化贸易体系下，也将具有举足轻重的作用。

本报告总结了新中国民航的发展历程和发展基础。经过近 70 年的发展，历经 4 轮重大改革，中国民航具备了建设民航强国的发展基础，包括世界领先的安全水平、全球第二的业务规模、显著的国际影响力和较好的服务质量等，与此同时中国民航也面临资源保障能力不足、综合协调滞后、创新能力不强等一系列问题和挑战。

本报告分析了中国民航面临的新形势和新要求，提出了民航强国建设的思路、目标和战略步骤，明确要以建设人民满意、保障有力、世界领先的民航强国为目标，借鉴世界民航发达国家的发展经验，紧密结合中国民航发展实际，围绕“一二三三四”新时期民航总体工作思路，加快推进理念变革、质量变革、效率变革和动力变革。报告提出民航强国建设三步走的战略路径，即到 2020 年加快实现从航空运输大国向航空运输强国的跨越；从 2021 年到 2030 年，实现从单一的航空运输强国向多领域民航强国的转变；从 2031 年到 2045 年实现从多领域民航强国向全方位航空强国的转变。

本报告研究提出民航强国建设的十大战略任务，包括拓展国际化大众化的市场、构建人民满意的航空运输服务体系、打造世界领先的航空运输企业、建设发达的国家机场体系、构建现代化空中交通管理体系、健全安全安保和技术保障服务体系、构筑功能完善的通用航空体系、提升引领国际民航业的创新能力、强化国产新技术装备的研发应用以及增强国际民航规则制定话语权等。报告最后还提出建设民航强国的保障措施。

## Abstract

Air transportation is the fastest of the five transportation modes. It shoulders the important mission of achieving efficient and fast global transportation services. It is also the backbone of domestic long-distance travel and transportation in areas with complex natural and geographical conditions and dispersed population. Especially with the development of world-class urban agglomerations, air transportation as an air gateway will play an irreplaceable role among other modes. With the blooming of express logistics, air logistics will also play a pivotal role in the global trading system of "buying and selling all over the world".

This report summarized the history and the status of China's civil aviation. After nearly 70 years of development with four decades of reforms, China has experienced rapid growth in civil aviation and has become the second largest aviation market in the world with a leading security level, more global influence and better service quality. On the other hand, China is also facing some challenges in aviation such as insufficient multiple resources and airport infrastructures, lack of comprehensive coordination, and low innovation level, etc.

It is analyzed in the report China's civil aviation environments and demanding in new era. Some thoughts were presented in how to build a powerful civil aviation. Aimed at building a powerful civil aviation to satisfy the people, strongly support the national strategies and be world-leading, the overall work of civil aviation in the new era should be implemented under a "1 2 3 3 4" frame approved by CAAC. Accelerate the transformation of theory, quality, efficiency and driving power. It is proposed a three -step strategic path to build the powerful civil aviation country. First, accelerate transiting from a large aviation country to a powerful one by 2020. Second, transits from a powerful aviation country in single field to a powerful one in multi-discipline during 2021—2030. Lastly, transits from a powerful aviation country in multi-discipline to an overall powerful one during 2031—2045.

It is proposed ten strategic tasks to build a powerful civil aviation country, including expanding the internationalized and popularized market, building a people-satisfied air transportation service system, building a world-leading air transport enterprise, building a developed national airport system, building a modern air traffic management system, improving the safety and security and technical support service system, building a well-functioning general aviation system, enhancing the innovation capability to lead the international civil aviation industry, strengthening the R&D and application of new domestic technology and equipment, and improving the influence in global civil aviation affairs. At the end, some proposals and measures are proposed to ensure achieving the goal.

# 第一章 民航发展历程和现状

## 第一节 发展历程

中华人民共和国成立以来,中国民航经历了从无到有、由小到大的发展历程。特别是改革开放40年中,民航经过四轮重大改革,极大地解放了生产力,使中国民航在安全水平、行业规模、服务能力、地位作用等方面实现了历史性跨越。截至2017年,民航运输机场由1978年的78个发展到229个,全国运输机场旅客吞吐量11.5亿人次、货邮吞吐量1617.7万t、飞机起降架次1024.9万架次,相较1978年分别增长495倍、257倍和299倍,旅客周转量在综合交通运输体系中的比例由2%提高到28.6%,中国民航旅客运输量连续13年位居世界第2位,较好满足了人民群众日益增长的航空运输需求,有力地支撑了国家对外开放发展战略,基本适应了经济社会发展对民航的要求。总体来看,中国民航的发展经历了以下发展阶段。

### 一、起步阶段

新中国民航事业起步于1950年,当年飞机数量为30架。截至“一五”末(1957年),民航客运量只有近7万人次,航线里程仅有2.6万km,其中国际航线里程近5000km。截至20世纪60年代初,中国民航已经建成北京、上海、广州、成都、乌鲁木齐五大民航基地。截至1979年,中国民航航线里程达到16万km,其中国际航线里程超过5万km;飞机数量达到510架,其中运输飞机和通用飞机分别为138架和372架;同年客运量和货运量分别达到298万人次和5万t。这一时期,整个民航由中央直接管理,民航(总)局实行政企合一,行业采取军事化的管理模式。

## 二、企业化改革(1980—1986 年)

1980 年 3 月 5 日,国务院、中央军委发布《关于民航总局不再由空军代管的通知》,明确除航行管制仍按《中华人民共和国飞行基本规则》执行外,其他工作均向国务院请示报告。民航脱离军队建制,民航总局改由国务院直属管理,开始进行企业改组,成立航空器材、航空食品、航空工业等公司,并先后对地区管理局实行了独立核算、财务包干、利润分成等一系列市场化探索。1985 年开始运营的上海航空公司成为中国首家地方航空公司,也开启了中国航空运输企业化的道路。企业化改革极大地解放了民航生产力,1980—1986 年中国民航运输周转量年均增长 24%。

## 三、政企分开(1987—2001 年)

1987 年国务院正式出台了《民航管理体制改革的总体方案》,航空运输企业实行"网运分离",运输业务分别以北京等 6 个管理局为基础,组建中国国际航空公司等 6 大航空公司。1994 年开始推动空中交通管理体制改革,组建民航总局空中交通管理局,并组建了 7 个地区空中交通管理局和 33 个空中交通管理中心(站),形成三级管理。

改革促进了行业的发展,截至 2000 年,全国航空运输企业达到 36 家,其中货运航空企业 2 家;运输飞机总量达到 527 架,航线里程达到 150 万 km,其中国际航线里程约 50 万 km;客运量和货运量分别达到 6700 万人次和 150 万 t,运输总周转量位列全球第 9 位,其中国际运输总周转量位列全球第 10 位。同期,通用航空开始进入快速发展阶段,通航飞机数量达到 455 架,业务量达到 12.5 万飞行小时。市场机制更加完善,市场主体更具活力,运输市场蓬勃发展,1987—2001 年中国民航运输总周转量年均增长 15%。

## 四、企业重组和机场属地化改革(2002—2012 年)

为适应市场化、国际化的发展需要,2002 年国务院出台《民航体制改革方案》,将民航局直属的 9 家国有航空公司重组为中国国际航空集团(以下简称国航)、中国东方航空集团集团(以下简称东航)、中国南方航空集团公司(以下简称南航),并重组了中国民航信息集团公司、中国航空油料集团公司、中国航空器材进出口总公司三大航空服务保障集团公司;推进机场属地化改革,至 2004 年基本完成机场的属地化管理(除北京首都机场和西藏自治区外)。2003 年完成中国民用航空总局行政管理体制改革,由三级管理变为民航总局—地区管理局两级管理。2004 年以《关于国内航空运价管理有关问题的通知》推动市场化核心的运价机制的改革。

2010 年中国民航局发布的《建设民航强国的战略构想》提出"民航强国是指民航业综合实力位居世界前列的国家,表现为民航业在国家经济社会发展中发挥战略作用,具有很强的国际竞争力、影响力和创新能力”。“十二五”以来，国家从战略高度重视民航的发展。2012 年国务院发布的《关于促进民航业发展的若干意见》提出“民航业是我国经济社会发展重要的战略产业。改革开放以来，我国民航业快速发展……为我国改革开放和社会主义现代化建设作出了突出贡献”。并指出“到 2020 年，中国民航服务领域明显扩大，服务质量明显提高，国际竞争力和影响力明显提升，可持续发展能力明显增强，初步形成安全、便捷、高效、绿色的现代化民用航空体系”。首次从国家层面明确民航业在社会经济发展中的战略产业地位，并指明民航业的发展方向和目标。

### 五、深化改革阶段(2013 年至今)

党的十八大提出全面深化改革的要求。为解决民航发展面临的深层次矛盾，破除束缚民航发展的各种瓶颈，不断解放和发展民航生产力，充分释放民航发展的活力，2016 年民航局发布《关于进一步深化民航改革工作的意见》(以下简称《意见》)，提出：“以持续安全为前提，以实现民航强国战略构想为目标，以推进民航供给侧结构性改革为引领，以调整结构、提质增效为主线，围绕推动‘两翼齐飞’(公共运输航空与通用航空)、完善‘三张网络’(机场网、航线网和运行信息监控网)、补齐‘四个短板’(空域资源、民航服务品质、适航审定能力和应急处置能力)，梳理和解决影响行业发展质量和效益的关键问题，努力实现在行业发展动力、发展结构和发展方式等方面取得新突破。”《意见》的发布明确了民航深化改革的方向和路径。

通用航空管理的改革是此轮改革的重点，2016 年发布的《国务院办公厅关于促进通用航空业发展的指导意见》提出：“到 2020 年，建成 500 个以上通用机场，通用航空器达到 5000 架以上，年飞行量 200 万 h 以上，培育一批具有市场竞争力的通用航空企业。通用航空器研发制造水平和自主化率有较大提升，国产通用航空器在通用航空机队中的比例明显提高。”此外，为配合贯彻落实国家战略，民航局先后发布了《关于推进京津冀民航协同发展的意见》(2014 年)、《民航推进“一带一路”建设行动计划》(2016 年)等一系列政策措施，发挥民航在服务国家经济社会发展中的重要作用。

在多轮改革发展过程中，民航业务规模不断壮大、发展实力稳步提升、国际竞争力和影响力逐步增强，治理体系更加现代化，为新时代民航发展奠定坚实基础。

## 第二节 发展现状

### 一、业务规模快速增长

“十二五”以来，中国民航业务(尤其是客运)规模整体保持快速增长的趋势。2017 年民航运输总周转量、旅客运输量和货邮运输量分别达到1083亿t·km、55156万人次和706万t,"十二五"以来年均增速分别为10.5%、10.9%和3.3%。2017年中国通用航空业务量为84万飞行小时,"十二五"以来年均增速为13.3%,高于运输航空业务量增速。自2005年以来,中国航空旅客周转量仅次于美国居第二位,业务规模比值(中国:美国)稳步提升至50%(表16-1)。

**2010—2017年中国民航运输业务量情况** 表16-1

| 指　标 | 2010年 | 2011年 | 2012年 | 2013年 | 2014年 | 2015年 | 2016年 | 2017年 |
|---|---|---|---|---|---|---|---|---|
| 客运量(万人次) | 26769 | 29317 | 31936 | 35397 | 39195 | 43618 | 48796 | 55156 |
| 旅客周转量(亿人·km) | 4039 | 4537 | 5026 | 5657 | 6334 | 7283 | 8378 | 9513 |
| 货运量(万t) | 563 | 557 | 545 | 561 | 594 | 629 | 668 | 706 |
| 货物周转量(亿t·km) | 179 | 174 | 164 | 170 | 188 | 208 | 222 | 244 |
| 运输总周转量(亿t·km) | 538 | 577 | 610 | 672 | 748 | 852 | 963 | 1083 |
| 通用航空业务量(万h) | 35 | 50 | 52 | 59 | 67 | 78 | 76 | 84 |

注:数据来源于《从统计看民航》及《民航行业发展统计公报》。

## 二、保障能力大幅提升

2017年中国运输机场数量达到229个,其中旅客吞吐量千万级机场32个,分别较2010年增加了54个和11个;通用机场300余个,其中颁证通用机场79个,较2010年增加了36个;民航航线里程(非重复)748.3万km,较2010年增长了170%;民航飞机机队规模突破5588架,其中运输飞机3296架、通用飞机2292架,分别较2010年增长了153%、106%和278%;从事运输的颁证航空公司达到58家,通航企业320家,分别较2010年增加15家和254家。民航运输在综合交通运输体系中承担了更大份额(表16-2)。

**2010—2017年中国民航运输业基本保障条件** 表16-2

| 指　标 | 2010年 | 2011年 | 2012年 | 2013年 | 2014年 | 2015年 | 2016年 | 2017年 |
|---|---|---|---|---|---|---|---|---|
| 运输机场(个) | 175 | 178 | 180 | 190 | 200 | 206 | 218 | 229 |
| 其中:千万级机场(个) | 21 | 21 | 21 | 24 | 24 | 27 | 28 | 32 |
| 航线里程(万km) | 276.5 | 349.1 | 328.0 | 410.6 | 463.7 | 531.7 | 634.8 | 748 |
| 机队规模(架) | 2203 | 2888 | 3261 | 3664 | 4168 | 4554 | 5046 | 5593 |
| 其中:运输飞机(架) | 1597 | 1764 | 1941 | 2145 | 2370 | 2650 | 2950 | 3296 |
| 通用飞机(架) | 606 | 1124 | 1320 | 1519 | 1798 | 1904 | 2096 | 2297 |
| 运输企业数量(家) | 43 | 47 | 46 | 46 | 51 | 55 | 59 | 58 |
| 通航企业数量(家) | 111 | 123 | 146 | 189 | 239 | 281 | 320 | 365 |

注:数据来源于《中国统计年鉴》及《民航行业发展统计公报》。

## 三、国际影响显著增强

截至2017年底,中国已与122个国家和地区签订双边航空运输协定,较2010年增加

10个;国际航线里程达到324.6万km,较2010年增长217.6万km。2017年国内航空公司国际定期航班通航60个国家的158个城市,分别较2010年增加6个和48个,其中"一带一路"沿线通航国家43个。2017年国内航空公司的国际客运市场份额为49.6%,较2010年提升了6个百分点以上,市场竞争力显著提升。2017年南航、东航、国航三大航空公司机队规模进入全球前10,同期营业收入也均迈入全球前10。

随着中国民航事业的发展,中国在民航国际组织中的地位及作用不断增强。在2004年国际民用航空组织(International Civil Aviation Organization,简称ICAO)第35届大会上,中国成功当选为一类理事国并持续连任。2016年中国候选人首次当选为ICAO的秘书长。在国际航空运输协会中,中国共有27家会员,成为全世界拥有会员最多的国家。在国际航空运输市场上,国际合作不断深化。2007年,南航加入天合联盟,国航和上航加入星空联盟;2011年东航加入天合联盟。

在国际标准领域,无人机管理、高高原机场运行、飞行标准监督管理系统(FSOP)等中国标准逐步走向国际,并广泛参与ICAO技术文件编写工作。在适航攻关领域,2016年中国与加拿大顺利签署双边适航协议,国产运12F型飞机获得美国联邦航空局(Federal Aviation Administration,简称FAA)型号认可,国产新舟60飞机在非洲地区运行工作取得突破性进展。在教育培训方面,2016年中非民航学院的建设取得实质进展,成为民航"走出去"的新亮点。

## 四、安全水平全球领先

自2010年8月25日[1]至2017年底,中国运输航空连续安全飞行88个月,累计安全飞行5670万h,无运输飞行事故,创造中国民航史上最长安全周期;运输航空百万小时重大事故率十年滚动值为0.016(世界平均水平为0.217),连续15年保持空防安全,安全水平处于世界领先地位。中国民航运输飞机实现了全球追踪监控。

## 五、民航服务稳步改善

为响应居民出行多元化发展需要,民航服务结构不断优化调整。一是国际市场大力开发,航线运力投入稳步增长。"十二五"以来,国际航班年均增长12.3%、可供座位数年均增长12.4%、可供座公里(ASKs)年均增长14.3%。二是低成本航空稳步发展。2017年国内共有春秋航空、九元航空、成都航空、幸福航空、中联航和西部航空等6家低成本航空公司,客运量合计市场占比为8.5%,较2010年提高4.4个百分点。三是货运航空稳步发展。以快递为服务导向的货运航空企业达到3家,占全部货运航空企业数量的50%。

[1] 2010年"8·24"黑龙江伊春坠机事故。

四是通用航空服务全面发展，飞行体验、旅游飞行、短途运输等业务快速兴起。

2018年出台《民航旅客国内运输服务管理规定（征求意见稿）》，对1996年发布的《中国民用航空旅客、行李国内运输规则》进行修订，首次将服务要求上升至规章层面，并增加了相应的法律责任。在满足需求的同时，民航不断改善服务质量。全行业以“真情服务”为底线，重点解决“旅客反映强、社会影响大”的航班不正常和航班延误应急处置等问题。2017年航班正常率达到71.7%，比2015年提升4.2个百分点。

### 六、行业治理能力提升

行政效能不断提升，深化“放管服”改革，完善政府部门权力清单、责任清单、负面清单制度，建立民航行政审批信息系统。依法治理能力不断增强，2016年重新审查颁布了43部规章，新发布行业标准27部。适航审定能力取得突破，颁发ARJ21国产支线飞机型号合格证，C919飞机型号审定有序推进。引导协调功能稳步强化，完善民航发展基金管理使用政策，推动机场收费改革。民航价格改革稳妥推进，实现竞争性领域旅客票价全部由市场形成，放开800km以下航线以及800km以上与高铁等形成竞争航线旅客运输票价，民航运输价格的形成机制更加市场化。

## 第三节　主要问题

经过近70年的发展，中国民航已经取得了巨大的成就，但仍然面临一系列的问题和不足，主要表现为在以下方面。

### 一、资源保障能力不足

空域资源不足是制约民航发展的突出瓶颈。从空域的空间分布形式分析，我国的空域空间碎化十分严重。枢纽机场周围基本被限制区域所包围，严重影响机场空域的合理利用和开发，制约了民航航线航路的发展。随着空中交通业务量的不断增长，空域资源不足的矛盾（包括军民航冲突）已经逐渐成为影响民航服务质量，导致航班正常率下降的主要原因之一。从空管运行保障能力来看，空管基础设施建设明显滞后于航班运行需求。以空管雷达建设为例，空管雷达是保障飞行安全、提高空域利用效率的重要基础设施。目前，美国FAA有1000余部雷达为其提供全空域监视服务，而我国空管系统现有运行的雷达台站仅110多座，雷达设备仅140余套，即使在我国东部发达地区，部分机场进近区域仍然存在雷达盲区，西部地区中低空尚未实现雷达连续覆盖，新疆大部分区域甚至还没有雷达覆盖。

另一方面，大型机场的基础设施建设滞后，国内大型繁忙机场在跑滑系统、机位等飞行区设施方面存在不同程度的资源紧张情况。北京首都、上海虹桥、广州白云、成都双流、重庆江北、厦门高崎等前50位机场跑道运行容量紧张；北京首都、乌鲁木齐地窝堡、深圳宝安、武汉天河、贵阳龙洞堡、西安咸阳、三亚凤凰等机场部分跑滑系统规划建设未充分考虑飞机运行方式，平滑、快滑、绕行滑行道及旁通道等的设置数量及位置存在一定的缺陷，影响机场运行效率；随着大型机场航空业务量逐年攀升，依据设计标准设置的机位资源在现阶段航班运营中的保障裕度逐步降低，呈现日趋紧张的趋势，主要表现在高峰时间容量不足、机位设计不合理等方面。

## 二、综合协调发展滞后

目前，我国机场离市中心平均距离为23km，旅客吞吐量500万以上机场平均运距为24km。机场及其集疏运网络多形成尽头式布局，与其他方式衔接不便，大型机场集疏运地面交通方式单一，公共交通供应不足。目前投入运营的机场中，约10个机场连通了城市轨道交通（包括地铁、轻轨和有轨电车），绝大部分机场依靠公路实现集疏运；机场与腹地区域之间的运输联系主要通过公路或者公铁联运，已建成投运的机场中仅有成都双流、海口美兰、长春龙嘉等机场与铁路实现短距离换乘。“十二五”以来，我国各种运输方式发展不断完善，可供交通发展的优良资源（尤其是土地资源）条件日趋紧张，各种运输方式综合协调发展成为必然趋势。目前，我国枢纽机场的集疏运网络不完善，大型枢纽缺乏铁路、轨道交通等大运力集疏运方式，公共交通集疏运比例低，“空地一体”的联程联运系统建设严重滞后，不仅影响了综合交通运输系统的运行效率，同时也降低了运输服务的质量和效能。

## 三、行业创新能力不足

从技术方面分析，尽管我国民航在运输领域取得了举世瞩目的成绩，业务规模已经位居全球第二，但支撑民航发展的航空装备制造等技术能力仍滞后于发展需要，我国民航运输机队主要为外购自美国的波音系列和欧洲的空客系列，通航领域也大量依靠国外进口的技术装备。同时，航空公司、机场集团（公司）、建设集团等在国际市场开拓、经营管理等方面缺乏自主研发的国际先进技术决策支持。

从管理方面分析，改革开放以来，通过几轮行业管理体制改革，民航运输市场体系主体基本清晰，但民航市场化改革的进程尚未结束，民航行业还未构建形成符合市场化要求的现代化治理体系和治理能力。安全管理方面，民航行业的法规标准体系相对完善，安全监管模式仍有待完善；经济管理方面，尚未形成满足行业运行需要和市场经济运行规律的宏观调控机制和微观管理机制；治理能力方面，各级行政机构的权责关系还有待进一步完善;交通服务方面,需要采取综合措施显著降低航班误点率,提高服务质量,彰显航空的高效快捷性。

## 四、全球影响力亟待提升

自改革开放以来,我国积极参与国际民航事务,2004 年成功当选为一类理事国并持续连任,在国际民航中作用和地位与日俱增。尽管如此,我国在国际民航技术标准、政策规章等方面的参与程度还有待进一步提升,尚未形成有利于我国民航技术、标准和服务输出的国际双边和多边制度性安排,相关民航品牌(包括航空公司、机场集团、国际枢纽、技术装备)的国际认可度仍有较大的提升空间。

# 第二章 发展环境和形势分析

## 第一节 国际国内发展环境

### 一、国际发展环境

#### 1. 中国的全球治理能力逐步增强

全球政治形势复杂多变、地区不稳定性因素仍将存在。随着综合国力的增强，中国将推进全球政治格局的多极化发展，并承担起稳定地区乃至全球经济发展的重任。党的十八大以来中国政府提出了“一带一路”倡议，截至2017年底已经收到全球100多个国家的支持和参与意愿，并与39个国家和国际组织签署了46份共建“一带一路”合作协议。以中国为核心建立的国际非政府组织（Non-Governmental Organization，简称NGO）的数量和规模不断扩大，也将在全球治理中发挥重要的作用。

随着中国在全球治理体系中地位的提升，中国需要发挥其负责任大国的作用。国际事务及交往的不断增加必然对长距离的航空运输提出更多需求。同时，为国家、企业、公民在全球建立安全发展环境，对航空运输也提出更多更高的要求。

#### 2. 全球经济经济结构及产业布局发生变革，中国成为全球最大消费市场

在亚洲地区经济强势增长的趋势下，全球经济将保持平稳的增长态势。预计到2030年左右，中国国内生产总值（按购买力测算）将超越美国成为全球最大的经济体，中国对全球经济增长的贡献率达到25%左右。

随着经济总量的增长，亚洲地区的人均经济水平也将显著提升，到2045年前后，中日

韩、东南亚及部分西亚国家将进入人均国内生产总值国家排名的第一、第二梯队。与此同时,受发展多种因素影响,全球及地区经济差异可能不断扩大,非洲等地区经济水平仍相对较低,国际贸易主要依靠初级产品,同时接受更多的国际经济援助和扶持。考虑到2030—2045年中国巨大的经济规模,中国将成为全球最大的消费市场,与周边国家及地区乃至全球的经济交流将保持旺盛的态势,国际贸易尤其是服务贸易将不断扩大。

中国经济规模的持续扩大,与全球尤其是亚洲地区的经济交流将保持快速增长的趋势,地区及国际航空运输需求将迅速提升。与此同时,全球产业结构的调整将促进高附加值商品及服务贸易的扩大,对具有时效性服务优势的航空运输的需求将持续增长。

3. 全球人口流动性增强,中国有望成为连接全球的枢纽

自20世纪50年代以来,整体和平的发展环境、快速的经济增长和稳步的医疗改善,促进了全球人口的快速增长。1950—2015年,全球人口总量突破70亿人,净增长近48亿人。到21世纪中叶,全球人口总量仍将保持稳定的增长趋势,其中亚洲地区人口总量预计在经历2015—2025年的快速增长期后进入缓慢增长期。预计到2045年,全球人口规模将突破90亿人,其中亚洲地区人口占比为55.2%、非洲占比为23.6%、拉丁美洲占比为8.3%、欧洲占比为7.7%、北美洲占比为4.7%、大洋洲占比为0.6%。印度预计在2030年左右超过中国成为全球第一人口大国,印度尼西亚、巴基斯坦、孟加拉国、菲律宾等亚洲国家进入全球人口前十,东亚、南亚及东南亚成为全球人口地理中心,全球人口分布不均衡的问题将凸显(图16-1)。

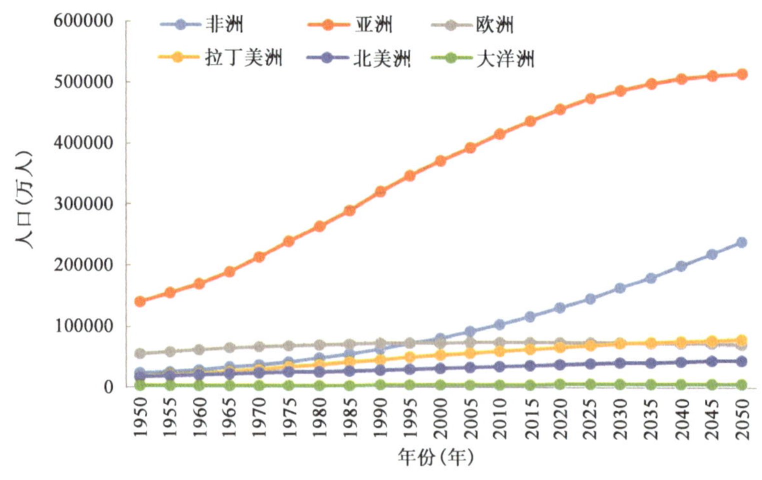


图16-1 1950—2050年全球人口增长趋势

从全球人口结构分析,未来30年全球将逐步进入老年化社会,青年人口在全球人口中的占比呈下降趋势。从区域格局分析,未来30年非洲大部分地区仍将保持20%及以上的青年人口比例,除东亚外大部分亚洲地区的青年人口比例也有望保持20%以上。这

些地区将成为发展最具活力及持续力的地区，与其他地区之间的经济社会往来将不断增强。

根据发展趋势分析，亚洲及非洲地区将保持快速城市化的趋势，城市化率分别由2015年的40.4%和48.2%提升至53.7%和62.3%。与此同时，人口将进一步向滨水（沿海、沿江等）城市集聚。亚洲及非洲地区城镇化率仍将保持年均1个百分点的增长趋势，并形成一大批大型城市及城市群。城市化的进程使得人口空间分布更加不均衡。

4. 经济社会发展推动全球性科技新革命，中国创新实力稳步增强

科技创新能力很大程度上决定了一个国家在国际竞争中的实力和地位。从全球研发投入占比来看，1980年全球研发投入占比为2%，2000年为2.2%，预计到2030年将提升至3%，其中美国、欧盟、中国和日本四大科技创新体研发投入占全球研发总投入的比例将逐步自2020年的85%提升至2030年的93%。从科技人员数量情况分析，中国科技人员将保持快速增长趋势（图16-2）；预计到2030年中国科技人员总量将达到美国与欧盟科技人数之和，中国科技创新实力将稳步增强。与此同时，各国为确保其在全球政治经济社会发展中的地位和作用，将进一步激发经济发达国家和新兴经济体之间的科技竞争，承载高科技含量的国际贸易将不断扩大，并有望形成全球性分布式、多生态体系的高技术装备制造生产网络。

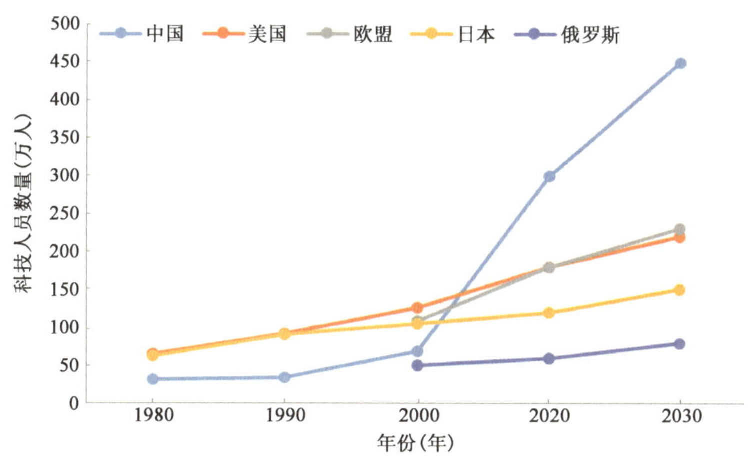


图16-2　1980—2030年部分国家/地区科技人员数量

新的科技创新将促进全球科研、商务人员更大范围内的流动与交流，对航空高端服务提出更高质量的要求，而科技创新的新产品、新服务有利于进一步增加航空业务量。同时，作为全球最大、最具吸引力的市场，将促使中国加大投入推进以航空运营服务为核心的装备技术研发、运用及推广，稳步增加飞机制造、空管导航、特种装备等的国际市场占有率，提升中国在全球航空科技创新体系中的整体实力和话语权。

## 二、国内发展环境

1. 经济持续稳定增长，产业转型和消费升级成为趋势

自改革开放以来，中国经济持续保持近40年的正增长，创造了人类历史上人口大国经济快速增长的奇迹（1978—2015年中国与全球国内生产总值增速趋势如图16-3所示）。预计未来30年，中国经济仍将保持持续稳定的增长趋势，经济总量有望在2030年前后超越美国成为全球第一大经济体并一直延续至2045年。

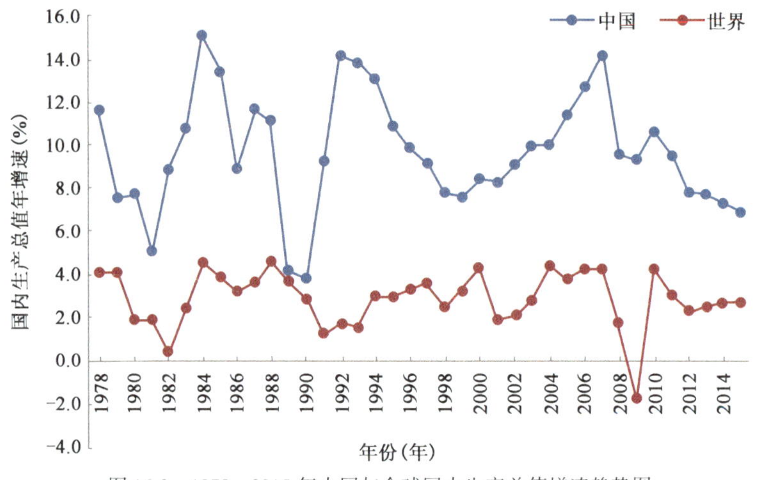

图16-3　1978—2015年中国与全球国内生产总值增速趋势图

改革开放尤其是"十一五"计划期以来，我国三次产业结构发生了深刻的变化，从"第一、第二产业"的替代模式调整为第一、第二产业向第三产业调整的发展模式。2012年第三产业与第二产业占比大体相当，随后第三产业开始稳步增长，2015年第三产业占比首次超过50%（图16-4）。从经济结构调整的发展规律分析，未来中国第三产业占比将进一步增加，第一产业占比将继续降低。值得注意的是，未来30年是全球产业结构重大调整期

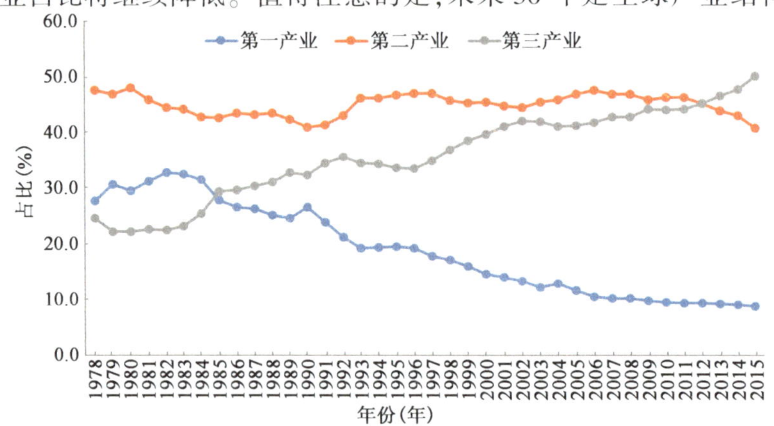

图16-4　1978—2015年中国三次产业结构变化趋势

(如"再工业化")及科技革命期,中国将通过持续扩大的产业体系和提升服务业占比来推进经济的发展转型,预计2030年中国第三产业占比将超过2015年中等收入国家平均水平(57.4%),达到60%左右。到2045年前后,第三产业占比接近2015年高收入发达国家平均水平(74%),达到70%左右。

伴随经济的持续稳定发展,中国居民收入水平将稳步提升,消费总量将不断增长,居民消费结构将发生重大变化。自改革开放以来,1983—2007年中国居民消费占国内生产总值比例整体呈现下降趋势,2008年全球金融危机之后开始呈现缓慢上升趋势,2015年占比为37.1%,与同期中等收入国家平均水平及全球平均水平的差距分别为21%和17%(图16-5)。至2045年,投资和贸易的拉动效益将不断降低,提升居民消费水平成为经济增长和改善民生的重要途径;预计到2045年中国居民消费占国内生产总值比例将有望提升至55%左右。

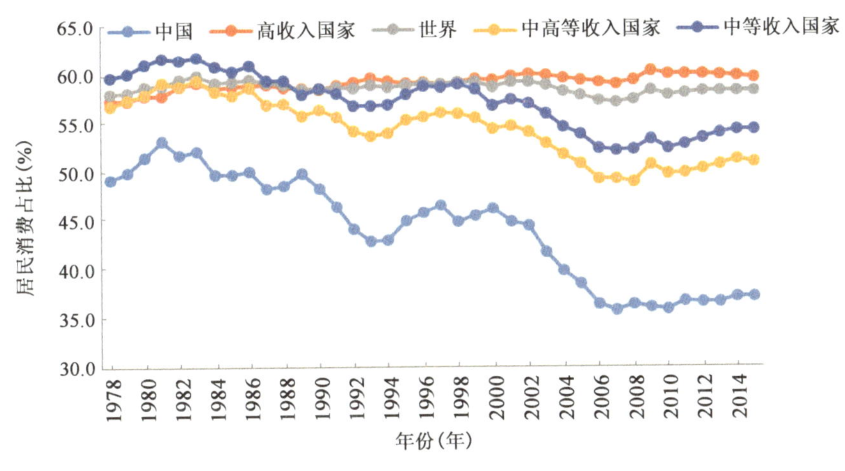


图16-5 1978—2015年全球居民消费变化趋势

随着经济的稳步增长,人均国内生产总值水平稳步增长,预计到2045年我国人均国内生产总值为3万~4万美元/人,达到当前日本的水平,全社会对民航出行的需求将有巨大的增量空间。与此同时,中国居民消费结构多元化、个性化、高质化等趋势不断扩大,旅游出行、文化娱乐、时尚商品等需求不断扩大,商业等服务业的新业态不断涌现,适应航空运输的货物及运输服务规模呈稳步增长趋势,低成本、旅游消费、商务通勤等航空运输需求不断扩大。各国和地区人均国内生产总值与航空出行次数分布示意图如图16-6所示。

2.人口在稳步增长后缓慢下降,人口结构及空间分布发生重大变化

自中华人民共和国成立以来,中国人口持续增长,人口规模长期稳居全球首位,但人口占全球总人口的比例自20世纪70年代中期以来呈下降趋势。随着生活水平的改善,中国人口数量增长总体趋缓,生育及人口质量不断提升。根据联合国人口数据研究分析,

预计到 2035 年中国人口总量将达到历史顶峰,其后人口规模将出现缓慢下降趋势;至 2045 年中国人口规模在 14 亿人左右,占全球总人口的比例下降到 15.2% 左右(图 16-7)。

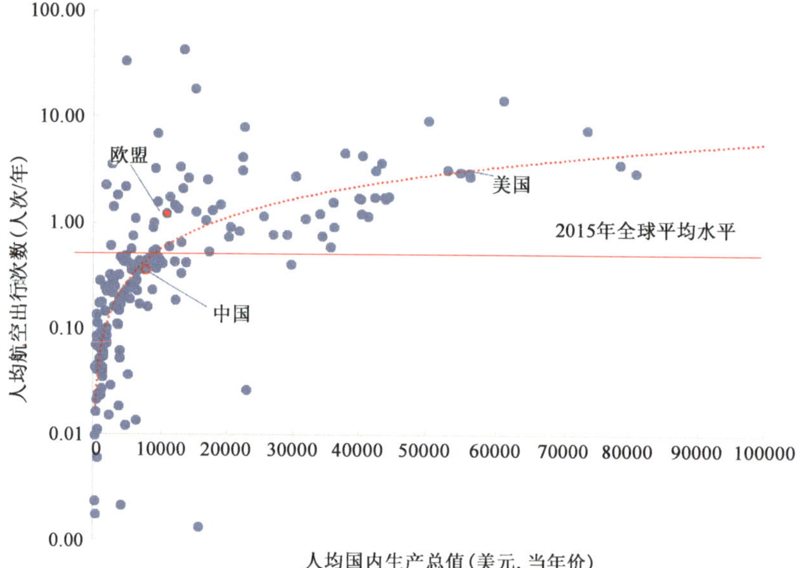


图 16-6　各国和地区人均国内生产总值与航空出行次数分布示意图

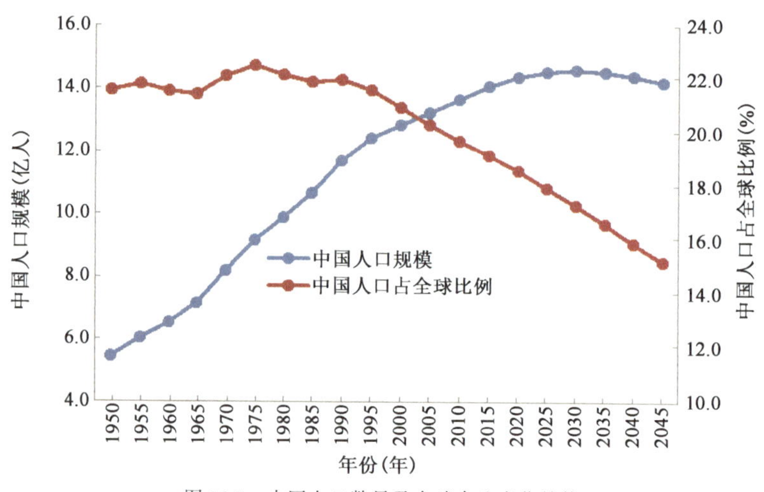


图 16-7　中国人口数量及全球占比变化趋势

自改革开放以来,中国城镇化率保持快速增长趋势,1980—2015 年保持年均 1.04 个百分点的升幅,2017 年城镇化率提升至 58.2%,其中户籍人口城镇化率达到 42.4%,人口进一步向城市集中。预计到 2045 年城镇化率为 75% 左右,较全球平均水平高约 10 个百分点,中国城镇化成为推动全球发展的重要动力。同时,超大型的城市群落将成为中国城镇化的主体形态,围绕超大城市将形成 20 个左右高度城镇化区域(或城市群)。2015 年中国 147 个百万人口以上城市集聚了全国 24.5% 的人口,预计 2030 年城市规模数量达到 600 个以上,其中 100 万人口以上的城市 250 个左右,2045 年城市数量有可能达到 800 个,其中 100 万人口以上的城市 300 个左右(图 16-8)。

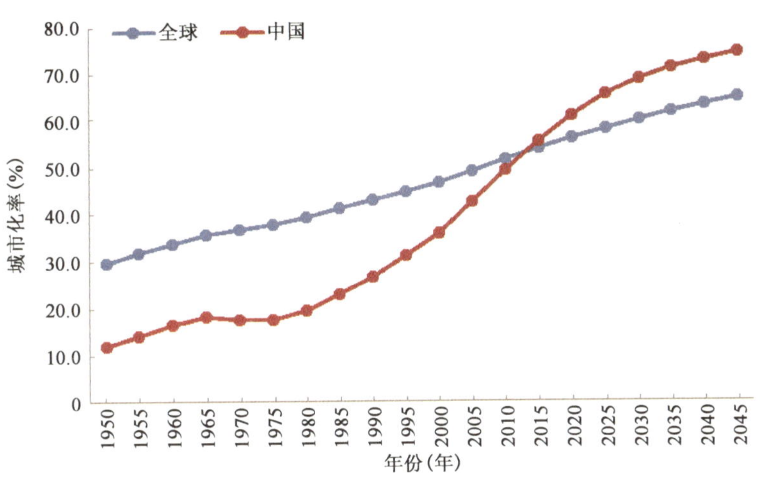


图 16-8 中国及全球城市化率变化趋势

未来 30 年,中国仍将保持巨大的人口规模,且人口质量显著提升。经济增长及科技替代劳动将产生大量的中高等收入群体及有闲人群(包括老龄化人群),其经济社会交往的能力和需求不断提升,对高质量的航空运输需求将不断增长。与此同时,人口在全国范围内集中在少量的城市群落内,增强了城市群落之间的联系强度,进而也助推了航空运输需求的增长。

3. 区域协调及经济全球化融合发展,航空市场不断拓展

改革开放以来,中国区域发展呈现新格局——"由南及北、先东再西"逐步开放。20 世纪末以来,为促进地区平衡发展,国家先后推进实施西部大开发(2000 年)、振兴东北(2003 年)、中部崛起(2004 年)、东部地区率先发展(2006 年)等发展战略。"十二五"计划末以来,国家推动实施京津冀协调发展战略、长江经济带发展战略、"一带一路"倡议,形成了国内协调发展、国际互联互通、双向融合发展的新格局。

从经济全球化发展分析,我国外向型经济快速发展,对外贸易规模快速增长(图 16-9)。自改革开放至 2000 年,中国对外贸易年均增速为 15.3%;加入世界贸易组织(WTO)后 10 年的年均增速达到 20.2%。近年来,受全球金融危机的影响,全球经济放缓及贸易保护势头崛起,中国货物贸易出现下降,服务贸易将保持快速增长的趋势,2000—2015 年年均增速为 17.2%,且长期保持贸易逆差。预计随着全球经济复苏以及"一带一路"倡议的深化与落实,中国对外贸易将呈稳步增长趋势。区域协调发展及经济全球化的进程将推进长距离的贸易往来、商务交往、旅游消费等,对民航的需求将逐步扩大。另一方面,随着中国国际贸易市场的开拓,民航的市场范围也将不断扩大。

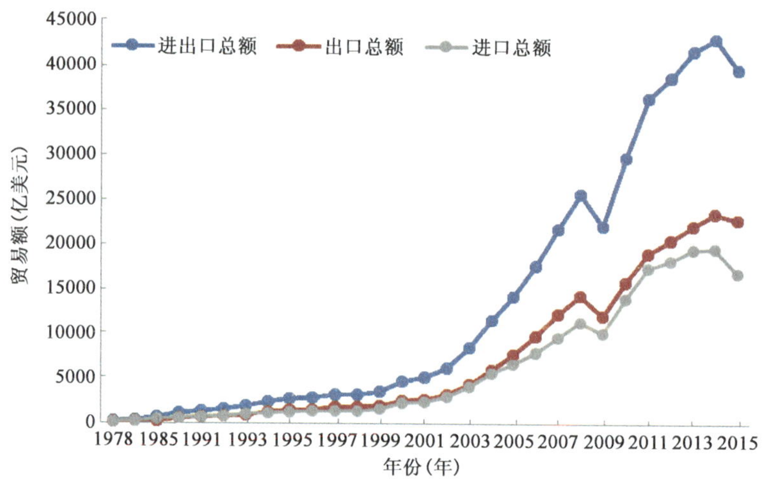


图 16-9　1978—2015 年中国国际货物贸易增长趋势

4. 航空运输在综合交通运输系统中的作用不断增强

近年来,交通基础设施规模及质量为经济社会的发展提供了相对充裕的运力保障,其中民航发展的作用和地位不断提升。2000—2017 年,民航旅客周转量在综合交通中的占比由 7.6% 提升至 28.6%(图 16-10)。民航旅客平均旅行距离由 2000 年的 1444km 提升至 2017 年的 1723km,增幅达到 19%。民航承担了更多的中长途运输任务。随着高速铁路、高速公路等地面高速交通系统的完善,各种交通方式相互促进,机场尤其是大型枢纽机场与地面交通之间进一步融合发展,为大众出行提供更为高效、便捷的运输服务,民航在中长距离市场和国际运输市场的作用将逐步凸显。同时,随着人民群众生活水平不断提高,航空将成为居民出行的重要选择,大众出行的基本公共服务及消费性服务需求也将进一步扩大。

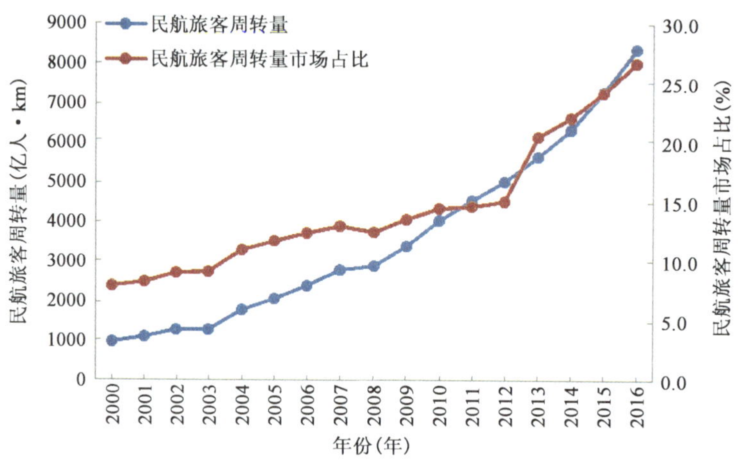


图 16-10　2000—2016 年中国民航旅客运输周转量及市场占比趋势

## 第二节 行业特征及发展形势

### 一、民航行业特性

1. 速度快、效率高,服务灵活

民航运输是目前速度最快的大众化运输方式。大型运输飞机(如B747、A380)的技术速度在800~1000km/h。民航航空器采用直线、立体的运行方式,地形地貌等自然条件及人文设施对民航运行约束性相对较小,民航可以为偏远地区、山区、水域以及高层建筑等其他运输方式难以抵达的地方提供灵活、快捷的服务。

2. 资源占用少,投资省、建设快

民航是一种立体的运输方式,对地面资源占用相对较少。民航交通建设用地集中在机场,航线航路沿线用地极少,环境影响总量较小。民航基础设施建设集中,对土地要求相对较少,因此投资规模相对较少,建设快、见效快。2017年民航固定资产投资约870亿元,仅为铁路的1/10,而当年完成的旅客周转量增量约为铁路旅客周转量增量的2倍,投资经济效益显著。

3. 技术含量高,产业带动能力强

民航属于资金和技术密集型行业,产业体系覆盖了飞机制造、空中管理、运输服务、金融等领域。以飞机制造为例,覆盖了发动机、航电集成、系统设计等关键核心领域。民航飞机各机型的零件数量极其庞大,如波音787飞机的零部件超过230万个,波音777、波音747零件分别达到300万个、600万个以上;波音公司的民机供应商超过5400家,覆盖全球上百个国家和地区。根据FAA的估算,2015年美国民航创造近1000万个就业岗位,其生产增加值约占国内生产总值的1/20。航空运输为内陆地区的经济发展及融入全球化提供了重要的基础条件。同时,民航也促进了消费升级,私人飞行、体验飞行等业务为群众提供更多出行选择和娱乐休闲方式。

4. 安全性高,运行受天气影响较大

世界各国都高度重视航空安全,目前航空装备制造、空管导航、运输生产等各领域都采用交通运输领域最高标准,并为各个环节建立严格的适航审定(审计)标准。

截至2017年,我国民航运输航空连续安全飞行88个月、5670万h。连续15年保证空防安全。党的十八大以来，民航行业取得了运输航空百万小时重大事故率和亿客公里死亡人数双双为“零”的优异成绩，行业安全水平稳居世界前列。与其他运输方式相比，航空运输的安全性很高。另一方面，由于民航依赖于空中运行的特性，气候、天气等对民航运行的影响较大，成为影响民航服务质量（如航班正常率）、导致航空事故等的重要原因。

## 二、在综合运输中的作用

民航是现代综合运输系统的重要组成部分，在各国（尤其是疆域辽阔的国家）综合交通运输体系中都发挥着重要作用。客运方面，2017 年民航旅客周转量在综合运输体系中的占比约为 28.6%（含国际运输）；货运方面，2017 年民航货邮周转量在综合运输体系中的占比不到 0.13%，但承担国际贸易额占比约为 20%。

在我国中长途国际运输（尤其是客运）中，民航发挥了不可替代的作用，如在 2017 年中国—欧洲市场旅客运输量 1200 万人次、中国—北美洲市场旅客运输量约 900 万人次、中国—澳大利亚/新西兰市场旅客运输量约 400 万人次。在国内重要通道及中长距离干线上，民航也发挥了重要的作用，北上广深等枢纽城市及城市群之间的航空运输联系不断增强，2017 年京广航线旅客运输量达到 491 万人次，较 2010 年增长了 55.8%。与此同时，民航为中小城市、偏远地区、交通不便地区与国内外城市的快速连通提供了重要途径。此外，通用航空成为综合运输的重要补充，并有望在部分新领域（如无人机配送）发挥重要作用。

## 三、新阶段民航的历史使命

### 1. 满足人民美好生活需要

伴随人民生活水平的不断提升，出行需求快速增长，我国民航快速步入大众化消费时代，“十二五”末以来，民航客运量年均增速达到 10.6%，高于其他交通方式的增速。至 2020 年我国将全面建成小康社会，并开启全面建设社会主义现代化强国的新征程，市场需求结构将加速调整，人民对高质量服务业、高品质农产品、高端制造品等需求更加突出，“航空 + 旅游”“航空 + 电商”“航空 + 快递”等业务对民航客货运输发展提出更多需求。人民日益增长的美好生活需要不断激发更大规模、更高品质的民航需求，民航作为综合交通运输中高品质、高效率的代表，未来将承担更多的国际交往、商务出行、旅游出行等需要。

### 2. 构建区域经济增长动力

我国是发展中大国，疆域辽阔、人口众多、经济规模大，正处在工业化、信息化、城市化深入发展阶段，发展民航的市场潜力十分巨大，区域和城市发展与交通运输方式密切相关。我国民航业的快速发展，将进一步促进我国城镇化发展及区域经济的增长。

根据国际机场协会(Airport Council International，简称ACI)的研究分析，机场每百万旅客吞吐量可以产生1.3亿美元经济效益、相关就业岗位2500个；据国内研究分析，我国民航投入产出效益高达1:8。从世界民航强国发展经验分析，机场特别是大型国际枢纽机场不仅是地区及城市的重要基础设施，而且是地区经济发展的重要平台。一方面吸引或汇集电子、信息、生物、新材料、医药、精密仪器等一大批高附加值产业产品，通过与多种产业有机结合，与区域经济相互影响、相互渗透、相互融合，形成带动力和辐射力极强的“临空经济区”；另一方面，通过聚集经济社会发展中的人流、物流、资金流、技术流、信息流等优势资源，对区域经济社会发展产生强大的辐射效应，成为国家和区域经济增长的新动力源，最终形成以机场为基础的“航空城”乃至“航空大都市”。

3. 推动建设全面开放新格局

全球化成为未来我国经济发展的重要方向，“引进来”与“走出去”对民航的需求不断扩大。近年来，我国提出的“一带一路”倡议得到了国际社会的高度认可，民航作为联系的桥梁及产业协作的重要载体，在“一带一路”倡议中发挥了重要的作用。2017年夏秋季，国内航空公司新开“一带一路”沿线国家国际航线70条，国外航空公司新开35条航线中有34条为“一带一路”沿线国家航线。在各项政策支持下，我国与“一带一路”沿线国家旅客运输量迅速增加，在国际航线旅客运输量中占比持续提升。2017年前4个月，我国与“一带一路”沿线国家旅客运输量858.4万人次，同比增长18.5%，在国际航线旅客运输量中占比达到47.1%，分别比2016年和2015年提高6.2个和7.3个百分点，我国与“一带一路”沿线国家航空货运量完成11.1万t，同比增长25.9%，在国际航空货运量中占比达到17%，比2016年和2015年分别提高1.6个和2.9个百分点。

在经济全球化背景下，航空运输不仅仅是一种运输方式，更是成为区域经济融入全球经济的快速通道。从世界各国经验分析，航空运输发达地区往往也是外向型经济比例越高的地区。我国长三角、珠三角、京津冀等地区航空外向型经济作用凸显，重视民航发展的中西部地区省份(如河南、陕西等)国际开放程度不断提升。未来，民航将为构建“陆海内外联动、东西双向互济”的新型开放格局提供重要的动力。此外，在发展国际双边与多边关系中，民航具有重要的地位。

4. 落实区域协调发展战略布局

20世纪末以来，我国先后实施了西部开发、东北振兴、中部崛起等一系列区域协调发展战略，并加大力度支持革命老区、民族地区、边疆地区、贫困地区的发展。截至2017年底，我国支线机场(年旅客吞吐量200万人次以下)达到170个，这些机场大多分布在中小城市或地面交通相对不发达的地区，其服务覆盖了全国70%以上的县域，为居民出行、旅游与资源开发、应急救援等提供了重要的支撑。加快中西部以及“老少边穷”地区民航业发展，对促进区域经济增长、缩小区域间经济社会发展差距、增进民族团结等发挥重要作用。与此同时，发展民航在确保国防安全、边疆稳定等方面具有重要意义，为保障区域协调发展提供了重要基础。

5. 引领创新型国家建设需要

民航业科技含量高、产业链条长，现代航空器、空管系统等高度集成了大量先进科技成果。未来，我国民航业务量有望进一步增长，到2025年左右我国将建成世界第一大航空运输系统，将为相关领域科技创新提供巨大空间，特别是上游的航空制造业，因其产业链长，技术、资金、知识密集，可拉动材料、冶金、化工、机械制造、电子、信息等产业的发展和创新，是国民经济发展的战略性行业以及先导性高技术产业，也是国家现代化、工业化、科学技术和综合国力的重要标志。我国已经将航空制造业列入国家战略性新兴产业，实现航空制造领域重大科技项目的突破，带动相关产业升级换代，成为我国国家战略工程，将引领建设创新型国家的重要方向。

6. 服务国家总体安全需要

近年来，民航在海外撤侨、国内应急救援等重大事件中发挥了重要作用。如2011年利比亚撤侨行动中，我国民航共运输约3.6万名驻利比亚人员，并协助12国撤出2000余人，利比亚撤侨在国际上引起了巨大的轰动效应，也体现我国作为大国的责任担当和能力。另一方面，民航在玉树地震等应对重大国家安全事件中发挥关键作用。未来随着我国的全球经济地位稳步提升，对外交流不断增加，在国际治理体系中的话语权不断扩大，应对国际事务的担当责任日益扩大，对民航发展的要求也将不断提高。发挥民航自身优势，服务国家战略要求是新时代民航的重要使命。

## 四、民航发展需求预测

1. 旅客运输量

随着全面建成小康社会深入推进，产业结构加快调整，城镇化水平不断提高，人民群众出行需求大幅增加，未来我国民航仍将保持较快发展态势。从民航发展规律分析，当人均国内生产总值达到8000美元时，民航客运将迎来持续增长，人均乘机次数随之增加。2017年中国航空旅客运输量5.52亿人次，人均国内生产总值为8800美元，年人均航空出行次数为 0.4 次，低于世界平均水平的 0.47 次/人。据《中国民用航空发展第十三个五年规划》预测，到 2020 年我国航空旅客运输量达到 7.2 亿人次，年均增长 10.4%。根据《建设民航强国的战略构想》和《国家人口发展规划（2016—2030 年）》发展目标，到 2030 年我国航空运输年人均出行次数将达到 1 次/人，人口规模将达到 14.5 亿人。综合测算，到 2030 年我国航空运输量将达到 14.5 亿人次，年均增长达 7.25%。

旅客周转量预测在分析历史数据的基础上，充分考虑了我国民航发展阶段特征，服务于国家走出去战略和满足日益提升的国际竞争力，民航运输的国际进程将显著加快，同时考虑国内中短程航线受到高铁网络的影响，更多的运力将投放到中远程航线市场。未来我国民航航线行距将持续保持较快增速，借鉴美国（1622km）、英国（2246km）的平均行距，初步判断未来我国平均行距将处于 1800～2000km。

综合判断，预计 2020 年、2030 年和 2045 年我国民航旅客运输量将分别达到 7 亿人次、13 亿～15 亿人次和 18 亿～20 亿人次。旅客总周转量分别达到 1.24 万亿～1.27 万亿人·km、2.47 万亿～2.85 万亿人·km 和 3.6 万亿～4.0 万亿人·km（表 16-3）。

未来我国航空旅客运输量预测　　表 16-3

| 指　标 | 2020 年 | | 2030 年 | | 2045 年 | |
|---|---|---|---|---|---|---|
| | 低方案 | 高方案 | 低方案 | 高方案 | 低方案 | 高方案 |
| 旅客运输量（亿人次） | 7 | 7.2 | 13 | 15 | 18 | 20 |
| 旅客周转量（亿人·km） | 12444 | 12746 | 24700 | 28500 | 36000 | 40000 |

2. 货邮运输量

随着我国快递物流业的爆发式增长，航空货运物流化趋势明显。党的十八大以来，我国快递物流业务量连续 5 年保持平均 50% 的高速增长，市场规模至 2014 年起稳居世界第一，2017 年我国快递业务量突破 400 亿件（图 16-11）。综合我国快递业的发展形势和发达国家发展历程可以看出，我国航空货运正加快向综合物流体系融合发展，这既是顺应航空货运市场需求的发展潮流，也是中国航空货运产业创新发展提升竞争力的内在发展要求。为了适应电商物流的高速增长，国内外航空物流企业发力航空快递市场，顺丰快递、中国邮政速递、圆通快递等企业加快组建货运航空公司和扩大机队规模，到 2017 年全行业拥有国内快递专用货机达 100 架，比 2016 年增加 17%。政策方面，《物流业发展中长期规划》和《快递业发展"十三五"规划》等提出将打造覆盖全国、联通国际的快递服务网络，积极建设一批辐射海内外的航空快递货运枢纽，为航空物流的快速发展打下了坚实的政策基础。

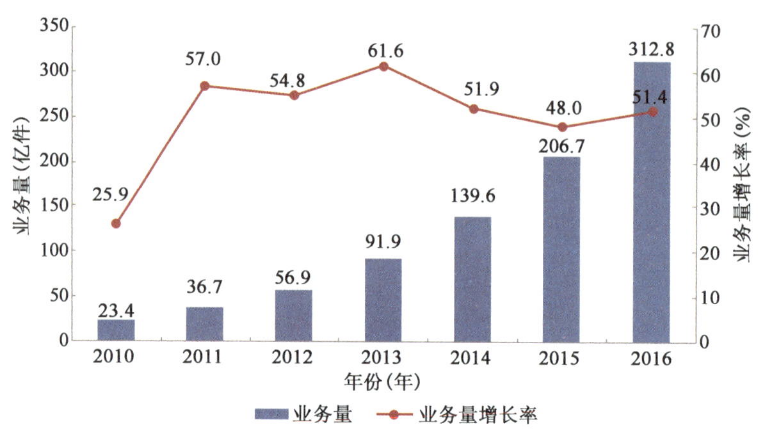


图 16-11 我国快递业务量变化情况(2010—2016 年)

2000—2016 年,在全国经济保持高速增长的基础上,全国机场货邮吞吐量保持了近 10.6% 的快速增长。根据波音、空客等机构相关预测,未来到 2030 年,中国经济仍将能保持中高速增长,相应的航空货邮运输量仍将能保持 6% 左右的增速。综合分析,随着网络零售、跨境电商和快递业的蓬勃发展,未来我国航空货邮运输将保持持续增长,到 2030 年货邮运输量将达到 1600 万 ~1800 万 t,货邮运输总周转量 650 亿 ~750 亿 t·km(图 16-12,表 16-4)。

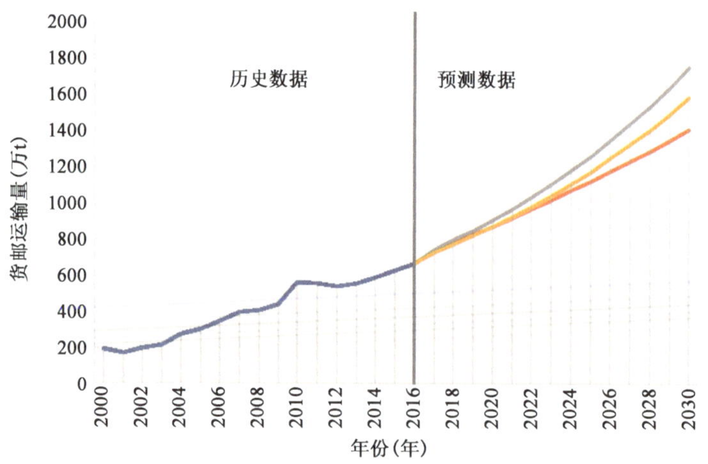


图 16-12 全国民航货邮运输量发展趋势判断

**未来我国航空货邮预测(按总报告中低方案调整)** 表 16-4

| 指　标 | 2020 年 | | 2030 年 | | 2045 年 | |
|---|---|---|---|---|---|---|
| | 低方案 | 高方案 | 低方案 | 高方案 | 低方案 | 高方案 |
| 货邮运输量(万 t) | 850 | 900 | 1600 | 1800 | 3000 | 3500 |
| 货邮周转量(亿 t·km) | 300 | 350 | 650 | 750 | 1200 | 1500 |

## 第三节 面临的挑战

### 一、安全压力持续扩大

随着未来我国民航运输规模不断扩大，对各类专业人员、设施设备的需求持续增加，运行保障资源配备不足、质量不高，造成保障能力与发展速度不匹配的矛盾凸显，安全运行压力增大。与此同时，航空公司、机场、空管、地面服务等单位都存在一定的运行管理缺陷，联动机制不完善，难以实现高质量的信息共享，协同决策难度加大，运行效率降低，也在一定程度上形成安全隐患。随着保障能力不足的矛盾逐步深化，民航运行保障体系的抗冲击能力减弱，特别在航班接近饱和状态时，各保障环节的问题极易出现叠加效应，使得运行环境恶化，出现航班延误、人员疲劳，甚至航班备降受阻，严重影响运行安全。此外，地缘政治、恐怖袭击等非常规社会安全事件对民航运行也造成较大的压力。

### 二、服务质量亟待改善

当前，我国社会主要矛盾已经转化为人民日益增长的美好生活需要和不平衡不充分的发展之间的矛盾，居民对高质量生活需求的增长要求民航不断提升服务能力和服务质量。不仅要在全球范围内提供更多、更高效的服务，同时要为国内各类地区提供更经济、更便捷的服务。其次，经济社会发展对民航旅客运输的服务要求稳步提升，对货运、通用航空、无人机（包括自动驾驶）等航空服务的要求不断扩大。再次，对服务的内涵要求不断扩大，人们对出行全链条一体化服务的需求不断增加，社会关注点从准点率向“出行即服务”逐步转变。民航需要从关心航空运输单一环节向注重全流程的服务体验转变。

### 三、国际竞争日趋激烈

近年来我国航空公司在国际航空市场中的竞争力不断提升。国航、南航、东航三大航空公司运输业务量已经进入全球前十，但经营收入及利润排名相对靠后，表明我国航空运输企业的整体国际竞争力不强；与此同时，我国在东南亚等旅游市场面临国际低成本航空公司的巨大挑战。另一方面，我国航空集团的国际市场管理及经营能力相对较低，主要依靠国内市场资源支撑，在国外市场缺乏支撑竞争的市场资源及战略支点。随着我国航空运输市场国际化程度的加深，我国航空运输企业在国际化方面将面临更大的挑战。

在航空装备制造领域，我国尚未掌握核心零部件的生产技术，对全球主要零（部）附件的依赖程度较大。随着庞巴迪、巴西航空等制造商被收购与整合，全球飞机整机已经形成以美国波音公司和欧洲空客公司为主导的双寡头垄断局面，全球飞机零（部）附件供应商主要依托两大寡头的发展计划。未来我国航空制造业将面临更加严峻的挑战。

## 四、新业态新模式涌现

随着以大数据、云计算、物联网等为代表的信息技术快速发展，以数字经济为核心的新经济业态及模式不断涌现，同时全球经济结构及布局变革的不确定性、多变性将进一步增加，全球经济社会流动的空间格局及服务模式将发生巨大变化。民航不仅需要提升应对新经济新业态的响应速度及能力，同时更需要将民航自身发展融入全球新经济、新技术的变革中，以期在不断快速变化调整的市场变革中赢得生存及发展的空间。

# 第三章
# 民航发展国际经验分析借鉴

## 第一节 典型国家民航发展历程

### 一、美国

美国是全球现代航空运输的发源地，也是目前全球民航运输最为发达的国家。根据其航空发展及政策变革，美国民航大体经历了四个阶段(图 16-13)：

(1)起步发展阶段(第二次世界大战及之前)。

(2)严格管制阶段(第二次世界大战后至 20 世纪 70 年代后期)。

(3)放松管制阶段(20 世纪 70 年代后期至 20 世纪 90 年代中期)。

(4)全球化时期(20 世纪末以来)。

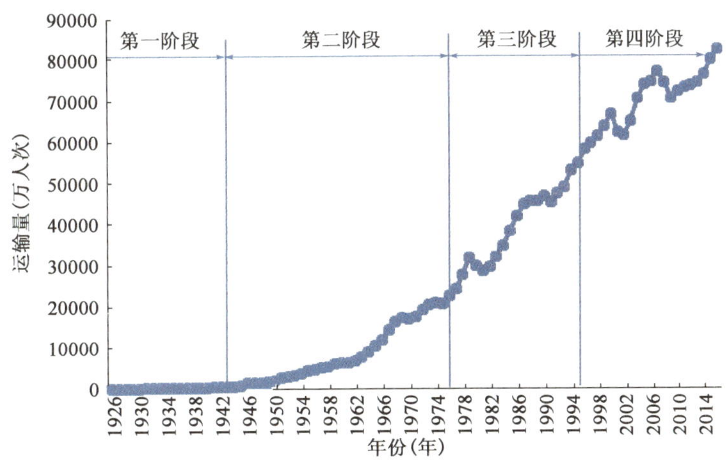


图 16-13　美国航空运输发展阶段划分示意图

1. 起步发展期

1903 年莱特兄弟驾机成功试飞，开启美国现代航空的新纪元。此后十余年，飞机技术尚未成熟，民航主要以通用航空为主（如飞行竞技、表演）。第一次世界大战前后，定期航班开始在美国兴起。

1925 年，美国联邦政府通过《航空邮政法》（凯利法）授权邮政局全面负责航空邮运合同等相关事务。1926 年出台《航空商务法》，该法通过建立航路及相关导航设施帮助民航发展，并在商务部内成立航空商务局，对飞机、飞行员、航路等进行许可管理。1930 年修正的《航空邮政法》首次明确政府拨款为机场建设资金的主要来源。

1938 年美国联邦政府通过《民用航空法》设立民用航空局（CAA），CAA 开始对航空安全、航线准入、价格管制等进行管制，核心内容包括严格限制新企业的进入、禁止企业合并及控制运价与收入。第二次世界大战爆发前夕，美国启动了国防起降区建设计划，美国联邦政府通过 CAA 拨款维修和修建大量军用机场，并拨款用于民航机场的发展。1944 年通过了首个“国家机场计划”（NAP），该计划奠定了美国联邦政府资助民航机场建设和发展的基础。

2. 严格管制期

第二次世界大战结束后，美国联邦政府将大量机场转交地方或州政府管理及使用。随后，为应对战后大批飞行员及飞机转业产生的民航发展需要，联邦政府于 1946 年通过首个《联邦机场法》，并授权联邦、州及地方政府共同拨款修建机场，1955 年的《联邦机场法》提高了可行的联邦资助机场计划（FAAP）资金预算额，并确保各类型机场获得公平的资助。为应对民航发展的安全问题，1957 年的《航路现代化法》要求更新国家民航导航系统及空中交通管理设施，以适应未来航空运输的发展，并成立航路现代化委员会。

1958 年民用航空管理局（CAA）和航路现代化委员会重组为联邦航空署（FAA）。FAA 的职能包括：

（1）监管商务航空，最大限度地促进商务航空发展，提高航空安全，并满足国防需要。

（2）促进、鼓励及发展民用航空。

（3）控制可航行空域的使用，对民航及军事航空的空域进行管理，以满足双方的安全和效率要求。

（4）整合研究、开发导航设施及其安装与运行。

1970 年通过了为期 10 年的《机场与航路发展法》（AADA），将因航空扩容而产生的投资从公共财政（一般税收）转移至直接的受益者：旅客、托运人及飞机所有者。1970 年制定两个资金配套支持项目：“机场发展计划”（ADAP）和“规划拨款大纲”（PGP）。ADAP

资金对大中规模航空枢纽投资占比为50%，对小规模航空枢纽的投资占比高达75%。

1976年出台《机场与航路发展法修正案》，其主要内容包括：

(1)扩大ADAP的资助范围。

(2)设立"通勤机场"，确立疏缓机场的适应范围等。

(3)提高联邦政府资金在ADAP和PGP资金中的比例，如大中型枢纽由50%提升到75%。

3. 放松管制期

1977年联邦政府通过《航空货运放松管制法》(ACDA)，其主要内容包括：

(1)放松进入航空货运业的限制。

(2)取消对飞机大小的限制。

(3)全货运企业可以在没有差别待遇的原则下自行定价，同时首次允许客运业务实行折扣票价。

1978年通过《航空客运放松管制法》，主要目标包括：

(1)产业进入与退出，进入经营的限制应予以放松。

(2)运价规制，如航空公司无须公布费率，美国民用航空委员会(CAB)无权冻结费率。

(3)企业合并审批权由美国交通部(DOT)负责。

(4)1984年底中止CAB，其职能转移至DOT。

同时，实行"基本航空服务"(EAS)计划，加强对支线航空运输的管制(如禁止随意退出)，为经营小城镇航线的航空公司提供补贴，以确保这些地区的居民享受定期航班服务。

1980年通过的《国际航空运输竞争法》要求"最大限度地减少对经营业务与市场销售的限制"，使"国内国际航空运输一体化"，有力地推动了民航运输自由化进程。

4. 全球化时期

20世纪90年代以来，美国着力推行全球民航运输的"开放天空"战略，以期保持其航空运输的全球领先地位，并维护其国内航空运输市场。

早在1992年，美国与荷兰签订了第一个"开放天空"协定，推动美国民航运输的全球化进程。1997年出台《航空竞争促进法》，对繁忙机场的飞机起降时空分配、拍卖等制定规则，进一步促进航空运输业的竞争，相继出台的《关于航空运输领域不公平竞争和独占行为的执法政策》(1998)、《航空运输竞争恢复法》(2001)、《航空公司竞争和旅客权利法》(2001)等逐步完善了航空运输的竞争制度体系。另一方面，为应对20世纪90年代后航空运输量迅速增长而导致的机场拥堵和延误，2000年通过的《21世纪航空投资与改革法案》授权增加《机场改造计划》(AIP)的投资额及比例。

2008 年美国次贷危机引发全球性金融危机,直接导致其航空运输业的衰退。为此,2009 年美国出台的《美国复苏与再投资法》加大对民航基础设施的投资。2010 年《航空公司安全和联邦航空行政扩展法》除继续延伸“机场与航空信托基金”(AATF)及 AIP 资助计划外,进一步深化了包括飞行员培训在内的航空安全强化政策。

## 二、英国

英国是人类现代史上首个具有全球影响力的国家,航空对英国发展具有重要的影响。英国航空大体经历四个阶段(图 16-14):

(1)起步发展阶段(第二次世界大战及之前)。

(2)严格管制阶段(第二次世界大战后至 20 世纪 70 年代后期)。

(3)私有化阶段(20 世纪 80 年代至 20 世纪 90 年代末)。

(4)全面发展阶段(20 世纪末以来)。

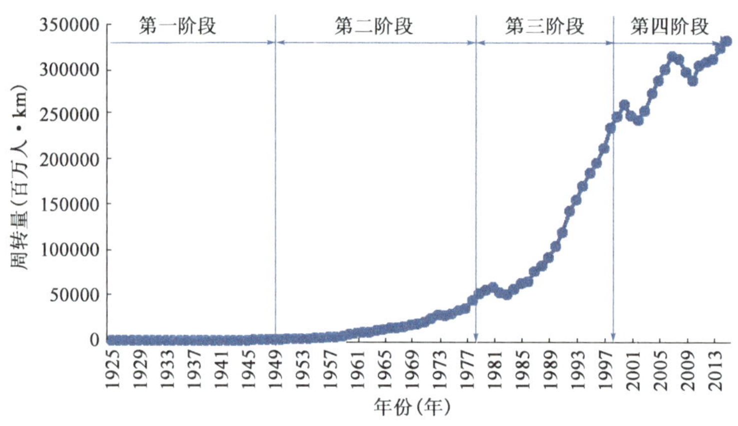


图 16-14 英国航空运输发展阶段划分示意图

### 1. 起步发展期

英国首次飞机飞行出现在 1908 年。1924 年四家航空公司组建了英国皇家航空公司,1935 年通过与澳洲航空公司(Qantas)合作开辟英国与澳大利亚之间的航线。1935 年,一些较小的航空公司联合组建了英国航空公司,成为英国皇家航空公司在欧洲地区的主要竞争对手。1939 年,按照政府的评估,英国皇家航空公司和英国航空公司合并组成国有化的航空公司——英国海外航空公司(BOAC)。

### 2. 严格管制期

20 世纪 60 年代民航运输开始成为英国大众化的运输方式。为打破垄断、提高服务水平,1960 年英国成立空运牌照局,对航空运输实行了许可证经营,导致一些小型航空公司被英国欧洲航空公司（BEA）或 BOAC 整合。

20 世纪 70 年代开始使用的大型喷气式客机使英国航空运输迅速发展，同年建立英国金狮航空公司以平衡 BOAC 和 BEA。1971 年成立民航管理局，实现安全监管并进一步扩大许可、增强服务竞争。1974 年将 BOAC、BEA 等四家航空公司合并为英国航空公司。20 世纪 70 年代，英国政府将航空制造业进行了合并及国有化。

3. 私有化时期

1980 年通过的《民航法》开启了英国航空公司私有化的进程。1985 年，英国的国家机场管理局（BAA）进行私有化改革，转变成 7 家机场控股公司（其中伦敦及周边地区 3 家、苏格兰地区 4 家），其他地方机场由地方管理局所有。到 20 世纪 90 年代末，英国民航业基本实行私有化运营，其中，英国航空公司整合英国金狮航空公司（1987 年）、Dan 航空公司（1992 年），成为英国最大的航空公司。1999 年英国航空公司发起，与美国航空公司、原加拿大航空公司、国泰航空公司及澳洲航空公司组成全球第三大航空联盟——“寰宇一家”。

4. 全面发展期

1998 年英国出台交通白皮书——《交通新政：更好为大家》（简称《交通新政》）。在民航方面放宽政策，鼓励地方机场开通国际航线的计划；改善枢纽机场的公交衔接，注重改善轨道交通，提高公交服务水平。

2004 年英国出台新交通白皮书——《交通运输业的未来：2030 年的运输网络》。在民航方面，充分利用既有机场运输能力，并保证在能力增加时对主要机场周边社区和环境造成的负面影响降到最低程度。具体措施包括：充分利用既有能力，在合适的机场增加跑道；促进机场经营者、地方社区、机场使用者相互协作，作好详细规划；采用经济手段降低航空碳排放；增加乘用公共交通去机场的比例；因地制宜推广电子导航系统。

## 三、德国

德国是全球航空运输较为发达的国家，其航空运输及航空工业在全球都有较大的影响力。根据其航空发展及国家发展变革，德国民航大体经历了三个阶段（图 16-15）：

（1）起步发展阶段（第二次世界大战及之前）。

（2）分裂发展阶段（第二次世界大战后至 20 世纪 80 年代后期）。

（3）统一发展期（20 世纪 90 年代以来）。

1. 起步发展期

第一次世界大战后，德国魏玛政府积极支持发展商业航空。1919 年德国开辟第一条国内的商业航空线——汉堡至阿莫瑞卡，同年开辟了柏林至魏玛、柏林至汉堡、柏林至法兰克福等航线。1926 年德国政府组建汉莎航空公司（Deutsche Lufthansa，简称 DLH），并提供资助及垄断运输权以确保其未来的发展。

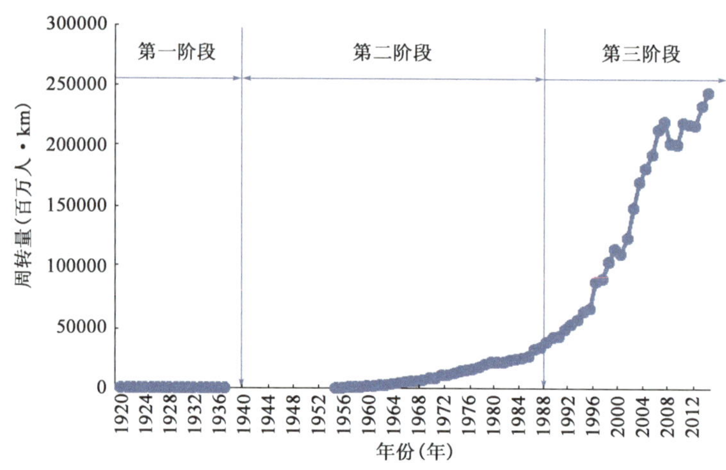


图 16-15　德国民航运输发展阶段划分示意图

得益于政府大力发展航空以提升其国际影响力以及国际对德国商业航空发展限制的解除，到 20 世纪 20 年代末，汉莎航空公司的客运量超过了其他所有欧洲国家之和。20 世纪 30 年代，德国率先和中国建立航空运输联系。随着纳粹政府的上台，商业运输和军事运输的界限日趋模糊，至第二次世界大战结束时，包括汉莎航空公司在内的德国航空运输公司均停止了运营服务。

2. 分裂发展期

第二次世界大战后，德国被分为东西两部分，经济进入缓慢恢复阶段。1949 年，德国进入长达 40 余年的分裂期，战后 10 余年的德国民航处于“空白期”。

在 20 世纪 50 年代后较长的一段时间内，西德奉行“重公路、轻铁路”的交通运输政策，航空运输重点发展国际航空客运。1955 年东德恢复民航运输，1963 年和 1983 年通过的《航空法》为其民航的发展提供了法制保障。

3. 统一发展期

统一后的德国继承了西德交通运输发展的思路，于 1993 年出台了统一后的第一个“联邦交通网发展规划（BVWP 统一后）”（规划期为 20 年，至 2012 年）。航空运输方面，重点提高航空运输能力，建立现代化的交通管制和信息系统。与此同时，德国也对其航空运输业进行了私有化改革。

在综合化交通运输政策和指引下,2003 年德国联邦政府出台了第二次"联邦交通网发展规划(BVWP 2003)"(目标年为 2015 年)。航空运输方面重点加强机场地区联系,即保持既有机场的能力;在当地和生态条件允许下进行合理扩建,并与铁路和公路发展多式联运。

## 四、日本

日本是亚洲地区最先迈入工业化的国家,也是目前亚洲地区经济最为发达的国家,其航空运输在全球处于领先地位。日本航空大体经历了四个阶段(图 16-16):

(1)起步发展阶段(第二次世界大战之前)。

(2)严格管制阶段(第二次世界大战至 20 世纪 70 年代末)。

(3)市场改革阶段(20 世纪 80 年代后期至 20 世纪 90 年代末)。

(4)全面发展阶段(20 世纪末以来)。

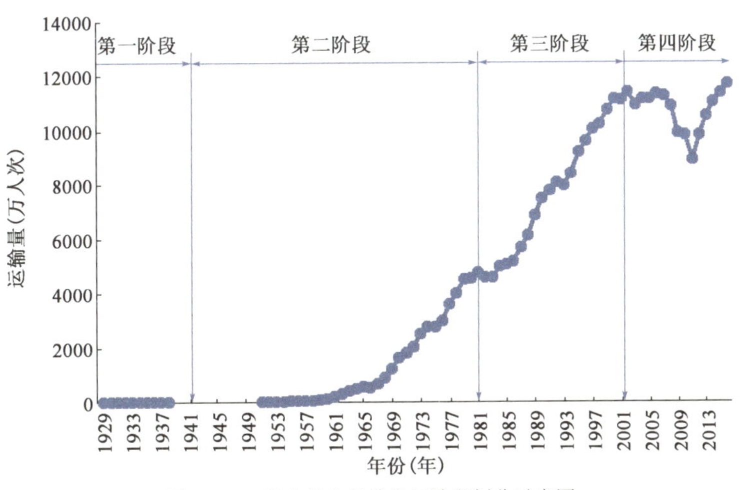


图 16-16　日本航空运输发展阶段划分示意图

### 1. 起步发展期

民航在 20 世纪初开始引入日本,1928 年,日本航空运输研究所与其他两家航空公司组成唯一的载国旗的航空公司——日本航空运输株式会社(JAT),翌年开辟定期航班业务。日本航空运输公司接受政府补贴,并为政府(包括军队)提供无偿服务。1931 年投入使用的东京羽田机场是日本首个民航机场,1936 年日本整建和扩充了以东京和大阪为中心的地区航线。

进入 20 世纪 30 年代以后,日本逐渐将民航扩展为军事服务;1938 年建立日本帝国航空公司(Greater Japan Airways,简称 GJA),垄断包括日本航空运输株式会社在内的所有航空运输。随着 1941 年底太平洋战争的爆发,日本取消了 GJA 的所有商业航空。

2. 严格管制期

进入 20 世纪 60 年代，商业喷气式飞机开始在日本投入运用。1967 年制订第一个《机场现代化建设五年计划》，加大了对民航发展的资金支持；同时出台扶持政策，如免除政府在日航(JAL)投资的分红，日航购买飞机给予低息贷款，政府担保偿还债务；对飞机准予实行特别折旧，折旧年限为 7 ~ 10 年；对航空邮运多付邮资；设立机场特别会计，采用“使用者来负担”的机场建设费用，即由航空公司支付降落费、导航设施使用费、航空燃料税、特别降落(噪声超规定)费、通行费税等。

1970 年出台的《航空法》竭力保护日本航空运输业，限制新企业进入航空领域，强制性地排除竞争，推动企业合并，形成适度经营规模。1972 年实行“航空宪法”，政府确定运价，并划分航线经营范围；日航和全日本空输株式会社(全日空)共享国内干线航空运输，全日空和佳速航空(JAS)共同承担地方支线航空运输；直至 20 世纪 80 年代中期，JAL 独家垄断日本国际航空运输。

3. 市场改革期

早在 20 世纪 70 年代，日本就开始酝酿民航市场化改革。进入 20 世纪 80 年代，为应对全球航空运输放松管制的发展趋势，1985 年日本修改《航空法》，确立多家公司经营国际航线、国内航线促进竞争和航空完全民营化，并对航线经营企业数量作出规定。1987 年废除《日本航空公司法》，放松价格规制：允许运价打折，幅度在 35% 以下、期限在一年以内的运价调整无须经过运输审议会审议；但日本航空业仍维持原来的垄断结构，没有真正实现市场竞争。1995 年，日本开始对国内航线运价实行放松管制，引入价格浮动机制。2001 年日本通过了新的航空运输法案，完全放松对运输价格的管制。

4. 协同发展期

21 世纪以来，日本航空运输市场进入成熟期，航空运输市场受经济波动影响较大。在人口减少并快速老龄化、经济增长与全球化、信息通信技术进一步发展的背景下，日本国民价值观发生变化，变得多元化(包括安全、防卫、全球环境、更具吸引力的景观、公众决策)，2008 年日本制定了《国家空间战略：国家规划》，其航空运输的发展重点包括三个方面：

(1)建立综合国际运输系统。强化国际运输系统的竞争力，包括建立全球物流基地；促进与东亚各国的交流，包括在东亚地区建立快速交流圈，建设亚洲综合物流运输网络，与东亚周边国家间的政策共享，实现日本国民到东亚各国可以当天往返。

(2)建设国土干线运输系统，发展高效的国内航空网络。

(3)建设区域运输系统，支持开发支线及岛屿的航线。

# 第二节 主要发展经验借鉴

## 一、国家战略引导民航发展

各国重视通过国家战略或规划引导和支持民航发展。如美国早在1944年就出台了《国家机场计划》指导战后机场的建设发展，自20世纪80年代以来就制定了《综合机场体系国家规划》引导国家机场体系的发展，并定期更新规划至今；英国将民航发展纳入国家战略指引的交通发展白皮书《交通新政》《交通运输业的未来》；德国将民航发展纳入《联邦交通网发展规划》；日本将航空纳入国土规划战略规划中。各国通过高层次定位来确立航空运输发展的战略地位、作用及支持发展的重点方向。

## 二、大力支持基础设施建设

自航空的军事用途得到政府及社会各界的广泛认同后，各国在不同阶段对民航基础设施建设给予了大力的支持。对美国发展情况分析，1930年后，政府成为机场发展资金的主要提供者；第二次世界大战期间，美国联邦政府为机场建设拨付了大量资金，战后联邦政府的机场建设资金投入可以高达50%。根据美国联邦政府的分析，1960—2009年联邦政府各相关部门对美国民航的资助资金（主要用于机场建设）累计达到3521亿美元，约占对交通领域总资助的26.4%，历年资助额也长期处于第二位（图16-17）。

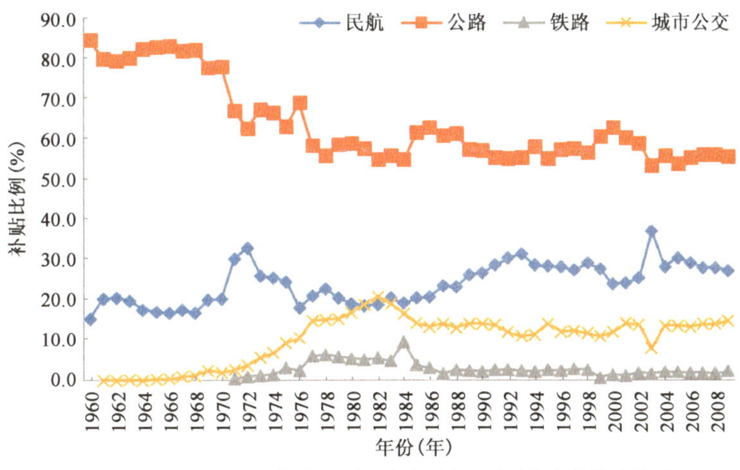


图16-17 1960—2009年美国联邦政府对客运基础服务的补贴情况

另一方面，政府加大对空域相关等基础设施的建设及管理。如早在1920年，美国联邦政府就着手投资建设导航、空管、气象等系统，其后空管系统永久由联邦政府投资建设及维护运营。

## 三、稳步推进市场改革发展

民航发达国家均根据各国民航发展的阶段及自身条件稳步推进市场化的改革，逐步发挥市场对资源分配的主导作用，建立充满活力的市场。随着民航业的成长与成熟，各国逐步增强市场在民航资源配置中的作用，如市场准入、运价调整、时刻资源、航权资源、航空器制造、空域灵活使用等领域的开放度不断提升。美国于20世纪70年代末推进了民航放松管制，以英国、德国为代表的欧洲国家于20世纪80年代推进了民航（包括机场）的私有化改革，日本则于20世纪80年代对民航进行民营化改革。放松管制在较大程度上激发了民航市场的活力，促进了运输量的快速增长。

另一方面，政府在市场化过程中致力于基本公共服务的保障，如偏远地区的公共服务等。如美国在20世纪70年代实施放松管制后，为偏远地区及小社区的民航提供基本公共服务等支持；英国、德国等欧洲国家在欧盟范畴内，为岛屿等偏远地区的航空运输服务提供支撑。

## 四、重视行业规范治理

规范化治理是引导民航可持续发展的重要因素，美国、欧盟、日本等国家和地区都重视法律及规划的引领作用。美国是民航法治的典范，从民航发展初期《航空邮政法》开始，随后制定了《航空商务法》《民用航空法》等对民航活动进行规制，在机场发展方面出台了“国家机场计划”、《联邦机场法》，在航路方面出台了《航路现代法》，以及综合的《机场与航路发展法》《机场与航路安全及扩容法》。20世纪70年代末美国通过《航空货运放松管制法》《航空客运放松管制法》等引导全球航空放松管制，同时通过《国际航空运输竞争法》《航空安全和消除噪声法》《航空安全和扩容法》等增强对行业的规制。

此外，各国都在不断完善行业数据、信息的管理及发布，接受社会各界的监督与问询，为民航软科学研究及发展提供支持，同时增强了其国际吸引力及影响力。如美国自1926年《航空商务法》公布以来，就建立公开发布的航空专业统计资料，涵盖政府服务（航空规制、航路管理、航行信息、航路制图、航空研究）及民航发展相关领域的信息与数据资料，其后根据发展内容及需求不断完善多门类的统计资料，并建立了专业化的网站，及时公开大量资料与数据供研究参考。英国、德国、日本等国家的公开资料也较为全面及时。

## 五、科技创新支撑民航发展

民航业是一个技术含量高、资金投入大、市场影响广的产业体系，现代民航业已经在民航发达国家成为现代科学基础理论创新及实践应用的重要通用产业。民航业是一个由技术装备（飞机、导航）、运输组织、市场管理等组成的高端经济产业，长期以来是美国、欧盟、日本、俄罗斯等国家和地区大力投入创新发展的行业。如美国早在第二次世界大战前就通过国防资金支持航空工业发展，其后大量科技创新被运用于民航，使其在民航行业的几乎全部领域占据了全球领先地位。美国拥有全球两大民机制造商之一的波音飞机、全球三大民航发动机制造商中的两家（普惠和通用）、全球运用最广的星基定位系统——GPS全球定位系统。与此同时，通过其民航优势，美国联邦航空局（FAA）制定的民航行业标准，占据航空运输业的全球领导地位。

## 第三节 国际对标分析

### 一、安全水平全球领先

中国民航始终坚持持续安全发展，健全安全法规体系，健全队伍管理体系，健全安全责任体系，健全安全管控举措，民航安全水平大幅提升。自党的十八大以来，我国民航安全水平大幅提高，全行业未发生运输航空重大安全事故，安全水平世界领先，百万架次重大事故率均低于世界平均水平。截至2017年底，全行业累计实现连续安全飞行88个月，5670万h。2013—2017年，中国民航运输航空百万小时重大事故率为0，同期世界平均水平约为0.0872，其中美国为0.0220；中国民航百万架次重大事故率为0，同期世界平均水平为0.1745，其中美国为0.0480；中国民航亿客公里死亡人数为0，同期世界平均水平为0.0074。

### 二、航空公司国际竞争力不断增强

我国三大航空公司旅客运输量和机队规模亚洲领先，但与美国的三大航空公司相比规模仍然比较小。国际航空市场份额是国家航空企业国际竞争力的直接体现。在国际市场份额方面，2017年国内承运人在国际市场中的份额为49.6%，与外航基本持平，但在欧洲、中东市场还有差距（图16-18）。在航空公司的经营能力方面，美国和欧洲的三大航空公司均为世界500强企业，在航空联盟中处于主导地位，而我国三大航空公司均没进入500强，持续盈利能力较弱。我国航空公司国际营销能力较弱，多数国际航线处于亏损状态，国际竞争力依然较弱。

### 三、国际航线网络覆盖范围有待扩展

党的十八大以来，国内航空公司加快了对国际航线开辟的步伐，为中国民航加速国际化布局提供了基本保障，构建通达便捷的国际航线网络也是我国提高国际影响力的重要载体和体现。中国航空公司在国际上已经覆盖了全球重要的发达国家和新兴市场，但是

与美国、英国等发达国家相比，在航线网络覆盖广度和深度上存在较大差距。全球 231 个国家和地区，美国通航 113 个国家和地区，英国通航 124 个国家和地区，分别占全球国家和地区总数的 49% 和 54%，而中国仅占 24%，不到美国和英国的一半。从通航城市和国际航线数量来看，中国承运人通达的广度和深度均与美国和英国存在十分巨大的差距（表 16-5）。

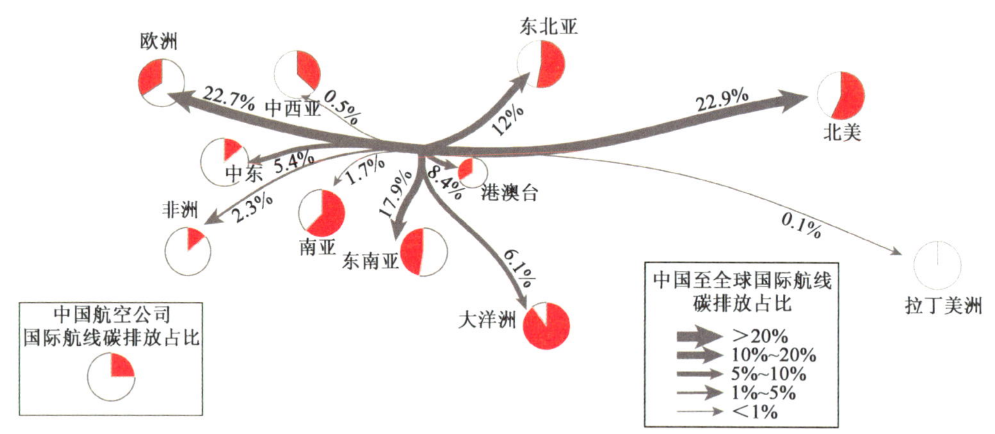


图 16-18　国内航空公司国际市场份额占比

**中国与全球民航强国航线网络覆盖能力对比（2016）**　　表 16-5

| 指　　标 | 中国 | 美国 | 英国 |
|---|---|---|---|
| 通航国家 | 58 | 113 | 124 |
| 通航城市 | 149 | 333 | 568 |
| 国际航线 | 739 | 2095 | 3139 |

注：数据来源于 CAS、FAA、CAA。

## 四、航班正常率相对较低

近年来，中国民航着力提升航班运行服务品质，在全国客运航空公司航班飞行总量快速增长的情况下，实现全国航空公司航班正常率、机场放行正常率较大幅度提高。2016 年，全国客运航空公司平均航班正常率为 76.76%，同比提高 8.43 个百分点，继 2013 年之后再次回升至 70% 以上，也是自 2012 年起五年来最高一年。然而与美国和英国相比，无论从航班正常率还是从机场准点率来看，中国均显著落后（表 16-6）。

**世界各国航班准点率对比（2016）**　　表 16-6

| 国家 | 中国 | 美国 | 英国 |
|---|---|---|---|
| 航班正常率 | 76.8% | 81.4% | — |
| 机场准点率 | 70.4% | 75.6% | 73.4% |

注：中国为机场出港准点率，美国、英国为到港准点率。

## 五、通用航空服务体系发展缓慢

多年来，中国受空域管理体制、资金、技术等多种因素制约，通用航空发展缓慢，难以满足民航强国的要求。截至 2016 年底，中国通用航空与欧美等国家和地区相比市场规模较小，通用机场和通用飞机数量差距较大（图 16-19）。通用航空飞行总量占整个民航业的比例不到 1%，运输航空比例失调。

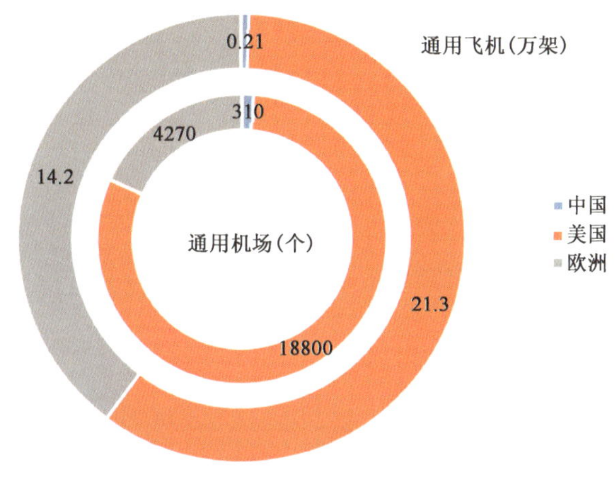


图 16-19　通用航空国际对比

## 六、国产装备水平处于起步阶段

近年来，中国民航技术装备创新能力显著提升，自主研发的高速行李自动分拣系统、新一代旅客服务系统、国产电子客票系统成功投产，AG600 大型水陆两栖飞机完成首飞，国产民航客机搭载北斗导航系统试飞成功，ADS-B 地面站设备实现全面国产化，民航客机全球追踪监控系统全面覆盖我国国际和地区航班。虽然部分技术装备取得了重大突破，但是在核心装备方面中国仍比较落后，全球大型运输客机主要被美国的波音和欧盟的空客所垄断，中国国产飞机市场份额仅占 0.9%，波音和空客市场份额分别高达 48.2% 和 46.2%。当前国产大飞机 C919 已全面试验飞行，CR929 宽体客机正处于研发阶段，未来有望打破波音、空客的垄断格局，但中国大型客机投入运营仍需很长一段时间。

## 七、参与国际民航规则标准的主导权和话语权不断提升

近年来中国在国际民航事务中话语权不断提高。2004 年以来，中国已连续五次当选国际民航组织一类理事国。2015 年，中国代表当选国际民航组织第 204 届秘书长，全面参与国际民航公约的修订，协助制定航空安全、安保和环境保护等政策与标准。但是国际民

航规则标准的主导权、话语权依然以欧美国家和地区为主导，主要原因在于其现代航空器的设计、制造技术处于全球领先，市场发育最早，产业发展成熟。随着中国民机制造技术不断进步，以及航空市场的快速发展，我国在国际民航规则标准上的主导权和话语权有望持续增强。

# 第四章
# 民航强国的内涵与指标体系

## 一、基本内涵

民航业作为国家重要战略产业，是交通强国的重要组成部分和有力支撑，在交通强国各领域中最具国际比较性，在国际互联互通中最能发挥先导作用，是交通强国的国际"先行官"。

从民航业历史使命出发，正确把握新时代民航强国的发展方向。中国民航创立伊始，就确立了"人民航空为人民"的行业宗旨，把保证安全、改善服务、争取正常、满足人民群众需求作为民航发展的根本遵循。第一，中国民航致力于服务人民群众的航空出行需求，以人民满意为目标，增强服务能力、扩大服务范围，建成了覆盖世界最多人口的机场航线网络，使航空服务更多更广地惠及人民群众。第二，中国民航始终致力于服务国家战略，以保障有力为目标，促进经济繁荣和对外开放，为国家经济社会发展作出了突出贡献，勇担大任，承担抢险救灾、海外撤侨等重大和紧急航空运输保障任务。第三，中国民航致力于提升全球竞争力，以竞争力强为目标，构建通达全球的航线网络、提升航空公司和大型枢纽的国际竞争力。

党的十九大报告指出，我国社会的主要矛盾已经转变为人民日益增长的美好生活需要和不平衡不充分的发展之间的矛盾。随着人民生活从更加殷实到更为宽裕再到基本实现共同富裕，人民群众对民航业服务种类、服务范围、服务能力和服务水平的要求也越来越高。新时代背景下，对中国民航提出了新的要求，一是要提高满足人民群众多样化需求的供给能力，二是要优化民航业提供运输服务的供给结构，三是要提升航空运输的供给质量。

新时代民航强国建设就是要始终坚持"发展为了人民"理念，始终把服务国家经济社会发展战略、满足人民对美好生活的需要作为新时代民航强国建设的发展方向，民航强国建设的本质就是高质量发展。其内涵包括:一是要能够更好地满足人民对美好出行的需要,二是要能够更好地服务国家发展战略的需要,三是要能够实现行业可持续发展的需要。民航发展转向依靠“质量”“品质”“服务”发展,推进结构优化和增长动能转换,实现可持续健康发展,最终建成民航强国。

## 二、民航强国指标

围绕民航强国的内涵特征及内在关系,结合新时代、新要求,梳理出能够系统反映该特征的指标集合,按照“目的性、科学性、实用性”等原则对指标进行筛选和设计,形成民航强国评价指标体系。指标体系紧密联系民航强国的基本内涵特征,突出中国民航服务人民美好出行需求能力强,服务国家战略能力强,行业可持续发展能力强的发展目标,分为9个准则层和22个指标层(表16-7)。

民航强国指标体系 表16-7

| 目标层 | 准则层 | 指标层 |
|---|---|---|
| 服务人民美好出行需求能力强 | 基础设施 | 通航数量、地面距离100km覆盖率、机场密度 |
| | 市场规模 | 旅客运输量、运输总周转量、人均出行次数、旅客周转量在综合交通中的比例 |
| | 服务质量 | 航班正常率、通航国家和城市、老少边穷地区覆盖率 |
| 服务国家战略能力强 | 国际竞争力 | 国际市场份额、航空企业全球排名 |
| | 技术装备 | 重要技术装备自主化率、国产飞机市场份额 |
| | 国际话语权 | 主导及参与国际标准制定数、在职国际组织人数、适航标准体系全球国家认可数 |
| 自身可持续发展能力强 | 运行安全 | 百万小时重大事故率 |
| | 绿色智能 | 科技投入水平、单位周转量能耗水平 |
| | 效率与效益 | 运输飞机日利用率、正班客座率 |

# 第五章
# 总体目标和战略步骤

## 一、指导思想

深入贯彻落实党的十九大精神，坚持以习近平新时代中国特色社会主义思想为指导，紧紧围绕统筹推进"五位一体"总体布局和协调推进"四个全面"战略布局，认真落实新发展理念，围绕"一二三三四"新时期民航总体工作思路，以更好地服务国家发展战略、更好地满足广大人民群众日益增长的美好生活需求为目标，以民航供给侧改革为主线，坚持目标导向、问题导向、效果导向相结合，聚焦提质增效，扎实推进新时代民航强国建设，为实现"两个一百年"奋斗目标、为实现中华民族伟大复兴提供重要战略支撑。

## 二、基本原则

坚持满足人民需要。贯彻落实"人民航空为人民"的发展理念，深入研究人民群众对航空服务的需求，在服务范围、服务种类、服务环境、服务效率、服务能力和服务品质上更好地满足人民群众对航空运输服务的需要。

坚持服务国家战略。充分发挥民航强国的战略作用，服务现代化经济体系建设，推动产业转型升级，服务于区域协调发展，推进机场群与城市群协调发展，服务于全面对外开放战略，提高国际竞争力优势，服务于国家总体安全战略，为国家发展战略提供有力支撑。

坚持科技创新驱动。创新是民航强国建设的第一动力，坚持创新驱动战略，全面推动政策、科技、管理、保障、服务和体制创新，激发市场潜力和效率。努力开展自主创新，加强具有自主知识产权技术设备的研发与应用。

坚持深化供给侧改革。不断深化民航供给侧结构性改革，推动行业发展质量变革、效率变革、动力变革，着力破解制约行业发展的体制性障碍。既要充分发挥市场在资源配置中的决定性作用，又要更好发挥政策的作用，不断提高行业治理体系和治理能力现代化。

## 三、战略目标

至21世纪中叶,全面建成人民满意、保障有力、竞争力强的民航强国,为全面建成社会主义现代化强国和实现中华民族伟大复兴提供重要支撑。民航服务能力、创新能力、治理能力、可持续发展能力和国际影响力引领世界民航发展。

## 四、战略步骤

围绕建设民航强国的主要目标,综合分析国内外形势和我国民航发展的基础,聚焦每个发展阶段的主要矛盾和突出问题,明确任务和措施。

从现在到2020年,是决胜全面建成小康社会的攻坚期,也是新时代民航强国建设新征程的启动期。民航发展要瞄准解决行业快速发展需求和基础保障能力不足的突出矛盾,着力"补短板、强弱项",重点补齐空域、基础设施、专业技术人员等核心资源短板,基本实现民航发展由供给短缺向总体适应转变。

(1)空域资源瓶颈得到缓解,全国机场年起降达到1300万架次。

(2)运输机场数量达到260个,覆盖100km范围内所有地级行政区。

(3)人均航空出行次数达到0.5次,旅客周转量在综合交通中的比例达到30%以上。

(4)航班运行品质明显改善,航班正常率80%以上。

(5)安全水平保持世界领先水平。

从2021年到21世纪中叶,民航强国建设分为两个阶段推进。

第一个阶段(2021—2030年),实现从单一的航空运输强国向多领域民航强国的转变。围绕服务我国基本实现社会主义现代化,民航强国建设要瞄准解决人民群众多样化航空需求和民航发展不平衡不充分的主要矛盾,着力"均衡发展、协调发展",使我国民航综合实力大幅提升,形成全球领先的航空公司、辐射力强的国际航空枢纽、一流的航空服务体系、发达的通用航空体系、现代的空管保障体系和完备的安全保障体系,有力支撑基本建成社会主义现代化。

(1)民航服务质量和效率显著提升,形成更加完善的国际化、大众化、多元化航空服务体系,运行更加高效,服务更加智慧,治理体系现代化。

(2)形成一批竞争力强、规模大、服务水平高、富有创新力的航空运输企业,参与国际民航规则、标准规范制定的话语权显著增强。

(3)形成一批辐射全球、运行高效、服务一流、智能绿色的国际航空枢纽,成为参与全球经贸体系中的重要节点。

(4)民航安全水平进一步提升,能源消耗、污染排放、碳排放水平大幅降低,民航可持续发展能力显著增强。

第二个阶段(2031—2045 年),实现从多领域民航强国向全方位航空强国的转变。围绕服务我国建成社会主义现代化强国,民航强国建设要瞄准全方位提升国际竞争力目标,着力增强国际民航规则标准话语权和技术创新引领力,重点推进航空业全产业链发展。民航的服务能力、国际竞争力、创新能力、治理能力和可持续发展能力进入世界前列,机场网、航线网、信息网和服务网深度融合发展,国产民航核心装备和技术得到广泛应用,形成产业辐射功能强大的现代民航产业,全方位参与新型国际民航治理体系建设,为国家综合国力提升和国际影响力领先提供全球化航空服务支撑。

# 第六章 重点战略任务

## 第一节 全面拓展国际化大众化的市场

### 一、着力拓展国际航空市场

构建结构优化、多元平衡、枢纽导向型的航权开放新格局，为航空公司进入国际市场提供更多航权资源。积极服务国家构建全面开放新格局，统筹制定民航国际化发展战略，以“一带一路”倡议为重点，逐步推进与中亚、南亚、东北亚及欧洲、美洲、大洋洲、非洲等地区扩大航权安排，实现国际航空运输市场自由化。改革创新国际航空运输开放政策，鼓励国内航空公司开拓国际市场，积极推进境外落地服务，提高国际市场占有率。

### 二、着力推进航空服务大众化

逐步加密机场网建设，建立通达、通畅、经济、高效的航线网络，大力发展支线航空，推进干支有效衔接，推进低成本等航空服务差异化发展。全面实施基本航空服务计划，实现老少边穷地区航线网络基本通达，推进航空服务公平、协调发展，保障偏远地区人民群众的交通出行权，打造发展更加协调的“民生航空”服务体系。紧密围绕人民群众的交通圈、工作圈和生活圈，提供全流程、多元化、个性化的航空服务新产品供给，着力打造“民航＋”生态圈。

### 三、着力开拓航空物流市场

以航空运输为核心，延伸航空物流服务产业链条，构建与电子商务、高端制造、高端服务等产业深度融合的物流服务体系，有力支撑新业态、新经济发展，促进产业结构优化升级，发挥民航对区域经济发展的动力源作用。不断强化航空货运专业化服务能力，不断提升航空货运的综合服务效率，在航空快件、冷链物流、危险品运输等各专业细分领域打造独具竞争优势的航空物流服务产品，提升航空在社会物流体系中的战略地位和作用。完善战略布局，构筑覆盖全球的国际航空物流网络，打造以航空物流为主导的全球现代供应链管理中心、国际快件转运中心和跨境电商物流分拨中心，实现货物运输“一单到底、物流全球，货畅其流”，推动传统货运企业向货运集成商和物流企业转型。实施航空物流“效率工程”，全面提高海关、检验检疫等通关效率，促进航空物流加快发展。

## 第二节　构建人民满意的航空运输服务体系

### 一、构建通达通畅的全球航线网络

服务国家全面开放新格局，积极开辟国际航线，打造“空中丝绸之路”，增加航班班次，国际航线网络覆盖全球，通达每一地区重要国家的主要城市，主动构筑畅行全球、高效通达的国际航线网络。打造连接欧洲、北美洲、大洋洲等重点航空市场的空中快线，加大对南美洲、非洲的辐射广度与深度，加快推进东亚地区的航空自由化进程。强化与“一带一路”沿线国家及周边国家的航空运输联系，提高对沿线国家的通达性和畅通性，提高航空运输服务水平。构建轴辐式和城市对相结合的航线网络，积极发展空中快线。

### 二、全面提升航班正常水平

以航班正常为核心，践行“真情服务”理念，通过坚持标准，持续改进，真诚服务，实现民航服务向更高质量转变。综合评估机场、空管系统的保障能力，以提升大型繁忙机场航班正常率为着力点，强化资源保障，优化航班运行体系，系统提升航班协同运行能力。加强新技术应用，提高对气象、机场运行、空域管理的控制能力，实现精细化管理。加快航班正常规章标准建设，进一步完善航班正常督查和绩效考核机制。

### 三、全面提升航空运输服务品质

聚焦人民群众的需求，践行“真情服务”理念，努力提升人民群众在民航发展中的获得感和幸福感。实施民航“便捷工程”，推进设施无人化、乘机便利化变革，提供航空出行新体验。加快大数据、互联网等新技术的研发与应用，推进服务质量管理体系与生产运行体系全面融合，建立全流程高效服务体系。持续改进运输服务品质，形成安全、舒适、便捷的航空运输服务和精准、精致、精细的个性化服务体系，树立具有中国特色的品牌核心价值。加强服务质量评价与监管，完善服务质量评价机制，定期开展航空公司、机场用户服务质量评价,实现运输质量监管常态化。

### 四、打造"航空+高铁"综合交通运输服务体系

推动枢纽机场与其他交通方式的深度融合,构建具有中国特色的"航空+高铁"快捷交通运输服务体系,打造若干以枢纽机场为核心的世界级综合交通枢纽。完善运输服务组织,打破民航与其他交通方式的信息和服务边界,率先实现航空与城市轨道交通、高速铁路等交通方式的"无缝隙、零换乘",实现综合运输服务一体化发展。

## 第三节 着力打造国际竞争力强的航空运输企业

### 一、打造世界级超级承运人

鼓励航空公司联合重组、混合所有制改造,加大对主基地航空公司航班资源配置力度,打造具有全球竞争力、服务全球的世界级超级承运人。鼓励开展全球并购和战略合作,发挥资本的纽带作用,构建全产业链的现代民航产业体系,打造服务品质与企业规模均在全球领先的世界级航空企业集团。深化投融资体制改革,加强资本控制和融资能力建设,建设拥有强大运营效率和盈利能力的航空企业。坚持质量建设和品牌建设,严格服务品质控制,加强品牌战略,提高航空公司国际竞争力,打造若干世界级航空品牌。

### 二、打造全球最具效率的航空物流企业

满足现代航空物流企业的基础设施需求,推进专业化航空物流设施和核心航空货运枢纽建设。改善航空物流政策环境,在完善航班时刻管理、优化基础设施建设、促进企业转型发展等方面支持航空物流企业做大做强。全面提高航空物流信息化水平,切实提高地面服务质量效率,持续完善货运安保链条管理。加快全球战略资源布局,构筑面向全球的航空物流服务网络,打造全球最具效率和竞争力的航空物流企业集团。

### 三、培育多元化的航空市场主体

支持建设低成本航空公司、支线航空公司、货运航空公司,实现市场更加平衡、更加充分发展。降低设立航空公司准入门槛,鼓励民营资本成立航空公司,支持全服务航空公司实现多元化发展,提高市场活力。创新低成本、支线、货运等细分市场运营模式,强化特色经营、特色产品和特色服务,培育一批各具特色的航空运输企业。发挥大型航空运输企业

的经营管理优势和社会责任的主体作用，带动中小航空运输企业向“专、精、特、新”发展，实现大中小航空公司协同发展、有序竞争的良性互动格局。

## 第四节 着力建设发达的国家机场体系

### 一、构建机场网络体系

统筹协调民用运输机场和通用机场布局建设，结合国家战略、区域经济社会、综合交通运输体系发展要求，构建覆盖广泛、分布合理、功能完善、集约环保的机场网络。到2020年，新增布局一批运输机场，总数达到260个以上；积极有序布局建设一批通用机场，总数达到500个以上，实现通航运营机场“市市通”。到2030年，持续扩大航空运输服务覆盖范围，运输机场数量达到450个左右；完善通用机场网络体系，加密布局，完善功能，均衡服务，实现通用航空“县县通”。2045年，通过提质增效和完善功能，全面完善机场布局，民用机场地面交通30min范围内实现国土面积全覆盖。

优化布局结构，着力提升北京、上海、广州机场国际枢纽竞争力，加快建设成都、昆明、深圳、重庆、西安、乌鲁木齐、哈尔滨等国际航空枢纽，打造郑州等国际航空货运枢纽，建成以世界级机场群、国际航空枢纽为核心，区域枢纽为骨干，非枢纽机场和通用机场为重要补充的国家综合机场体系。

### 二、建设世界级机场群

着力推动京津冀、长三角、珠三角（粤港澳大湾区）、成渝等世界级机场群建设。按照共商共建共享原则，探索建立全面、系统的运行协调与融合发展机制。完善区内各机场功能定位。统筹机场群基础设施布局建设、航线网络规划、地面交通设施衔接，优化航权、时刻等资源高效供给，形成优势互补、互利共赢的发展格局。到2030年，形成一批具有较强辐射力的世界级机场群，实现机场群与城市群的全面协同。

### 三、推进枢纽机场建设

加强大型枢纽机场战略规划编制工作。按照“精品工程、样板工程、平安工程、廉洁工程”建设要求，加快建设北京新机场等超级航空枢纽工程，为行业持续发展备足后劲。根据市场需求，适度超前调整相关枢纽机场总体规划，扩大枢纽机场终端容量。中远期，持续推进枢纽机场建设，接近终端容量且有条件的城市研究建设第二机场；积极有序推进以货运功能为主的机场布局建设。

深化机场管理改革，以提升机场安全和运行效率为导向，充分发挥各类管理体制优势，鼓励通过混合所有制改革等方式激发企业活力，提升机场管理水平。完善枢纽机场运行流程，推动枢纽机场航空器机坪运行管理移交。完善机场保障设施配备，加强机场新技术应用，保障机场安全运行，持续提升运行效率。

### 四、加快非枢纽机场和通用机场建设

提高航空服务均等化水平，新增布局一批运输机场，重点布局加密中西部地区机场，鼓励利用现有军用机场升级改造为民用运输机场，建立通用机场与运输机场之间的转换机制。实施一批机场改扩建工程，提升机场安全运行保障能力。大力实施军民融合发展，在民用机场建设中兼顾国防建设需求。加快通用机场建设，鼓励非枢纽机场增加通用航空设施，鼓励在偏远地区、地面交通不便地区建设通用机场。

### 五、打造平安、绿色、智慧、人文机场

建设平安机场。更加注重机场建设的安全管理，把安全贯穿于建设工程的全过程。统筹考虑安全运行、安保安检、反恐制暴等基本需求，优化机场功能设计。完善施工组织管理，落实安全主体责任，建立健全各项安全管理制度。

建设绿色机场。按照绿色机场标准要求建设机场。优化机场能源使用结构，不断提高清洁能源在机场能耗中的占比。推广节能减排新技术应用，采取综合措施降低机场噪声影响，提升机场固体废弃物、污水、化学制剂等处理能力。到 2050 年，实现机场污染物“零排放”“碳中和”。

建设智慧机场。实施智慧机场示范工程，以枢纽机场为重点，加强机场新技术的研发应用，推进机场安全防范、生产运行、旅客服务和商业运营等业务环节的集成创新，推动机场管控模式、服务模式的革命性变化，实现“智慧运行”“智慧服务”和“智慧管理”。

建设人文机场。机场建设要始终把旅客放在突出位置，把旅客舒适度和满意度作为衡量标准，着力提升机场运行品质，在公共交通换乘、飞机滑行效率、旅客步行距离、中转时间、首件行李到达等各项指标上，提供人本化服务。在增强安全保障和提升服务品质等方面，不断从空间品位、环境品位、文化品位和服务品位等维度进行综合考虑，真正做到以人为本。

## 第五节 构建现代化空中交通管理体系

### 一、深化空管体制机制改革

推动国家空域管理体制改革，建立国家统一管理的空域管理机构，建立健全空域资源

配置体系，逐步建成军民融合发展的现代化国家空域管理体制。深化民航空管系统改革，建立符合空管实际、适应民航发展需要的企业化管理体制，推进现代化空管和绩效型组织建设，建立空管运行领域军民融合发展机制，最终实现军民航空管联合运行。

### 二、增强空域资源保障

加强空域规划的引领作用，国家空域管理机构研究制订国家空域总体规划，实施空域分类划设。制订并实施全国干线航路航线网规划、繁忙机场终端区规划等重要空域规划，统筹机场布局规划和空域专项规划。强化空域资源意识，加大基础设施投入，加强空域资源开发利用。

### 三、提高空域运行效能

推进空域管理、流量管理、管制服务一体化运行。建立全国、区域、机场多级飞行流量管理体系和空管、机场、空域用户等多方协同决策机制。全面推广空域精细化管理。建立空域使用效率评估机制，不断改善空域管理工作。

### 四、实施空管强基工程

建成国际一流、高效运行的民航运行管理中心、气象中心、情报管理中心、空域管理中心。完善区域管制中心、终端管制中心、塔台管制室的建设。建成空天地一体化、网络化的数据通信、精密导航、综合监视系统，完成陆基向星基导航转变。建设新一代航空气象服务体系。建设航空情报自动化系统。

## 第六节 健全安全安保和技术保障服务体系

### 一、强化航空安全管理

牢固树立安全发展理念，大力弘扬生命至上、安全第一的思想，完善安全政策和规章体系。积极应对航空企业超大规模机队、流量和全球化运行的安全形势变化新趋势，变革安全监管模式，探索分类分级安全监管方式，加大新技术应用，完善安全监管工具箱等手段，增强精准监管力度，严厉查处安全违章失信行为，提高行业安全监管效能，促进行业安全可持续发展。严格落实安全生产责任体系，全面实施安全绩效管理。坚持对安全隐患“零容忍”，充分发挥飞行品质监控基站和安全大数据平台作用，加强安全风险管控。强化“三基”（抓基层、打基础、苦练基本功）建设，稳固安全生产底线。

### 二、深化“平安民航”建设

积极应对行业规模快速增长，传统风险和非传统风险交织等安防形势变化，推进民航空防安全工作体制机制变革，推进航空安保国际合作，构建开放化、立体化、信息化的民航安保治理体系。推进大数据、人脸识别等新技术应用，全面建设民航安保科技信息应用新格局。加强航空安保力量建设，增强反恐处突能力。放管结合，构建适应通用航空、航空物流等领域的航空安保体系。

### 三、提升应急和调查能力

整合民航应急资源，强化与地方部门协作，完善政企合作模式，构建国际合作机制，建立及时响应、协同合作、运行高效的航空应急救援体系和国家航空应急运输力量。加强高原、高高原等复杂条件下的民航应急处置能力。完善航空事故调查法规标准建设，加强技术装备配备，强化事故预防研究，提升事故调查能力。

### 四、提升技术保障能力

建立以民航服务为核心的大数据信息服务平台，覆盖旅客出行全流程，货物运输全链条，实现智慧化的航空运行、航空服务、企业决策和政府管理，强化信息安全建设。加强大数据在航空维修中的应用，提高航空部(附)件和发动机的维修能力，形成布局合理、功能完善的航空维修产业集群。构建符合市场规则的航油供应体系，提高航油服务效率和质量，积极推进航空清洁替代燃料开发应用。

## 第七节 构筑功能完善的通用航空体系

### 一、大力开拓通航服务市场

培育充满活力的通用航空市场，引导发展短途运输、救援服务、私人消费等服务新领域，推进工农林等传统业务市场提质增效，创新引领无人机化服务的新业态与新需求。建成一批先行先试通航示范区，融合旅游、“互联网+”、创意经济等构建全域运营服务体系。打造一批竞争力强的专业化通航服务企业，在各重点领域培育全球领军企业，带动形成覆盖广泛、服务优质的通航市场。

### 二、加快构建全产业链体系

大力提升以制造业为核心上游产业的市场竞争力，积极培育航空租赁等下游现代服务业，形成具有自主创新能力的全链条产业体系。着力增强整机研发设计、核心零部件维修能力，促进传统装备制造的转型升级，培育全球领先的集航空制造、飞行监控、运行装备等为一体的无人机龙头企业。做大现代服务业规模，在航空租赁、保险、代理、咨询等领域形成一批进入国际先进行列的现代服务企业。

### 三、强化基础保障能力

建立服务飞行全流程的基础保障体系，形成辐射亚太地区、服务全球的全方位服务保障体系。积极推动建设飞行服务站(FSS)，建成功能完善的FSS服务体系。大力发展固定基地运营服务商(FBO)，打造具有国际影响力的FBO品牌。完善航油航材供应体系，发展维修保障基地(MRO)。完善航行情报服务体系，建设区域及国家通航飞行信息服务中心，逐步实现通用航空器北斗导航系统全覆盖。

### 四、优化完善发展环境

转变通用航空管理方式，实现通航发展从部门行为向政府行为、从行业行为向社会行为的观念转变。坚持"放管结合、以放为主"，强化安全监管，实施分级分类管理，着力重大社会事件时期、人口高密集区域、载人飞行业务等重点监管。加快完善规章标准和制度建设，强化规章宣贯和培训。推动和完善通航发展外部环境，简化通用机场建设审批程序，以低空空域改革试点地区为突破口，逐步完善低空空域改革。

## 第八节 提升民航业的创新能力

### 一、实施科技创新引领战略

深化创新体制改革，强化企业创新主体地位，形成以航空运输链为导向的创新链、资金链，产学研深度融合的技术创新机制。加强基础研究和前沿技术创新，开展机场建设、空域管理、节能减排等重大技术创新研究，实现核心技术和瓶颈技术的重大突破。加大推进北斗卫星导航系统等具有自主知识产权的新技术、新装备、新系统在空管等领域的研发和应用。统筹推进航空系统组块(ASBU)升级计划与亚太无缝空管计划。着力推动民航与互联网、人工智能、大数据等新技术的深度融合。实现从"跟跑者""追随者"向"并行者""领跑者"转变。

### 二、打造一流科技创新平台

加快基础技术研究、应用技术开发、核心技术产业、成果转化效益和创新人才发展等创新基地建设，打造由科研孵化基地集群、高新企业集群和现代智库集群组成的科技创新体系。建设适航审定、航空产品制造、安全安保技术、战略规划以及大数据平台等领域的国家级重点实验室和工程技术中心。调动社会创新资源，构建民航创新产业集群，打造一批民航创新示范高地。建立科技企业、科研院所、高等院校产学研相结合的开放性技术创新机制，加强与国外知名科研机构合作，提高全行业综合创新能力。

### 三、培养国际水平人才队伍

实施"人才强业"战略，实行更加积极、更加开放、更加有效的人才政策。培养造就一批具有国际水平的民航科技领军人才和高水平创新团队。支持国际化和复合型人才培养，积极引进国外及相关领域的高端人才。以"聚天下英才而用之"的气魄营造良好的人才成长环境，造就一支与民航强国相适应的结构全、素质高、规模大的人才队伍。

### 四、全面深化改革创新

全面深化民航机构和行政体制改革，实现治理能力体系和治理能力现代化，不断提高行业治理效率效益。创新和完善宏观调控方式，推进财政事权和支出责任划分改革，深化价格改革，提高行业投资效率，逐步有序放松行业准入。建立健全民航法规体系和标准规范体系，完善标准实施推进机制，积极参与民航国际公约的制定和修订。建设行业监管执法系统，丰富规范监管手段。建设人民满意的服务型、法治型政府。

## 第九节 强化国产新技术装备的研发应用

### 一、加快国产技术装备的研发应用

技术装备的竞争已经不再是单纯的专业领域和民用航空产品市场的竞争，更是国家综合国力及核心竞争力的竞争。继续支持新舟600、ARJ21等国产飞机运营，充分挖掘国内中短程航线市场。加快推进国产大飞机C919、CR929等大飞机研发、试验飞行和审定验证进程，打破国外航空器的垄断地位，提高国产大飞机的市场占有率。加快推进北斗卫星导航系统、高速行李分拣系统等具有自主知识产权的新技术在民航领域的应用范围，推动国产空管技术和产业化发展，实现空管设备安全可控。

### 二、提高适航审定能力

建设世界一流适航审定体系、世界一流适航审定能力和世界一流适航审定队伍，实现与航空制造业融合发展。聚焦 C9X9 系列国产大飞机、AG600 大型水路两栖飞机、长江 1000A 航空发动机等重点型号，加强适航审定能力建设，全面满足我国民用航空产业发展需求。优化改进适航管理措施和程序，加强对国产民用航空产品提供全寿命周期的适航保障服务。

### 三、推进装备产品的“走出去”

落实国家对外开放战略，整合行业资源，搭建全方位、多层次的合作交流平台，建立和完善“走出去”工作机制。在积极推进与美国、欧洲适航互认的同时，加快与“一带一路”沿线国家的双边适航合作，推进双边适航协议签署和适航证件互认，为国产民机“走出去”创造良好的双边环境。全面加强与国产民机运营国的航空合作，开展技术交流，提供教育培训、专家支持，为民机出口和境外运营提供有力支持。完善维修体系和技术标准，为国产飞机进入该市场奠定良好的维修能力基础。积极推动基础设施建设、基于性能的导航（Performance Based Navigation，简称 PBN）、广播式自动相关监视（Automatic Dependent Surveillance-Broadcast，简称 ADS-B）、导航数据库及特性材料拦阻系统（EMAS）等技术和产品的对外推广应用。

## 第十节　增强国际民航规则制定话语权

### 一、积极参与国际事务

深度参与国际民航组织事务，主动承担国际民航组织一类理事国职责，推动国际化民航人才交流，支持国际性行业组织高效管理和有序运作。积极争取在我国设立民航国际性、区域性组织和机构，设立民航技术合作交流项目，为国际民航技术创新、应用与合作提供新平台。积极为发展中国家提供人才、技术和融资上的帮助，为提升世界民航可持续发展能力作出“中国贡献”。

### 二、全面深化国际合作

构建合作共赢、平等互利的合作机制，打造跨企业、跨行业、跨区域的合作链条。全面创新战略合作平台与机制，打造以我国航空运输企业为主导的全球航空组织联盟。推进北斗卫星导航系统、国产大飞机、技术标准、技术服务等中国民航相关产品服务“走出去”。推进全球航空运输自由化和运输服务便利化，让中国民航快速增长的红利惠及全球，为世界民航发展注入“中国动力”。

## 三、积极参与全球民航治理

秉持共商共建共享的全球治理观，构建世界民航发展的命运共同体。倡导国际民航关系民主化，逐步提高中国在世界民航标准规则制定中的影响力和话语权。设立"一带一路"国际民航合作论坛，打造新型国际民航合作机制，携手共创航空繁荣之路，实现政策沟通、航线互通、客货畅通、共同发展，为全球民航治理提供"中国智慧"。

# 第七章 保障措施

## 一、提升统筹协调能力

切实加强民航强国战略实施的组织领导，建立统筹协作机制，明确责任分工，制订实施方案，落实各项工作，形成合力，全面推进民航强国建设。统筹相关部门协调，在规划编制、重大项目建设、建设用地保障、体制机制创新等方面给予积极指导和支持。加强与国务院中央军委空中交通管制委员会和军方等相关部门的战略沟通与协调，积极推进空域体制机制改革。加强与航空工业、临空经济区、地方政府等相关部门和单位的协调，延长民航业产业链，提高民航的辐射带动能力。

## 二、推进战略实施机制

构建强国战略实施路线图，细化强国战略和强国目标的实施方案，研究制订相关专项规划、科学制定阶段工作重点，建立重大工程项目实施机制。定期开展强国建设推进会，明确各阶段的发展问题与难点，确保及时有效解决。加强对规划实施的跟踪分析和督促检查，适时组织开展战略实施评估。及时对外公布强国建设进展，引导各类市场主体积极参与强国建设，建立公众意见反馈渠道，形成全社会参与、支持和监督的良好氛围。统一强国建设思想，密切协作，相互支持、相互配合，形成民航强国建设凝聚力。

## 三、强化国家政策协同

从国家层面引导全社会正确认识民航强国建设的战略意义，突出民航在综合交通中的先导性和国际属性。积极对接国家及相关部门的政策资源，构建有利于民航强国建设的全方位政策支持体系。加强与发展改革、财政、自然资源、生态环境等相关部门的沟通，促进各项战略任务的推进与实施。主动建立与产业、旅游、外贸、综合交通等关联产业和部门的业务合作机制,加强与联检单位协调,争取更广泛支持,营造有利于民航发展的外部政策环境。

## 四、加大财税金融支持

全面推进民航投融资体制改革,拓宽融资渠道,降低融资成本。充分发挥市场机制作用吸引社会资本,探索政府和社会资本合作模式,形成合作、开放、创新的投融资氛围。改革民航部门预算管理机制,建立编制科学完整、执行规范有效、监督公开透明的民航部门预算管理。创新多元合作模式,重点支持大型枢纽机场基础设施建设投融资改革,建立灵活、多元、平等的市场环境。积极开展民航财政金融风险分析与预警,充分评估在基础设施建设、航线补贴等方面带来的债务风险,合理控制建设规模和发展节奏。

## 五、加强人才队伍保障

加强对民航人才队伍的统筹规划和引导,开展民航人才培养及管理模式等专项研究,健全人才评价体系,完善人才激励机制,优化人才流动机制,改善人才成长环境,构建具有国际竞争力的人才制度。加强民航专业人才培养平台建设,改革创新院校人才培养模式,拓宽人才流动通道,建立多层次人才培养体系。加强民航人才队伍建设,培养一批具有专业素质、专业精神和创新精神的干部人才队伍。构建紧缺型人才供需对接和互动交流机制,建设民航人才管理数据库,指导人才合理流动和定向培养。实施积极开放、有效的人才引进和交流政策,促进国家化人才培养。

# 参考文献

[1] 中国民用航空局,国家发展和改革委,交通运输部. 中国民用航空发展第十三个五年规划[Z]. 2016.

[2] 中国民用航空局发展计划司. 从统计看民航(2011 年)[M]. 北京:中国民航出版社,2011.

[3] 中国民用航空局发展计划司. 从统计看民航(2017 年)[M]. 北京:中国民航出版社,2017.

[4] 国家发展和改革委员会,中国民用航空局. 全国民用运输机场布局规划(发改基础〔2017〕290 号)[Z]. 2017.

[5] 国务院. 国务院关于促进民航业发展的若干意见(国发〔2012〕24 号)[Z]. 2012.

[6] 中国民用航空局. 关于印发建设民航强国的战略构想的通知(民航发〔2010〕34 号)[Z]. 2010.

[7] 国务院. 国务院办公厅关于促进通用航空业发展的指导意见(国办发〔2016〕38 号)[Z]. 2016.

[8] 国务院. 国家人口发展规划(2016—2030 年)(国发〔2016〕87 号)[Z]. 2016.

[9] 中国民用航空局. 民航局关于印发促进航空物流业发展的指导意见(民航发〔2018〕48 号)[Z]. 2018.

[10] 约翰·卡萨达,等著,曹允春,等译. 航空大都市:我们未来的生活方式[M]. 郑州:河南科学技术出版社, 2013.

[11] 国外交通跟踪研究课题组. 美国 2045 年交通发展趋势与政策选择[M]. 北京:人民交通出版社股份有限公司, 2017.

[12] 美国国家情报委员会. 全球趋势 2030:变换的世界[M]. 北京:时事出版社, 2015.

[13] 梁国勇, 等. 中国经济 2040:全球变局与中国道路[M]. 北京:中国人民大学出版社, 2017.

[14] 陆大道. 2050:中国的区域发展[M]. 北京:科学出版社, 2009.

[15] 世界银行,国务院发展研究中心,等. 2030 中国:迈向共同富裕[M]. 北京:中国财政经济出版社, 2013.

[16] 洛克林著,赵传云译. 运输经济学[M]. 长沙:长沙铁路学院运输系, 1985.

[17] 罗伊·桑普森等著, 赵传云等译. 运输经济:实践、理论与政策[M]. 北京:经济管理出版社, 1989.

[18] 肯尼斯·巴顿著, 冯宗宪译. 运输经济学[M]. 北京:商务印书馆, 2006.

[19] 史蒂芬森著, 刘秉镰译. 美国的交通运输[M]. 北京:人民交通出版社, 1990.

[20] 谭惠卓. 航空运输地理教程[M]. 北京:中国民航出版社, 2007.

[21] 刘功仕. 航空运输经济手册[M]. 北京:中国民航出版社, 1994.

[22] 刘得一. 民航概论[M]. 北京:中国民航出版社, 2000.

[23] 姜长英. 中国航空史(中国航空史料·中国近代航空史稿)[M]. 西安:西北工业大学出版社, 1987.

[24] 王德荣. 中国交通运输中长期发展战略研究[M]. 北京:中国市场出版社, 2014.

[25] 王庆云. 交通运输发展理论与实践[M]. 北京:中国科学技术出版社, 2006.

[26] 中国科协交通决策咨询专家组. 中国交通运输发展战略与政策[R]. 北京:人民交通出版社,1992.

[27] 雷汀, 王德荣. 2000 年的中国交通运输[M]. 北京:中国社会科学出版社, 1988.

[28] 黄民, 张建平. 国外交通运输发展战略及启示[M]. 北京:中国经济出版社, 2007.

[29] Wells, A. T. ,Young, S. B. . Airport Planning & Management (5th)[M]. McGraw-Hill, 2004.

[30] Garrison, W. L. , Levinson, D. M. . The Transportation Experience: Policy, Planning, and Deployment[M]. Oxford University Press,2006.

[31] Horonjeff, R.,et al. Planning and Design of Airports (5th)[M]. McGraw-Hill, 2010.

# 课题报告 17

# 交通强国战略保障体系研究

# 课题组主要研究人员

## 课题顾问

翁孟勇　何华武　卢春房　周　伟

## 课题组长

徐　丽(组长)　孙虎成(副组长)　荣朝和(副组长)

## 课题组主要成员

贺菲菲　王大鹏　徐　园　王畅乐　唐　威

李　玮　张晓璇

## 课题主要执笔人

孙虎成　荣朝和　贺菲菲

# 内容摘要

党的十九大报告提出要推进国家治理体系和治理能力现代化，交通强国保障体系的建设目标就是要实现交通领域治理体系和治理能力的现代化。交通强国保障体系由交通法律法规体系、管理体制和运行机制、投融资体系、技术人才队伍体系组成。要保障交通强国战略目标的实现，应坚持问题导向和目标导向，健全交通法律法规体系，完善交通管理体制与运行机制，加强市场监管，建立财政保障有力、权责一致、有效吸引社会资金、风险可控的投融资机制，建设高素质、多层次、创新能力强的交通人才队伍系统，充分有效发挥市场对交通运输领域资源配置的决定性作用，更好地发挥政府作用，极大激发交通的创新活力，最终达到交通治理体系和治理能力现代化，大力提升交通运输服务水平，促进交通运输与经济社会发展深度融合，更好地连接和服务全球。

## Abstract

The report of the 19th National Congress of the Communist Party of China puts forward " to promote the modernization of the national governance system and governance capacity". The construction goal of the transportation power support system is to realize the modernization of the governance system and governance capacity in the transportation sector. The transportation power support system consists of the transportation law and regulation system, management system and operation mechanism, investment and financing system, and technical talents team system. In order to ensure the realization of the strategic goal of a powerful transportation country, we should stick to the problem-oriented and goal-oriented thematic research, improve the System of transportation laws and regulations, perfect the transportation management system and operation mechanism, strengthen the market supervision, establishe a strong financial security, consistent powers and responsibilities, and effectively attracts social funds and risk-controlled investment and financing mechanisms, build a high-quality, multi-level, innovative and capable transportation talents team system, fully and effectively play a decisive role in the market allocation of resources in the transportation sector, give full play to the role of the government, greatly stimulate the innovation vitality of transportation, and finally realize the modernization of the tranportation governance system and governance capacity, vigorously improve the level of transportation services, promote the deep integration of transportation and economic and social development, better connect and serve the world.

# 第一章
# 交通发展战略保障体系的研究界定

## 一、发展战略保障体系一般概念

发展战略的顺利实施，需要有与之相匹配的保障体系，并从制度层面或治理层面实现保障。

我国的发展战略实施保障体系一般包括制度体系、法律体系、产业政策和发展资源四部分。其中，制度体系包括政治制度、经济制度和社会组织制度；法律体系包括法律、行政法规、地方性法规；产业政策主要通过制定国民经济计划、产业结构调整计划、产业扶持计划、财政金融、货币手段来实现；发展资源包括自然资源、人力资源、科技资源与资本资源。

从实现一个行业治理体系与治理能力现代化的角度出发，保障体系侧重于向公共服务和市场监管、产业政策、组织结构和发展资源聚焦。其中，产业政策主要包括财政供给、金融支持、税收政策、土地等资源保障与控制、产业规划布局、产业结构调整等；组织结构包括政府与市场关系、管理组织结构、政府事权关系和职责分工等；发展资源包括土地等自然资源、人力资源、科技资源与资本资源。

## 二、交通强国战略保障体系内涵

本研究将交通发展战略保障体系界定为实现交通行业治理体系与治理能力现代化所进行的制度设计、法律支撑和资源保障——包括法律法规体系、市场机制及管理体制机制、资金制度、人才队伍保障（图 17-1）。其中，法律法规体系包括交通上位法、专业龙头法、配套行政法规组成的体系；市场机制要求加强服务型政府构建，完善政府监管，营造公平良好的竞争环境，实现多元治理；管理体制机制指政府在交通运输行业管理中的职能定位、职责划分、组织结构及相互之间的关系；资金机制包括财政性资金投入、社会投资、债务融资三个渠道的资金供给。考虑到保障体系的完整性，本研究还涉及人才队伍保障的相关内容。

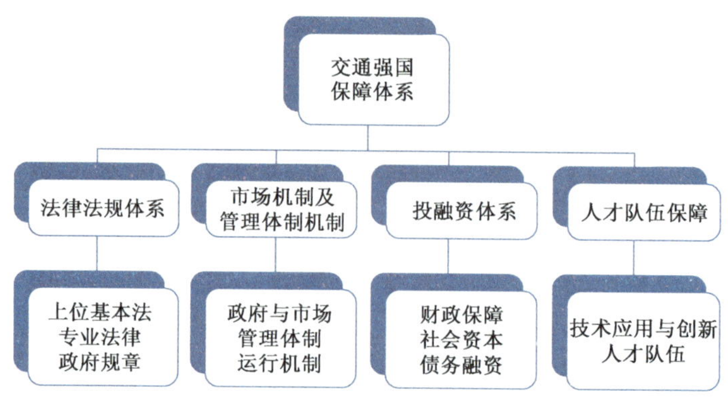


图 17-1 交通发展保障体系示意图

# 第二章 交通发展战略保障体系现状及存在问题

## 第一节 交通发展成就

改革开放以来,我国交通运输落后的面貌得到了极大改善,建成了世界上数一数二的基础设施网络,承载了世界上规模最为庞大、强度最高的客、货运输量。

(1)网络规模迅速增长,覆盖深度不断加大。截至2017年底,全国铁路营业总里程达12.7万km,公路网总里程477万km,内河航道通航里程12.7万km,其中高速铁路、高速公路、高等级航道里程位居世界第一。民航商用运输机场达229个,初步形成以北京、上海、广州等国际枢纽为中心,省会城市和重点城市区域枢纽机场为骨干,以及其他干、支线机场相互配合的格局。

(2)运输能力极大增长,运输量位居世界前列。2017年,我国全社会共完成客运量184.86亿人次、客运周转量32812.6亿人·km;完成货运量472.4亿t、货运周转量192588.5亿t·km。铁路客运周转量、货运量居世界第一,货运周转量居世界第二,公路客货运输量及周转量、水路货运量及周转量均居世界第一,民航运输总周转量、客运周转量、货运周转量均居世界第二。全国港口完成货物吞吐量和集装箱吞吐量均居世界第一。

(3)运输装备规模快速增加,技术水平明显提升。截至2017年底,全国拥有铁路机车2.1万台,其中电力机车占59.5%,拥有铁路客车7.3万辆,铁路货车79.9万辆。公路运营汽车1450.2万辆,其中载客汽车81.61万辆,载货汽车1368.62万辆。全国拥有水上运输船舶14.49万艘,净载质量25651.63万t。截至2016年底,我国民航拥有运输飞机在册架数为2950架。

(4)运输安全性、便利性、效率不断提高。多式联运、甩挂运输等先进运输组织模式及冷链等专业物流加快发展,集装箱、厢式车等标准化运载单元加快推广,城乡物流配送信息化、集约化程度明显提高。铁路、民用航空安全水平居世界前列,道路交通安全水平仍与发达国家存在较大的差距。

## 第二节 交通保障体系建设基本情况

### 一、法律法规体系

在中华人民共和国成立后,立法初创阶段的基础上,交通法制建设在改革开放后取得了长足进步。全国人民代表大会常务委员会相继颁布了《中华人民共和国海上交通安全法》《中华人民共和国铁路法》《中华人民共和国公路法》《中华人民共和国海商法》《中华人民共和国港口法》《中华人民共和国航道法》《中华人民共和国民用航空法》《中华人民共和国邮政法》《中华人民共和国道路交通安全法》《中华人民共和国国防交通法》10 部法律,国务院颁布了《铁路安全管理条例》《收费公路管理条例》《水路运输管理条例》《中华人民共和国道路运输管理条例》《中华人民共和国船员条例》《民用机场管理条例》《通用航空飞行管制条例》等多部行政法规,中央交通运输相关管理部门制定了若干件部门规章。经过历次清理,截至 2016 年底,现行有效交通法律 10 部,行政法规 65 部,部门规章 300 余件,初步建立起了综合交通法律法规体系,为交通依法行政打下了基础。

### 二、市场机制

1. 交通运输市场制度建设

运输和交通建设市场是较早放开的市场领域。早在改革开放初期,政府就提出"有河大家走船、有路大家走车""各部门、各行业、各地区一起干,国营、集体、个人以及各种运输工具一起上",由此,国内道路水路运输市场逐步放开,现在已经是充分竞争的运输市场。自 1980 年民航行业走上了企业化发展道路,航空运输市场开始形成,截至 2016 年底已有 60 余家不同所有制航空运输企业参与竞争铁路系统也在 2013 年完成政企分开。1993 年,自国内第一家民营快递企业诞生起,民营快递企业大量涌现,2016 年底已占据了 80% 的市场份额。2017 年,中国铁路总公司所属 18 个铁路局完成公司制改制。在交通施工领域,各类交通建设项目普遍实行招投标制度,交通建设和公路养护工程已全面推向市场。非国有经济已成为运输物流领域和交通工程施工领域的重要力量,其中民营企业已成长为道路运输、内河运输、快递市场的主力军。

为发挥好市场在交通运输资源配置中的作用,在市场化改革过程中,政府不断转变职能，理顺政府和市场的关系，民航、公路、航运、邮政、铁路先后实行政企分开。为促进和规范市场发展，政府出台了一系列放开市场、加强市场监管的制度文件，清理和下放了一大批与市场发展不相适应的行政审批事项。交通运输市场对内已彻底放开，基本形成了全国统一、开放的交通运输市场。

2. 市场监管体系建设

改革开放以来，交通运输领域市场监管体系逐步建立，并不断完善。针对道路、水路、铁路、民航运输市场，基础设施建设施工和养护市场，政府出台了一系列规范性规章制度，范围涵盖工程质量、市场准入、公平竞争、市场秩序、运输装备和从业人员管理、服务标准、安全保障等各方面。在建设和养护市场领域，重点加强了招投标、工程监理、项目法人、质量检查等制度建设和监管，制定了《公路建设市场管理办法》《公路工程招投标管理办法》《公路工程施工企业资质标准》《水运工程施工监理招投标管理办法》《港口安全评价管理办法》《民用机场建设管理规定》《铁路建设工程招标投标实施办法》《铁路工程建设市场秩序监管暂行办法》等多部规章办法；在运输市场领域，重点加强了企业资质审查、超限超载等非法营运治理、规范运输价格、飞行员和驾驶员培训、航空公司许可、运输装备鉴定等制度建设和监管，制定了《道路旅客、货物运输及站场管理规定》《机动车维修管理规定》《机动车驾驶员培训管理规定》《道路运输从业人员管理规定》《港口经营管理规定》《国内船舶运输经营资质管理规定》《民用机场运输安全管理规定》《铁路货物运输管理规则》《铁路旅客运输管理规则》等多部规章办法。在收费公路、港口、客运枢纽等交通基础设施的投资运营领域，建立了投资人招标制度，加强了特许经营合同管理，加强了投资行为、收费及服务质量监管。目前，交通运输行业诚信体系建设工作正在推进。

## 三、管理体制机制

1. 交通运输行政管理体制改革

交通行政管理体制改革贯穿了我国改革开放的全过程。公路系统实行以地方为主的管理体制，各地建立了多种模式的高速公路和普通干线公路管理体制。自2005年起，农村公路管理养护体制改革全面实施，明确了农村公路养护管理主体与责任。水运系统在1984年港口管理体制改革的基础上，于2001年政府启动第二轮港口管理体制改革，将由中央管理的港口和双重领导港口全部交由地方管理，港口行政管理和生产经营实现政企分开，港口投资经营实行市场化运作。2000年以后，陆续实施了内河航运管理体制改革、船舶检验管理体制改革、水上安全监管体制改革、救捞管理体制改革、引航管理体制改革。民航系统始终坚持市场化导向，经过1980年“军转民和企业化”、1987年“政企分开、机场与航空公司分设”、2002 年“政资分开、机场属地化管理”三个阶段系统性的体制改革，民航运输生产力被极大释放，竞争力得到提升。

2. 建立综合交通运输管理体制

“十一五”以来，北京、重庆、武汉等一些地区先行开始了针对建立综合运输管理体制的探索和实践。2008 年，《国务院机构改革方案》实施，组建交通运输部，将原交通部、中国民用航空总局的职责以及建设部的指导城市客运职责整合划入交通运输部；组建中国民用航空局，由交通运输部管理；国家邮政局改由交通运输部管理；交通运输大部制改革迈出了实质性步伐。2013 年国务院发布《国务院机构改革和职能转变方案》，进一步将原铁道部拟订铁路发展规划和政策的行政职责划入交通运输部，由交通运输部统筹规划铁路、公路、水路、民航发展，加快推进综合交通运输体系建设；组建国家铁路局，由交通运输部管理，承担原铁道部的其他行政职责；组建中国铁路总公司，承担原铁道部的企业职责。自此，中央层级的综合交通运输管理体制正式建立，也带动了地方政府纷纷加快推进地方综合运输管理体制改革。

3. 安全管理和应急保障机制建设

水运系统优化、创新管理机制，加大了对水上“六区一线”重点水域和“四类重点船舶”的监管力度，着力解决载客运输和危险化学品运输监管过程中存在的薄弱环节，并加强了水上安全监管救助装备设施建设力度，初步建成了全方位覆盖、全天候运行、反应快速、应急高效的水上安全监管和立体救助体系。公路系统加强了对“两客一危”车辆的监管力度，提高了公路基础设施监测与维护水平，加强了对道路抢通保通和应急保障能力建设，建立了全国路网运行监测与预警机制，加强了对高速公路和重要运输枢纽空中应急救援的建设。铁路系统全面加强了铁路建设、专用设备、线路、营运安全管理措施，建立了一整套应对自然灾害、重特大事故、危险品运输事故、公共突发事件、网络与信息安全事故等方面的应急响应和救援机制。民航系统建立了应对突发事件分级响应制度和统一领导、综合协调、分类管理、分级负责的应急管理体制，建立了预测与预警机制，并按照国际标准，构建了整套的安全风险管理体系。目前，各种运输方式的应急预案体系已经建立，应急装备设施和队伍得到了加强，规模和技术水平明显提高、结构明显改善，交通运输应急保障能力明显提升。

4. 扩大对外开放，加强国际合作交流

近年来，交通运输在扩大开放的同时，积极扩大与世界合作，充分利用区域合作平台，大力促进国际互联互通，积极参与国际组织事务，积极推进交通运输双边与多边合作，促进国际运输便利化。积极援外，加快企业“走出去”，构建了全方位、多层次、多渠道的交通运输国际合作格局。一是积极援外，帮助第三世界国家交通发展，为国家与受援国家建立了友谊的桥梁，增进了国与国人民间的感情；二是积极参与国际组织事务，参与了多项国际条约的起草、制定和修订工作，发挥了在国际组织中关于交通运输问题的作用和影响力。三是大力推进多双边合作和区域合作，已与100多个国家签订了双边交通合作文件，与世界主要国家和地区签订了海运协定、汽车运输协定、航空运输协定，建立了与多个国家和国际组织的交通合作机制。

## 四、资金机制

### 1. 推进交通投融资体制改革

改革开放以来，为改变我国交通基础设施落后的面貌，加快交通建设发展，各级政府出台了多项投融资政策，促进交通跨越式发展。一是中央建立了交通专项资金或基金制度，加大对交通建设的财政投入。先后开征了车购税、港建费，实施了成品油价格和税费改革，设立了铁路建设基金、民航发展基金（取代民航基础设施建设基金和机场建设费），专门用于交通建设。在中央政策带动下，各地财政也加大了对交通建设的投入。二是建立融资机制。出台了“收费公路”政策和“统借统还”政策，在财政性资金投入不足的情况下，通过交通融资平台，收费公路以收费权做担保、通行费收入作质押，非收费交通建设项目以财政性资金做质押和偿债资金来源，向金融机构贷款筹资，支持交通发展，缓解了财政压力。三是积极利用社会资本。逐步开放和扩大公路、港口、航运、铁路等基础设施投资领域，吸引各类社会资本参与交通基础设施投资建设和运营，多种渠道筹集资金。此外，各地还积极利用土地、矿产、水电等资源，通过以地资路资航、以矿资路、以电促航等形式，支持交通建设。目前，政府主导、多方参与的投融资格局已经形成。公益性强的普通公路、航道等交通设施以政府投入为主，收费公路、港口码头、货运枢纽等交通设施充分利用市场机制引进各类投资，铁路投资领域进一步放开，分类建设合作机制不断完善。

当前，按照国家财税体制改革的总体要求，交通运输投融资改革正在深入推进，将以需求为导向，进一步理顺中央与地方事权关系，加强公共财政保障力度，建立规范的政府举债融资机制，大力推广社会资本与政府合作（Public-Private Partership，简称PPP）模式，为全面完成小康社会交通发展目标任务提供投融资制度保障。

### 2. 逐步规范收费公路发展

收费公路政策创新对公路的快速发展发挥了巨大推动作用。在财政投入只能满足1/3资金需求的条件下，仅用30年的时间就赶上了发达国家公路水平。收费公路政策为公路融资奠定了重要的政策基石。

但是，经过30余年的运行，收费公路政策在发展中也暴露出不少问题，例如，收费公路总规模偏大、结构不尽合理、运营管理欠规范，服务水平不高。针对存在的问题，国家交通运输主管部门采取了一系列改革整顿的措施，规范政府收费行为，公平社会负担，优化收费结构，实行《逐步有序取消政府还贷二级公路实施收费方案》，按照“调整结构、控制规模、撤并站点、合理收费、政府主导、严格监管”的思路，有序推进取消政府还贷二级公路收费工作。同时，开展了收费公路专项清理工作，对现有收费公路进行了全面规范，取缔超期及不合理收费。加强了对通行费收支及价格的监管，规范了收费行为和资金使用，提高了透明度。截至2017年底，除新疆维吾尔自治区外，全国内地所有省（自治区、直辖市）均取消了政府还贷二级公路收费。

根据形势发展需要和公路发展需求，政府管理部门正在加紧修订《收费公路管理条例》，重点是更加清晰地明确收费公路的公益性属性，进一步完善收费公路的内涵、收费目的和期限，健全收费价格形成机制，建立路网统筹发展机制，加强收费公路投资和运营监管等，为吸引社会资本投资创造良好的政策制度环境。

### 五、人才队伍培养

人才资源是第一资源。随着交通运输事业的不断发展，全行业深入实施“人才强交”战略，人才队伍建设不断取得新成效，人才总量不断增加、结构不断改善、素质不断提升。截至2015年底，我国公路、水路交通运输行业职工总数约3800万人，其中具有中专及以上文化程度人员1300万人；专业技术人员400万人，其中具有高级专业技术职称的比例达6.0%；技能人员1700万人，其中具有技师及以上技能等级的比例达3.0%。民航职工51.5万人，民航驾驶员有效执照总数为45523本；铁路系统职工204.6万人。

## 第三节 存在的问题

### 一、法律法规体系方面

（1）法律法规体系建设仍滞后于发展。我国交通运输发展日新月异，交通运输发展的环境与形势较过去发生了巨大变化，一些法律法规在当初制定时，系统性、全面性不够，已不能为当前和未来的发展继续提供法理依据。以《收费公路管理条例》为例，由于政策关键性规则设计系统性考量不足，公路因“改扩建追加投资、收费期满后为筹集养护管理费用、收费期满后债务未能偿还完毕”而延长收费年限或继续收费则缺乏依据。当前，国家正在推进财政事权改革，而我国的法律法规对各级政府交通事权的规定相对模糊或不顺，甚至与事权改革的精神矛盾。又如，国家正在大力推进交通PPP模式，但缺乏针对交通领域的特许经营专门法律法规，监管制度建设跟进缓慢。

(2)重规制，轻用户权益和政府责任。目前，我国交通运输方面法律法规的条文主要是体现规则性设定和强制，对交通用户在交通运输领域的基本权益体现得较少，对百姓的出行权、基本公共服务权、应享有的服务等未作出规定，对政府在公共产品供给、市场监管制度设计等责任规定普遍较弱。

(3)存在法律空白，法律体系不完整。综合交通运输长期处于上位法缺失的状态，交通行业法律法规多数是由各运输方式的主管部门主导起草，其内容主要从本方式的视角出发，在涉及多种运输方式的法律法规的制定中，没有充分考虑到跨运输方式间衔接协调的问题，缺乏对综合交通运输体系的整体考虑。现有的法律法规体系在交通基础设施特许经营竞争市场、交通服务体系、诚信体系、新业态新模式商业规则等领域存在法律空白，与各个交通龙头法配套的行政法规还很不健全、链条尚不完整。

(4)法出多门，法律法规间有矛盾。不仅各种运输方式在管理上各自为政，而且还涉及很多交通之外的部门，法出多门。由于各部门在法律法规制定时出发点、问题对象、利益点、认识各不同，各行业的体制机制也不一样。顶层设计的缺乏，导致法律法规之间存在相互冲突、矛盾之处，有时还存在后出台的下位法与上位法具有矛盾的现象。

## 二、市场机制方面

(1)部分领域市场化程不足。铁路运输市场开放性、融合性不强，还没有形成有效竞争，市场化改革还需要进一步推进。公路运输市场主体过于小散弱，竞争能力、承受风险能力不强。在航运市场方面，国际航运市场总体具备一定市场化基础，但内河航运市场主体过于小、散、弱，有待进一步整合。

(2)政府职能越位与缺位并存。一些属于社会公共领域的事务，不能解决或不能通过市场有效解决的，政府智能还没有到位；一些可以通过市场机制解决的领域，政府还没有退出，干扰了市场的正常运行。与管理越位相比，管理缺位问题更加严重，这突出表现在市场监管方面。如在破除交通基础设施运营和运输服务市场的国有垄断、对投资运营监管，以打击不法运输行为、打造诚信运输服务体系等方面的工作进展仍不突出。

(3)运行机制存在不足。一是决策形成机制不够公开和透明。政府决策在交通部门内流程特征明显，在相对封闭的交通系统内运作，开放性和透明度不强，公众参与少，缺乏表达利益的渠道，影响政府决策的公正性和合理性。二是决策和执行没有有效分开。一些地方的交通行业管理主要倚重直属专业局，而专业局既是交通政策制定的主要参与人,对决策拥有较大话语权和影响力,同时又负责具体的决策执行,既是政策决策者,又是政策执行者。中央层面的民航和铁路管理也存在类似问题。三是监督机制仍不健全。目前,交通行业管理决策和执行的监督主要是行业内和部门内的自查自纠,如行业养护质量检查等,来自行业外的监督,特别是公众监督还很弱,尚未形成长期有效的制度。

## 三、管理体制机制方面

(1)职责分工不合理。一是中央与地方事权不清。二是部门职责不清,政出多门。交通运输与其他部门有一定的职能交叉,既降低了管理效率,又抬高了行政成本。三是综合交通运输管理职能分散,综合性不强。尽管中央层面初步建立了交通运输大部制,但在运作中,综合规划职能归属不清,部门间关系不顺,很多地方尚未建立综合交通管理体制。

(2)组织结构和机构设置不合理。一些中央事权的事务管理、体制和管理机构完全下沉到地方,中央履责缺失,如国际道路运输和界河航道管理;一些地方交通职责分工过细,机构众多,增加了行政成本,如一些地方公路管理按高速公路和非高速公路分设机构,按工程的规划计划、筹资、前期征地拆迁、建设招投标、工程验收等不同阶段分设机构;又如水路交通管理涉及航道、运管、港口、海事等多个部门;甚至如某个直辖市交通运输主管部门下属30余家事业单位,相近职能由多个部分共同完成。

## 四、资金机制方面

(1)政府投入不足。长期以来,财政性资金对公路建设和养护的投入只满足投资需求的1/3,其余主要来自债务融资。即便是公益性极强的普通公路、航道的建设养护,由于缺乏足够政府投入,也需通过大量债务融资筹集资金。财政对铁路必要的投入明显不足。现有的车购税、燃油税、港建费、民航发展基金等专项资金经常受到外部政策冲击,且专用性、存废、使用管理面临变数,影响了交通运输发展政府投入的稳定性。

(2)权责不一致,投资责任倒挂,地方筹资压力大。发达国家在交通基础设施发展中,各级政府的事权很明确,各级财政支出责任与事权也一一对应,除了市场化运作的铁路、港口、物流站场等交通基础设施外,对纳入中央或联邦事权的交通基础设施,如国家级公路、航道等,其建设和养护资金投入主要由中央或联邦财政承担。以国道建设为例,我国由于中央投入不足,国道建设是由地方为主筹资,大部分地区的市县级政府是普通国省干线公路建设的筹资责任主体,地方政府过多承担了本应属于上级政府的筹资责任。另外,国道养护的资金投入几乎完全由地方承担,中央只安排少量的路面改造资金补助。国家高等级航道建设(长江干线航道除外)、沿海主要港口航道建设,也存在同样的问题。与此同时,由于西部地区农村公路建设主要依赖中央补助,中央和地方政府在交通建设中的投资责任出现倒挂现象。又如,目前车辆购置税、港建费、民航发展基金等交通专项资金均为中央资金,地方基本没有专项税费,财力在上层,但融资责任却在地方,地方筹资压力过大。

(3)债务负担重。公路方面,由于财政投入严重不足,在事权不清晰的情况下,上级政府倾向于将筹资责任逐层下压,加之财力在上,举债发展成为地方政府的唯一出路,地方筹资压力大,债务迅速增长。2003—2017 年,高速公路收入由 282 万元/km 增加到 358 万元/km,增长了 27%,但负债则由 1289 万元/km 增加到 3761 万元/km,增长了 192%,债务增幅是收入增速的 7 倍。2017 年,全国收费公路通行费总收入为 5130.2 亿元,但总支出 9156.7 亿元,收支缺口 4026.5 亿元,全国有 8 个省份的高速公路通行费收入低于应付债务利息、养护支出和运营管理支出,近一半省份政府还贷型高速公路的通行费收入低于债务利息,呈"收不抵支"状态。铁路方面,由于国家不断加快铁路建设,每年建设和投资量集中,加之运价管制、公益性债务和经营性债务没有区分、工程建设造价快速上涨等原因,我国铁路债务规模迅速增长。以中国铁路总公司为例,截至 2017 年底,其负债余额达 4.99万亿元,资产负债率 65.2%,而且每年债务仍在增长,偿债压力明显过大。

(4)新建的经营性公路、铁路项目普遍财务效益不佳。导致该问题原因主要有两个方面:一是很多新建项目是出于促进区域协调发展、国家安全、民族团结、"一带一路"建设等国家战略需要,特别是西部地区和偏远地区,公益性强,但初期交通流量有限。二是新建项目受地域地质条件制约,工程复杂,建设成本较高,同时物价上涨也会使建设成本大幅攀升。据一些省份数据显示,高速公路、普通干线公路建设成本均是"十一五"平均水平的 2 倍以上,高速公路建设成本超出"十二五"规划预测水平 30%,普通干线公路建设成本超出 40% ~50%。根据调研材料显示,近些年民间资本进入交通基础设施的意愿呈下降趋势,各地大力推行的 PPP 项目主要以国有资本主导,民间资本鲜见踪影,原因是多方面的:一是投资环境欠佳,政策禁止设计投资人的合理回报保障机制,民间资本缺乏稳定的投资回报预期;二是新建投资项目财务效益普遍欠佳;三是政策环境多变,政府失信问题突出,不确定性因素多,投资风险较大;四是资本投资领域对实体经济领域具有挤出效应。

上述问题导致目前我国交通投融资出现非良性生态链。而且在实际运作中,为了尽可能实现融资,融资平台的新设、变性、重组、分拆、转换时常发生,全国的情况是"各个地方各种平台,一个地方多种平台,一届政府一个平台",债务风险难于被掌握和控制,并形成了"财政投入不足-地方政府举债-收入主要用于偿债"的恶性循环(图 17-2)。

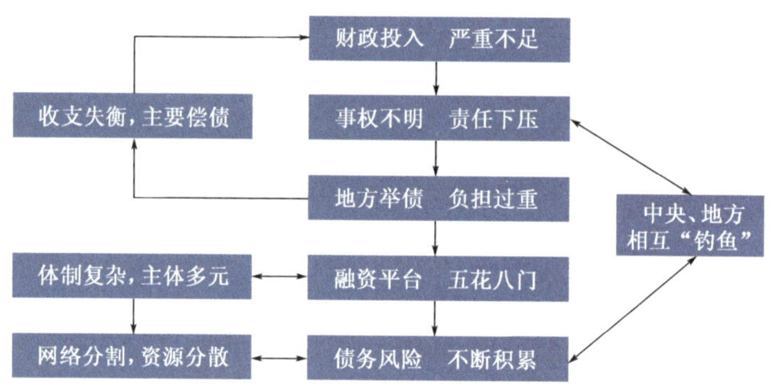

图 17-2 我国交通投融资问题的恶性循环

## 五、人才队伍培养方面

(1)高层次和高技能人才相对短缺。现代交通运输业发展、交通转型升级、提质增效亟须的科技人才紧缺，特别是综合运输、现代物流、先进交通装备与制造、交通安全、智慧交通、绿色美丽交通、交通执法等重点领域和特种专业科技领军人才匮乏；高技能人才严重不足，具有技师及以上技能等级的高技能人才远远低于全国平均水平和有关目标要求。

(2)人才的专业与地区分布不够合理。现有人才尤其具有高级专业技术职务的高层次人才主要集中于交通工程科技研发、勘察设计和施工领域，而养护管理、运输服务、安全保障、节能环保、未来科技等领域人才资源十分缺乏；广大中、西部地区和基层单位所需的各类专门人才普遍不足。

(3)高层次人才使用不够合理。“行政化”导致的人才隐形流失现象严重，人才的可能持续发展问题突出。

# 第三章
# 发达国家经验借鉴

## 第一节 国外情况介绍

### 一、法律法规体系

美国拥有较为成熟完善的法律法规体系，各项交通政策的实施以法律法案为主要载体，这些法案对交通运输主体、资助项目、资金来源、实施细则等都作出了明确规定。美国交通法案包括联邦土地系列、联邦援助公路系列、联邦航空法系列、环境法系列、联运法系列及其他法案。按照与交通发展的相关性程度，可分为主要法案和相关法案。其中，主要法案与交通发展政策直接相关，包括联邦土地系列、联邦援助公路系列、联邦航空法系列、联运法系列及其他法案中的部分法案，如土地法、联邦援助公路法、联邦机场法、冰茶法案、公路美化法等；相关法案指与交通间接相关的法案，主要包括环境法系列及其他法案中部分法案。按照法案对资金的资助是否以授权的形式加以规定，可分为交通授权法案和非授权法案。

日本有体系完备、责任严明的公路建设与管理法律法规体系，大致有两个层次：第一层次是由国会通过的法律条文，主要包括《公路法》《公路建设紧急促措施法》《公路建设特别措施法》《日本道路公团法》等；第二层次是由政府或中央各省部颁布的政府令或省令。日本在交通领域有两部基本法，一部是1970年制定的《交通安全对策基本法》，一部是2014年出台的《交通政策基本法》。《交通政策基本法》是单行法的上位法，其立法目的是：在交通相关政策事务中确立基本理念及实施路径，明确国家和地方政府的责任与义务，并与原有《交通安全对策基本法》等相对应，综合性、计划性地推进基本法确立的政策。

法国的《国内交通基本法》于1983年1月1日开始实施。该法主要内容包括几个方面:一是使以前的公私混合形态国有铁路公司向具有工商业性质的企业转变;二是进一步明确以铁路、公路、水运、航空等所有交通方式为对象的交通政策的意义与责任;三是在交通政策的制定与实施中进一步推进地方分权,明确在公共交通体系的建设与维护过程中国家与地方政府各自的作用和职责;四是明确提出对所有居民保障其自由移动的权利即交通权的相关内容;五是提出公共交通优先的战略,并且在公共交通体系的维护建设及成本负担方面明确提出国家应承担的责任和作用。

## 二、管理体制机制

根据联邦《宪法》规定,美国在中央与地方的事权划分上,中央政府承担全国交通运输的宏观调控,负责全国的交通政策、战略、标准等的制定,提供财政资金资助州及地方交通的建设,引领综合交通运输的科学发展。各州和地方政府是交通建设和管理主体,具有较高的管理权限,负责辖区内交通的规划、建设、养护、管理,制定本区内的交通建设标准和规范。在资金使用上,由各州提请交通项目,向联邦政府申请资金资助,联邦政府综合考虑各州的人口、面积、运输需求,平衡各地的交通建设项目。在资金使用过程中,联邦政府对地方进行财政监督,检查各州的投资效果及工程质量。而各类交通标准的制定,一般则由联邦政府和州共同完成。

日本国土交通省为本国交通运输中央部门,统管水、陆、空交通运输业和海上保安等,其审批许可的项目主要包括:交通运输、造船、收费(主要是所管辖业务范围内的经营性项目收费)、旅游观光等。国土交通省实行自上而下的垂直式管理体制,包括本省和外局。政府发挥作用主要体现在基础设施建设、安全保障等方面。

英国交通部主管全国道路交通、铁路运输、民航运输和海洋运输的安全事务,中央政府指导地方交通主管部门按照宏观交通战略目标推动地方交通发展,地方交通主管机构按照国家交通部规定的指导原则和程序性文件,自主、灵活地制定并实施本地区的一体化交通战略发展方案。中央对地方一体化交通规划的指导文件主要包括两方面:地方交通规划方面的指导文件和城市一体化交通政策的一揽子工程选择的一般评价方法指导原则。各地方政府每隔 5 年出台一次地方交通发展规划。

法国按照行政区划来管理交通运输行业,基本形成国家级、大区和省级、市镇级三级管理体制。中央层面实行大部制,负责部门是法国生态、可持续发展和能源部,在交通运输领域的主要职责是制定法律法规及相关政策措施,以促进各方式、各区域间基础设施及运输组织的衔接和协调发展;负责交通基础设施规划、交通运输社会和经济影响评价、安全监管。地方层面,同样采取“大部门制”体制,大区级交通运输管理职能一般设在环境、国土整治及住房厅内,省级交通运输管理职能整合在国土局或国土及海洋局内,市镇一级不专设交通局,相关事务由市长或主管副市长负责处理。法国交通运输管理部门除履行行政管理职能外，还兼顾技术管理，包括制定和颁布交通技术规范和管理标准等，交通执法则由公安机构组织实施。

## 三、资金机制

美国依靠公路、内河航道、机场航空信托基金等支持交通建设与发展。但随着国内燃油经济性能的不断提高以及燃油税维持不变、通货膨胀等各种因素影响，美国联邦基金池在不断缩水。在这种趋势下，联邦政府一方面通过一般基金形式转移收入，弥补各类信托基金的不足；另一方面，由各级政府积极寻求新的收入来源弥补交通预算缺口。例如，在俄亥俄州实行的里程税试验，要求每位驾驶者为一英里支付 1.56 美分，取代以前根据燃油量收取每加仑汽油 30 美分的金额。

日本于 1953 年开始实行特定财源制度。根据这一制度，燃油税、汽车质量税等都作为公路发展的特定财源。这些税收的部分或者全部作为中央或者地方公路发展所需。中央投资资金主要由特定财源和一般财源组成，特定财源由公路税目中的全部汽油税、50%的天然气税、部分汽车质量税等组成；一般财源为国家的一般税收收入中用于公路发展的资金。地方财政养护资金的主要来源柴油税、车辆购置税、地方道路税以及燃气税和汽车质量税中的地方分成、地方债券等。对于收费公路，其建设费用主要由财政投资、债券发行和银行贷款构成，而养护费用主要从通行费中列支；对于国土交通省直接管理的非收费高速公路和直辖国道，由中央财政承担超过 2/3 的建设费用和全部的养护费用，具体由国土交通省公路局负责编制资金使用计划和实施。对于委托地方管理的辅助国道由中央财政负担建设费用的 1/2 以及不超过 1/2 的养护工程费用。对于地方管理的都道府县道和市町村道，由中央财政补助的资金不超过建设养护工程费用的 1/2。

英国公路发展资金来源主要为中央税和地方税。英国联邦政府通过向公路使用者征收车辆注册税、燃料税以及增值税来筹集公路发展资金。联邦政府投入的资金一部分直接用于由交通部负责管理的高速公路和干线公路的建设和养护，另一部分则根据需要分配给地方政府用于地区道路的修建和养护。高速公路和国道养护资金由中央财政负担，并且直接由公路局编制使用计划，经国会审议通过后拨付给公路局。地方公路支出主要由地方政府承担，联邦政府给予补助。为保证资金使用的透明度，联邦政府规定地方公路管理部门必须在政府网站上公布每年资金使用情况。英国公路体制改革后，英格兰高速公路有限责任公司在资金筹集方面具备了更大的灵活性。

2005 年 1 月，法国成立了“法国运输基础设施融资机构”(AFITF)，该机构主要发挥运输基础设施建设资金调配中心的作用。包括高速铁路建设在内的运输基础设施建设项目的部分资金，可从高速公路公司的股息和高速公路国有土地使用费中获得。

### 四、人才队伍培养

美国为高技能人才培养提供的经费保障，以立法形式对联邦政府及州政府对职业教育的经费投入进行了明确规定。如美国社区学院以公立为主，其经费来源包括州政府财政拨款，约占60%。还有约15%来源于各种赞助、基金及个人捐款等，此外还能得到联邦政府的一些专项经费资助。在上述政策支持下，作为高技能人才培养主体的社区学院的学费相对很低，平均不到其他大学的1/3。

德国"双元制"被称为第二次世界大战后德国经济腾飞的秘密武器，即学生在职业学校学习基础理论与专业知识的同时，在企业接受技术技能培训。这种教育理念以培养高技能人才为目标，以开展职业活动为核心，将理论与实践紧密结合，使学生所学理论知识能迅速而有效地应用到实践中去，并在实践中得到强化提升。

为加快高技能人才培养，英国政府连续出台相关规划、政策等，如2002年英国教育和技能部发布的《21世纪的技能：发挥我们的潜能》白皮书，以及2006年发布的《继续教育：提高技能为生活获得更多机会》白皮书，都反映了英国政府对培养高技能人才的高度重视。此外，英国政府不断完善现代学徒制度，并规定分层次的培养目标。现代学徒制度分为基础与高级两种现代学徒制，基础现代学徒制培养有初级职业技能的从业人员，高级现代学徒制则主要培养熟练技能工人。

日本则以企业为主体培养高技能人才。《职业能力开发促进法》明确提出，企业负有培养与开发劳动者技能的责任与义务，并以产业发展需求为导向培养人才。如20世纪70年代全球石油危机对日本重化工业造成巨大冲击，自80年代开始，日本就确立了"技术立国"发展战略，产业结构进行了新一轮调整，逐步由重化工业、汽车制造业向电子通信、生物工程、新能源、医药保健、金融等产业转型，通过高技能人才培养来实现产业发展与转型升级的目标。

## 第二节 经验总结

### 一、建立了较为完善的法律法规体系

发达国家综合运输法律法规体系较为完善，并侧重于解决不同层次、不同阶段交通发展重点、不同领域的问题。如美国为推进各种运输方式的协调发展，先后颁布《库伦议案》《联邦控制法》《航空商务法》《联邦公路资助法案》等一系列法案，1991年通过"冰茶法案"，1998年又通过"续茶法案"。日本的交通法律法规，集中体现在《国土交通六法》的社

会资本整备编、国土编和交通编三部分,对包括交通政策、土地利用、环境保护和交通相关内容作了明确的法律界定,交通运输的规划法和相关组织法也非常完备,国家和地方各项规划、各组织职能、建设和市场运营等内容也均有法可依。

## 二、建立了各级责任清晰的管理体制

美国联邦政府主要负责确定战略目标、制定联邦政策、设计中长期规划、建立法律和制度框架、向国会申报财政预算、建设重要交通基础设施、制定技术标准、监管安全和环境标准执行、确定财政资助部分州际基础设施额度、鼓励先进技术研发和推广等;州及地方政府除承担州和地方政策、规划和交通基础设施项目建设、监管州及下级县市的运输活动职责外,需根据本州情况执行联邦法律,落实联邦运输政策,监管联邦资助的州际基础设施项目运行。日本国内的行政管理体制吸收了西方地方自治制度的元素,实现了中央集权与地方自治的有机统一,在交通运输领域,全国性总体交通运输发展政策、规划制定与实施仍然由中央主导,交通运输领域的重要发展规划由运输部统一制定和推进实施;在地方层面,都道府县和市町村都属于地方公共团体,实行地方自治,设有交通主管部门——交通局,接受中央政府的宏观指导和监督,灵活处理地方事务,其主要职能是负责本地区交通运输规划、建设和管理。

## 三、充足的财政投入和多元化投资主体对交通发展至关重要

虽然发达国家交通投融资体制不尽相同,但总体上用于交通基础设施领域的资金来源有以下几类:一是各级财政拨款,包括一般性财政资金和交通专项税收;二是向交通用户征收的使用者付费;三是金融机构贷款;四是政府债券;五是吸引社会投资人筹集资金。各国的财政资金安排都遵循严格的预算制度,其中美国实行的是专门的信托基金制度。

由于交通基础设施"建管养运"需要持续、巨大的资金投入,因此充足的财政投入和多元化投资主体对交通发展至关重要。美国在第二次世界大战后至20世纪80年代,由于政府对交通建设投入巨大,建成了当时世界上规模最大、技术最先进的公路系统。但如今,美国各级财政对公路系统的投入强度(占GDP比例)较历史高峰期下降了近50%,战争和军事支出、日益膨胀的社会福利支出占据了大量的联邦财政预算,而且美国的公路系统大多不收费,投资基本完全依赖财政资金,使得当前美国公路网系统运营维护的资金严重不足,路网破损严重,技术、安全性能和服务状况不断下降。美国的铁路系统主要靠私人投资运营,财政补贴很有限,安全性能堪忧,事故频发。相比于美国,欧盟对交通系统的投资政策更加多元化,财政投入与吸引社会资本更加均衡,财政投入力度也更大,因此综合交通基础设施整体技术状况和安全水平明显优于美国。

## 四、重视人才队伍建设

过去几十年间，经济全球化的纵深发展在加速全球竞争的同时，也促进了高新技术的传播与应用，推动了产业结构的调整与转型升级，从而导致各国对掌握新技术、新技能的高技能人才的需求量迅速增长。各国为提高技术创新能力，推进产业转型升级，纷纷将“人才强国”“人才立国”上升为国家战略，多举措、多途径培养高技能人才。

英国确立了技能立国战略，提出“为成功而开发技能”的口号；德国将高技能人才视为“经济发展的柱石、民族存亡的基础”；日本称职业技术教育是“富国强民的基本条件”“经济腾飞的翅膀”。这些发达国家都通过各具特色的高技能人才培养模式，培养了一大批高层次、高素质、创新性的技能人才，为推动产业升级与经济增长作出了突出贡献。

# 第四章 交通强国保障体系的发展目标与路线图

## 第一节 发展目标

党的十九大报告提出要推进国家治理体系和治理能力现代化。交通强国保障体系的建设目标就是要实现交通领域的治理体系和治理能力的现代化。

交通治理体系和治理能力现代化的内涵主要为：

(1)能够充分发挥市场对交通运输资源配置的决定性作用；

(2)能够更好发挥政府在提供交通公共服务、市场监管、引导行业转型升级方面的作用；

(3)能够有效激发交通创新能力；

(4)具有较强的交通软实力。

通过交通治理体系和治理能力现代化，实现大力提升交通运输服务水平，促进交通运输与经济社会发展深度融合，更好地连接和服务全球。

要保障交通强国战略目标的实现，应坚持问题导向和目标导向，通过健全交通法律法规体系，完善交通管理体制与运行机制，建立财政保障有力、权责一致、有效吸引社会资金、风险可控的投融资机制，建设高素质、多层次、创新能力强的交通人才队伍体系，充分有效发挥市场对交通运输领域资源配置的决定性作用，更好发挥政府作用，极大激发交通的创新活力，最终达到交通治理体系和治理能力现代化。交通强国战略目标保障体系如图 17-3 所示。

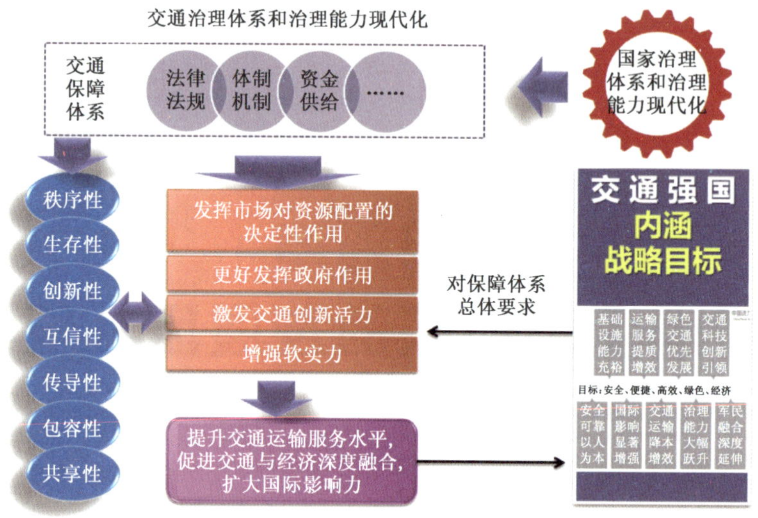


图 17-3　交通强国战略目标保障体系

## 第二节　实现路径

实现交通治理体系和治理能力现代化，主要应从以下五方面入手。

（1）法律法规体系方面。建立门类齐全、分工合理、上下有序、内外协调的法律法规体系，保障各方权益、体现政府责任。推进《交通运输基本法》《综合运输促进法》立法，完善专项法律法规。

（2）管理体制机制方面。着力转变职能、理顺关系、优化结构、提高效能，建立权责一致、管理高效、运行顺畅、监督有力的交通管理体制机制。

（3）市场机制方面。营造公平竞争市场环境，建设服务型政府，扩大第三方与公众参与，打造开放、多元、合作、共享的全球治理模式。

（4）资金机制方面。建立公共财政保障有力、区别责任、对社会资本更具吸引力、低成本、规范管理、风险可控的交通投融资体制。完善财税政策，建立财力与事权相匹配的投资体制，多渠道筹集社会资金，建立债务风险防控机制、预算绩效管理制度。

（5）人才队伍体系方面。突出培养、造就创新型交通科技人才，大力提升管理型交通人才素质，大力开发交通强国建设重点领域急需、紧缺专门人才，统筹推进各类人才队伍建设，培养和造就结构优化、规模领先、布局合理、素质优良的人才队伍，确立我国在交通领域的人才竞争突出比较优势，进入交通人才强国行列，为率先建成交通强国奠定人才基础。

# 第五章 交通法律法规体系建设

## 第一节 交通法律法规体系建设目标

交通法律法规体系建设应以习近平新时代中国特色社会主义思想和党的基本路线为指导，以《宪法》为依据，按照建立完善社会主义市场经济体制和依法治国的要求，加强交通立法的计划性、科学性，提高交通立法质量，推进依法治交通的进程，为交通强国建设提供有力的法律保障，到2030年初步形成门类齐全、分工合理、上下有序、内外协调的综合交通法律法规体系，到2045年全面形成先进、科学、完备的综合交通法律法规体系，支撑代表世界领先水平的强国交通。

## 第二节 编制出台《中华人民共和国交通运输法》

交通运输体系由不同运输方式组成。在科学的顶层设计下，制定共同的上位法，可以对发展中的基础性问题、共性问题形成统一认识和规制，避免各自为政、法出多门，促进综合交通融合发展、协调发展、高效发展。为此，应以党的十九大精神和《中共中央关于全面推进依法治国若干重大问题的决定》为指导，尽快制定《中华人民共和国交通运输法》(以下简称《交通运输法》)。

《交通运输法》应明确交通运输的地位、交通运输主体及其权利义务、中央与地方政府权限、管理机构、交通运输设施与设备、交通运输服务、交通运输安全、交通运输契约及运输市场秩序、交通运输与资源环境、交通运输与城镇化、交通运输信息与统计等的法律责任与管理规则，为交通运输发展提供基础性法理依据。该法所要解决的主要问题包括：

(1)做好交通运输法律体系的顶层设计。通过制定并实施《交通运输法》,填补目前交通运输领域缺少基本法层次法律的重大缺项。

(2)以立法形式巩固大交通改革成果。明确交通运输高质高效、协调发展的导向和基本规则,强调运输方式之间的联运、衔接与协作,强调系统的一体化与协同性。

(3)平衡交通运输公平与效率的关系。明确公民基本交通权利、基本公共服务均等化的基本原则,在提高效率的同时兼顾公平。

(4)建立交通运输依法行政体制,完善行政组织和行政程序法律制度,推进机构、职能、权限、程序、责任法定化。

(5)理顺不同层级政府之间交通运输的事权关系。要根据中央与地方政府在交通运输领域的事权划分,《交通运输法》要对不同层级政府在交通规划、交通投融资、公共产品提供与运营监管等职责分工作出基本规定。

(6)明确促进综合运输协调发展的基本原则。

(7)处理好城市交通与综合交通运输体系的关系。要进一步明确公交优先战略,在城市公共交通规划、交通用地综合开发、交通引领城市形态以及都市圈、城市群交通等方面作出基本规定。

(8)推动交通运输业沿着安全、绿色、节能、环保的可持续方向发展。应在交通安全和绿色交通发展方面提出明确性要求,并将其作为交通发展的基础性要求和重要绩效目标。

(9)规范交通运输领域的政府责任与市场行为。应明确政府要提供交通公共服务、维护交通投资和运输市场公平正义的责任,对市场中各类主体的行为进行基本性约束。

(10)规范交通运输信息的获取与统计制度。明确交通用户基本公共信息的及时知晓权和个人隐私保护权,明确交通运输经营者,包括互联网平台对相关公共数据的提供义务,明确政府对交通运输信息的统计和公布职责。

## 第三节 完善交通运输法律法规体系架构

交通系统按照其固有的社会关系可分为:以交通基础设施的建设、养护、经营、管理关系为主的铁路、公路、港口、航道、机场系统;以运输市场管理关系和运输参与者之间的经济关系为主的铁路运输、道路运输、水路运输、民用航空运输系统;以运输工具的管理关系为主的机车、车辆、船舶、飞机系统;以运载工具操作管理关系和劳动关系为主的驾驶员、船员系统;以交通安全管理关系为主的铁路、公路、水路、航空交通安全监督管理系统等。交通运输法规体系框架应当与综合交通系统相适应,根据各种运输方式在交通系统中不同的社会关系,确定相应的法规系统和组成该系统的法律、行政法规和规章,既要避免留下立法空白,也要避免法律、行政法规和规章之间相互重叠。

(1)完善交通运输法律法规体系,应遵循系统性原则。建议有关部门将原已考虑制定的综合交通枢纽和多式联运等条例的核心法理,也放入《交通运输法》的立法思路中,同时制定配套的行政条例。希望尽早将《交通运输法》列入国家立法计划,并争取在3~5年时间内完成《交通运输法》的立法工作,并在这一顶层设计下完成对《中华人民共和国铁路法》《中华人民共和国公路法》《中华人民共和国港口法》《中华人民共和国航道法》《中华人民共和国民用航空法》《中华人民共和国邮政法》《中华人民共和国海商法》等专门法律的必要修改,对一些与改革和交通运输形势发展内容不相适应的内容进行修订,对新的要求进行补充,并完善配套规章制度体系,更好地适应国家现代化和建设交通强国的战略安排。

(2)引导和支持地方加强交通运输立法工作。鼓励地方在立法权限范围内积极探索推动综合交通运输、农村公路、城市公共交通、出租汽车、工程质量和安全监管等方面的立法工作。鼓励和指导地方适应交通运输一体化发展需要,开展跨行政区域的交通运输立法探索。加强对地方交通运输立法起草工作的指导,建立交通运输行业立法互动交流机制。

## 第四节 适应新技术新业态发展,制修订法律法规

当前科技发展日新月异,互联网、物联网、人工智能、云计算、大数据技术在交通运输领域的应用蓬勃发展,催生了交通新业态新模式,如共享汽车、共享单车、网络预约出租汽车、无人驾驶和无人快递货车等。这些新技术、新业态的发展对传统的交通运输业产生了广泛影响,人、交通运载工具、交通基础设施的关系和联系出现新的变化,传统交通管理和执法的对象也发生了新的变化。新事物的出现通常会冲击原有的系统生态,这就要求交通法律法规体系应能顺应科技发展趋势,打破传统体制束缚,及时修订市场和新形势不相适应的规则,适时制定新的规则。未来,需要重点解决以下三方面法律规制。

(1)规定新型无人驾驶交通工具、载人飞行器和无人飞行器的交通出行和运营允许环境、必备条件。

(2)明确无人驾驶运载工具的法律责任主体,即发生交通安全事故、法律纠纷时,执法处罚的对象。

(3)为网络预约出租汽车、共享汽车等新业态新模式市场化发展提供规范的市场监管制度和良好的市场秩序。

# 第六章
# 交通管理体制机制建设

## 第一节 交通管理体制机制建设目标

交通管理体制和运行机制是交通发展的重要基础性保障,要着力转变职能、理顺关系、优化结构、提高效能,做到权责一致、分工合理、决策科学、执行顺畅、监督有力,为交通强国建设提供体制保障。交通管理体制机制建设的总体目标是建立起比较完善的具有中国特色的交通管理体制和运行机制,实现管理组织结构科学化、合理化、精简化,以及运行机制规范化、透明化、高效化。未来交通管理体制机制建设重点要在深化综合运输管理体制改革、重点专业领域管理体制改革、交通安全风险管理制度建设等方面取得重大突破。

## 第二节 深化综合交通运输管理体制改革

### 一、当前综合交通运输管理体制存在的问题

综合交通运输是交通运输系统内各组成部分之间,以及交通运输系统与其外部环境之间形成一体化协调发展的状态。运输业的初级发展阶段基本上对应着各种运输方式各自独立发展的时期,而进入较完善阶段以后,多式联运、一体化和可持续交通的特征则日益明显,具体表现为:运输业已经从粗放式发展转变为集约式发展;从运输产品的数量扩张到服务质量的提升;从主要关注线路建设到更加突出枢纽地位;从每种运输方式单独发展到方式之间有效连接,并形成以集装箱为载体的多式联运链条;从运输方式和企业之间以竞争为主到以协作为主;从简单位移产品到关注综合物流服务和附加价值;从单纯增加

运输量到交通运输与土地开发、城市空间结构综合考虑等。这些变化趋势都将综合运输发展的重要性提升到前所未有的位置。

在经历2008年、2013年两次大部制改革后，我国综合运输大交通管理体制架构已基本建立，但运行过程中仍暴露出很多问题，主要有：

（1）管理的综合化程度低，政出多门。虽然交通运输管理体制向综合化方向前进了一步，但改革不全面、不彻底，交通运输分散管理的状况仍较突出。各交通运输方式的发展战略、规划、法规、政策、标准分别由各部门制定，整合性和综合性不强，对不同运输方式建设缺乏统筹安排。各部门政策法规标准不统一，运输市场准入、价格监管和调整、服务标准和规则、安全标准、保险要求等政出多门，客观形成了多份合同、多个主体、多张票据、多次保险等低效率问题，导致运输服务一体化成为薄弱环节。铁路建设基金、民航发展基金、车辆购置税、燃油税、港口建设费等专项税费仍由不同部门分别掌握，交通运输发展所需资金、资源未能综合利用。

（2）部门职责不清交叉问题依然存在。根据2013年的国务院“三定方案”，国家发展和改革委员会负责综合交通规划与宏观经济发展的衔接；交通运输部负责组织编制综合交通运输体系规划，拟订铁路、公路、水运专项规划；国家铁路局负责参与研究铁路发展规划；中国铁路总公司负责研究提出国家铁路发展及综合交通体系规划建议；中国民用航空局负责组织研究和提出民航中长期规划以及与综合交通运输体系相关的专项规划建议。“三定方案”已经明确综合交通运输规划职责在交通运输部，但在实际工作中，职责不清和交叉现象仍时有发生。

（3）运行机制尚不顺畅，部门间缺乏有效的协调及合作机制。交通发展与土地、环保、公安、筑建、汽车制造、新能源等行业及产业密切相关，需要不断拥抱新技术革命带来的新机遇与新变化，未来交通网将是由综合基础网、移动互联网、新型能源网相互叠加的服务网，需要构建新的治理体系，以支持跨界融合创新发展。由于缺乏多部门的协调及合作机制，综合规划实施的成效受到影响，在面对共享出行、智慧停车、车路协同、旅游交通融合等新的综合交通发展方面比较被动，难以提出既能积极鼓励又能有效监管的制度政策。

## 二、深化综合交通运输管理体制改革的主要举措

由分散管理走向综合管理是世界交通运输管理体制演化的总体趋势。我国交通运输发展要迈进建设交通强国的新时代，走高质、高效发展道路，必须从根本上解决交通综合管理体制问题。按照治理体系和治理能力现代化的要求，应进一步深化综合交通运输管理体制改革，从立法、职能归位、协调机制、绩效管理、投融资等多方面切入，提出综合治理改革方案。

（1）法律制定修订。出台《交通运输基本法》，明确促进综合运输协调发展导向以及

综合交通运输发展、规划、管理的基本原则。

(2)明确责任主体。交通发展战略与规划、交通项目投融资政策、项目运营与维护、运营补贴与债务偿还、安全监管、节能环保、服务质量监管与普遍服务、多式联运衔接、服务与组织创新、运输市场秩序、公众参与、交通运输统计等是一个整体,不应该割裂。要进一步明确交通运输部为综合交通运输发展的管理责任主体,明确交通、财政、自然资源、公安等主管部门在交通事务中的行政责任分工。

(3)完善运行机制。对国有交通运输企业实行绩效考核制度,重在建立安全与运营服务标准以及考核体系,加强政府部门对企业的监督管理。在中央层面建立完善跨部门的协调沟通机制。

(4)加强经济手段。整合交通领域的专项税费、铁路基金和民航基金中的财政资金资源,设立综合运输基金,用于促进综合交通运输发展。

## 第三节 推进重点领域管理体制改革

### 一、推进干线公路管理体制改革

干线公路功能有别于集散公路,实现干线公路统一管理有利于路网整体运行顺畅,有利于规划整体推进,有利于提高路网的融资能力。通过比较发现,高速公路和普通国省干线公路实行统一垂直管理的地区,干线公路发展质量和成效明显好于实行分散管理的地区。为促进公路可持续发展,建议适时逐步理顺干线公路管理体制。

#### 1.适时理顺国道管理体制

根据《国务院关于推进中央与地方财政事权和支出责任划分改革的指导意见》(国发〔2016〕49号),中央财政事权原则上由中央直接行使;确需委托地方行使的,报经国务院批准后,由有关职能部门委托地方行使,并制定相应的法律法规予以明确。

结合公路领域中央事权改革,应加强中央对国道的管理,实行“中央统一管理,中央和地方分层负责”。交通运输部负责国道网规划,制定国道技术和服务标准,负责中央事权国道的预算管理和中央资金分配。国道的具体建设、养护、日常管理委托省级交通管理部门负责。省级交通运输管理部门与交通运输部的关系是行业指导、业务委托、资金链的关系。

对于收费的国家高速公路,如果纳入中央财政事权,则未来国家高速公路管理体制改革方案有以下两种模式。

(1)中央直管模式。如图 17-4 所示,中央直管模式有两种:一种直管模式是政府序列上下垂直管理模式。交通运输部下设公路管理专门机构(专业局),各省(或区域)设分之机构,负责中央财政事权公路的管理,包括支出责任、通行费收支、特许经营权授予、建设养护管理、路政航政执法、监督等,规划、审批、建设投资计划管理由交通运输部综合规划部门负责。另一种直管模式是成立直属于国务院国有资产监督管理委员会或交通运输部的国家高速公路投资运营债务偿还集团,从事国家高速公路投资、建设和运营管理,交通运输部负责行业监管。

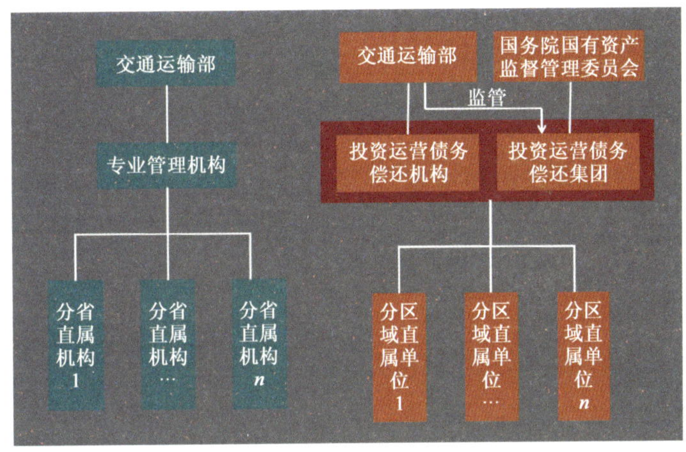


图 17-4　公路中央直管模式图

(2)委托地方管理模式。如图 17-5 所示,交通运输部下设公路管理专门机构(专业局),负责中央财政事权公路的规划、审批、支出责任、通行费收支、特许经营权授予、PPP 项目行业监管,将具体的建设养护管理、路政执法、收费特许经营项目的具体管理和运营监管等职责委托给省级交通运输主管部门,中央在各地设立派出机构。

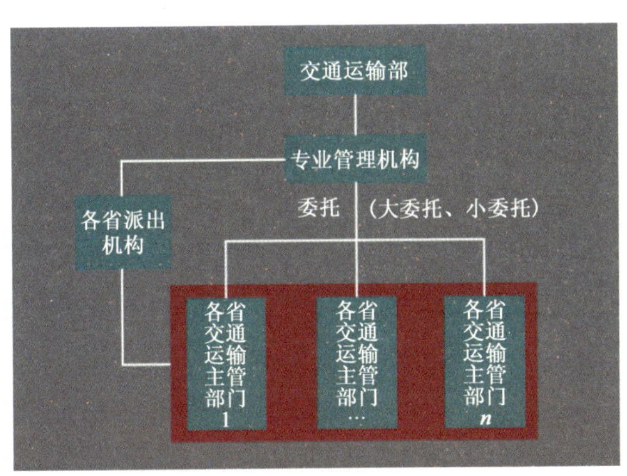


图 17-5　公路中央委托管理模式图

2. 逐步理顺省道管理体制

省道的事权以省级政府为主，要加强省级交通运输主管部门对省道管理的主体责任，改变目前普通省道“块块”或“条块结合”的管理体制，连同中央委托的普通国道一起，由省级公路管理机构实行统一、垂直管理，普通国道省道的人、财、物统一由省级公路管理机构负责。按照事业单位改革的精神，省级普通公路和高速公路的管理部门可以合并统一。

对于收费的省级高速公路，省级交通运输主管部门负责省级收费公路项目特许经营权授予，收费公路的运营监管由专业公路管理机构负责。全面推进公路养护市场化改革，收费公路养护工程、普通国省干线大修养护工程实行向社会公开招投标。

## 二、深化铁路行业改革

从建立健全铁路企业现代治理体系和治理能力入手，构建适应市场化经营的现代企业制度和运行机制，真正确立运输企业的市场主体地位，为铁路围绕运输市场发展需求，推动技术、产品和管理创新以及广泛开展与其他运输方式及新业态的融合奠定制度基础。要坚持政企分开、政资分开和公平竞争原则，加快推动中国铁路总公司股份制改造。引入战略合作者，积极利用资本市场加快推进优质资产、重点企业股改上市。推进市场化债转股和上市公司再融资工作，利用资本市场扩大融资规模、盘活存量资产。以建立现代企业制度为目标，深化铁路体制机制改革创新，着力构建具有中国特色、行业特点、符合市场经济要求的现代企业法人治理体系和运行机制。

## 三、深化空域管理体制机制改革

推动国家空域管理体制改革。建立国家统一管理的空域管理机构，建立健全空域资源配置体系，逐步建成军民融合发展的现代化国家空域管理体制。深化民航空管系统改革，建立符合空管实际、适应民航发展需要的企业化管理体制，推进空管现代化和绩效型组织建设，建立空管运行领域军民融合发展机制。

增强空域资源保障。加强空域规划的引领作用，由国家空域管理机构研究制定国家空域总体规划，实施空域分类划设。制定并实施全国干线航路航线网规划、繁忙机场终端区规划等重要空域规划。加大基础设施投入，加强空域资源开发利用。

完善空域运行机制。推进空域管理、流量管理、管制服务一体化运行。建立全国、区域、机场多级飞行流量管理体系和空管、机场、空域用户等多方协同决策机制。全面推广空域精细化管理。建立空域使用效率评估机制，不断改善空域管理工作。

## 四、推进综合执法改革

为解决交通多头执法、重复执法、执法力量和资源分散等问题，增强执法合力，切实提高交通运输行政执法效能和执法规范化水平，要进一步理顺交通运输行政执法管理体制。按照减少层次、整合队伍、提高效率的原则，加快推进交通运输综合行政执法建设。主要举措有：

（1）对分散的执法机构进行整合。对职能相近、执法内容相近、执法方式相同的部门进行机构和职能整合，减少执法部门，从源头上解决多头执法、重复执法等问题，逐步实现一个地区、一个领域、一支队伍。相对集中执法权，明确市、县两级交通运输部门为主要的行政执法主体，省级交通运输部门保留必要的执法职责。

（2）组建交通运输综合行政执法机构。按照相对集中行使有关法律法规赋予交通运输部门的行政执法权、加强基层执法、体现属地管理的原则，结合地方交通运输管理的特点和实际，组建统一的交通运输综合行政执法机构。将交通运输系统内公路路政、道路运政、水路运政、航道行政、港口行政、地方海事行政、工程质量监督管理等执法门类的行政处罚以及与行政处罚相关的行政检查、行政强制等执法职能进行整合，组建交通运输综合行政执法队伍，以交通运输部门名义实行统一执法。水路网发达的地区也应实行公路、水路执法队伍综合设置，避免公路、水路分设，造成资源浪费和统筹障碍。个别水路网特别发达的地区，如有需要可分别集中行使公路、水路执法职能。

（3）整合交通运输行政执法职能。按照决策职能和执行职能适当分开、管理职能和处罚职能适当分离的原则，合理划分交通运输主管部门、交通运输管理机构与交通运输综合行政执法机构的职责权限，整合交通执法权，将行政检查权、行政强制权、行政处罚权等统一划归到新组建的交通运输综合行政执法机构中，明确交通运输综合行政执法机构的性质。

（4）建立和完善交通运输综合执法协调机制。建立、健全情况通报制度、案件移送制度、协调协助制度，开发、完善互联互通的计算机信息网络。建立交通运输综合执法与公安执法等部门联动机制，实现交通运输综合行政执法机构与交通运输主管部门、专业管理机构之间资源共享，形成协调、高效的执法运行机制。加强公路“三乱”（在公路上乱设站卡、乱罚款、乱收费）等重点领域执法整治，建立交通运输、公安、市场监督管理跨部门的综合执法协调机制。

# 第七章
# 完善交通行业市场机制

## 一、完善交通行业市场机制总体目标

充分发挥市场机制的作用是实现交通行业治理体系与治理能力现代化的根本保障，要科学划定政府与市场界限，统筹处理好政府与市场的关系，使市场在资源配置中起决定性作用；更好地发挥政府在宏观调控、市场监管、公共服务、社会管理等方面的作用，实现政府与非政府组织、民众和私人部门共同治理；完善交通行业市场机制的总体目标，最终实现交通资源稀缺程度能够通过价格信号得到充分反映，经济社会和自然生态等方面的代价得到有效补偿，市场经济特有的激励约束机制能够为经济发展提供强大的微观基础；通过破除行业市场分割和和垄断，使市场规模得以扩展、市场活力得以激发，交通行业企业拥有强大的竞争能力。

## 二、完善交通运输市场规则

建立公平开放、统一透明的交通运输市场，完善市场准入制度，探索分类建立负面清单。探索交通运输领域对外商投资实行准入前国民待遇加负面清单的管理模式。全面清理交通运输领域妨碍统一市场和公平竞争的规定和做法，反对地方保护，反对垄断和不正当竞争。加强交通执法力度，联合公安等部门，对市场违法行为实行从严治理，维护市场秩序。

## 三、完善交通运输价格形成机制

关注交通运输市场各领域、各环节供求关系和竞争格局情况，及时放开新形成竞争的运输产品价格；在保障基本公共服务基础上，对运输企业新开发、不属于基本公共服务的运输产品价格实行市场调节，鼓励运输企业开发更多能够适应社会需求变化的新型客货运输产品。

对实行政府定价管理的公益性服务、网络型自然垄断环节的交通运输价格，强化成本监管，完善健全定价机制，规范定价程序，最大限度减少政府部门的自由裁量权，提高政府定价的科学化、规范化水平。

转变政府职能，将工作重心从直接核定价格水平转移到规范市场主体价格行为。根据行业新业态、新产品发展情况，积极拓展思路、丰富手段，健全制度体系，注重发挥社会监督、信用体系建设及互联网、大数据作用，维护市场正常价格秩序。

## 四、完善交通运输市场信用体系

建立健全涵盖交通运输工程建设、运输服务等领域的行业信用体系。针对不同交通运输从业主体，逐步建立具有监督、申诉和复核机制的综合考核评价体系。制定并落实守信激励和失信惩戒制度，建立健全交通运输市场主体和从业人员“黑名单”制度，实施动态监管。建立全国统一的交通运输行业信用信息平台，推进与公安、工商、税务、金融、安监等部门信用系统的有效对接和信息共享。

## 五、完善市场准入制度

构建公平、透明的竞争环境，加大铁路运输、航空运输、大型枢纽场站等对社会资本的开放力度。在已开放的领域，破除政策限制与不公正待遇，充分释放市场的创新活力。

全面引入特许经营制度，规范政府行为和投资人行为，实现双赢。重点加强对投资准入与退出、投资行为与收益、收费价格、服务质量四个环节的监管，制定交通基础设施和公共服务的服务标准体系和评价指标体系、基础设施养护管理的定额标准。加强对交通PPP项目的运营监管。

## 六、加强服务型政府构建

坚持依法行政、多元治理。着眼于提高民主治理和有效治理的水平，重点推进多个维度上的主体分开，包括政治与行政、行政与法律、政府与企业和市场、政府与事业单位和社会组织的分开。推行行政审批制度改革，变审批型政府为监管型政府。通过设立基金、服务外包、政府购买服务等方式，实现公共服务提供主体多元化，推动市场和企业、社会组织发挥社会公共服务的作用。变运动式治理、靠文件会议讲话行政为依法治理与依法行政。

转变职能，加强服务型政府的构建。实现由政府本位、官本位和计划本位体制向社会本位、民本位和市场本位体制转变，由“无所不为的政府”向“有限政府”转变。由传统的以行政方法为主向现代的以法律、经济方法为主，行政方法为辅转变，由传统审批管制型管理模式向公共服务型管理模式转变。

# 第八章 交通投融资体制改革

## 第一节 交通投融资改革总体目标

针对我国交通基础设施投融资方面存在的政府投资长期严重不足、事权与支出责任不匹配、债务负担重、融资难、融资贵、民间资本进入意愿不强、资金使用管理粗放等突出问题，面向未来，建立可持续发展的交通投融资保障体系，应以加强财政保障能力建设、明确事权和支出责任、创新社会筹资、规范资金使用为重点，建立以公共财政为基础、权责一致、规范高效、合作共赢的现代交通投融资制度和政策体系。

(1)投资保障方面：公共财政保障更加有力，体现和区别各级政府责任，科学安排分配投资资金，资金使用规范高效。

(2)融资保障方面：降低融资成本，建立对社会投资人(特别是民间资本)更具吸引力的投融资机制，积极创新融资模式，严格防控债务风险。

## 第二节 总体思路

深化交通投融资改革的总体思路是：政府引导、市场参与、分级负责、多元筹资、规范使用、风险可控。

(1)加大财政投入。逐步改变财政对公益性交通基础设施和运输基本公共服务投入不足的状况。转变理念，由行业融资转向财政筹资，对中央和地方合理交通税源进行划分，建立两级交通发展政府性基金，建立规范的政府举债机制。

(2)明确事权责任。明确中央和地方各级政府在交通发展中的事权，各级政府应根据事权落实支出责任,做到权责一致。

(3)多渠道筹集资金,创新融资模式。建立以交通用户税费、一般性财税、政府债券为主的财政性资金体系。完善基于使用者付费的收税和收费机制,创新收费新机制。鼓励支持各类社会资本投资交通基础设施和公共服务领域,积极探索和创新社会资本投资经营模式,建立能够更好吸引社会投资人的机制。

(4)防控债务风险。建立交通债务风险识别和评估制度以及交通债务风险预警和化解机制,合理控制交通债务规模。鼓励通过制度和政策创新,实现跨区域的"统收统支、交叉补贴"制度,缓解债务压力。优化债务结构,提高政府债券对交通支出比例。

(5)完善管理制度。优化资金配置,科学化投资决策,加强资金监管,规范资金使用,建立完善交通运输预算绩效管理制度、债务风险预警和防控制度、资金使用审计监管制度,提高资金使用效率。

## 第三节 建立交通运输发展政府性基金

交通运输发展对投资的需求巨大。2017 年,我国铁路、公路、港口、航道、机场等交通基础设施总投资占 GDP 的 3.8%,对促进我国经济稳定增长发挥了重要作用。财政性资金是交通投资的重要来源和基础性保障(包括车辆购置税、燃油税❶、港建费、铁路建设基金、民航发展基金等专项资金、各级一般财政性资金、地方政府债券等,以专项资金为主),并以有限的规模吸引了大量社会投资,对拉动投资、推进民生基础设施建设发挥了关键作用。尽管如此,财政性资金仍一直存在来源不稳定、规模不稳定、管理过于分散、预算粗放、使用欠规范等突出问题。当前,我国交通事业已开启建设交通强国的新征程,应以习近平新时代中国特色社会主义思想为指导,探索建立交通发展的政府性基金制度,规范资金使用管理,提高投资绩效,为交通事业的发展提供持续稳定的财政保障机制。

### 一、建立交通运输发展基金的必要性

(1)为交通投资提供持续稳定的公共财政保障,对适应新阶段交通投资需求特点和促进经济稳定增长具有重要意义。交通行业不仅建设期投资强度大,运行维护期也需要持续稳定的大量投资❷。我国综合交通正处于大规模加快成网建设期,投资强度较高,预计 2030 年之前,我国综合交通建设和养护运营管理投资仍然很大。目前,中央财政性专项资

❶ 本文中燃油税特指 2009 年成品油税费改革新增交通专项资金。

❷ 以美国公路系统为例,第二次世界大战后美国公路网建设持续了 46 年,其中高峰期公路建设投资占 GDP 总量的比例超过 2.0%。1981 年美国公路网基本建成后,每年用于路网改善及运营养护管理投资占 GDP 总量的比例一直维持在1.3% ~1.4%的水平。

金中对交通方面支出的安排并不稳定,且支出比例有下降。另外,随着新能源汽车的普及,未来燃油税收入增长将放缓甚至出现负增长,而一般财政性资金和地方政府债中对于交通方面的支出也不稳定,这些因素将给未来交通发展资金保障带来较大挑战。因此,迫切需要建立政府性交通基金,形成多渠道的财政性资金池,平复波动,为交通投资提供持续稳定的财政性资金来源和基础性保障,更好地发挥经济新常态下交通投资对促进经济稳定增长的作用。

(2)完善资金使用管理,对规范交通投融资和控风险具有重要意义。众多来源的财政性资金汇集到地方,性质不一样,管理主体不一样,为各类融资平台打开了资金腾挪的空间,“八个瓶子七个盖子”式不规范运作现象普遍,一些资金在使用过程中被逐级“加杠杆”,风险不断积累。目前全国公路系统固定资产投资的2/3是债务融资,分散式欠规范管理会给行业系统性债务风险带来隐患。建立交通发展政府性基金,建立一套统一的资金使用管理制度,有利于约束规范地方融资,对行业“降杠杆”、控风险有积极作用。

(3)优化资金科学分配,对提高投资绩效和交通发展提质增效具有重要意义。我国交通预算编制尚比较粗放,建设项目的资金预算编制依据主要是规划未达标里程,养护项目的资金预算编制主要依据各地的交通网络规模和技术等级。当前,我国经济已由高速增长阶段转向高质量发展阶段,交通发展应逐步由量的增加转变到质量和效率的提升上来,以供给侧结构性改革为主线,推动质量变革、效率变革、动力变革。通过交通运输发展基金制度系统性设计,建立和完善交通预算绩效制度,以“提升安全性能、减少拥堵、促进节能减排、降本增效、加强网络连接”绩效目标为导向,作为项目预算编制依据和考评依据,可以极大提高交通投资绩效,有利于促进交通转型升级和提质增效。

## 二、交通运输发展基金制度设计

### 1.设立基金的目的

顺应新时代建设交通强国的需要,按照财税体制改革的总体要求,借鉴发达国家成功经验,建立交通运输发展基金制度,目的在于加强交通运输发展公共财政保障能力,稳定交通运输发展财政性资金来源,规范资金使用,控制债务风险,科学化交通预算,提高交通投资绩效,促进行业治理能力现代化。

### 2.基金的定位和分级

交通运输发展基金为政府性基金,根据需要,可作为引导性投入,吸引社会资本参与设立多种形式的产业基金。建立中央和省级两级交通运输发展基金,中央层级基金主要投向中央本级交通财政事权,分担共同财政事权支出,适当补助地方财政事权支出;省级基金主要投向省级交通财政事权，分担共同财政事权支出、适当补助市县事权支出。

3. 基金组成

交通发展基金由各种交通专项税费、用于交通支出的一般性财政性资金、政府债券、政府投资收益[1]等组成，有别于向公民、法人和其他组织征收的、新设税费来源性质的政府性基金，是现有资金来源组成的资金池。

4. 基金用途

交通运输发展基金主要用于交通基础设施建设、养护管理、交通运输基本公共服务支出、政府债务偿还、交通转型升级战略性引导支出。为促进综合运输协调发展，可从中安排部分资金，设立专门的综合交通发展子基金。

5. 基金使用管理

交通运输发展基金应坚持专项专用、统一管理和规范使用，且要合理界定财政部门与交通运输主管部门在预算编制和审批、项目计划、资金拨付、资金使用监管、绩效考核的职责分工。按照资金支出的不同性质，严格控制资金拨付程序。加强基金中的政府性债务管理，为债务确定控制线和合理规模区间，建立债务风险预警、应急处置机制及债务风险评测指标。强化基金绩效管理，逐步完善绩效目标设定、绩效跟踪、绩效评价及结果运用有机结合的事前、事中、事后绩效管理机制，建立具有交通特色的预算绩效评价指标体系，将绩效评价结果作为编制三年滚动预算、调整资金支出结构、完善资金政策的主要依据。加强基金对创新性交通 PPP 项目的支持，严格按照 PPP 的相关管理规定执行，加强基金安排用于产业基金的资金监管。

## 第四节 建立分级负责的交通投融资制度

《国务院关于推进中央与地方财政事权和支出责任划分改革的指导意见》（国发〔2016〕49 号，以下简称《指导意见》）指出，财政事权是一级政府应承担的运用财政资金提供基本公共服务的任务和职责，支出责任是政府履行财政事权的支出义务和保障。

长期以来，我国交通投融资存在事权不清晰、事权与支出责任不匹配、权责不一致的突出问题。由于交通领域财政投入严重不足，在事权不清晰的情况下，上级政府倾向于将筹资责任逐层下压，举债发展成为地方政府的主要出路。同时，为筹集资金，地方成立了

[1] 包括政府还贷型收费公路的通行费收入、经营性投资项目的政府投资收益等。

各种融资平台,债务风险不断积累。因此,事权问题是造成我国交通投融资不顺畅的重要原因之一。建立交通投融资长效机制,必须要建立事权清晰、权责一致、分级负责的投融资制度。

## 一、交通运输领域财政事权划分原则

以《指导意见》提出的“体现基本公共服务受益范围、兼顾政府职能和行政效率、实现权责利相统一、激励地方政府主动作为、做到支出责任与财政事权相适应”等划分原则为基础,交通财政事权划分应坚持以下原则:

(1)外部性原则。明显为全国受益的事项划为中央财政事权,明显为局部受益的事项划为地方财政事权,跨区域重大事项划为共同财政事权。

(2)效率原则。将直接面向基层、点多面广、信息处理复杂度高、由地方管理更方便有效的事项,作为地方财政事权。

(3)激励相容原则。坚持有利于调动中央和地方两个积极性,增进统筹合作,实现整体效益最大化。

(4)国边界性原则。领水、领土边界的交通设施,由于涉及国家主权、安全和外交等事项,应由中央承担更多责任。

## 二、交通财政事权划分建议

### 1. 中央财政事权

加强中央在保障国家安全、维护全国统一市场、体现社会公平正义、推动区域协调发展等方面的财政事权,重点将外部性强、受益范围为全国性的、跨区域的重要交通基础设施纳入中央财政事权。

(1)国边防交通。关系国家主权、安全、外交、边疆稳定,应纳入中央事权,具体包括国边防公路,界河航道和桥梁,跨境铁路、公路、航道等。

(2)全国性交通大通道。研究界定全国性交通大通道的范围,根据国家有关规划,将综合运输大通道范围内的铁路、国家高速公路、高等级航道纳入中央财政事权,但是否将全部干线铁路、国家高速公路纳入全国性大通道仍需进一步研究。

(3)借鉴发达国家经验,建议将规划的 1.9 万 km 全国高等级航道纳入中央事权。

### 2. 中央与地方共同事权

考虑到一些干线交通和枢纽地方受益较多,以及为调动中央和地方两个积极性,建议将其纳入中央与地方共同财政事权,具体包括:

(1)未纳入中央事权的其他干线铁路、国道。

(2)全国重要的综合客运枢纽、全国主要港口的公共基础设施和集疏运系统、全国干线机场的集疏运系统。

3. 地方事权

将除中央事权和共同事权之外的交通基础设施纳入地方事权,包括支线铁路、城际铁路、省级公路、农村公路、一般航道、普通客运枢纽等。

中央的财政事权由中央承担支出责任,地方的财政事权由地方承担支出责任,中央与地方共同财政事权区分情况划分支出责任。对地方政府履行财政事权、落实支出责任出现的收支缺口,可由上级政府安排一般性转移支付弥补。

## 第五节 多渠道并举,防控债务风险

(1)建立外部溢出效益补偿机制。交通基础设施具有明显的外部效应,国家出于战略考虑建设的一些交通项目(如西部地区的高速铁路、高速公路等),由于造价高,一定时期内交通量有限,因此财务收益较差,但其对促进区域经济协调发展、“一带一路”通道建设具有重要意义,社会效益显著。应建立外部溢出效益补偿机制,加大财政对这些项目的投入,包括一般性财政资金、沿线土地资源等。

(2)优化公路债务结构,降低融资成本。扩大政府一般债券和专项债券发行规模,支持交通发展,提高交通发展来源中政府债券的比例,用政府债券置换高成本的金融机构贷款。鼓励交通投资企业积极利用资本市场,发行企业债券融资。

(3)统筹谋划,妥善解决铁路存量债务。巨额债务不但使铁路行业财务状况难以持续,且有可能影响国家的财政金融稳定。为打好防范化解重大风险攻坚战,有必要借鉴国外境外铁路债务处理的经验教训,及时采取措施,包括实施剥离铁路债务、建立铁路公益性运输服务补贴制度、债转股、落实铁路用地综合开发等政策,并利用资本市场直接融资。

(4)建立跨区域的“统收统支、交叉补贴”制度。结合中央事权改革和公路管理体制改革,研究在全国层面建立跨区域的“统收统支、交叉补贴”制度,用财务效益较好的项目统筹较差的项目,降低西部地区的债务风险。

(5)实行差异化公路收费。改革不变的定价机制,建立与服务水平挂钩的动态收费标准,调整公路收费结构,在维持总体收费标准不变和适度的基础上,增加总体收入。

(6)引入战略合作方,推进债转股。对于资产负债率比较高的大型交通投资运营企业,引入与交通业务相关的战略投资方,降低资产负债率,研究推动中国铁路总公司上市。

## 第六节 完善政府与社会资本合作模式

当前,在政府与社会资本合作模式PPP交通投资项目中,社会资本参与方主要为国有资本,而民间资本进入意愿不强,同时,民间资本投资的项目普遍存在服务水平不高的问题,国有资本在投资运营过程中也存在明显的短期行为。导致上述问题的原因是多方面的,如缺乏稳定可靠的回报保障机制,民资存在进入障碍,政府监管制度不健全。为更好地吸引社会资本,特别是民间资本参与交通基础设施投资与运营,应进一步完善政府与社会资本合作模式。

(1)建立“合理投资回报”保障机制。交通基础设施项目对资金的需求量大,投资周期长,投资回报率有限,社会资本愿意投资交通基础设施项目主要是因为其具有稳定的长期回报,但对民间资本而言则是“子孙工程”。但目前我国PPP政策设计理念是“风险由投资人自担”,政府只负责补贴,不承担任何风险。为此,政策禁止财政对投资人回报产生承诺,并将之界定为政府变相举债。由此,在实际运作中就会形成地方政府甩锅,国有资本进入后图短期利益,民间资本举步不前,如果发生投资暴利,则公众利益就受到了损害。为有效吸引社会资本,必须转变理念,借鉴发达国家经验,研究建立PPP项目的“合理投资回报”保障机制。例如,对于投资回报不足的项目,财政应予以补偿,回到合理回报水平;对于超出合理回报水平的项目,超出部分应确定政府与投资人分成比例;鼓励投资人通过技术创新、管理创新降低成本,增加收益。

(2)加强对PPP项目的监管。引入特许经营制度架构,规范政府和投资人行为,改进对投资人的服务,加强对投资行为的监管。一是要加强市场准入监管,只有符合准入条件的才允许进入,同时必须打破国有资本垄断;二是要加强投资行为监管,对投资周期内的经营活动、资金运作进行规范;三是要加强价格监管,限制和确保投资回报在一个合理的水平,既要防止投资者获取超额利润,又要保证投资人的合理回报;四是要重点加强服务水平监管,制定基础设施服务考核评价指标,确保养护和公共服务水平,建立奖励和惩罚制度。

(3)探索创新多种形式的PPP模式。依托政府性交通运输发展基金,吸引社会资本,建立多种形式和内容的交通产业基金;与海外机构和企业合作,建立“一带一路”海外交通产业基金。引导地方政府积极利用旅游、矿产等资源,支持PPP模式。可在普通公路养护领域推广政府购买服务,也可创新建设养护一体化政府付费的PPP模式。

## 第七节 研究建立公路里程质量费制度

公路里程质量费是指根据车辆的质量和车辆行驶里程对车辆进行的收费。该收费体现了车辆对道路的使用量和损害程度，其收入全部用于公路系统的发展。我国收费公路收取的车辆通行费就属于里程质量费。目前，世界范围内越来越多的国家利用收费机制发展公路，征收里程质量费已成为发展趋势。

公路收费背后是一种体现公平、更加合理的财税制度安排。"收费公路"通过向车辆用户直接收费的方式为公路建养筹集资金，通行费直接与行驶里程和车辆质量挂钩，与"收税公路"相比，能较好体现"最直接受益者负担""多用路者多负担"的要求，道路占用越多、对路面损耗越多，收费就越多，更具公平性。若完全从公共财税渠道安排公路建养资金，对于不拥有车辆人群，或者道路使用量少的人群而言，则不公平。由于不同人群、不同车种对道路使用量、路面损害程度不一样，采用全民纳税的方式建设、养护公路，容易导致大部分人补贴少部分人、无车人补贴有车人、轿车补贴货车、私家车补贴公车及商务车、甚至穷人补贴有钱人、农村补贴城市的客观不公平。

燃油税是世界各国普遍征收的一种交通税种，在一定程度上也和车辆对路面的使用程度有关联，行驶里程越多、车载越重、消耗的燃油越多，缴纳的燃油税也就越多。但随着新能源汽车的发展，车辆燃油消耗将越来越低，非传统动力车辆则可以完全不消耗燃油，因此车辆对路面的损害将难以再用燃油税来衡量。在我国，燃油税在使用分配过程还存在一个不合理现象，即城市交通贡献了较大份额的燃油税，但燃油税收入并没有安排用于城市交通建设。

受技术手段限制，目前我国收费公路通过设置收费站来收取通行费，收费成本较高。随着未来科学技术的突破，可以创新公路收费技术和机制，建立基于卫星通信导航、互联网金融、车辆身份识别、车载行驶记录仪、道路车辆传感技术等融合技术基础上的、不设站的公路收费系统，实现全域公路网络自动收费，包括城市道路、城际公路和农村公路。该系统可以精确记录每个车辆实时行驶路线、货载信息，且能定期以电子账单的形式将车辆出行交通消费记录通知车辆用户，最后由车辆用户通过互联网进行缴费。

基于未来不设站智慧公路收费系统技术上的公路里程质量费制度是对路收费系统的一次技术性革命、制度性革命和产业革命，将深刻改变公路税费系统生态，深刻影响百姓出行消费行为。该系统建成应用后，将催生市场前景广阔的"交通＋"新产业经济，并能对公路行业的体制改革产生积极的促进作用。

(1)有利于优化资源配置。系统能够精准了解路网交通流量分布、车辆用户消费偏好、不同地区不同路段公路服务水平差异,有助于提高规划、管理的科学性,有效发挥各类市场资源配置效率。以里程质量为主的交通财税体系比现有的车购税、燃油税等专项税更能反映车辆对道路的使用和损耗程度。公路建设和养护管理支出与里程质量挂钩,降低了对专项税的依赖,有利于优化财税资源配置。

(2)有利于提高投资效益。系统可根据路网的整体运行状态、服务水平,为项目投资和养护管理的预算资金安排提供决策依据,有利于提高投资效益,减少低效投资。

(3)有利于减轻财政负担。采用新里程质量费制度后,公路的建设和养护支出将主要由该费用承担,资金缺口还可通过调节收费标准来适当弥补,将公路的外部溢出效应内部化。公路支出尽量由使用者负担,将显著减少一般性财政负担。

(4)有利于促进交通节能减排和服务提升。新的收费系统可根据实时交通拥堵情况对不同路段实行差异化收费,以调节交通流量,提高路网整体通过速度,对促进交通节能减排具有积极作用。同时,收费标准与服务水平挂钩,有利于投资运营主体更加注重服务水平的提升。

(5)有利于新的产业经济发展。基于互联网、物联网、卫星通信技术的未来智慧公路收费系统发展将开辟一条新的产业链,激发巨大的产业市场空间,为“交通 + 金融”“交通 + 餐饮”“交通 + 出行服务”等新交通经济以及智慧交通制造业的发展奠定坚实的基础。

(6)有利于推动行业深化改革。新的收费系统若能打破区域限制,建立起全国层面的清算结算系统,将有助于在中央事权领域推动公路管理体制改革。

# 第九章 人才队伍体系建设

## 一、人才队伍体系建设目标

人才是第一资源，建设交通强国，必须加强人才队伍体系建设。交通人才队伍建设要以高层次科技人才、高端智库人才、高技能实用人才、高素质管理人才为重点，加强对优秀拔尖人才和急需紧缺人才的培养，继续支持中、西部地区专门人才队伍建设，统筹推进各类人才队伍建设，为交通强国建设提供坚强的人才保障和广泛的智力支持。

到2030年，基本建成与国家基本实现现代化、达到世界先进水平的交通人才队伍体系，交通人才队伍素质大幅提高，人才技术和专业结构优化，分布合理，国际化程度高；到2045年，人才队伍体系建设处于世界领先水平。

## 二、加强优秀拔尖人才培养

以人才创新能力建设为核心，重点加强对科技领军人才和优秀青年人才的培养，加大人才引进力度。以战略性、前瞻性决策咨询智力建设为核心，大力培育和引进高端交通智库型人才，促进科学政府决策、行业改革推进和产业转型升级。以增强人才的实践能力为核心，重点加强高技能人才培养，大幅提高具有技师及以上技能等级人才比例。以行业政府部门管理干部和国有企业高级管理人员为重点，以提高领导素质和管理能力为核心，加强实践锻炼与教育培训，提高业务素质和服务精神。

## 三、加强重点领域急需紧缺人才培养

大力培育现代交通运输业发展、交通转型升级、提质增效急需紧缺科技人才队伍。大力加强对综合运输、现代物流、先进交通装备与制造、交通安全、智慧交通、绿色美丽交通、交通执法等重点领域和特种专业急需紧缺人才的培养，着力优化人才队伍的专业构成，在结构调整中实现人才总量的有效增长。

## 四、支持区域专业人才发展

贯彻落实国家区域发展战略，紧密结合各地交通运输发展的阶段特征，以增加人才总量、改善人才结构、提升人才素质为核心，实施对口援助、干部培训和科技合作等人才培养专项计划，促进中西部地区、东北地区高层次人才培养。建立健全中西部地区引进急需人才、稳定现有人才、培养民族人才等人才发展专项政策，加快培养能长期服务并扎根于当地的优秀专业人才。

## 五、加强人才的国际化

打造具有国际影响力的知名专家、学者、企业家、科研团队，坚持高级人才引进来与走出去相结合，扩大中国在世界交通科技发展和交通管理中的影响力。优化科研环境和创业环境，吸引全球尖端人才落户中国，吸引未来交通科技企业和创新型交通企业在中国投资创业。

# 参考文献

[1] 中国公路学会. 中国交通运输2017[EB/OL]. http://www.chts.cn/upload/file/20180928/6367375456076595052282053.pdf,2018-09-27/2018-10-08.

[2] 中华人民共和国国务院新闻办公室. 中国交通运输发展[M]. 北京:人民出版社,2016.

[3] 孙虎成. 深化财税体制改革背景下的交通基础设施投融资改革思路[J]. 北京:交通运输部管理干部学院学报,2015,25(2):3-7.

[4] 荣朝和,罗江,张改平. 立法保障交通权 日本交通政策基本法是如何制定的[J/OL]. http://opinion.caixin.com/2017-04-26/101083303.html,2017-04-26/2018-05-18.

[5] 荣朝和. 中国应该尽快制定《交通运输法》[J/OL]. http://opinion.caixin.com/2018-02-06/101207762.html,2018-02-06/2018-05-18.

[6] 孙虎成. 交通运输中央事权及资金需求研究[R]. 北京:交通运输部规划研究院,2017.

[7] 荣朝和. 运输业高杠杆不可忽视[J/OL]. http://opinion.caixin.com/2016-12-19/101028426.html,2016-12-19/2018-05-18.